Elementos de
Teoria Geral
do Estado

www.editorasaraiva.com.br/direito
Visite nossa página

DALMO DE ABREU
DALLARI

Professor Emérito da Faculdade de Direito da Universidade de São Paulo.

Elementos de Teoria Geral do Estado

33ª edição
2016
7ª tiragem
2023

Av. Paulista, 901, Edifício CYK, 4º andar
Bela Vista – São Paulo – SP – CEP 01310-100

SAC | sac.sets@saraivaeducacao.com.br

Direção editorial *Luiz Roberto Curia*
Gerência editorial *Thaís de Camargo Rodrigues*
Assistência editorial *Deborah Caetano de Freitas Viadana*

Coordenação geral *Clarissa Boraschi Maria*
Preparação de originais *Maria Izabel Barreiros Bitencourt Bressan e Ana Cristina Garcia (coords.)*
Ana Paula Santos Soares de Paula
Arte e diagramação *Isabela Agrela Teles Veras*
Revisão de provas *Amélia Kassis Ward e Ana Beatriz Fraga Moreira (coords.)*
Serviços editoriais *Elaine Cristina da Silva*
Kelli Priscila Pinto
Camila Artioli Loureiro
Capa *APIS design integrado*
Foto do autor *Nelson Toledo*

Produção gráfica *Marli Rampim*
Impressão *Ed. Loyola*
Acabamento *Ed. Loyola*

ISBN 978-85-02-63861-7

Dallari, Dalmo de Abreu
Elementos de teoria geral do Estado / Dalmo de Abreu Dallari. – 33. ed. – São Paulo : Saraiva, 2016.
Bibliografia.
1. O Estado I. Título.

CDD-320.101

Índice para catálogo sistemático:
1. Teoria geral do Estado : Ciência política   320.101

Data de fechamento da edição: 27-10-2015

Dúvidas?
Acesse www.editorasaraiva.com.br/direito

Nenhuma parte desta publicação poderá ser reproduzida por qualquer meio ou forma sem a prévia autorização da Editora Saraiva.
A violação dos direitos autorais é crime estabelecido na Lei n. 9.610/98 e punido pelo artigo 184 do Código Penal.

CL | 600467 | CAE | 577983

Índice Geral

Prefácio (Da 20ª edição) 9
Prefácio (Da 1ª edição) 11

INTRODUÇÃO

Teoria Geral do Estado: *Noção, Objeto e Método — Ciência Política* 13

Capítulo I
DA SOCIEDADE

Origem da Sociedade: *Origem Natural da Sociedade. O Contratualismo* 21
A Sociedade e seus Elementos Característicos 31
Finalidade Social: *O Determinismo. As Teorias Finalistas. O Bem Comum* 33
Ordem Social e Ordem Jurídica: *Direito, Moral e Convencionalismos Sociais. A Realidade Social* 36
O Poder Social: *Características do Poder Social. Teorias Anarquistas. Teorias do Poder Necessário* 44
As Sociedades Políticas: *Diferenciação das Sociedades quanto aos Fins. Sociedades de Fins Políticos* 55

Capítulo II
DO ESTADO

Origem e Formação do Estado: *Origem Histórica do Estado. Causas da Formação de Estados* 59
Evolução Histórica do Estado: *Tipos de Estados. Estado Antigo. Estado Grego. Estado Romano. Estado Medieval. Estado Moderno. Elementos Essenciais do Estado* 67

Soberania: *Afirmação Histórica da Soberania. Noção e Características da Soberania. Conceito Político e Conceito Jurídico de Soberania*...... 80

Território: *Noção, Características, Funções e Limites do Território*...... 91

Povo: *Evolução Histórica da Noção de Povo. Noção Jurídica de Povo. A Cidadania*...... 99

Finalidade e Funções do Estado: *A Finalidade como Elemento Essencial. Classificação dos Fins do Estado. O Bem Comum como Finalidade do Estado*...... 106

O Poder do Estado: *Características do Poder do Estado. Poder Político e Poder Jurídico*...... 112

Conceito de Estado: *Críticas ao Conceito de Estado. A Variedade dos Conceitos. Proposição de um Conceito*...... 118

Capítulo III
ESTADO E DIREITO

Personalidade Jurídica do Estado: *A Noção Jurídica do Estado e sua Personalização. Consequências da Personalização*... 122

Estado, Direito e Política: *Aspectos Social, Jurídico e Político do Estado. As Relações do Estado com o Direito e com a Política*...... 127

Estado e Nação: *O Conceito de Nação. Sociedade e Comunidade. Distinção entre Estado e Nação. Relações Estado e Nação*...... 132

Mudanças do Estado por Reforma e Revolução: *O Estado como Ordem Dinâmica. Processos de Transformação do Estado. A Revolução*...... 138

Capítulo IV
ESTADO E GOVERNO

Estado Moderno e Democracia: *A Aspiração à Democracia no Estado Moderno. Origens do Ideal Democrático. Princípios Fundamentais do Estado Democrático*...... 144

Democracia Direta, Semidireta, Participativa e Representativa: *Práticas de Democracia Direta. A "Landsgemeinde"*

Suíça. *O "Referendum". O Plebiscito. A Iniciativa. O Veto Popular. O "Recall". Representação Política e Mandato. Características do Mandato Político*..................... 151

Representação Política: *Os Partidos Políticos. Características e Classificação dos Partidos. Sistemas Partidários*............ 161

Representação Profissional, Corporativa e Institucional: *Fundamentos e Características da Representação Profissional. Anarcossindicalismo, Sindicalismo e Federação Econômica. Fundamentos da Representação Corporativa. O Corporativismo na Teoria e na Prática. Fundamentos da Representação Institucional. Experiência com a Representação Institucional*.. 169

O Sufrágio: *Natureza Jurídica do Sufrágio. Sufrágio Universal e Sufrágio Restrito. As Restrições ao Direito de Sufrágio*... 182

Sistemas Eleitorais: *Representação Majoritária. Representação Proporcional. Sistema de Distritos Eleitorais*................. 189

O Estado Constitucional: *A Ideia de Constituição. Origens e Características do Constitucionalismo. Constituição em Sentido Material e Formal. O Poder Constituinte*......... 196

As Declarações de Direitos e as Normas de Direitos Humanos: *Antecedentes. As Declarações do Século XVIII. O "Bill of Rights". A Declaração do Século XX e as Normas de Direitos Humanos: Antecedentes, Significação e Eficácia*... 204

A Separação de Poderes e as Funções do Estado: *Objetivo da Separação de Poderes. Poderes e Funções. A Teoria e a Prática da Separação de Poderes. Delegação de Poderes*.. 213

Formas de Governo: *Forma de Governo e Regime Político. Classificação das Formas de Governo. Monarquia e República* 221

O Parlamentarismo: *Formação Histórica do Parlamentarismo. Características do Parlamentarismo. Derivações do Parlamentarismo* 228

O Presidencialismo: *Formação Histórica do Presidencialismo. Características do Presidencialismo. Derivações do Presidencialismo* 236

Tendências do Governo no Estado Contemporâneo: *Tentativas de Classificação. Tendências já Identificáveis. Racionalização do Governo. Fortalecimento Democrático do Governo* 243

O Estado Federal: *Origem Moderna do Estado Federal. Características do Estado Federal. Crítica do Estado Federal na Atualidade* 250

Capítulo V
PROBLEMAS DO ESTADO CONTEMPORÂNEO

O Estado na Ordem Internacional: *Disciplina Jurídica das Relações entre Estados. Organizações Internacionais. A Sociedade das Nações. A Organização das Nações Unidas*.. 258

Intervenção do Estado na Sociedade: *O Estado Liberal Não Intervencionista. "New Deal" e Neoliberalismo. O Novo Intervencionismo. Globalização: Exagero e Realidade* .. 270

Estado Socialista e Capitalismo de Estado: *Origem Histórica do Estado Socialista. O Estado Socialista Soviético. Democracias Populares. Socialismo Asiático. Socialismo Africano. Socialismo Americano. Capitalismo de Estado*.. 279

Ideia Atual de Estado Democrático: *Inadequação do Conceito Tradicional de Democracia. Flexibilidade do Estado Democrático. Supremacia da Vontade Popular. Liberdade e Igualdade do Homem Social* 297

Prefácio

(Da 20ª edição)

Este livro foi escrito em 1971 para servir de texto didático de apoio às aulas, aos seminários, aos estudos e às pesquisas no âmbito da Teoria Geral do Estado e nas áreas afins. A generosa e continuada acolhida dos colegas, possibilitando agora a 20ª edição, permite acreditar que esse objetivo vem sendo cumprido.

Nesses anos todos, o mundo tem passado por profundas transformações, o papel do Estado foi e continua sendo questionado, alteraram-se com maior ou menor amplitude suas formas de organização e atuação. Mas permanece o reconhecimento da enorme influência do Estado na vida da humanidade e, cada vez mais, é objeto de preocupação a conciliação da eficiência do Estado com a preservação dos direitos fundamentais da pessoa humana. A busca de preservação da liberdade, que foi um dos fatores de criação do chamado Estado Moderno, sucessor do absolutismo, continua presente, agora com a consciência, resultante da experiência histórica, de que não basta a garantia formal da liberdade onde pessoas, grupos humanos, populações numerosas, sofrem profundas discriminações e não têm possibilidade de acesso aos benefícios proporcionados pelas criações da inteligência humana e pela dinâmica da vida social.

Por tudo isso, e mais do que antes, o conhecimento do Estado e de seu significado, positivo ou negativo, para a preservação e promoção dos direitos fundamentais da pessoa humana, é indispensável. Na busca desse conhecimento é necessário reconhecer que nenhuma teoria tem valor algum se não servir para a prática. A par disso é preciso ter em conta que o Estado, criação humana e instrumento de seres humanos, não é bom ou mau em si mesmo, mas será aquilo que forem as pessoas que o controlarem.

Este livro foi inspirado na crença de que o conhecimento é o caminho para a sabedoria, fonte de justiça. Os dados teóricos constantes deste livro continuam inteiramente válidos para a busca do conhecimento do Estado, como também continua íntegra a crença de que esse conhecimento deverá ser útil para a construção de uma nova sociedade, voltada para a realização do bem comum, fundada na solidariedade e comprometida com o respeito pela dignidade de todos os seres humanos.

São Paulo, 31 de dezembro de 1997.

O AUTOR

Prefácio

(Da 1ª edição)

O problema do Estado, que já era de primordial importância quando se sustentava o absoluto predomínio da iniciativa privada, ganhou nova significação com o intenso intervencionismo que sucedeu a cada uma das guerras mundiais deste século, atingindo agora um ponto de extrema relevância. De fato, chamado primeiramente a intervir para assegurar a justiça social, contendo os abusos das grandes forças político-sociais, o Estado foi primeiramente combatido por essas forças, as quais, entretanto, verificando a inevitabilidade da intervenção, mudaram seu comportamento, procurando dominar o Estado e utilizá-lo a seu favor, gerando uma nova espécie de intervencionismo.

Essa nova situação favoreceu e estimulou o crescimento do Estado, sendo raras, atualmente, as atividades sociais que se desenvolvem sem a sua participação ou o seu controle. Em consequência, o problema do Estado passou a ser um problema de todos, uma vez que ninguém pode praticar qualquer ato de alguma repercussão social, ainda que muito restrita, sem levar em conta as diretrizes do Estado.

E os que se preparam para exercer qualquer profissão jurídica têm, mais do que qualquer pessoa, absoluta necessidade de conhecer o Estado, sua organização e seu funcionamento, para desempenharem adequadamente suas respectivas funções, que os colocarão sempre em estreito relacionamento com os mandamentos do Estado ou com os próprios agentes estatais.

O presente livro, escrito com objetivos didáticos, pretende ser, tão só, um auxiliar na obtenção desse conhecimento, dando menos relevo às discussões de caráter doutrinário e acentuando mais os aspectos práticos de cada situação que envolva o Estado, fixando diretrizes teóricas em estreito relacionamento com a problemática do Estado.

São Paulo, 31 de dezembro de 1971.

O AUTOR

INTRODUÇÃO
TEORIA GERAL DO ESTADO:

Noção, Objeto e Método — Ciência Política

1. Ao se iniciar o estudo de Teoria Geral do Estado, vem muito a propósito ressaltar a advertência de RALPH FUCHS, enfatizada por EDGAR BODENHEIMER, a respeito da necessidade de preparar o profissional do Direito para ser mais do que um manipulador de um processo técnico, formalista e limitado a fins imediatos.

"O de que mais se precisa no preparo dos juristas de hoje é fazê-los conhecer bem as instituições e os problemas da sociedade contemporânea, levando-os a compreender o papel que representam na atuação daqueles e aprenderem as técnicas requeridas para a solução destes. Evidentemente — acrescenta BODENHEIMER — certas tarefas a serem cumpridas com relação a esse aprendizado terão de ser deixadas às disciplinas não jurídicas da carreira acadêmica do estudante de Direito"[1].

Há, nessa referência, três pontos que devem ser ressaltados: a) é necessário o conhecimento das instituições, pois quem vive numa sociedade sem consciência de como ela está organizada e do papel que nela representa não é mais do que um autômato, sem inteligência e sem vontade; b) é necessário saber de que forma e através de que métodos os problemas sociais deverão ser conhecidos e as soluções elaboradas, para que não se incorra no gravíssimo erro de pretender o transplante, puro e simples, de fórmulas importadas, ou a aplicação simplista de ideias consagradas, sem a necessária adequação às exigências e possibilidades da realidade social; c) esse estudo não se enquadra no âmbito das matérias estritamente jurídicas, pois trata de muitos aspectos que irão influir na própria elaboração do direito.

---

1. EDGAR BODENHEIMER, *Ciência do Direito*, pág. 383.

E tudo isso está situado entre os objetos da Teoria Geral do Estado, que, embora não deixe de apreciar os aspectos jurídicos deste, vai além disso, cuidando também dos aspectos não jurídicos, uma vez que se dedica ao estudo do Estado em sua totalidade, detendo-se apenas quando surge o direito legislado, ou seja, formalmente positivado.

2. Fixando-se, em largos traços, a noção de Teoria Geral do Estado, pode-se dizer que ela é uma disciplina de síntese, que sistematiza conhecimentos jurídicos, filosóficos, sociológicos, políticos, históricos, antropológicos, econômicos, psicológicos, valendo-se de tais conhecimentos para buscar o aperfeiçoamento do Estado, concebendo-o, ao mesmo tempo, como um fato social e uma ordem, que procura atingir os seus fins com eficácia e com justiça.

Esta disciplina, como tal, é realmente nova, só aparecendo nos fins do século XIX. Entretanto, já na antiguidade greco-romana se encontram estudos que modernamente estariam no âmbito da Teoria Geral do Estado, como ocorre com escritos de, entre outros, PLATÃO, ARISTÓTELES e CÍCERO, aos quais, evidentemente, falta o rigor exigido pelas modernas concepções científicas. Não há, nesses escritos, uma separação nítida entre a realidade observada e a realidade idealizada, havendo preocupação acentuada pela indicação da melhor forma de convivência social.

Durante a Idade Média também se encontram muitos trabalhos que, pelo menos em boa parte, podem ser considerados como situados no âmbito da Teoria Geral do Estado. Assim, por exemplo, muitos dos escritos de SANTO AGOSTINHO e SANTO TOMÁS DE AQUINO, os quais, embora fundamentalmente opostos sob muitos aspectos, têm em comum a preocupação de justificar a ordem existente, a partir de considerações de natureza teológica. Já no fim da Idade Média começam a surgir os primeiros sinais de reação a esse irrealismo, como se verifica, por exemplo, na obra de MARSÍLIO DE PÁDUA, "Defensor Pacis", aparecida em 1324, onde chega a ser preconizada a separação, com independência recíproca, da Igreja e do Estado.

A grande revolução nos estudos políticos, com o abandono dos fundamentos teológicos e a busca de generalizações a partir da própria realidade, ocorre com MAQUIAVEL, no início do século XVI. Sem ignorar os valores humanos, inclusive os valores morais e religiosos, o notável florentino faz uma observação aguda de tudo quanto ocorria na sua época em termos de organização e atuação do Estado. Ao mesmo passo em que observa e vive, como Secretário da República de Florença, a intimidade dos fenômenos políticos, MAQUIAVEL, dotado de vasta cultura histórica, também procede a comparações no tempo. Dessa forma, conjugando fatos de épocas diversas, chega a generalizações universais, criando, assim, a possibilidade de uma ciência política.

Por vários motivos, sobretudo por considerações interesseiras e imediatistas dos que não desejavam que fossem claramente revelados os verdadeiros fundamentos do poder, a obra notável de MAQUIAVEL sofreu restrições e deturpações durante vários séculos, sendo objeto, por isso, de apreciações apaixonadas, que prejudicaram a análise objetiva de sua contribuição. Hoje, entretanto, sobretudo na Itália, já se estuda seriamente a obra maquiaveliana, havendo um reconhecimento generalizado de sua extraordinária importância, uma vez que, apesar dos obstáculos e da condenação veemente, ela foi o marco inicial e de inevitável influência na colocação da exigência de enfoque objetivo dos fatos políticos[2].

Vieram, depois, autores como HOBBES, LOCKE, MONTESQUIEU, ROUSSEAU, influenciados pela ideia de um Direito Natural, mas procurando o fundamento desse direito, assim como da organização social e do poder político, na própria natureza humana e na vida social, como verdadeiros precursores da antropologia cultural aplicada ao estudo do Estado.

Finalmente, no século XIX, vai desenvolver-se, especialmente na Alemanha, um trabalho de sistematização jurídica dos fenômenos políticos. Teve especial importância a obra de GERBER, "Fundamentos de um Sistema de Direito Político Alemão", aparecida em 1865, que iria exercer grande influência sobre outro notável alemão, GEORG JELLINEK, a quem se deve, afinal, a criação de uma Teoria Geral do Estado, como disciplina autônoma, tendo por objeto o conhecimento do Estado. A obra fundamental de JELLINEK, intitulada precisamente "Teoria Geral do Estado", foi publicada pela primeira vez no ano de 1900, alcançando, desde logo, notável repercussão[3].

Depois disso, foram bastante intensificados os estudos sobre o Estado, notando-se, porém, que não ocorreu a uniformização quanto ao nome da

---

2. Um excelente estudo sobre MAQUIAVEL, suas ideias fundamentais e suas inovações metodológicas, foi publicado por LAURO ESCOREL, intitulado *Introdução ao Pensamento Político de Maquiavel* (Rio de Janeiro, Organização Simões Editora, 1958).

3. A obra de JELLINEK foi traduzida para várias línguas, tendo-se divulgado no Brasil especialmente as seguintes edições: *L'État Moderne et son Droit*, edição francesa em dois volumes, de 1911; *Teoria Generale dello Stato*, edição italiana de 1921, com uma valiosíssima introdução escrita por V. E. ORLANDO; uma edição argentina, sob o título *Teoría General del Estado*, do ano de 1954, contendo um prólogo bastante elucidativo, de autoria de FERNANDO DE LOS RIOS URRUTI. Apesar de ser uma obra clássica, de permanente atualidade, não foi até agora editada em português.

disciplina. Assim é que, na Itália, através da obra magistral de V. E. ORLANDO, foi extremamente desenvolvido o *Diritto Pubblico Generale*, surgindo mais recentemente a designação *Dottrina dello Stato*, ambas ocupando-se dos temas propostos pela Teoria Geral do Estado. Na França, tornaram-se correntes as denominações *Théorie Générale de l'État* e *Doctrine de l'État*, prevalecendo na Espanha a designação *Derecho Político*, para os estudos relativos ao Estado. Em Portugal, como esclarece MARCELLO CAETANO, a denominação *Direito Político* englobava, de início, a parte referente ao Estado e a que mais tarde se destacou como Direito Constitucional, havendo agora uma tendência, a que aderiu o próprio MARCELLO CAETANO, no sentido de se considerar a parte inicial abrangida pela Ciência Política[4].

No Brasil, os estudos relativos ao Estado foram primeiramente incluídos como parte inicial da disciplina Direito Público e Constitucional. Por volta do ano de 1940 ocorreu o desdobramento em Teoria Geral do Estado e Direito Constitucional. Recentemente, seguindo a mesma tendência já observada em Portugal, e sob influência de grande número de obras de autores norte-americanos chegadas ao Brasil, bem como pelo estreitamento das relações entre as universidades brasileiras e as dos Estados Unidos da América, inúmeros professores e autores de Teoria Geral do Estado passaram a identificar esta disciplina com a Ciência Política[5]. Para efeito de currículo, algumas universidades passaram a dar ao curso de Teoria Geral do Estado a denominação *Direito Constitucional I*, o que nos parece uma impropriedade, uma vez que, embora havendo estreita relação entre ambas as disciplinas, a Teoria Geral do Estado e o Direito Constitucional não se confundem, tendo cada uma o seu objeto próprio, sendo mais conveniente, do ponto de vista científico e didático, mantê-las autônomas.

2A. A questão do relacionamento da Teoria Geral do Estado com a Ciência Política é de interesse mais acadêmico do que prático. Entretanto, modificação imposta pela burocracia federal do ensino no Brasil pode dar a impressão de que algo de importante aconteceu e pode, eventualmente, suscitar dúvidas. Até recentemente era obrigatório o ensino da Teoria Geral do Estado nos cursos jurídicos e essa disciplina era

---

4. Exemplo dessa tendência é justamente a obra de MARCELLO CAETANO, que recebeu o título de *Manual de Ciência Política e Direito Constitucional*.

5. Há dois casos de mestres consagrados de Teoria Geral do Estado que publicaram obras de Ciência Política: um deles foi o notável e saudoso mestre gaúcho DARCY AZAMBUJA; o outro, também um mestre renomado, é PAULO BONAVIDES, Catedrático da Universidade do Ceará.

expressamente referida como parte do Direito Constitucional. Por decisão do governo federal, a partir de dezembro de 1994 o ensino da Teoria Geral do Estado continuou a ser obrigatório, mas, de maneira ambígua, o ato governamental menciona, entre as disciplinas fundamentais do curso jurídico, "Ciência Política (com Teoria do Estado)". Uma vez que são disciplinas diferentes, a conclusão lógica é que se tornou obrigatório ensinar Ciência Política junto com Teoria do Estado. Apesar da obscuridade, fica fora de dúvida que continua obrigatório o ensino de Teoria do Estado.

O que a realidade mostra é que, cada vez mais, não há possibilidade de desenvolver qualquer estudo ou pesquisa de Ciência Política sem considerar o Estado. Isso já fora observado por Max Weber, numa famosa conferência publicada com o título *A Política como Vocação*, onde conceitua a política dizendo entendê-la como "o conjunto de esforços feitos com vista a participar do poder ou a influenciar a divisão do poder, seja entre Estados seja no interior de um único Estado". Mais recentemente, Neil MacCormic, professor da Universidade de Edimburgo, tratou da relação do Estado com a política num ensaio inserido no livro *Theories and Concepts of Politics*, coordenado por Richard Bellamy (Manchester University Press, 1993), fazendo a seguinte observação: "O Estado é de interesse central para a política, sendo ele próprio um *locus* para o exercício do poder, um produtor de decisões e a comunidade política primária para muitos seres humanos, no mundo contemporâneo". Além disso, acrescenta o mesmo autor, "concebido como um sujeito ativo, o Estado age através de indivíduos e grupos organizados de pessoas, que tomam e implementam decisões em nome do Estado e que, ao decidir, alegam que são agentes ou órgãos do Estado".

Basta isso para se perceber que para a formação do jurista contemporâneo o estudo da Teoria do Estado é indispensável. O Estado é universalmente reconhecido como pessoa jurídica, que expressa sua vontade através de determinadas pessoas ou determinados órgãos. Nesse dado é que se apoiam todas as teorias que sustentam a limitação jurídica do poder do Estado, bem como o reconhecimento do Estado como sujeito de direitos e de obrigações jurídicas. O poder do Estado é, portanto, poder jurídico, sem perder seu caráter político.

A Ciência Política faz o estudo da organização política e dos comportamentos políticos, tratando dessa temática à luz da Teoria Política, sem levar em conta os elementos jurídicos. Tal enfoque é de evidente utilidade para complementar os estudos de Teoria do Estado, mas, obviamente, é insuficiente para a compreensão dos direitos, das obrigações e das implicações jurídicas que se contêm no fato político ou decorrem dele.

3. Quanto ao objeto da Teoria Geral do Estado pode-se dizer, de maneira ampla, que é o estudo do Estado sob todos os aspectos, incluindo a origem, a organização, o funcionamento e as finalidades, compreendendo-se no seu âmbito tudo o que se considere existindo no Estado e influindo sobre ele.

O que é importante observar, porém, é que o Estado, podendo ser abordado de diferentes perspectivas, apresenta-se como um objeto diverso, segundo o ponto de vista do observador.

É possível, entretanto, fazer-se um agrupamento das múltiplas orientações, reduzindo-as a três diretrizes fundamentais: *a)* uma orientação que se poderia identificar com uma Filosofia do Estado, enfatizando a busca de uma justificativa para o Estado em função dos valores éticos da pessoa humana, acabando por se distanciar excessivamente da realidade concreta e por colocar em plano nitidamente inferior as preocupações de ordem pragmática; *b)* uma segunda orientação coloca-se em sentido oposto, procurando ser eminentemente realista, dando absoluta preponderância aos fatos concretos, considerados completamente à parte de qualquer fator abstrato, aproximando-se muito de uma Sociologia do Estado; *c)* a terceira das grandes correntes é a que reúne os autores que só admitem e só consideram o Estado como realidade normativa, criado pelo direito para realizar fins jurídicos, afirmando-se um formalismo jurídico que só estuda o Estado a partir de considerações técnico-formais.

Todas essas orientações extremadas conduziram a conclusões unilaterais e imperfeitas, como era inevitável, prejudicando ou quase anulando o interesse prático dos estudos. Reagindo a isso, surgiu uma nova orientação, que procura efetuar uma síntese dinâmica daquelas três direções fundamentais, adotando uma posição que Miguel Reale chama de *culturalismo realista*[6].

Entre os autores que compreenderam a necessidade de considerar o Estado como um todo dinâmico, passível de ser observado sob vários ângulos mas sempre conservando uma unidade indissociável, situa-se o italiano Alexandre Groppali, que, com clareza e precisão, indica o objeto da Doutrina do Estado através de uma tríplice perspectiva, que, segundo ele,

---

6. Veja-se, a esse respeito, a obra de Miguel Reale intitulada *Teoria do Direito e do Estado*. Nessa obra o antigo mestre da Universidade de São Paulo aborda os temas fundamentais do Estado segundo a perspectiva do culturalismo realista, compreendendo o Estado na totalidade de seus aspectos e considerando indissociáveis as três ordens de apreciação: a filosófica, a sociológica e a jurídica.

compreende três doutrinas que se integram compondo a Doutrina do Estado e que são as seguintes: *a*) doutrina *sociológica*, que estuda a gênese do Estado e sua evolução; *b*) doutrina *jurídica*, que se ocupa da organização e personificação do Estado; *c*) doutrina *justificativa*, que cuida dos fundamentos e dos fins do Estado[7].

Assim, pois, verifica-se que, não obstante a possibilidade de destacar, para fins meramente didáticos, um ou outro aspecto do Estado, a Teoria Geral do Estado sempre o considera na totalidade de seus aspectos, apreciando-o como um conjunto de fatos integrados numa ordem e ligados a fundamentos e fins, em permanente movimento.

4. Pela própria multiplicidade de aspectos que a Teoria Geral do Estado deve considerar verifica-se a impossibilidade de adoção de um método único. Conforme o ângulo que esteja sendo enfocado, haverá um método mais adequado, utilizando-se a *indução* para a obtenção de generalizações a partir de fatos considerados isoladamente, a *dedução*, sobretudo para a explicação de fatos particulares ou para a fixação de perspectivas, e o *método analógico* para estudos comparativos.

Mas, como é óbvio, seja qual for o método aplicado em qualquer momento, os resultados obtidos deverão ser integrados numa síntese, podendo perfeitamente ocorrer que de uma lei geral, obtida por indução, tirem-se deduções que irão explicar outros fenômenos, havendo, portanto, uma associação permanente de métodos, assim como os próprios fenômenos estão sujeitos a uma interação causal, uma vez que a vida social está sempre submetida a um processo dialético, o que faz da realidade social uma permanente criação.

Bibliografia

ORLANDO M. CARVALHO, *Caracterização da Teoria Geral do Estado*, Belo Horizonte, 1951; PAULO BONAVIDES, *Ciência Política*, Ed. FGV, Rio de Janeiro, 1967; ALEXANDRE GROPPALI, *Doutrina do Estado*, Ed. Saraiva, São Paulo, 1962; LOURIVAL VILANOVA, *O Problema do Objeto da Teoria Geral do Estado*, Recife, 1953; NÉLSON DE SOUZA SAMPAIO, *Prólogo à Teoria do Estado*, Ed. Forense, Rio de Janeiro, 1960; MIGUEL REALE, *Teoria do Direito e do Estado*, 2ª ed., Ed. Martins, São Paulo, 1960; GEORG JELLINEK, *Teoría General del Estado*, Ed. Albatroz, Buenos Aires, 1954; V.

---

7. A obra de ALEXANDRE GROPPALI foi publicada em português, em tradução de Paulo Edmur de Souza Queiroz, pela Saraiva.

E. ORLANDO, *Diritto Pubblico Generale*, Ed. Giuffrè, Milão, 1954; EDGAR BODENHEIMER, *Ciência do Direito*, Ed. Forense, Rio de Janeiro, 1966; KURT SONTHEIMER, *Ciencia Política y Teoría Jurídica del Estado*, Eudeba, Buenos Aires, 1971; KARL LARENZ, *La Filosofía Contemporánea del Derecho y del Estado*, Editorial Revista de Derecho Privado, Madri, 1942; REINHOLD ZIPPELIUS, *Teoria Geral do Estado*, Ed. Fundação Calouste Gulbenkian, Lisboa, 1971; DALMO DE ABREU DALLARI, *O Futuro do Estado*, Ed. Moderna, São Paulo, 1980; LUÍS SÁ, *Introdução à Teoria do Estado*, Ed. Caminho, Lisboa, 1986; CARLOS ALBERTO AFONSO, *Teoria do Estado*, Ed. Vozes, São Paulo, 1988; ELCIR CASTELLO BRANCO, *Teoria Geral do Estado*, Ed. Saraiva, São Paulo, 1988; MARTIN CARNOY, *Estado e Teoria Política*, Ed. Papirus, Campinas, 1986; JEAN MEYNAUD, *A Ciência Política*, Ed. Fund. Getulio Vargas, Rio de Janeiro, 1960; SEBASTIÃO TOJAL, *Teoria Geral do Estado*, Ed. Forense, São Paulo, 1997; DAVID EASTON, *Uma Teoria de Análise Política*, Rio de Janeiro, Ed. Zahar, 1968; RICHARD BELLAMY (Editor), *Theories and Concepts of Politics*, Manchester, Manchester University Press, 1993.

CAPÍTULO I

Da Sociedade

Origem da Sociedade

5. A vida em sociedade traz evidentes benefícios ao homem mas, por outro lado, favorece a criação de uma série de limitações que, em certos momentos e em determinados lugares, são de tal modo numerosas e frequentes que chegam a afetar seriamente a própria liberdade humana. E, apesar disso, o homem continua vivendo em sociedade. Como se explica este fato? Haverá, por acaso, uma coação irresistível, que impede a liberdade dos indivíduos e os obriga a viver em sociedade, mesmo contra sua vontade? Ou, diferentemente, será que se pode admitir que é a própria natureza do homem que o leva a aceitar, voluntariamente e como uma necessidade, as limitações impostas pela vida social?

Tanto a posição favorável à ideia da sociedade natural, fruto da própria natureza humana, quanto a que sustenta que a sociedade é, tão só, a consequência de um ato de escolha vêm tendo, através dos séculos, adeptos respeitáveis, que procuram demonstrar, com farta argumentação, o acerto de sua posição. Impõe-se, portanto, que se faça o estudo de ambas as posições e dos respectivos argumentos, uma vez que esse é o dado inicial do qual dependerão conclusões fundamentais, relativas à posição do indivíduo na sociedade e no Estado, com repercussões muito sérias sobre as diretrizes a respeito da organização, do funcionamento e da própria existência do Estado.

6. Vejamos, em primeiro lugar, as teorias favoráveis à ideia da sociedade natural, que têm, atualmente, maior número de adeptos e que exercem maior influência na vida concreta do Estado.

O antecedente mais remoto da afirmação clara e precisa de que o homem é um ser social por natureza encontra-se no século IV a.C., com a conclusão de ARISTÓTELES de que "o homem é naturalmente um animal político"[8].

---

8. ARISTÓTELES, *A Política*, I. 9.

Para o filósofo grego, só um indivíduo de natureza vil ou superior ao homem procuraria viver isolado dos outros homens sem que a isso fosse constrangido. Quanto aos irracionais, que também vivem em permanente associação, diz ARISTÓTELES que eles constituem meros agrupamentos formados pelo instinto, pois o homem, entre todos os animais, é o único que possui a razão, o sentimento do bem e do mal, do justo e do injusto.

Na mesma ordem de ideias e, sem dúvida, por influência de ARISTÓTELES, vamos encontrar em Roma, no século I a.C., a afirmação de CÍCERO de que "a primeira causa da agregação de uns homens a outros é menos a sua debilidade do que um certo instinto de sociabilidade em todos inato; a espécie humana não nasceu para o isolamento e para a vida errante, mas com uma disposição que, mesmo na abundância de todos os bens, a leva a procurar o apoio comum"[9]. Assim, pois, não seriam as necessidades materiais o motivo da vida em sociedade, havendo, independente dela, uma disposição natural dos homens para a vida associativa.

Entre os autores medievais é SANTO TOMÁS DE AQUINO o mais expressivo seguidor de ARISTÓTELES, afirmando que "o homem é, por natureza, animal social e político, vivendo em multidão, ainda mais que todos os outros animais, o que se evidencia pela natural necessidade"[10]. Reafirma-se, portanto, a existência de fatores naturais determinando que o homem procure a permanente associação com os outros homens, como forma normal de vida. Assim como ARISTÓTELES dissera que só os indivíduos de natureza vil ou superior procuram viver isolados, SANTO TOMÁS DE AQUINO afirma que a vida solitária é exceção, que pode ser enquadrada numa de três hipóteses: *excellentia naturae*, quando se tratar de indivíduo notavelmente virtuoso, que vive em comunhão com a própria divindade, como ocorria com os santos eremitas; *corruptio naturae*, referente aos casos de anomalia mental; *mala fortuna*, quando só por acidente, como no caso de naufrágio ou de alguém que se perdesse numa floresta, o indivíduo passa a viver em isolamento.

Modernamente, são muitos os autores que se filiam a essa mesma corrente de opinião, estando entre eles o notável italiano RANELLETTI, que enfoca diretamente o problema, com argumentos precisos e colhidos na observação da realidade. Diz ele que, onde quer que se observe o homem, seja qual for a época, mesmo nas mais remotas a que se possa volver,

---

9. CÍCERO, *Da República*, I. 15.
10. SANTO TOMÁS DE AQUINO, *Summa Theologica*, I, XCVI, 4.

o homem sempre é encontrado em estado de convivência e combinação com os outros, por mais rude e selvagem que possa ser na sua origem. O homem singular, completamente isolado e vivendo só, próximo aos seus semelhantes mas sem nenhuma relação com eles, não se encontra na realidade da vida.

Para RANELLETTI o homem é induzido fundamentalmente por uma necessidade natural, porque o associar-se com os outros seres humanos é para ele condição essencial de vida. Só em tais uniões e com o concurso dos outros é que o homem pode conseguir todos os meios necessários para satisfazer as suas necessidades e, portanto, conservar e melhorar a si mesmo, conseguindo atingir os fins de sua existência. Em suma, só na convivência e com a cooperação dos semelhantes o homem pode beneficiar-se das energias, dos conhecimentos, da produção e da experiência dos outros, acumuladas através de gerações, obtendo assim os meios necessários para que possa atingir os fins de sua existência, desenvolvendo todo o seu potencial de aperfeiçoamento, no campo intelectual, moral ou técnico[11].

Esses, em linhas gerais, os argumentos que sustentam a conclusão de que a sociedade é um fato natural, determinado pela necessidade que o homem tem da cooperação de seus semelhantes para a consecução dos fins de sua existência. Essa necessidade não é apenas de ordem material, uma vez que, mesmo provido de todos os bens materiais suficientes à sua sobrevivência, o ser humano continua a necessitar do convívio com os semelhantes. Além disso, é importante considerar que a existência desse impulso associativo natural não elimina a participação da vontade humana. Consciente de que necessita da vida social, o homem a deseja e procura favorecê-la, o que não ocorre com os irracionais, que se agrupam por mero instinto e, em consequência, de maneira sempre uniforme, não havendo aperfeiçoamento.

Em conclusão: a sociedade é o produto da conjugação de um simples impulso associativo natural e da cooperação da vontade humana.

7. Opondo-se aos adeptos do fundamento natural da sociedade encontram-se muitos autores, alguns dos quais exerceram e ainda exercem considerável influência prática, sustentando que a sociedade é, tão só, o produto de um acordo de vontades, ou seja, de um contrato hipotético celebrado entre os homens, razão pela qual esses autores são classificados como *contratualistas*.

---

11. ORESTE RANELLETTI, *Istituzioni di Diritto Pubblico*, Parte Geral, pág. 3.

Há uma diversidade muito grande de contratualismos, encontrando-se diferentes explicações para a decisão do homem de unir-se a seus semelhantes e de passar a viver em sociedade. O ponto comum entre eles, porém, é a negativa do impulso associativo natural, com a afirmação de que só a vontade humana justifica a existência da sociedade, o que vem a ter influência fundamental nas considerações sobre a organização social, sobre o poder social e sobre o próprio relacionamento dos indivíduos com a sociedade.

Muitos autores pretendem ver o mais remoto antecedente do contratualismo em "A República", de PLATÃO, uma vez que lá se faz referência a uma organização social construída racionalmente, sem qualquer menção à existência de uma necessidade natural. O que se tem, na verdade, é a proposição de um modelo ideal, à semelhança do que fariam mais tarde os utopistas do século XVI, como THOMAS MOORE, na sua "Utopia", ou TOMMASO CAMPANELLA em "A Cidade do Sol". Sem revelar preocupação com a origem da sociedade, esses autores procuram descrever uma organização ideal, isenta dos males e das deficiências que viam em todas as sociedades. Seu único ponto de contato com os contratualistas seria a total submissão da vida social à razão e à vontade, devendo-se notar, entretanto, que os utopistas expõem suas ideias como sugestão para uma vida futura, não estabelecendo qualquer vinculação entre essas idealizações e a origem da sociedade.

8. O contratualismo aparece claramente proposto, com sistematização doutrinária, nas obras de THOMAS HOBBES, sobretudo no "Leviatã", publicado em 1651. Para HOBBES o homem vive inicialmente em "estado de natureza", designando-se por esta expressão não só os estágios mais primitivos da História mas, também, a situação de desordem que se verifica sempre que os homens não têm suas ações reprimidas, ou pela voz da razão ou pela presença de instituições políticas eficientes. Assim, pois, o estado de natureza é uma permanente ameaça que pesa sobre a sociedade e que pode irromper sempre que a paixão silenciar a razão ou a autoridade fracassar. HOBBES acentua a gravidade do perigo afirmando sua crença em que os homens, no estado de natureza, são egoístas, luxuriosos, inclinados a agredir os outros e insaciáveis, condenando-se, por isso mesmo, a uma vida solitária, pobre, repulsiva, animalesca e breve. Isto é o que acarreta, segundo sua expressão clássica, a permanente "guerra de todos contra todos"[12]. O mecanismo dessa guerra tem como ponto de partida a igualda-

---

12. HOBBES, *Leviatã*, Parte I, Cap. XVIII.

de natural de todos os homens. Justamente por serem, em princípio, igualmente dotados, cada um vive constantemente temeroso de que outro venha tomar-lhe os bens ou causar-lhe algum mal, pois todos são capazes disso. Esse temor, por sua vez, gera um estado de desconfiança, que leva os homens a tomar a iniciativa de agredir antes de serem agredidos.

É neste ponto que interfere a razão humana, levando à celebração do contrato social. Apesar de suas paixões más, o homem é um ser racional e descobre os princípios que deve seguir para superar o estado de natureza e estabelecer o "estado social". HOBBES formula, então, duas *leis fundamentais da natureza*, que estão na base da vida social e que são as seguintes: *a*) cada homem deve esforçar-se pela paz, enquanto tiver a esperança de alcançá-la; e, quando não puder obtê-la, deve buscar e utilizar todas as ajudas e vantagens da guerra; *b*) cada um deve consentir, se os demais também concordam, e enquanto se considere necessário para a paz e a defesa de si mesmo, em renunciar ao seu direito a todas as coisas, e a satisfazer-se, em relação aos demais homens, com a mesma liberdade que lhe for concedida com respeito a si próprio.

Tornados conscientes dessas leis os homens celebram o *contrato*, que é a mútua transferência de direitos[13]. E é por força desse ato puramente racional que se estabelece a vida em sociedade, cuja preservação, entretanto, depende da existência de um poder visível, que mantenha os homens dentro dos limites consentidos e os obrigue, por temor ao castigo, a realizar seus compromissos e à observância das leis da natureza anteriormente referidas. Esse poder visível é o Estado, um grande e robusto homem artificial, construído pelo homem natural para sua proteção e defesa.

Tendo ressaltado, de início, as características e os males do estado de natureza, HOBBES chega à conclusão de que, uma vez estabelecida uma comunidade, por acordo, por conquista, ou por qualquer outro meio, deve ser preservada a todo custo por causa da segurança que ela dá aos homens. E afirma, então, que mesmo um mau governo é melhor do que o estado de natureza. Todo governante tem obrigações decorrentes de suas funções, mas pode ocorrer que não as cumpra. Entretanto, mesmo que o governante faça algo moralmente errado, sua vontade não deixa de ser lei e a desobediência a ela é injusta. Para cumprir seus objetivos, o poder do governo não deve sofrer limitações, pois, uma vez que estas existam, aquele que as impõe é que se torna o verdadeiro governante.

---

13. *Idem*, Parte I, Cap. XIV.

Disso tudo resulta o conceito de Estado como "uma pessoa de cujos atos se constitui em autora uma grande multidão, mediante pactos recíprocos de seus membros, com o fim de que essa pessoa possa empregar a força e os meios de todos, como julgar conveniente, para assegurar a paz e a defesa comuns". O titular dessa pessoa se denomina *soberano* e se diz que tem *poder soberano*, e cada um dos que o rodeiam é seu *súdito*[14].

Como fica evidente, além da afirmação da base contratual da sociedade e do Estado, encontra-se na obra de Hobbes uma clara sugestão ao absolutismo, sendo certo que suas ideias exerceram grande influência prática, tanto por seu prestígio pessoal junto à nobreza inglesa (tendo sido, inclusive, preceptor do futuro rei Carlos II da Inglaterra), como pela circunstância de que tais ideias ofereciam uma solução para os conflitos de autoridade, de ordem e de segurança, de grande intensidade no século XVII.

9. A reação às ideias absolutistas de Hobbes viria no fim do século XVII, na própria Inglaterra, com os trabalhos de Locke, mas a oposição clara e sistematizada à sua concepção do contratualismo ocorreria no século seguinte, especialmente na França, tendo por base a negativa de que sociedade tivesse sua existência ligada à necessidade de conter a "guerra de todos contra todos", resultante da predominância das más paixões humanas no estado de natureza[15]. Entretanto, mesmo os que se opõem então à espécie de contratualismo de Hobbes tomam posição nitidamente contratualista para explicar a origem da sociedade. Assim ocorreu, por exemplo,

---

14. *Idem*, Parte II, Cap. XVII.

15. John Locke é, sem qualquer dúvida, um autor importante, cujas obras, marcadamente antiabsolutistas, exerceram grande influência na chamada Revolução Inglesa, de 1688, bem como na Revolução Americana de 1776. É preciso assinalar, entretanto, que, não obstante ser comum sua inclusão entre os contratualistas, em toda a sua vasta obra, publicada entre 1685 e 1720 (parcialmente póstuma, pois Locke morreu em 1704), é marcante a influência de sua formação religiosa, com frequentes derivações para a Teologia. Dessa forma, seria impossível que ele sustentasse um contratualismo puro, que deve admitir, como ponto de partida, o homem inteiramente livre, senhor da decisão de se associar ou não aos outros homens, pois isso iria conflitar com sua concepção cristã da criação. E, de fato, basta a transcrição de um pequeno trecho do *Segundo Tratado sobre o Governo* para verificar que Locke esteve mais próximo de Aristóteles e Santo Tomás de Aquino do que dos contratualistas. Eis suas palavras: "Tendo Deus feito o homem criatura tal que, conforme julgava, não seria conveniente para o próprio homem ficar só, colocou-o sob fortes obrigações de necessidade, conveniência e inclinação para arrastá-lo à sociedade, provendo-o igualmente de entendimento e linguagem para que continuasse a gozá-la" (VII, 77).

com MONTESQUIEU, que, em sua obra fundamental, "Do Espírito das Leis", também se refere ao homem em estado natural, anterior ao estabelecimento das sociedades. Diz, porém, que tal homem sentiria, antes de tudo, sua fraqueza e estaria constantemente atemorizado, acrescentando que nesse estado todos se sentem inferiores e dificilmente alguém se sente igual a outrem. Ninguém procuraria, portanto, atacar, e a paz seria a primeira lei natural. "Não é razoável", acrescenta MONTESQUIEU, "o desejo que HOBBES atribui aos homens de subjugarem-se mutuamente. A ideia de supremacia e de dominação é tão complexa e dependente de tantas outras que não seria ela a primeira ideia que o homem teria"[16].

Para MONTESQUIEU existem também leis naturais que levam o homem a escolher a vida em sociedade. Essas leis são as seguintes: *a)* o desejo de paz; *b)* o sentimento das necessidades, experimentado principalmente na procura de alimentos; *c)* a atração natural entre os sexos opostos, pelo encanto que inspiram um ao outro e pela necessidade recíproca; *d)* o desejo de viver em sociedade, resultante da consciência que os homens têm de sua condição e de seu estado. Depois que, levados por essas leis, os homens se unem em sociedade, passam a sentir-se fortes, a igualdade natural que existia entre eles desaparece e o estado de guerra começa, ou entre sociedades, ou entre indivíduos da mesma sociedade.

Embora começando por essas observações e dizendo em seguida que "sem um governo nenhuma sociedade poderia subsistir"[17], MONTESQUIEU não chega a mencionar expressamente o contrato social e passa à apreciação das leis do governo, sem fazê-las derivar diretamente de um pacto inicial.

Quem retomou a linha de apreciação de HOBBES, explicando a existência e a organização da sociedade a partir de um contrato inicial, foi ROUSSEAU, especialmente em seu livro mais divulgado, "O Contrato Social", aparecido em 1762, no qual, entretanto, adotou posição semelhante à de MONTESQUIEU no tocante à predominância da bondade humana no estado de natureza. O contratualismo de ROUSSEAU, que exerceu influência direta e imediata sobre a Revolução Francesa e, depois disso, sobre todos os movimentos tendentes à afirmação e à defesa dos direitos naturais da pessoa humana, foi, na verdade, o que teve maior repercussão prática. Com efeito, ainda hoje é claramente perceptível a presença das ideias de ROUSSEAU na afirmação do povo como soberano, no reconhecimento da igualdade

---

16. MONTESQUIEU, *Do Espírito das Leis*, Livro I, Cap. II.
17. *Idem*, Livro I, Cap. III.

como um dos objetivos fundamentais da sociedade, bem como na consciência de que existem interesses coletivos distintos dos interesses de cada membro da coletividade.

Afirma Rousseau que a ordem social é um direito sagrado que serve de base a todos os demais, mas que esse direito não provém da natureza, encontrando seu fundamento em convenções[18]. Assim, portanto, é a vontade, não a natureza humana, o fundamento da sociedade. Acreditando num estado de natureza, precedente ao estado social e no qual o homem, essencialmente bom, só se preocupa com sua própria conservação, escreve Rousseau: "Suponho os homens terem chegado a um ponto em que os obstáculos que atentam à sua conservação no estado natural excedem, pela sua resistência, as forças que cada indivíduo pode empregar para manter-se nesse estado. Então este estado primitivo não pode subsistir, e o gênero humano pereceria se não mudasse de modo de ser".

Na impossibilidade de ser aumentada a força de cada indivíduo, o homem, consciente de que a liberdade e a força constituem os instrumentos fundamentais de sua conservação, pensa num modo de combiná-los. Segundo Rousseau, essa dificuldade pode ser assim enunciada: "... encontrar uma forma de associação que defenda e proteja a pessoa e os bens de cada associado, de qualquer força comum; e pela qual cada um, unindo-se a todos, não obedeça, portanto, senão a si mesmo, ficando, assim, tão livre como dantes". E conclui Rousseau: "Tal é o problema fundamental que o *Contrato Social* soluciona"[19]. É então que ocorre a alienação total de cada associado, com todos os seus direitos a favor de toda a comunidade. Nesse instante, o ato de associação produz um corpo moral e coletivo, que é o *Estado*, enquanto mero executor de decisões, sendo o *soberano* quando exercita um poder de decisão. O soberano, portanto, continua a ser o conjunto das pessoas associadas, mesmo depois de criado o Estado, sendo a soberania inalienável e indivisível.

Essa associação dos indivíduos, que passa a atuar soberanamente, sempre no interesse do todo que engloba o interesse de cada componente, tem uma vontade própria, que é a *vontade geral*. Esta não se confunde com uma simples soma das vontades individuais, mas é uma síntese delas. Cada indivíduo, como homem, pode ter uma vontade própria, contrária até à vontade geral que tem como cidadão. Entretanto, por ser a síntese das

---

18. Rousseau, *O Contrato Social*, Livro I, Cap. I.
19. *Idem*, Livro I, Cap. VI.

vontades de todos, a vontade geral é sempre reta e tende constantemente à utilidade pública. Entretanto, adverte Rousseau: "Há, às vezes, diferença entre a vontade de todos e a vontade geral: esta atende só ao interesse comum, enquanto que a outra olha o interesse privado e não é senão uma soma das vontades particulares"[20].

Tendo partido da afirmação da existência de uma liberdade natural, que a sociedade visa proteger, não aniquilar, Rousseau se refere também à igualdade natural, dizendo que, longe de destruí-la, o pacto fundamental procede a uma correção, suprindo as deficiências resultantes de desigualdade física e fazendo com que os homens, podendo ser desiguais em força ou engenho, se tornem iguais por convenção e de direito. Por isso tudo ele próprio formula a conclusão de que, se indagarmos em que consiste precisamente o maior bem de todos, que deve ser o fim de toda legislação, encontraremos dois objetos principais: *liberdade* e *igualdade*[21].

Em resumo, verifica-se que várias das ideias que constituem a base do pensamento de Rousseau são hoje consideradas fundamentos da democracia. É o que se dá, por exemplo, com a afirmação da predominância da vontade popular, com o reconhecimento de uma liberdade natural e com a busca de igualdade, que se reflete, inclusive, na aceitação da vontade da maioria como critério para obrigar o todo, o que só se justifica se for acolhido o princípio de que todos os homens são iguais.

É interessante notar, afinal, que o contratualismo não tem, atualmente, adeptos declarados, que o sustentem como doutrina, havendo, porém, inúmeros autores de grande prestígio que acatam os preceitos básicos do contratualismo como formulações simbólicas, aceitáveis como justificativa, de caráter filosófico, não histórico, da ordem social. É precisamente esta a posição de Groppali, que, não obstante afirmar que os homens nunca se associaram após um primitivo estado de natureza, como supunham os contratualistas, porque viveram sempre associados, faz a seguinte ponderação: "O estado de natureza, concebido por Hobbes como de luta, e considerado por Rousseau como idílico, poderá ter o valor de hipótese ou de critério de caráter racional para avaliar sob esse padrão, considerado como estado ideal da sociedade, determinadas condições históricas, muito embora em realidade jamais tenha existido"[22].

---

20. *Idem*, Livro II, Cap. III.
21. *Idem*, Livro II, Cap. XI.
22. Alexandre Groppali, *Doutrina do Estado*, pág. 56.

10. Como conclusão pode-se afirmar que predomina, atualmente, a aceitação de que a sociedade é resultante de uma necessidade natural do homem, sem excluir a participação da consciência e da vontade humanas. É inegável, entretanto, que o contratualismo exerceu e continua exercendo grande influência prática, devendo-se mesmo reconhecer sua presença marcante na ideia contemporânea de democracia.

Por último, é necessário assinalar que esta primeira conclusão deverá estar presente em todas as considerações sobre a vida social, sua organização com um centro de poder, sua dinâmica, seus objetivos e, especialmente, nas considerações sobre a posição e o comportamento do indivíduo na sociedade, pois, uma vez que esta é um imperativo natural, não se poderá falar do homem concebendo-o como um ser isolado, devendo-se concebê-lo sempre, necessariamente, como o *homem social*.

Bibliografia

ARISTÓTELES, *A Política*, Ed. de Ouro, com introdução de Ivan Lins, Rio de Janeiro, 1965; JEAN-JACQUES ROUSSEAU, *O Contrato Social*, Ed. Cultrix, São Paulo, 1971; MONTESQUIEU, *Do Espírito das Leis*, Difusão Europeia do Livro, São Paulo, 1962, 2 vols.; ALEXANDRE GROPPALI, *Doutrina do Estado*, Ed. Saraiva, São Paulo, 1962; THOMAS HOBBES, *Leviatán o la Materia, Forma y Poder de una República, Eclesiástica y Civil*, Fondo de Cultura Económica, México, 1940; JOHN LOCKE, *Segundo Tratado sobre o Governo*, Ed. Ibrasa, São Paulo, 1963; J. D. MABBOT, *O Estado e o Cidadão*, Ed. Zahar, Rio de Janeiro, 1968; LOURIVAL GOMES MACHADO, *Homem e Sociedade na Teoria Política de Jean-Jacques Rousseau*, Ed. Martins e Ed. da Universidade de São Paulo, 1968; JOHN BEATTIE, *Introdução à Antropologia Social*, Companhia Editora Nacional-EDUSP, São Paulo, 1971; RALPH LINTON, *O Homem*, Ed. Martins, São Paulo, 1970 (4ª ed.).

A Sociedade e seus Elementos Característicos

11. Estudando a origem da sociedade, procuramos a justificativa para a vida social, visando a fixar um ponto de partida que nos permitisse considerar a sociedade como fruto de uma necessidade ou, simplesmente, da vontade humana. Podemos agora avançar um pouco, estabelecendo uma ideia mais precisa de sociedade, para irmos delimitando e precisando o objeto do presente estudo.

Numa visão genérica do desenrolar da vida do homem sobre a Terra, desde os tempos mais remotos até nossos dias, verificamos que, à medida que se desenvolveram os meios de controle e aproveitamento da natureza, com a descoberta, a invenção e o aperfeiçoamento de instrumentos de trabalho e de defesa, a sociedade simples foi-se tornando cada vez mais complexa. Grupos foram-se constituindo dentro da sociedade, para executar tarefas específicas, chegando-se a um pluralismo social extremamente complexo. À vista disso, para se estabelecerem as regras de atuação de cada sociedade e, sobretudo, para se obter um relacionamento recíproco perfeitamente harmônico dentro do pluralismo social, é preciso, antes de mais nada, estabelecer uma caracterização geral das sociedades.

Como se tem verificado com muita frequência, é comum que um grupo de pessoas, mais ou menos numeroso, se reúna em determinado lugar em função de algum objetivo comum. Tal reunião, mesmo que seja muito grande o número de indivíduos e ainda que tenha sido motivada por um interesse social relevante, não é suficiente para que se possa dizer que foi constituída uma sociedade. Quais são, pois, os elementos necessários para que um agrupamento humano possa ser reconhecido como uma sociedade? Esses elementos, encontrados em todas as sociedades, por mais diversas que sejam suas características, são três:

a) uma finalidade ou valor social;
b) manifestações de conjunto ordenadas;
c) o poder social.

Para que se compreenda o que representa cada um desses elementos e para que se possa, afinal, apreciá-los adequadamente em conjunto, é indispensável que se analise cada um em separado, depois do que será possível destacar, para efeito de estudo, cada espécie de sociedade.

Bibliografia

MAURICE HAURIOU, *"Aux Sources du Droit"*, in *Cahiers de la Nouvelle Journée*, nº 23, Libr. Blond & Gay, Paris, 1933; GOFFREDO TELLES JR., *Filosofia do Direito*, Ed. Max Limonad, 2º tomo, São Paulo, s/d; GEORGES RENARD, *La Théorie de l'Institution*, Recueil Sirey, Paris, 1930; TALCOTT PARSONS, *The Social System*, Free Press, Nova York, 1968 (4ª ed.); HARRY L. SHAPIRO, *Homem, Cultura e Sociedade*, Ed. Fundo de Cultura, Rio de Janeiro, 1966.

Finalidade Social

12. Quando se afirma que alguém ou alguma coisa tem uma finalidade a atingir, essa afirmação pressupõe um ato de escolha, um objetivo conscientemente estabelecido. Além disso, pressupõe-se uma ação livre, que pode ser orientada no sentido de certo objetivo, que é justamente a finalidade. Em relação à sociedade humana, pode-se dizer que ela tem uma finalidade? E, em caso de resposta afirmativa, qual seria essa finalidade? A indagação a respeito de um finalismo social é da maior importância, implicando o problema fundamental da liberdade humana.

Entre os autores que trataram desse problema, encontramos, de um lado, os que negam aquela possibilidade de escolha, que são os deterministas, enquanto que, de outro, estão os que sustentam ser possível a fixação da finalidade social, por meio de um ato de vontade.

Qual o fundamento em que se apoiam os deterministas? Dizem eles que o homem está submetido, inexoravelmente, a uma série de leis naturais, sujeitas ao princípio da causalidade. Por essa razão, embora exista a possibilidade de interferir em pormenores da vida social, há um fator ou há vários fatores determinando a sucessão dos fatos fundamentais. Para alguns deterministas esse fator é de ordem econômica, para outros é de ordem geográfica, havendo ainda várias outras correntes deterministas, todas tendo em comum a afirmativa de que o homem tem sua vida social condicionada por certo fator, não havendo a possibilidade de se escolher um objetivo e de orientar para ele a vida social.

A consequência mais grave da crença no determinismo social é a voluntária submissão a leis consideradas inexoráveis, com a consequente automatização da vida social e a descrença em mudanças qualitativas, pois, se tudo está predeterminado, é melhor não fazer qualquer esforço que já se sabe inútil, sendo preferível procurar conhecer o sentido do determinismo e adaptar-se a ele. Para os deterministas não há, portanto, um objetivo a atingir, havendo, pelo contrário, uma sucessão natural de fatos, que o homem não pode interromper. Referindo-se a esses autores, GURVITCH considera contraditório que eles, ao mesmo tempo em que sustentam a existência de um determinismo, apregoem a existência da liberdade humana e se digam preocupados com ela. Acusa, então, o notável sociólogo, "a ambiguidade da consciência da liberdade — que se crê, sem convicção, ineficaz ou impedida de interferir efetivamente na vida social, e que se consola de sua covardia e de sua resignação pelas escapatórias do determinismo declarado inabalável — e a ambiguidade da glorificação do determinismo social que encobre o medo a toda mudança e a todo risco, o horror a toda novidade imprevista, o desejo de ser subjugado ou de subjugar"[23].

13. Opondo-se a essa posição determinista encontram-se os autores que podem ser designados como *finalistas*, por sustentarem que há uma finalidade social, livremente escolhida pelo homem. Não obstante haver um impulso associativo natural na origem da sociedade humana, há também a participação da inteligência e da vontade humanas. O homem tem consciência de que deve viver em sociedade e procura fixar, como objetivo da vida social, uma finalidade condizente com suas necessidades fundamentais e com aquilo que lhe parece ser mais valioso.

Surge, entretanto, uma dificuldade: se cada homem é dotado de inteligência e de vontade, e se — como verificamos a cada passo — o que é mais valioso para um é completamente desprovido de valor para outro, como estabelecer uma finalidade que atenda aos desejos de toda a sociedade? Essa finalidade deverá ser algo, um valor, um bem, que todos considerem como tal, daí a primeira conclusão de que a finalidade social é o *bem comum*. É preciso, entretanto, que se estabeleça uma ideia mais precisa do bem comum, uma vez que se verifica, entre os homens, uma grande diversidade de preferências. Com efeito, se o bem comum for concebido como um valor material, não estará sendo considerada a preferência de muitos homens que não dão predominância a valores dessa espécie. O mesmo ocorrerá, quanto a outra parte da Humanidade, se houver a exclusão dos bens materiais. Qual seria, pois, o conceito de bem comum capaz de atender às aspirações de todos, sem efetuar exclusões?

Um conceito extremamente feliz de bem comum, verdadeiramente universal, que indica um valor reconhecível como tal por todos os homens,

---

23. GEORGES GURVITCH, *Determinismos Sociais e Liberdade Humana*, pág. XVII.

sejam quais forem as preferências pessoais, foi assim formulado pelo Papa João XXIII: "O bem comum consiste no conjunto de todas as condições de vida social que consintam e favoreçam o desenvolvimento integral da personalidade humana"[24]. Na realidade, a ideia do bem comum, ligado à socialização, já havia sido exposta pelo próprio Papa João XXIII numa encíclica anterior, a *"Mater et Magistra"*. E a sintetização dessa ideia em termos precisos deu como resultado o valioso conceito que aparece na *"Pacem in Terris"*.

Como se vê, não é feita referência a uma espécie particular de bens, indicando-se, em lugar disso, um *conjunto de condições*, incluindo a ordem jurídica e a garantia de possibilidades *que consintam e favoreçam o desenvolvimento integral da personalidade humana*. Nesta ideia de integral desenvolvimento da personalidade está compreendido tudo, inclusive os valores materiais e espirituais, que cada homem julgue necessário para a expansão de sua personalidade.

Ao se afirmar, portanto, que a sociedade humana tem por finalidade o bem comum, isso quer dizer que ela busca a criação de condições que permitam a cada homem e a cada grupo social a consecução de seus respectivos fins particulares. Quando uma sociedade está organizada de tal modo que só promove o bem de uma parte de seus integrantes, é sinal de que ela está mal organizada e afastada dos objetivos que justificam sua existência.

Bibliografia

Georges Gurvitch, *Determinismos Sociais e Liberdade Humana*, Ed. Forense, Rio de Janeiro, 1968; José Carlos de Ataliba Nogueira, *O Estado é Meio e não Fim*, Ed. Saraiva, São Paulo, 1945; Papa João XXIII, *Pacem in Terris* (Encíclica), Ed. Vozes, Petrópolis, 1963; G. E. C. Catlin, *Tratado de Política*, Ed. Zahar, Rio de Janeiro, 1964; John Dewey, *Teoria da Vida Moral*, Ed. Ibrasa, São Paulo, 1964.

---

24. Papa João XXIII, *Pacem in Terris* (Encíclica, II, 58).

Ordem Social e Ordem Jurídica

14. Como foi dito anteriormente, não basta uma reunião de pessoas para que se tenha por constituída uma sociedade, sendo indispensável, entre outras coisas, que essas pessoas se tenham agrupado em vista de uma finalidade. E, quanto à sociedade humana, que é a reunião de todos os homens e que, portanto, deve objetivar o bem de todos, a finalidade é o bem comum.

Entretanto, é evidente que o simples agrupamento de pessoas, com uma finalidade comum a ser atingida, não seria suficiente para assegurar a consecução do objetivo almejado, sendo indispensável que os componentes da sociedade passem a se manifestar em conjunto, sempre visando àquele fim. Mas, para assegurar a orientação das manifestações num determinado sentido e para que se obtenha uma ação harmônica dos membros da sociedade, preservando-se a liberdade de todos, é preciso que a ação conjunta seja ordenada. Aqui está, portanto, a segunda nota característica da sociedade: as *manifestações de conjunto ordenadas*.

Em face dos objetivos a que elas estão ligadas, e tendo em conta a forma de que se revestem, bem como as circunstâncias em que se verificam, as manifestações de conjunto devem atender a três requisitos, que são os seguintes: *reiteração*, *ordem* e *adequação*. Vejamos a significação de cada um desses requisitos.

Reiteração

Como já foi ressaltado, é preciso muito mais do que a simples reunião de pessoas, num certo lugar e em determinado momento, para a consecução de um objetivo que é permanente e que pressupõe a prática de numerosos atos, muitos dos quais exigem a conjugação de esforços continuamente desenvolvidos durante muito tempo. Relativamente à sociedade humana é preciso ter-se em conta que sua finalidade, o bem comum, é um objetivo permanente, pois em cada momento e em cada lugar surgem novos fatores que influem na própria noção de bem comum.

Por tal razão é indispensável que os membros da sociedade se manifestem em conjunto reiteradamente, pois só através da ação conjunta continuamente reiterada o todo social terá condições para a consecução de seus objetivos. A necessidade de manifestações de conjunto não significa, obviamente, que todos os membros da sociedade devam estar reunidos num só local e ao mesmo tempo, a fim de que sejam praticados os atos exigidos pela busca de sua finalidade. Tais atos podem ser simples, praticados por um só indivíduo ou num determinado momento, como podem ser complexos, exigindo a participação de muitos indivíduos ou grupos sociais, podendo ainda ser a resultante de um conjunto de atos concomitantes ou sucessivos.

O que verdadeiramente importa é que, permanentemente, a sociedade, por seus componentes, realize manifestações de conjunto visando à consecução de sua finalidade. Como é evidente, para que haja o sentido de conjunto e para que se assegure um rumo certo, os atos praticados isoladamente devem ser conjugados e integrados num todo harmônico, surgindo aqui a exigência de ordem.

Ordem

Havendo tanta diversidade de preferências, de aptidões e de possibilidades entre os homens, como assegurar que, mantendo-se a liberdade, haja unidade na variedade, conjugando-se todas as ações humanas em função de um fim comum? Se observarmos o mundo da natureza veremos que há um constante movimento e que, apesar disso, existe harmonia e criação. Como é possível isso? É porque os movimentos são ordenados, produzindo-se de acordo com determinadas leis. Embora os homens tenham dificuldade em conhecer essas leis, e de tempos em tempos devam rever suas conclusões à luz de novos conhecimentos, o fato é que elas existem e o seu conjunto compõe a ordem universal.

Seria possível estabelecer-se um paralelismo perfeito entre a ordem que rege a natureza física e a ordem humana? No século XIX, em consequência do grande desenvolvimento das ciências naturais, pretendeu-se, com grande exagero, que elas explicassem tudo, inclusive a vida social. Essa crença exagerada nas ciências, que levou a uma deformação batizada de *cientificismo*, foi muito semelhante ao que está ocorrendo agora com a técnica e que já originou um exagerado *tecnicismo*.

Entretanto, não obstante o exagero, aquela pretensão conduziu à crença na possibilidade de tratamento científico do comportamento humano em sociedade, vale dizer, à certeza da existência de leis regendo a vida social. Exemplo dessa passagem é a afirmação de Durkheim, cuja contribuição foi decisiva para a criação da Sociologia como ciência, de que *os fatos sociais devem ser tratados como coisas*. Respondendo às críticas que foram dirigidas a sua obra, sobretudo àquelas que o acusavam de haver adotado uma posição extremamente materialista, por reduzir os homens à condição de coisas, escreveu Durkheim: "A proposição segundo a qual os fatos sociais devem ser tratados como coisas — afirmação que constitui a base de nosso método — é, talvez, de todas, a que encontrou maior oposição. Considerou-se paradoxal e escandaloso que considerássemos coisas semelhantes as realidades do mundo social e as realidades do mundo exterior". E assim se explicou: "Nós não dissemos, com efeito, que os fatos são coisas materiais, mas coisas com o mesmo direito que as coisas materiais, embora de outra maneira"[25].

Especialmente no famoso ensaio denominado *As Regras do Método Sociológico*, Durkheim desenvolveu amplamente suas ideias, procurando mostrar, inclusive, que os fatores psicológicos (que ocorrem *dentro* do indivíduo) e os fatores sociais (que ocorrem *fora* do indivíduo) compõem, no seu conjunto, a *matéria* da vida social, estando sujeitos a leis que lhes são próprias e que não se confundem com as leis da natureza física.

A partir daí foi-se desenvolvendo uma nítida diferenciação entre duas ordens: uma ordem da natureza, ou Mundo Físico, e uma ordem humana, ou Mundo Ético, estando neste compreendidas todas as leis que se referem ao agir humano. Tratando das leis que regem cada uma dessas ordens, Kelsen procurou demonstrar que há duas espécies diferentes, submetidas a princípios fundamentalmente diversos. Enquanto a ordem da natureza está submetida ao princípio da causalidade, à ordem humana se aplica o princípio da imputação. E explica: ambos esses princípios se apresentam sob a forma de juízos hipotéticos, que estabelecem uma relação entre uma

---

25. Emile Durkheim, *Sociología* (edição argentina contendo dois de seus ensaios fundamentais: *Las Reglas del Método Sociológico* e *Sociología y Ciencias Sociales*), págs. 24 e 25.

condição e uma consequência, mas a natureza dessa relação não é a mesma nos dois casos. A diferença entre eles pode ser assim demonstrada:

"*Causalidade*: Se 'A' (condição) *é* — 'B' (consequência) *é*.

Isto quer dizer que sempre que for verificada a mesma condição, ocorrerá a mesma consequência, não podendo haver qualquer interferência que altere a correlação. Assim, o aquecimento de um metal, que é a condição, acarreta sempre a sua dilatação, que é a consequência. E esse fenômeno está inserido numa cadeia contínua e interminável, pois assim como o aquecimento já foi consequência de uma condição anterior, a dilatação será condição de consequências seguintes, numa sucessão ininterrupta.

Imputação: Se 'A' (condição) *é* — 'B' (consequência) *deve ser*.

Neste caso, que é o da ordem humana, a condição deve gerar determinada consequência, mas *pode não gerar*. É o que acontece, por exemplo, quando se diz que aquele que rouba deve ser preso. Verificada a condição, que é a prática do roubo, deve acarretar uma consequência, que é a prisão de quem o praticou. É possível, entretanto, que haja a interferência de um fator humano ou natural e que a consequência não se verifique. Além disso, essa ocorrência é isolada, terminando em si mesma, não sendo possível indicar-se um antecedente certo que causou o roubo, como também não se pode estabelecer qualquer ligação certa entre a prisão do autor e acontecimentos futuros"[26].

---

26. HANS KELSEN, *Teoría Pura del Derecho*, págs. 16 a 34. Sobre a diferenciação entre Mundo Ético e Mundo Físico e a consequente necessidade de reconhecer que há leis de natureza diferente aplicáveis a cada uma, é curiosa a evolução do pensamento de GOFFREDO TELLES JR., o notável mestre da Faculdade de Direito da Universidade de São Paulo. Em sua obra *A Criação do Direito*, escrita em 1953, depois de estudar minuciosamente o assunto, expressa ele a seguinte conclusão: "Diante do que ficou explicado, verifica-se que a ciência chegou a duas conclusões, que parecem definitivas e que podem ser resumidas nos seguintes termos: 1. é impossível reduzir toda a vida psíquica do homem a atividades físicas, o que implica reconhecer que algo há no homem que não é matéria e que, portanto, não se acha sujeito às leis físicas" (vol. I, pág. 136). Posteriormente, na obra *O Direito Quântico*, escrita em 1971, revelando que seu pensamento não se acomodou a conclusões que a ciência consagrara, retoma corajosamente o assunto, analisa-o à luz de novos elementos revelados pela ciência, e firma a surpreendente conclusão: "A revelação científica de como se comportam as partículas no âmago da matéria invalida conceitos clássicos, que pareciam definitivos, sobre a divisão do Universo em Mundo Físico e Mundo Ético. O Mundo Ético não é um mundo de natureza especial, mas um *estágio* da natureza única. A unidade da Substância Universal se manifesta em todas as coisas. Todas as coisas pertencem a um só todo, a Um Todo

Mas, uma vez estabelecida essa primeira diferença entre o Mundo Físico ou da natureza e o Mundo Ético ou do agir humano, fixando-nos neste segundo, que se refere às normas de comportamento social, ainda é necessário fazer-se uma distinção. Com efeito, observando qualquer sociedade, verifica-se que há certos comportamentos desejados ou tolerados, enquanto outros não o são. Mas, entre os comportamentos que a sociedade considera indesejáveis, vê-se que alguns só despertam uma reação de desagrado, enquanto outros podem acarretar consequências mais graves, chegando mesmo à punição de quem os adota. Qual a explicação disso?

Fazendo uma síntese muito precisa das principais teorias que se referem ao problema e através das quais se chega à compreensão do papel do direito na sociedade, García Máynez indica a *unilateralidade da moral* e a *bilateralidade do direito*, como sendo o caráter distintivo de todas as regras de comportamento social. A unilateralidade da moral significa que suas normas, mesmo que reconhecidas por todos como desejáveis para a boa convivência, não estabelecem um relacionamento. Por este motivo, se alguém contraria um preceito moral geralmente aceito, não pode ser compelido a proceder de outra forma, mesmo que incorra no desagrado de todos. Se, em lugar disso, a norma ofendida foi uma norma jurídica, a consequência é diversa, precisamente por causa da bilateralidade: ou a própria vítima da ofensa à norma ou um terceiro poderão reagir para obrigar o ofensor a cumprir a norma violada ou a sofrer uma punição. Isto porque a norma jurídica, sendo bilateral, pressupõe sempre uma relação de direitos e deveres, ligando dois ou mais indivíduos. Para García Máynez, quem conseguiu uma fórmula que resume admiravelmente essa distinção foi Leon Petrasisky, ao qualificar como *imperativas* as normas da moral, enquanto as normas de direito são *imperativo-atributivas*, porque ambas impõem comportamentos, mas só as normas jurídicas atribuem ao prejudicado ou a terceiro a faculdade de exigir o seu cumprimento ou a punição do ofensor[27].

Completando o estudo do assunto, García Máynez indica uma terceira espécie de normas de comportamento social, que são os *convencionalismos sociais*, entre os quais se incluem preceitos de decoro, etiqueta, moda, cortesia etc. Para Del Vecchio todas as normas de comportamento social devem ser incluídas no âmbito da moral ou do direito. Já para Radbruch, aqueles usos sociais ou representam uma etapa embrionária do

---

harmônico e ordenado. As estrelas, as micropartículas e o homem são participantes da mesma *Sociedade Cósmica*" (pág. 162).

27. Eduardo García Máynez, *Introducción al Estudio del Derecho*, págs. 15 a 24.

direito, isto é, são normas jurídicas em começo de formação, ou já representam uma degeneração de normas jurídicas, ou seja, é o direito que já está perdendo esta qualidade. Na opinião de García Máynez os convencionalismos sociais não podem ser confundidos com as normas jurídicas, porque aqueles não têm atributividade, que é um caráter distintivo destas. Mas, ao mesmo tempo, não se confundem com as normas morais, uma vez que estas exigem *interioridade*, implicando retidão de intenção, um propósito bom, enquanto que os convencionalismos, embora sendo também unilaterais, só impõem *exterioridade*, não se importando com os bons ou maus propósitos do sujeito[28].

O que se verifica, em resumo, é que as manifestações de conjunto se produzem numa ordem, para que a sociedade possa atuar em função do bem comum. Essa ordem, regida por leis sujeitas ao princípio da imputação, não exclui a vontade e a liberdade dos indivíduos, uma vez que todos os membros da sociedade participam da escolha das normas de comportamento social, restando ainda a possibilidade de optar entre o cumprimento de uma norma ou o recebimento da punição que for prevista para a desobediência.

Surge, porém, um novo problema, que nos leva ao terceiro requisito das manifestações de conjunto: apesar de se considerarem as regras de comportamento social, inclusive as de direito, como o produto da vontade social, é evidente que sempre haverá indivíduos em desacordo com elas. Além disso, mesmo aqueles que estejam plenamente concordes podem ser levados à desobediência por uma série de fatores que influem sobre a vontade de cada um. Será possível, em face disso tudo, acreditar-se numa harmonia social espontânea, que preserve a unidade do todo e assegure a predominância da preocupação pelo bem comum, ou, pelo contrário, haverá necessidade de um elemento de coerção, para impedir que a ação social se desvie da busca do bem comum? Essa indagação põe o problema do poder social, que será estudado logo adiante.

Adequação

O terceiro requisito das manifestações de conjunto, para que elas se ajustem às exigências da finalidade social, é a adequação. Cada indivíduo, cada grupo humano e a própria sociedade no seu todo devem sempre ter

---
28. *Idem*, págs. 33 a 35.

em conta as exigências e as possibilidades da realidade social, para que as ações não se desenvolvam em sentido diferente daquele que conduz efetivamente ao bem comum, ou para que a consecução deste não seja prejudicada pela utilização deficiente ou errônea dos recursos sociais disponíveis.

Para que seja assegurada a permanente adequação é indispensável que não se impeça a livre manifestação e a expansão das tendências e aspirações dos membros da sociedade. Os próprios componentes da sociedade é que devem orientar suas ações no sentido do que consideram o seu bem comum. Além disso, devem-se ter em conta duas características da realidade social, muito bem sintetizadas por HELLER: *a*) não existe qualquer realidade social totalmente desligada da natureza, como não existe, onde houver uma sociedade humana, qualquer natureza não submetida a fatores histórico-culturais; *b*) a realidade social é um todo complexo, resultante de fatores históricos, inerentes à natureza dos indivíduos, e de fatores ocasionados pela atividade voluntária do homem.

Assim, pois, todo ato humano é conformado por um conjunto de condições naturais, históricas e culturais, e só pode ser qualificado como econômico, jurídico, político etc., segundo o conteúdo de sentido preponderante em cada caso[29]. A noção da conjugação necessária de todos esses fatores levou DUVERGER à formulação do conceito de *conjunto cultural*, que é precisamente o conjunto de elementos que constituem uma comunidade — elementos geográficos, demográficos, técnicos, instituições, representações coletivas — e que se mesclam na realidade segundo combinações singulares[30].

A perda dessa noção de adequação tem levado, não raro, a desvios consideráveis, verificando-se, muitas vezes, que fatores momentâneos ou secundários, ou mesmo fatores relevantes, são considerados como únicos ou absolutamente preponderantes. E a exacerbação desse fator único acaba sendo, inevitavelmente, um obstáculo à consecução do bem comum. Exemplos bem característicos dessa inadequação, no mundo contemporâneo, são a superexaltação da ordem, fazendo-se desta o fim social preponderante, com a sufocação de tendências e aspirações sociais, bem como a superexaltação dos fatores econômicos. Como foi muito bem ressaltado por HENRI LEFEBVRE, o homem contemporâneo, estimulado por uma série de circunstâncias, deu grande relevo às necessidades e aos interesses de natureza econômica, obtendo-se um extraordinário crescimento nessa área,

---

29. HERMANN HELLER, *Teoría del Estado*, págs. 93 a 99.
30. MAURICE DUVERGER, *Sociologia Política*, pág. 151.

praticamente em todo o mundo. Entretanto, para a obtenção desse resultado, vêm sendo deixados bem para trás setores inteiros da sociedade, constatando-se, então, que o *crescimento*, que é apenas o aumento das quantidades, não é acompanhado por um *desenvolvimento*, que exige melhoria qualitativa. Em outras palavras, esse inegável crescimento econômico não é o produto da utilização adequada dos recursos sociais, no sentido do atendimento do bem comum, revelando-se, portanto, absolutamente inútil e, às vezes, até prejudicial para esse fim[31].

15. Aí estão, portanto, os requisitos e suas características, para que as manifestações de conjunto conduzam ao bem comum. A *reiteração*, a *ordem* e a *adequação* devem sempre coexistir, mas a consecução dessa coexistência não é fácil, devendo-se considerar, sobretudo, a seguinte dificuldade: Será possível a harmonização espontânea de todos esses requisitos, sabendo-se que a realidade social é um todo dinâmico e produto de fatores múltiplos? Se for reconhecida a necessidade de um elemento capaz de impor a harmonização, sua presença não implicará a perda da liberdade humana e, em consequência, a perda do bem comum? Supondo-se resolvidas essas dificuldades, qual o critério para se aferir da legitimidade desse elemento coator?

Tudo isso leva à consideração de um dos problemas fundamentais da Teoria Geral do Estado, que é o do *poder social*, que será visto em seguida.

Bibliografia

GEORGES GURVITCH, *Determinismos Sociais e Liberdade Humana*, Ed. Forense, Rio de Janeiro, 1968; GOFFREDO TELLES JR., *A Criação do Direito*, São Paulo, 1953; *O Direito Quântico*, Ed. Max Limonad, São Paulo, 1971; *Filosofia do Direito*, 2º tomo, Ed. Max Limonad, São Paulo, s/d; EDUARDO GARCÍA MÁYNEZ, *Introducción al Estudio del Derecho*, Ed. Porrua, Cidade do México, 1968; SANTI ROMANO, *L'Ordinamento Giuridico*, Ed. Sansoni, Florença, 1962; EMILE DURKHEIM, *Sociología* (contendo *Las Reglas del Método Sociológico* e *Sociología y Ciencias Sociales*), Ed. Alessandri, Córdoba, 1961; MAURICE DUVERGER, *Sociologia Política*, Ed. Forense, Rio de Janeiro, 1968; HENRI LEFEBVRE, *Posição: Contra os Tecnocratas*, Ed. Documentos, São Paulo, 1969; HERMANN HELLER, *Teoría del Estado*, Fondo de Cultura Económica, México, 1947; HANS KELSEN, *Teoría Pura del Derecho*, Ed. Eudeba, Buenos Aires, 1960; FLORESTAN FERNANDES, *Elementos de Sociologia Teórica*, Ed. Nacional e Ed. da USP, 1970; DALMO DE ABREU DALLARI, *O Renascer do Direito*, Ed. Saraiva, São Paulo, 1980 (2ª ed.).

---

31. HENRI LEFEBVRE, *Posição: Contra os Tecnocratas*, pág. 44.

O Poder Social

16. O problema do *poder* é considerado por muitos como o mais importante para qualquer estudo da organização e do funcionamento da sociedade, havendo mesmo quem o considere o núcleo de todos os estudos sociais. Na verdade, seja qual for a época da história da Humanidade ou o grupo humano que se queira conhecer, será sempre indispensável que se dê especial atenção ao fenômeno do poder.

Essa ocorrência do fenômeno em circunstâncias infinitamente variáveis torna extremamente difícil chegar-se a uma tipologia do poder. Não obstante, é possível e conveniente, numa larga síntese, apontar algumas características gerais, úteis para que se chegue a uma noção, mais ou menos precisa, do poder. A primeira característica a ser estabelecida é a *socialidade*, significando que o poder é um fenômeno social, jamais podendo ser explicado pela simples consideração de fatores individuais. Outra importante característica é a *bilateralidade*, indicando que o poder é sempre a correlação de duas ou mais vontades, havendo uma que predomina. É importante que se tenha em conta que o poder, para existir, necessita da existência de vontades submetidas. Além disso, é possível considerar-se o poder sob dois aspectos: ou como *relação*, quando se procede ao isolamento artificial de um fenômeno, para efeito de análise, verificando-se qual a posição dos que nele intervêm; ou como *processo*, quando se estuda a dinâmica do poder.

Essas características gerais estarão implícitas na consideração de um aspecto fundamental, que interessa muito à Teoria Geral do Estado, que é o que se relaciona com a necessidade ou desnecessidade do poder social. Esta última questão é de substancial importância, porque tem influência direta nas considerações sobre a legitimidade e a legalidade do poder.

17. Os autores e as teorias que negam a necessidade do poder social, embora com diferentes fundamentos e preconizando comportamentos diversos, podem ser agrupados, por aquele ponto comum, sob a designação genérica de *anarquistas*.

O anarquismo tem adeptos já na Grécia antiga, nos séculos V e VI a.C., com os filósofos chamados cínicos, dentre os quais se destaca a figura de Diógenes. Para eles, deve-se viver de acordo com a natureza, sem a preocupação de obter bens, respeitar convenções ou submeter-se às leis ou às instituições sociais. Opostos aos cínicos quanto ao método de vida e, ao contrário daqueles, exaltando as virtudes morais, os estoicos também preconizavam, entretanto, a vida espontânea de conformidade com a natureza, o que, afinal, era também uma atitude anarquista. Também no epicurismo, com a exaltação do prazer individual e consequente recusa das imposições sociais, há um princípio de anarquismo, embora não se tenha chegado a uma clara e direta condenação do poder social.

Outra manifestação anarquista, naturalmente com fundamentos bem diversos, é encontrada no cristianismo, apontando-se nos próprios Evangelhos inúmeras passagens que foram interpretadas como claras condenações do poder de uns homens sobre outros, constituindo, portanto, uma espécie de anarquismo. A afirmação de uma igualdade essencial entre os homens, a aspiração a uma fraternidade universal, a condenação de todos os que buscam o poder neste mundo, tudo isso leva, inevitavelmente, ao anarquismo, pois não há como conciliar tais proposições com um sistema de convivência em que uns homens estejam subordinados a outros.

Entretanto, já entre os primitivos teóricos do cristianismo surge a preocupação, inspirada em motivos de ordem prática, de tornar claro que certas afirmações só podem ser bem entendidas mantendo-se consciência da diferença entre o reino deste mundo e o reino de Deus. E o reconhecimento da necessidade do poder social estaria já na recomendação de "dar a César o que é de César e a Deus o que é de Deus". Na "Epístola aos Romanos" (13, 1-7) São Paulo condena as tendências anarquistas do cristianismo primitivo e afirma o dever cristão de obediência à autoridade terrena, proclamando que "todo poder vem de Deus", o que seria explorado séculos mais tarde pelo absolutismo[32]. Mas, apesar dessa diferenciação e antes que se invocasse a vontade de Deus para justificar o poder temporal, surgiria com Santo Agostinho a mais avançada expressão do anarquismo cristão. Sobretudo em sua obra "Da Cidade de Deus", que é, sem dúvida, a mais importante para que se conheça o pensamento político do período da

---

32. Rodolfo de Stefano, *Il Problema del Potere*, págs. 98 a 108.

Patrística, fica muito clara a afirmação da ilegitimidade de todo poder de uns homens sobre outros, quando se diz que *Deus concedeu aos homens que dominassem os irracionais, não os outros homens*[33]. Essa afirmativa, e mais a de que na sociedade pagã não havia verdadeira justiça, razão pela qual não havia verdadeira sociedade, levaria GILSON, o notável estudioso da obra agostiniana, a admitir: "Tomada a rigor, esta tese significa que não existe e não pode existir senão uma única cidade digna deste nome, aquela que observa a verdadeira justiça, em suma, cujo chefe é Cristo"[34]. Essa mesma posição, adotada por SANTO AGOSTINHO no século V da era cristã, iria ser sustentada dois séculos depois por ISIDORO DE SEVILHA[35].

Daí para diante começaria a tomar corpo a ideia de que a Igreja deveria assumir também o poder temporal, para que se formasse um grande Império Cristão, que deveria tomar amplitude universal, chegando-se ao Estado único no momento em que toda a Humanidade fosse cristã. Esta ideia seria o motivo de séculos de luta entre a Igreja e o Estado, e, na verdade, acha-se implícita na aspiração à universalização do cristianismo, que tornaria todos os homens bons e fraternais, eliminando a necessidade de coação social, o que equivale, em última análise, a uma aspiração ao anarquismo, tirando-se deste o sentido vulgar pejorativo.

Outra manifestação anarquista, de pouca expressão prática, é o chamado *anarquismo de cátedra*, que se limita a negar, teoricamente, a necessidade e a legitimidade do poder, admitindo-o apenas como um fato, mera expressão de superioridade material. A manifestação mais clara desse anarquismo encontra-se na obra de LÉON DUGUIT, para quem a diferenciação entre governantes e governados, fruto de necessidades e outras circunstâncias de ordem prática, foi sendo realizada lentamente, sob a ação de elementos diversos, tais como a necessidade de segurança, as crenças religiosas, a atribuição, a tal ou qual indivíduo, de um poder sobrenatural, e muitos outros motivos. Entende DUGUIT que todas as teorias propostas para explicar a diferenciação podem ser reduzidas a duas, que são: *teorias religiosas*, entendidas como tais todas as que revelam a presença de uma crença capaz de influir poderosamente na ação humana. No seu modo de ver, há um sentimento místico na crença exagerada na soberania nacional,

---

33. SANTO AGOSTINHO, *Da Cidade de Deus*, XIX, 15.
34. ETIENNE GILSON, *A Evolução da Cidade de Deus*, pág. 45.
35. Sobre o *anarquismo cristão* veja-se RODOLFO DE STEFANO, *op. cit.*, págs. 111 a 116. Quanto à influência do estoicismo grego sobre o anarquismo agostiniano, veja-se ERNST CASSIRER, *O Mito do Estado*, págs. 134 e 135.

no sindicalismo, na greve geral etc.; e *teorias econômicas*, que são aquelas que indicam a predominância de um fator de natureza econômica, na base da diferenciação entre governantes e governados[36]. Recusando-se a aceitar que uma vontade humana possa, legitimamente, impor obrigação a outra, Duguit chega à conclusão de que o poder é e será sempre um mero fato, a expressão da existência de homens que submetem e de outros que são submetidos. E para explicar a ordem social considera prescindível o poder, afirmando que existe nos homens um sentimento de justiça e um sentimento de sociabilidade, dos quais decorre o fato da *solidariedade*.

18. A mais importante expressão de anarquismo foi o movimento que, com essa denominação, surgiu mesclado com o movimento socialista no início do século XIX, chegando a conquistar considerável número de adeptos e sobrevivendo até o início do século XX.

O antecedente teórico mais próximo do anarquismo é a obra do inglês William Godwin. Associando as ideias de autoridade política e propriedade privada, como influências perniciosas, esperava ele que sua abolição permitisse ao homem voltar ao seu estado natural de simpatia e justiça instintiva. Sem indicar meios práticos para obtenção desse objetivo, Godwin já revelava um aspecto que seria a base de todas as manifestações anarquistas, que é a crença na bondade fundamental do homem, que seria justo e bom se não sofresse coação. Outro anarquista teórico foi Max Stirner(*), que, adotando uma posição ultraindividualista, acabou preconizando uma atitude anarquista extremada. Para ele o indivíduo e seus fins são os únicos valores fundamentais. O Estado é mau porque limita, reprime e submete o indivíduo, obrigando-o a se sacrificar pela comunidade. Assim sendo, o terrorismo e a insurreição devem ser considerados justos, porque visam a eliminar as injustiças que o Estado comete. Max Stirner não chegou a cogitar da organização da sociedade livre, permanecendo na crítica às instituições existentes e justificando qualquer meio de ação contra elas.

Muito maior importância prática do que esses antecedentes teve Pierre Joseph Proudhon, que, adotando em primeiro lugar a denominação de *anarquista*, publicou numerosas obras, conquistando grande número de adeptos, que tiveram atuação saliente no movimento da Comuna de Paris, em 1871. Depois disso, seus seguidores ingressaram na Associação Internacional de Trabalhadores (Primeira Internacional), organizada por Karl

---

36. Léon Duguit, *Leçons de Droit Public Général*, págs. 142 e segs.; Miguel Reale, *Teoria do Direito e do Estado*, pág. 70.

(*) Pseudônimo do alemão Johan Kasper Schmidt.

Marx em 1862 e que iria extinguir-se em 1874, em grande parte devido aos desentendimentos entre marxistas e anarquistas, intensamente manifestados desde 1872[37]. Proudhon, além de condenar a propriedade privada, afirmando que "toda propriedade é um roubo", considerava o poder político um mal em si mesmo, por envolver a abdicação da razão e da independência. Dando grande ênfase aos aspectos econômicos da vida social, a obra de Proudhon exerceu influência considerável sobre vários movimentos proletários do século XIX.

Uma das figuras mais conhecidas do anarquismo militante é Mikhail Bakunin, que foi muito mais um vigoroso agitador político do que um teórico, tendo polemizado violentamente com Karl Marx, a quem acusou de haver traído o movimento proletário por mero oportunismo, sobretudo quando Marx fez objeções ao uso da violência, sustentando ser possível e conveniente a conquista do poder por meio de um partido em moldes tradicionais. Embora adepto de métodos drásticos, Bakunin é fundamentalmente otimista, acreditando na evolução do homem da condição animal para a espiritual, pregando a eliminação do Estado, da propriedade privada e da religião, exatamente por serem expressões da primitiva natureza do homem. O Estado, especialmente, deve ser visto sempre como um instrumento utilizado para organizar e manter a exploração dos pobres pelos ricos, apesar de ser mau também para a classe dirigente, à qual dá uma ideia ilusória de superioridade, mas contra a qual também age arbitrariamente quando julga necessário. À vista disso, tudo deve ser feito para destruir o Estado, usando-se de medidas revolucionárias e sacrificando-se temporariamente a ordem pública, uma vez que isto corresponde a uma necessidade. Os grupos sociais formados espontaneamente devem destruir todos os vestígios da velha organização política, ficando atentos contra todos os remanescentes de autoridade, inclusive o poder proletário.

A destruição do Estado e das instituições burguesas — acredita Bakunin — abrirá caminho para o estabelecimento e o desenvolvimento de relações sociais livres, baseadas no princípio de solidariedade e na proliferação de contratos livres e associações voluntárias. A nova sociedade

---

37. A Segunda Internacional foi organizada em 1889 e não teve atuação digna de nota, tendo dificultadas suas atividades com a eclosão da I Guerra Mundial. Em 1919, após a vitória dos socialistas na Rússia, e já sob influência soviética, foi instituída a Terceira Internacional, extinta em 1943 por iniciativa do governo soviético. No ano de 1947 foi instituído em Belgrado, com a participação da então União Soviética, o COMINFORM (Birô Comunista de Informação), que muitos afirmam ser, na verdade, a Quarta Internacional.

permitirá aos indivíduos gozar os frutos de seu próprio trabalho, e as associações locais, livremente constituídas, irão unir-se a outras, e assim sucessivamente, em esferas cada vez mais amplas, até se chegar à unificação internacional, livre de explorações e de injustiças.

Outro nome de grande importância no movimento anarquista é Piotr Kropotkin, oposto a Bakunin por acreditar na possibilidade de se chegar ao anarquismo por via pacífica, mas também divergindo de Karl Marx por não admitir transigências com as instituições burguesas. Dotado de grande cultura e conhecendo as mais avançadas conquistas da ciência de sua época, introduziu Kropotkin uma série de considerações científicas na discussão do anarquismo, valendo-se, sobretudo, das teorias evolucionistas. Seu principal argumento, de base evolucionista, é o de que no reino animal a cooperação é uma força mais importante para a evolução do que a luta pela vida ou a seleção natural. Na sociedade humana a lei da cooperação e da ajuda mútua toma a forma de equidade, justiça e simpatia, podendo ser expressa pelo lema "não faças aos outros o que não queres que te façam". O Estado, que só apareceu quando as relações de propriedade dividiram a sociedade em classes reciprocamente hostis, baseia-se na errônea suposição de que a coação é necessária para que o homem tenha uma atitude socialmente correta e, com isso, impede as ações livres e espontâneas. Mas, assim procedendo, o Estado impede a hostilidade, fazendo as classes pobres obedecerem as mais ricas.

Contra a propriedade privada, afirma Kropotkin que ela é essencialmente injusta, uma vez que as riquezas são criadas pelo esforço conjugado de homens de todas as classes, não se justificando que seus maiores benefícios se dirijam a uma classe menos numerosa, composta, em grande parte, de parasitas que nada produzem. A respeito da distinção estabelecida pelos economistas entre bens de produção e de consumo, diz que não lhe parece justificada, uma vez que também os chamados bens de consumo são indispensáveis para que haja produção, parecendo-lhe, portanto, que todos os bens, indistintamente, deveriam ser propriedade comum. Quanto à vida social sem a existência de uma autoridade, Kropotkin é absolutamente otimista, afirmando não ser verdadeiro que o Estado seja necessário para preservar a ordem, além do que — acrescenta — a ordem mantida sob coação é desprovida de qualquer valor.

A acusação a Marx e seus seguidores alemães foi expressa na autobiografia de Kropotkin. Escreve ele: "Acontece frequentemente que um partido político, depois de se ter proposto um objetivo e de ter proclamado que só ficará satisfeito depois de atingi-lo inteiramente, divide-se em duas frações: uma continua a ser o partido ao passo que a outra, embora pretendendo não ter mudado uma palavra no seu programa original, aceita uma série de compromissos e, arrastada por eles, afasta-se do programa primitivo, e torna-se um partido de reformas insignificantes e de expedientes. Uma cisão análoga produziu-se no seio da Associação Internacional de Trabalhadores". E pouco mais adiante torna ainda mais precisa a acusação, fazendo referência expressa ao grupo alemão que, sob a denominação de *social-democracia*, pretendia a conquista do poder político nos Estados existentes, deixando de lado, a seu ver, o ideal socialista que deverá ser determinado pela massa dos trabalhadores organizados; e, passando a objetivar a exploração das indústrias pelo Estado, o socialismo daquele grupo se convertera num verdadeiro capitalismo de Estado[38].

Por uma série de circunstâncias, entre as quais o excessivo apelo à violência, o anarquismo foi perdendo adeptos ao mesmo tempo em que aumentava a agressividade dos grupos remanescentes. No fim do século XIX ainda se registram ações violentas em alguns países, como nos Estados Unidos, onde os anarquistas praticaram uma série de atos terroristas em Chicago, no ano de 1887, e na Itália, onde, em 1900, assassinaram o Rei Humberto I na cidade de Monza. Depois disso houve manifestações anarquistas na França, na Espanha e, com menos intensidade, em alguns outros países, podendo-se afirmar que o movimento ficou reduzido a um pequeno número de adeptos, de pequena expressão política. No Brasil foi registrada a presença de grupos anarquistas, especialmente em São Paulo e no Rio de Janeiro, no fim do século XIX e no começo do século XX, figurando como líderes imigrantes italianos e espanhóis. O movimento se manteve organizado e promoveu algumas manifestações de certa repercussão, tendo sido a mais importante uma greve geral levada a efeito em São Paulo, em 1917. Daí por diante sua importância foi diminuindo, reduzindo-se a um grupo praticamente inexpressivo já na década de 20[39].

---

[38]. A obra autobiográfica de KROPOTKIN foi publicada em português, com o título *Em Torno de uma Vida*, no ano de 1946. As acusações à social-democracia alemã encontram-se às páginas 362 e 363 dessa obra, que é de fundamental importância para a compreensão do anarquismo. A respeito da crítica dos anarquistas há uma interessante referência de ENGELS em *Do Socialismo Utópico ao Socialismo Científico* (Editora Fulgor, São Paulo, 1962, pág. 79), onde, depois de ressaltar que o Estado será *extinto*, gradativamente, e não *abolido*, escreve, com evidente ironia, que deveria ser apreciada à luz dessas considerações a "exigência dos chamados anarquistas de que o Estado seja abolido, da noite para o dia".

[39]. Sobre o movimento anarquista em geral, veja-se *History of Political Theory*, de EMILE BENOIT-SMULLYAN; a respeito do anarquismo no Brasil há interessantes

Aí estão, em linhas gerais, as mais significativas manifestações teóricas e práticas de anarquismo, claramente manifestado como negação da necessidade, e, consequentemente, da legitimidade do poder social. É interessante assinalar, porém, que se pode facilmente identificar um anarquismo inconsciente em muitas doutrinas que sustentam a necessidade atual da autoridade em todo grupo social, mas, ao mesmo tempo, buscam reduzir a tal ponto sua atuação que, levadas ao extremo suas proposições, acabaria sendo eliminado o poder social.

19. A maioria dos autores que têm estudado o poder o reconhece como necessário à vida social, embora variando enormemente as justificativas para sua existência e as considerações sobre aspectos relevantes. Um argumento constante, de ordem histórica, é que o poder sempre existiu, não havendo qualquer documento, mesmo relativo aos períodos pré-históricos, indicando a possibilidade de ter existido, em alguma época, a sociedade humana desprovida de poder. As teorias negadoras do poder, quando se referem ao seu aparecimento depois de um certo período de vida social, apoiam-se apenas em suposições e hipóteses, não apontando qualquer dado concreto que sirva de comprovação, ou mesmo de indício, de que tenha existido realmente aquele período anárquico.

A observação do comportamento humano, em todas as épocas e lugares, demonstra que mesmo nas sociedades mais prósperas e bem ordenadas ocorrem conflitos entre indivíduos ou grupos sociais, tornando necessária a intervenção de uma vontade preponderante, para preservar a unidade ordenada em função dos fins sociais. Num amplo retrospecto histórico, o que se verifica é que, nas sociedades mais primitivas, a ideia de vontade preponderante, ou de poder, quase se confunde com a ideia de força material. Assim é que se encontram exemplos de homens que tiveram o poder porque eram reconhecidos como os mais aptos, fisicamente, para defender o grupo, o que se justifica pela consideração de que, em tais estágios, a principal necessidade dos membros da sociedade era a defesa contra as ameaças de outros homens, de animais, ou das forças da natureza.

Outra manifestação do poder como força, embora já diferenciada da força física, é a outorga do poder aos indivíduos dotados de maior capacidade econômica. Inúmeras explicações têm sido dadas para a criação dessa base do poder, podendo-se resumir essas teorias da seguinte

---

observações na obra de Vamireh Chacon, *História das Ideias Socialistas no Brasil* (Rio de Janeiro, Edição Civilização Brasileira, 1965).

maneira: no início, em estágios mais primitivos da vida humana, todos os bens eram havidos em comum, dando-se a todos a participação nos frutos do trabalho de todos. Entretanto, com o passar do tempo, os mais capazes ou mais previdentes perceberam não ser conveniente que sua sobrevivência ficasse dependendo do que obtivessem em cada dia. E então, quando mais fortes, reservaram para si os lugares em que era mais fácil a obtenção de alimentos, ou, em caso contrário, passaram a armazenar uma parte do quinhão que lhes cabia. Dessa forma, acumularam uma certa quantidade de bens de que todos necessitavam e, chegando os períodos de maior escassez, os outros não tiveram outra saída senão subordinar-se a eles, reconhecendo-os como chefes e satisfazendo sua vontade.

Com o passar dos séculos, entretanto, os homens se tornaram mais conscientes e se tornou precária a superioridade baseada na mera força material, já não se aceitando que um homem fosse considerado superior aos demais pelo simples fato de ser mais bem dotado fisicamente ou mais capaz de cometer violências. Não obstante, esse estágio primitivo ainda perdurou bastante, podendo ser percebido na exaltação dos guerreiros e dos que têm como característica uma desenvoltura maior na utilização da força material, ainda que alheia, contra os outros homens. Mas, conforme a aguda observação do notável MALRAUX, "a crônica policial banalizou a violência", ficando mais do que evidente, nos dias atuais, que o uso da força material de uns homens contra outros é fato corriqueiro, que ocorre em qualquer botequim ou na praça pública, estando bem longe, pois, de servir como critério para a indicação de qualidades superiores de um homem.

Surgem, então, novas formas de atuação do poder e novos critérios para a aferição de sua legitimidade. Já nas sociedades primitivas, em consequência da tendência do homem para aceitar a presença de um sobrenatural sempre que alguma coisa escapa à sua compreensão ou ao seu controle, fora admitido um poder desprovido de força material, reconhecendo-se como fonte do poder uma entidade ideal. Entre os antigos povos orientais, assim como na antiguidade greco-romana, o detentor do poder se apresenta como instrumento da vontade de uma divindade, o mesmo ocorrendo no mundo ocidental após o advento do cristianismo, o que se verifica ainda no século XVIII, com a afirmação do *direito divino dos reis*. É a partir do fim da Idade Média, entretanto, que se encontra a ideia de povo como unidade e fonte de direitos e de poder. Com os contratualistas essa ideia adquire grande força e vai-se completando, chegando-se, então, à afirmação da existência de uma vontade geral e de direitos sociais, situados na base de toda a organização social.

A consequência dessa evolução é a formação da consciência de que o poder utiliza a força, sem, contudo, se confundir com ela, chegando-se, afinal, no século XIX, à aspiração de fazer coincidirem as noções de poder legítimo e poder jurídico. Entretanto — como acentua MIGUEL REALE —, embora o poder pretenda ser, cada vez mais, conforme ao direito, isto não quer dizer que todo poder seja ou mesmo possa vir a ser puramente jurídico, uma vez que a própria positivação do direito depende da existência de um poder. Assim, o poder e o direito devem ser vistos como fenômenos concomitantes, podendo-se falar, isto sim, em *graus de juridicidade* de poder, na medida em que ele é mais ou menos empenhado na realização de fins do direito[40].

Uma vez que não se confundem poder e direito, é evidente que a *legitimidade* do poder também não coincide com a *legalidade*. Qual seria, então, o critério para a aferição da legitimidade? MAX WEBER indica três hipóteses de poder legítimo, que são: *a)* o poder *tradicional*, característico das monarquias, que independe da legalidade formal; *b)* o poder *carismático*, que é aquele exercido pelos líderes autênticos, que interpretam os sentimentos e as aspirações do povo, muitas vezes contra o direito vigente; *c)* o poder *racional*, que é exercido pelas autoridades investidas pela lei, havendo coincidência necessária, apenas neste caso, entre legitimidade e legalidade[41].

Esse critério, puramente formalista, baseia-se apenas na *origem* do poder, conduzindo, por isso, à hipótese absurda de considerar legítimo, tão só por causa da origem, mesmo o poder exercido contra a sociedade. Mais recentemente, inúmeros autores, entre os quais avulta a figura de GEORGES BURDEAU, vêm sustentando que, muito mais do que a origem, interessa verificar a atuação do poder, para se aquilatar de sua legitimidade. Rejeitando a colocação feita por MAX WEBER, diz BURDEAU que o poder não é uma força providencial surgida no meio do grupo, mas é uma encarnação do próprio grupo, pois resume suas aspirações. A coletividade deve reconhecer seus liames com o poder, manifestando o seu consentimento. É indispensável, para que se reconheça e se mantenha a legitimidade, que haja convergência das aspirações do grupo e dos objetivos do poder. Em conclusão: *poder legítimo é o poder consentido*[42]. O governante, que utiliza a força a

---

40. MIGUEL REALE, *Teoria do Direito e do Estado*, págs. 105 e segs., e *Pluralismo e Liberdade*, págs. 207 a 235.

41. MAX WEBER, *Economía y Sociedad*, vol. 4, págs. 21 e segs.

42. GEORGES BURDEAU, *L'État*, págs. 26 a 31.

serviço do poder, deve estar sempre atento a essa necessidade de permanente consentimento, pois se assim não for o governo se torna totalitário, substituindo a vontade dos governados pela dos próprios governantes.

20. Verificando-se, afinal, as configurações atuais do poder e seus métodos de atuação, chega-se à seguinte síntese:

a) o poder, reconhecido como necessário, quer também o reconhecimento de sua legitimidade, o que se obtém mediante o consentimento dos que a ele se submetem;

b) embora o poder não chegue a ser puramente jurídico, ele age concomitantemente com o direito, buscando uma coincidência entre os objetivos de ambos;

c) há um processo de *objetivação*, que dá precedência à vontade objetiva dos governados ou da lei, desaparecendo a característica de poder pessoal;

d) atendendo a uma aspiração à racionalização, desenvolveu-se uma técnica do poder, que o torna despersonalizado (poder do grupo, poder do sistema), ao mesmo tempo em que busca meios sutis de atuação, colocando a coação como forma extrema.

Bibliografia

GEORGES BURDEAU, *L'État*, Ed. du Seuil, Paris, 1970; C. WRIGHT MILLS, *A Elite do Poder*, Ed. Zahar, Rio de Janeiro, 1968; RODOLFO DE STEFANO, *Il Problema del Potere*, Ed. Giuffrè, Milão, 1962; MIGUEL REALE, *Pluralismo e Liberdade*, Ed. Saraiva, São Paulo, 1963; *Teoria do Direito e do Estado*, Ed. Martins, São Paulo, 1960; PIOTR KROPOTKIN, *Em Torno de uma Vida*, Ed. José Olympio, Rio de Janeiro, 1946; ETIENNE GILSON, *A Evolução da Cidade de Deus*, Edição Herder, São Paulo, 1965; EMILE BENOIT-SMULLYAN, *History of Political Theory*, Student Outlines Company, Boston, 1964; LÉON DUGUIT, *Leçons de Droit Public Général*, E. DE BOCCARD, Paris, 1926; ERNST CASSIRER, *O Mito do Estado*, Publicações Europa-América, Lisboa, 1961; MAX WEBER, *Economía y Sociedad*, 4º vol., Fondo de Cultura Económica, México, 1944; GEORGES BALANDIER, *Antropologia Política*, Difusão Europeia do Livro-EDUSP, São Paulo, 1969.

As Sociedades Políticas

21. Como foi demonstrado anteriormente, os agrupamentos humanos caracterizam-se como sociedades quando têm um fim próprio e, para sua consecução, promovem manifestações de conjunto ordenadas e se submetem a um poder, e, no tocante à sociedade humana, globalmente considerada, verificamos que o fim a atingir é o bem comum.

Entretanto, se verificarmos o que ocorre em qualquer parte do mundo, iremos notar logo a existência de uma incontável pluralidade de sociedades, todas apresentando aqueles três elementos essenciais. E a cada dia que passa assistimos à formação de novas sociedades, com as características mais diversas. Qual o fator determinante dessa multiplicação de sociedades? A primeira resposta é que os homens que buscam os mesmos fins tendem a agrupar-se para consegui-los mais facilmente.

Analisando essa tendência associativa e procurando explicá-la, GOFFREDO TELLES JR. expõe o que denomina *processo de integração*, tendo como ponto de partida o fato de que as sociedades primitivas se apresentam com uma organização simples e homogênea. Aos poucos, todavia, o grupo vai evoluindo e se torna mais complexo, notando-se, então, que os indivíduos de mesma tendência e com as mesmas aptidões preferem constituir um grupo à parte, num *movimento de diferenciação*. Mas os grupos assim diferenciados necessitam dos demais para sua própria sobrevivência, sendo indispensável, por isso, que as partes se solidarizem e se conjuguem num todo harmônico, para que cada grupo se beneficie das atividades desenvolvidas pelos demais. Isto se consegue por um *movimento de coordenação*[43].

---

43. GOFFREDO TELLES JR., *A Criação do Direito*, vol. II, págs. 597 e 598.

Como os objetivos dos indivíduos e das sociedades muitas vezes são conflitantes, e como seria impossível obter-se a harmonização espontânea dos interesses em choque, surge a necessidade de um poder social superior, que não sufoque os grupos sociais, mas, pelo contrário, promova sua conciliação em função de um fim geral comum.

Como se percebe desde logo, há sociedades com objetivos fundamentalmente diversos, pois, enquanto umas são o produto de uma escolha de finalidade, outras atuam em função das primeiras. Atentando para esse aspecto, o sociólogo italiano FILIPPO CARLI indicou a existência de três categorias de grupos sociais, segundo as finalidades que os movem: *a*) sociedades que perseguem fins não determinados e difusos (família, cidade, Estado etc.); *b*) sociedades que perseguem fins determinados e são voluntárias, no sentido de que a participação nelas é resultado de uma escolha consciente e livre; *c*) sociedades que perseguem fins determinados e são involuntárias, uma vez que seus membros participam delas por compulsão (o exemplo mais típico é a participação numa Igreja)[44].

Mais modernamente, DAVID EASTON escreve que a principal distinção que se pode fazer entre os grupos sociais é aquela que coloca, de um lado, as instituições governamentais e, de outro, todas as demais espécies de agregados[45]. Tornando mais específica essa distinção, CATLIN assim se refere a essas espécies de sociedades: "Sociedades particulares são grupos ou agrupamentos considerados como sociedades para as finalidades sociológicas, embora possam ser apenas sociedades do ponto de vista cultural, e não precisem estar organizadas e, ainda menos, reconhecidas ou estabelecidas por lei. Em certos casos, esses grupos ou sociedades são criados por uma finalidade específica ou limitada, e podem ser adequadamente denominados Associações. Em outros casos, e são os mais frequentes, constituem organizações para a realização de uma função permanente ou quase, e exigem dos que estão assim organizados um padrão de vida cuja conclusão não pode ser prevista. Quando tais organizações não têm sua existência dependente da vontade de outra, são consideradas pelos autores medievais como, juridicamente, *societates perfectae*"[46].

Em linguagem mais direta, e considerando as respectivas finalidades, podemos distinguir duas espécies de sociedades, que são: *a*) sociedades de

---

44. FILIPPO CARLI, *Le Teorie Sociologiche*, pág. 30.
45. DAVID EASTON, *The Political System*, pág. 181.
46. G. E. C. CATLIN, *Tratado de Política*, pág. 84.

fins particulares, quando têm finalidade definida, voluntariamente escolhida por seus membros. Suas atividades visam, direta e imediatamente, àquele objetivo que inspirou sua criação por um ato consciente e voluntário; *b*) sociedades de *fins gerais*, cujo objetivo, indefinido e genérico, é criar as condições necessárias para que os indivíduos e as demais sociedades que nela se integram consigam atingir seus fins particulares. A participação nessas sociedades quase sempre independe de um ato de vontade[47].

22. As sociedades de fins gerais são comumente denominadas *sociedades políticas*, exatamente porque não se prendem a um objetivo determinado e não se restringem a setores limitados da atividade humana, buscando, em lugar disso, integrar todas as atividades sociais que ocorrem no seu âmbito. Diz HELLER que o político é influenciado e condicionado pela totalidade do ser humano e, por sua vez, influencia e condiciona essa totalidade, acrescentando que o objeto específico da política consiste sempre na organização de oposições de vontade, sobre a base de uma comunidade de vontade[48]. Muito semelhante é a observação de JEAN MEYNAUD, para quem "a política representa, em seu sentido mais geral, a orientação dada à gestão dos negócios da comunidade. Pode-se também considerá-la como o conjunto dos atos e das posições tomadas para impelir em um rumo determinado a estrutura e a marcha do aparelho governamental". E a isso acrescenta: "A política (a observação é tirada da experiência) engloba a totalidade dos fatores do homem: ideologias sociais, crenças religiosas, interesses de classe ou de grupo, ônus dos fatores pessoais..."[49].

Assim, pois, são sociedades políticas todas aquelas que, visando a criar condições para a consecução dos fins particulares de seus membros, ocupam-se da totalidade das ações humanas, coordenando-as em função de um fim comum. Isso não quer dizer, evidentemente, que a sociedade política determina as ações humanas, mas, tão só, que ela *considera* todas aquelas ações.

Entre as sociedades políticas, a que atinge um círculo mais restrito de pessoas é a família, que é um fenômeno universal. Além dela existem ou existiram muitas espécies de sociedades políticas, localizadas no tempo e no espaço, como as tribos e os clãs. Mas a sociedade política de maior

---

47. J. D. MABBOT denomina "fins de segunda ordem" os fins gerais, considerando de primeira ordem os fins imediatos (*O Estado e o Cidadão*, pág. 122).

48. HERMANN HELLER, *Teoría del Estado*, págs. 40 e 188.

49. JEAN MEYNAUD, *A Ciência Política*, pág. 33.

importância, por sua capacidade de influir e condicionar, bem como por sua amplitude, é o Estado. Chegamos, portanto, à primeira noção de Estado: *é uma sociedade política*. Mas, evidentemente, isso apenas é muito pouco para que se tenha dele uma ideia precisa. Todavia, com os elementos colhidos até agora é que iremos proceder à análise dessa espécie de sociedade política, para que saibamos, então, o que é e como funciona o Estado.

Bibliografia

Jean Meynaud, *A Ciência Política*, Ed. FGV, Rio de Janeiro, 1960; J. D. Mabbot, *O Estado e o Cidadão*, Ed. Zahar, Rio de Janeiro, 1968; R. M. MacIver, *O Estado*, Ed. Martins, São Paulo, 1945; Hermann Heller, *Teoría del Estado*, Fondo de Cultura Económica, México, 1947; G. C. Field, *Teoria Política*, Ed. Zahar, Rio de Janeiro, 1959; David Easton, *The Political System*, Ed. Alfred A. Knopf, Nova York, 1968; G. E. C. Catlin, *Tratado de Política*, Ed. Zahar, Rio de Janeiro, 1964; Giorgio del Vecchio, *Teoria do Estado*, Ed. Saraiva, São Paulo, 1957.

CAPÍTULO II

Do Estado

Origem e Formação do Estado

23. O estudo da origem do Estado implica duas espécies de indagação: uma a respeito da época do aparecimento do Estado; outra relativa aos motivos que determinaram e determinam o surgimento dos Estados. Antes de abordarmos esses dois aspectos, porém, é indispensável um esclarecimento preliminar sobre a noção de Estado que tem sido adotada pelas inúmeras correntes teóricas, pois em consequência de diferentes concepções, como se verá, resultam conclusões absolutamente diversas.

A denominação *Estado* (do latim *status* = estar firme), significando situação permanente de convivência e ligada à sociedade política, aparece pela primeira vez em "O Príncipe" de MAQUIAVEL, escrito em 1513, passando a ser usada pelos italianos sempre ligada ao nome de uma cidade independente, como, por exemplo, *stato di Firenze*. Durante os séculos XVI e XVII a expressão foi sendo admitida em escritos franceses, ingleses e alemães. Na Espanha, até o século XVIII, aplicava-se também a denominação de *estados* a grandes propriedades rurais de domínio particular, cujos proprietários tinham poder jurisdicional. De qualquer forma, é certo que o nome *Estado*, indicando uma sociedade política, só aparece no século XVI, e este é um dos argumentos para alguns autores que não admitem a existência do Estado antes do século XVII. Para eles, entretanto, sua tese não se reduz a uma questão de nome, sendo mais importante o argumento de que o nome Estado só pode ser aplicado com propriedade à *sociedade política dotada de certas características* bem definidas. A maioria dos autores, no entanto, admitindo que a sociedade ora denominada Estado é, na sua essência, igual à que existiu anteriormente, embora com nomes diversos, dá essa designação a *todas as sociedades políticas que, com autoridade superior, fixaram as regras de convivência de seus membros*.

Esclarecido esse aspecto preliminar, podemos agora, com mais segurança, verificar as teorias relacionadas com a origem do Estado.

24. Sob o ponto de vista da época do aparecimento do Estado, as inúmeras teorias existentes podem ser reduzidas a três posições fundamentais:

a) Para muitos autores, o Estado, assim como a própria sociedade, existiu sempre, pois desde que o homem vive sobre a Terra acha-se integrado numa organização social, dotada de poder e com autoridade para determinar o comportamento de todo o grupo. Entre os que adotam essa posição destacam-se EDUARD MEYER, historiador das sociedades antigas, e WILHELM KOPPERS, etnólogo, ambos afirmando que o Estado é um elemento universal na organização social humana. MEYER define mesmo o Estado como o princípio organizador e unificador em toda organização social da Humanidade, considerando-o, por isso, onipresente na sociedade humana[50].

b) Uma segunda ordem de autores admite que a sociedade humana existiu sem o Estado durante um certo período. Depois, por motivos diversos, que serão indicados quando tratarmos das causas que levaram à formação do Estado, este foi constituído para atender às necessidades ou às conveniências dos grupos sociais. Segundo esses autores, que, no seu conjunto, representam ampla maioria, não houve concomitância na formação do Estado em diferentes lugares, uma vez que este foi aparecendo de acordo com as condições concretas de cada lugar.

c) A terceira posição é a que já foi referida: a dos autores que só admitem como Estado a sociedade política dotada de certas características muito bem definidas. Justificando seu ponto de vista, um dos adeptos dessa tese, KARL SCHMIDT, diz que o conceito de Estado não é um conceito geral válido para todos os tempos, mas é um conceito histórico concreto, que surge quando nascem a ideia e a prática da soberania, o que só ocorreu no século XVII. Outro defensor desse ponto de vista, BALLADORE PALLIERI, indica mesmo, com absoluta precisão, o ano do nascimento do Estado, escrevendo que "a data oficial em que o mundo ocidental se apresenta organizado em Estados é a de 1648, ano em que foi assinada a paz de Westfália"[51]. Entre os autores brasileiros adeptos dessa teoria salienta-se

---

50. EDUARD MEYER expõe seu pensamento a respeito deste assunto em sua *História da Antiguidade*, publicada entre 1921 e 1925. A sustentação dessa tese por WILHELM KOPPERS é mais recente, constando de seu trabalho *L'Origine de l'État*, apresentado ao VI Congresso Internacional de Ciências Antropológicas e Etnológicas, realizado em Paris, no ano de 1960. Veja-se, a respeito do pensamento desses autores, *A Formação do Estado*, de LAWRENCE KRADER, págs. 26 e 167. HERMANN HELLER condena a amplitude dada por MEYER ao conceito de Estado, dizendo que, com tão ilimitada extensão, o conceito histórico de Estado se desnatura por completo e se torna de impossível utilização (*Teoría del Estado*, pág. 145).

51. GIORGIO BALLADORE PALLIERI, *A Doutrina do Estado*, vol. I, pág. 16. A paz

ATALIBA NOGUEIRA, que, mencionando a pluralidade de autonomias existentes no mundo medieval, sobretudo o feudalismo, as autonomias comunais e as corporações, ressalta que a luta entre elas foi um dos principais fatores determinantes da constituição do Estado, o qual, "com todas as suas características, já se apresenta por ocasião da paz de Westfália"[52].

25. Ao se estudarem as causas do aparecimento dos Estados é preciso, antes de tudo, lembrar que há duas questões diferentes a serem tratadas: de um lado, existe o problema da formação *originária* dos Estados, partindo de agrupamentos humanos ainda não integrados em qualquer Estado; diferente dessa é a questão da formação de novos Estados a partir de outros preexistentes, podendo-se designar esta forma como *derivada*. Como é evidente, nos dias atuais é muito pouco provável que se possa assistir à formação originária de um Estado. Entretanto, com base nos estudos que vêm sendo feitos pela antropologia cultural há vários séculos, somados aos elementos colhidos nos textos literários mais antigos, é possível a formulação de hipóteses, sendo importante a abordagem desse aspecto, sobretudo como apoio para as tomadas de posição relativas à organização atual da sociedade, bem como para a orientação de conjeturas quanto ao futuro do Estado. Como bem adverte DEL VECCHIO, a observação atual de um grupo social em estágio primitivo, sem dúvida muito útil, deve ser efetuada com uma prudente reserva, pois é bem possível que o grupo observado seja decadente, não revelando o verdadeiro estágio primitivo. Mas, de qualquer forma, sempre será um elemento a mais para a obtenção de conclusões, sendo, por isso, muito importante a contribuição dos etnólogos e antropólogos.

Examinando-se as principais teorias que procuram explicar a *formação originária* do Estado, chega-se a uma primeira classificação, com dois grandes grupos, a saber:

a) Teorias que afirmam a formação *natural* ou espontânea do Estado, não havendo entre elas uma coincidência quanto à causa, mas tendo todas

---

de Westfália, que esses autores indicam como o momento culminante na criação do Estado, e que muitos outros consideram o ponto de separação entre o Estado Medieval e o Estado Moderno, foi consubstanciada em dois tratados, assinados nas cidades westfalianas de Munster e Onsbruck. Pelos tratados de Westfália, assinados no ano de 1648, foram fixados os limites territoriais resultantes das guerras religiosas, principalmente da Guerra dos Trinta Anos, movida pela França e seus aliados contra a Alemanha. A França, governada então pelo Rei Luiz XIV, consolidou por aqueles tratados inúmeras aquisições territoriais, inclusive a Alsácia. A Alemanha, territorialmente prejudicada, beneficiou-se, entretanto, como todos os demais Estados, pelo reconhecimento de limites dentro dos quais teria poder soberano.

52. JOSÉ CARLOS ATALIBA NOGUEIRA, *Lições de Teoria Geral do Estado*, págs. 46 e 47.

em comum a afirmação de que o Estado se formou naturalmente, não por um ato puramente voluntário.

b) Teorias que sustentam a formação *contratual* dos Estados, apresentando em comum, apesar de também divergirem entre si quanto às causas, a crença em que foi a vontade de alguns homens, ou então de todos os homens, que levou à criação do Estado. De maneira geral, os adeptos da formação contratual da sociedade é que defendem a tese da criação contratualista do Estado.

No tocante às causas determinantes do aparecimento do Estado, as teorias não contratualistas mais expressivas podem ser agrupadas da seguinte maneira:

Origem familial ou *patriarcal*. Estas teorias situam o núcleo social fundamental na família. Segundo essa explicação, defendida principalmente por ROBERT FILMER, cada família primitiva se ampliou e deu origem a um Estado.

Origem em atos de força, de violência ou *de conquista*. Com pequenas variantes, essas teorias sustentam, em síntese, que a superioridade de força de um grupo social permitiu-lhe submeter um grupo mais fraco, nascendo o Estado dessa conjunção de dominantes e dominados. Entre os adeptos dessa teoria situa-se OPPENHEIMER, que, afirmando ter sido criado o Estado para regular as relações entre vencedores e vencidos, acrescenta que essa dominação teve por finalidade a exploração econômica do grupo vencido pelo vencedor[53].

Origem em causas econômicas ou *patrimoniais*. Há quem pretenda que essa tenha sido a origem indicada por PLATÃO, quando nos "Diálogos", no Livro II de "A República", assim se expressa: "Um Estado nasce das necessidades dos homens; ninguém basta a si mesmo, mas todos nós precisamos de muitas coisas". E logo depois: "... como temos muitas necessidades e fazem-se mister numerosas pessoas para supri-las, cada um vai recorrendo à ajuda deste para tal fim e daquele para tal outro; e, quando esses associados e auxiliares se reúnem todos numa só habitação, o conjunto dos habitantes recebe o nome de cidade ou Estado". Dessa forma, o Estado teria sido formado para se aproveitarem os benefícios da divisão do trabalho, integrando-se as diferentes atividades profissionais, caracterizando-se, assim, o motivo econômico. Nessa mesma ordem de ideias coloca-se HELLER, dizendo que a posse da terra gerou o poder e a propriedade gerou o Estado, e PREUSS, sustentando que a característica fundamental do Estado é a soberania territorial.

---

53. FRANZ OPPENHEIMER, *The State*, pág. 6. Posição muito semelhante é sustentada por LUDWIG GUMPLOWICZ, nos *Précis de Sociologie*.

Mas, entre as teorias que sustentam a origem do Estado por motivos econômicos, a de maior repercussão prática foi e continua sendo a de MARX e ENGELS. Essa opinião de ambos vem muito claramente exposta por ENGELS numa de suas principais obras, "A Origem da Família, da Propriedade Privada e do Estado". Além de negar que o Estado tenha nascido com a sociedade, ENGELS afirma que ele "é antes um produto da sociedade, quando ela chega a determinado grau de desenvolvimento". Num capítulo em que trata da *gens* grega, depois de se referir à deterioração da convivência harmônica, tendo como causas a acumulação e a diferenciação das riquezas, e outros males consequentes, chega à seguinte conclusão: "Faltava apenas uma coisa: uma instituição que não só assegurasse as novas riquezas individuais contra as tradições comunistas da constituição gentílica; que não só consagrasse a propriedade privada, antes tão pouco estimada, e fizesse dessa consagração santificadora o objetivo mais elevado da comunidade humana, mas também imprimisse o selo geral do reconhecimento da sociedade às novas formas de aquisição da propriedade, que se desenvolviam umas sobre as outras — a acumulação, portanto, cada vez mais acelerada das riquezas: uma instituição que, em uma palavra, não só perpetuasse a nascente divisão da sociedade em classes, mas também o direito de a classe possuidora explorar a não possuidora e o domínio da primeira sobre a segunda. E essa instituição nasceu. Inventou-se o *Estado*"[54].

A crença nessa origem tem reflexo imediato em dois pontos fundamentais da teoria marxista do Estado: a qualificação deste como um instrumento da burguesia para exploração do proletariado e a afirmação de que, não tendo existido nos primeiros tempos da sociedade humana, o Estado poderá ser extinto no futuro, uma vez que foi uma criação puramente artificial para satisfação dos interesses de uma minoria.

Origem no desenvolvimento interno da sociedade. De acordo com estas teorias, cujo principal representante é ROBERT LOWIE, o Estado é um germe, uma potencialidade, em todas as sociedades humanas, as quais, todavia, prescindem dele enquanto se mantêm simples e pouco desenvolvidas. Mas aquelas sociedades que atingem maior grau de desenvolvimento e alcançam uma forma complexa têm absoluta necessidade do Estado, e então ele se constitui. Não há, portanto, a influência de fatores externos à sociedade, inclusive de interesses de indivíduos ou de grupos, mas é o próprio desenvolvimento espontâneo da sociedade que dá origem ao Estado.

---

54. FRIEDRICH ENGELS, *A Origem da Família, da Propriedade Privada e do Estado*, págs. 102 e 160.

Aí estão, em resumo, as principais teorias que procuram explicar a formação originária dos Estados.

26. A criação de Estados por *formação derivada*, isto é, a partir de Estados preexistentes, é o processo mais comum atualmente, havendo por tal motivo um interesse prático bem maior nesse estudo, bem como a possibilidade de presenciarmos a ocorrência de muitos fenômenos ilustrativos da teoria.

Há dois processos típicos opostos, ambos igualmente usados na atualidade, que dão origem a novos Estados: o *fracionamento* e a *união* de Estados. Tem-se o fracionamento quando *uma parte do território de um Estado se desmembra e passa a constituir um novo Estado*. Foi este o processo seguido para que os territórios coloniais, ainda existentes no século XX, na maioria localizados na África, passassem à condição de unidades independentes e adquirissem o estatuto de Estados. Até o final da II Guerra Mundial ainda havia o reconhecimento oficial da existência de colônias e os Estados que as possuíam discriminavam entre território metropolitano e colonial. Estes eram considerados uma espécie de reserva patrimonial, mas, de qualquer forma, estavam incorporados ao Estado, a cuja soberania se sujeitavam. Assim, pois, pode-se dizer que, com a conquista da independência, por via pacífica ou violenta, ocorreu o desmembramento e a consequente criação de novos Estados por formação derivada.

Outro fenômeno, este menos comum, é a separação de uma parte do território de um Estado, embora integrado sem nenhuma discriminação legal, para constituir um novo Estado, o que ocorre quase sempre por meios violentos, quando um movimento armado separatista é bem sucedido, podendo ocorrer também, embora seja rara a hipótese, por via pacífica[55].

Em todos esses casos, o Estado que teve seu território diminuído pelo fracionamento continua a existir, só se alterando a extensão territorial e o número de componentes do povo, uma vez que uma parcela deste sempre se integra no Estado recém-constituído. E a parte desmembrada, que passou a constituir um novo Estado, adquire uma ordenação jurídica própria,

---

55. Exemplo típico de fracionamento pacífico foi o que ocorreu com Cingapura, no ano de 1965. Estando integrada à Federação da Malásia, esta consentiu na independência de Cingapura, que passou a constituir um novo Estado.

Os casos da antiga União Soviética e da ex-Iugoslávia são diferentes. Em ambos não ocorreu o fracionamento, com a permanência do Estado federal preexistente. Nesses dois casos houve a dissolução da união federativa, deixando de existir o antigo Estado federal, ou seja, não existem mais a União Soviética nem a Iugoslávia.

passando a agir com independência, inclusive no seu relacionamento com o Estado do qual se desligou.

O outro processo típico de constituição de novos Estados por formação derivada é a *união de Estados*, quando esta implica a adoção de uma Constituição comum, desaparecendo os Estados preexistentes que aderiram à União. Neste caso, dois ou mais Estados resolvem unir-se, para compor um novo Estado, perdendo sua condição de Estados a partir do momento em que se completar a união e integrando-se, a partir daí, no Estado resultante. Todos os componentes desaparecem como Estados, surgindo em seu lugar uma nova entidade, que absorve todas as características de Estado que pertenciam àqueles que se uniram para formá-lo. A formação de Estados, tendo como origem a união de outros preexistentes, tem sido mais comum através da constituição de federações, preferindo-se esta forma porque, não obstante submeter todos os componentes a um poder central único, bem como a uma Constituição comum, permite a preservação de autonomias locais e das características socioculturais de cada componente da federação. Nada impede, porém, que alguns Estados resolvam unir-se para compor um novo Estado, preferindo dar a este uma organização unitária, não federal. O que é característico no processo de constituição de um Estado pela união de Estados preexistentes é que estes últimos perdem a condição de Estados no momento em que se concretiza a união.

Por último, além dos processos típicos aqui referidos, é preciso lembrar que, vez ou outra, por motivos excepcionais, pode-se dar a criação de novos Estados por *formas atípicas*, não usuais e absolutamente imprevisíveis. Assim, por exemplo, depois de grandes guerras as potências vencedoras, visando a assegurar o enfraquecimento permanente dos países vencidos, ou procurando ampliar o seu próprio território, procedem a uma alteração dos quadros políticos, não raro promovendo a criação de novos Estados, em partes de território de um ou mais dos vencidos. Um fenômeno atípico ocorrido no século XX foi a criação de dois Estados alemães — a República Democrática Alemã e a República Federal Alemã —, em lugar do único Estado alemão existente antes da II Guerra Mundial. Terminada a guerra, em 1945, a Alemanha vencida tinha seu território ocupado pelos vencedores, a União Soviética, no lado oriental, e os Estados capitalistas, no lado ocidental. No ano de 1949 a situação de ocupação foi substituída pela criação de dois novos Estados, a República Democrática Alemã e a República Federal da Alemanha[56],

---

56. Fenômeno diferente foi o que ocorreu com a China. Tanto a República Popular da China (China Continental) quanto a China Nacionalista (Formosa)

o que perdurou até 1989, quando ocorreu a reunificação da Alemanha, desaparecendo a República Democrática e ressurgindo um único Estado. Como exemplos de ocorrências atípicas poderiam ser lembrados também o Estado da Cidade do Vaticano e o Estado de Israel.

27. Aí estão os processos que dão origem à criação de novos Estados. Quanto ao momento em que se considera criado um novo Estado, não há uma regra uniforme. Evidentemente, a maneira mais definida de afirmar a criação é o reconhecimento pelos demais Estados. Todavia, o reconhecimento não é indispensável, sendo mais importante que o novo Estado, apresentando todas as características que são comuns aos Estados, tenha viabilidade, conseguindo agir com independência e manter, internamente, uma ordem jurídica eficaz.

Bibliografia

LAWRENCE KRADER, *A Formação do Estado*, Ed. Zahar, Rio de Janeiro, 1970; FRIEDRICH ENGELS, *A Origem da Família, da Propriedade Privada e do Estado*, Ed. Vitória, Rio de Janeiro, 1960; GIORGIO BALLADORE PALLIERI, *A Doutrina do Estado*, Coimbra Editora, Coimbra, 1969; JOSÉ CARLOS ATALIBA NOGUEIRA, *Lições de Teoria Geral do Estado*, São Paulo, 1969; R. M. MACIVER, *O Estado*, Ed. Martins, São Paulo, 1945; OSKAR GEORG FISCHBACH, *Teoría General del Estado*, Ed. Labor, Barcelona, 1949; MANOEL GONÇALVES FERREIRA FILHO, *Do Processo Legislativo*, Ed. Saraiva, São Paulo, 1968; GIORGIO DEL VECCHIO, *Teoria do Estado*, Ed. Saraiva, São Paulo, 1957; ADERSON DE MENEZES, *Teoria Geral do Estado*, Ed. Forense, Rio de Janeiro, 1968; A. MACHADO PAUPÉRIO, *Teoria Geral do Estado*, Ed. Forense, Rio de Janeiro, 1955; DARCY AZAMBUJA, *Teoria Geral do Estado*, Ed. Globo, Porto Alegre, 1962; GEORG JELLINEK, *Teoría General del Estado*, Ed. Albatroz, Buenos Aires, 1954; HERMANN HELLER, *Teoría del Estado*, Fondo de Cultura Económica, México, 1947; FRANZ OPPENHEIMER, *The State*, Nova York, 1926; ROBERT H. LOWIE, *The Origin of the State*, Ed. Russell, Nova York, 1961.

---

pretendiam o reconhecimento de que representavam legitimamente o Estado chinês, membro permanente do Conselho de Segurança da ONU. E esta, por decisão da Assembleia Geral, em 26 de outubro de 1971, decidiu reconhecer o governo da China Continental como o legítimo representante do Estado. E a expulsão dos representantes de Formosa significou apenas que eles foram considerados ilegítimos para falar em nome da China, jamais se tendo mencionado, entretanto, a existência de dois Estados chineses. Isto poderá vir a ocorrer se os chineses de Formosa quiserem adotar o estatuto de Estado independente, podendo mesmo pedir seu ingresso na ONU. Neste caso teremos uma hipótese de criação de um novo Estado por fracionamento.

Evolução Histórica do Estado

28. A verificação da evolução histórica do Estado significa a fixação das formas fundamentais que o Estado tem adotado através dos séculos. Esse estudo não visa à satisfação de mera curiosidade em relação à evolução, mas contribuirá para a busca de uma tipificação do Estado, bem como para a descoberta de movimentos constantes, dando um apoio valioso, em última análise, à formulação das probabilidades quanto à evolução futura do Estado. Como foi muito bem ressaltado por Aderson de Menezes, os tipos estatais não têm um curso uniforme, muitas vezes exercendo influência em períodos descontínuos. Não se pode, assim, dispor cronologicamente, em ordem sucessiva apoiada na História, os exemplares de Estado que tenham realmente existido uns após os outros[57]. Habitualmente, para efeitos didáticos, faz-se a diferenciação entre diversas épocas da história da Humanidade, em sucessão cronológica, evidenciando as características do Estado em cada época. Isso, entretanto, deve ser feito para melhor compreensão do Estado contemporâneo, servindo ainda como um processo auxiliar para uma futura fixação de *tipos de Estados.*

Será realmente possível, com objetividade, o estabelecimento de tipos de Estados? Essa possibilidade foi demonstrada por Jellinek, constituindo, aliás, uma de suas principais contribuições para a Teoria Geral do Estado. Seu ponto de partida é que todo fato histórico, todo fenômeno social oferecem, além de sua semelhança com outros, um elemento individual que os diferencia dos demais, por mais análogos que sejam. Dentro da variedade das coisas humanas há algo de permanente e independente das particularidades individuais. Por métodos científicos é possível isolar, sem perder

---

57. Aderson de Menezes, *Teoria Geral do Estado*, págs. 105 e 106.

a noção de unidade e continuidade, certos fenômenos sociais ou ainda alguns de seus aspectos particulares. Mediante esse isolamento consegue-se excluir grande parte do individual e, relacionando-se o particular com o geral, faz-se ressaltar este último. Por esse mesmo critério, pode-se procurar, de início, o conhecimento dos Estados particulares, descrevendo suas singularidades, tanto por seus aspectos histórico-políticos, quanto pelos jurídicos. Mas um Estado particular não é, em qualquer sentido, um fenômeno isolado, mas, de maneira mais ou menos consciente, influíram sobre ele as relações atuais e pretéritas dos demais Estados, ou seja, a evolução total das instituições dos Estados. E o problema de uma teoria geral do Estado consiste, justamente, em buscar os elementos típicos nos fenômenos do Estado e as relações em que se encontram.

A respeito da noção de *tipos*, Jellinek é bastante explícito, dizendo que o conceito de tipo pode-se compreender com o sentido de ser *a expressão da mais perfeita essência do gênero*. Pode-se procurar um tipo ideal, com valor essencialmente teleológico, significando a busca do melhor dos tipos, bem como o estabelecimento de um padrão, para medir o valor das instituições existentes num determinado momento. Os tipos ideais podem ser o produto da livre especulação, como as utopias, ou podem consistir numa síntese de aspectos colhidos no plano da realidade, pelo exame dos Estados que têm ou tiveram existência real. Bem diferentes são os *tipos empíricos*, a que se pode chegar tomando um certo número de casos individuais, comparando-os sob certo ponto de vista, em algo que é comum a todos eles, obtendo-se uma imagem típica. O tipo empírico significa, tão só, a unificação de notas entre os fenômenos, unificação que depende do ponto de vista em que se coloque o investigador. A base de toda a tipologia é que situações sociais análogas, análogo desenvolvimento histórico e condições exteriores análogas produzem análogas formações políticas[58]. Não nos parece adequado, neste momento, procurar-se a fixação de tipos de Estado, mas vamos colher os elementos necessários para que mais tarde isso seja feito.

---

58. Georg Jellinek, *Teoría General del Estado*, págs. 22 a 30. Em *O Direito como Experiência*, Miguel Reale propõe a aplicação da *teoria dos modelos* ao campo do Direito, esclarecendo que "a compreensão da experiência jurídica em termos de modelos é de uma *estrutura normativa que ordena fatos segundo valores, numa qualificação tipológica de comportamentos futuros, a que se ligam determinadas consequências*" (Ensaio VII, pág. 162). Essa qualificação tipológica, se puder ser conseguida, interessará fundamentalmente à Teoria Geral do Estado. Não será fácil chegar a ela, mas a simples tentativa já trará benefícios, sendo provável que dentro de alguns anos já existam conclusões nesse sentido.

Procuremos, pois, fixar as características fundamentais do Estado, em suas formas mais diferençadas, como uma preparação para conhecermos melhor o presente e conjeturarmos com mais segurança sobre o futuro do Estado.

29. Com pequenas variações, os autores que trataram deste assunto adotaram uma sequência cronológica, compreendendo as seguintes fases: *Estado Antigo, Estado Grego, Estado Romano, Estado Medieval* e *Estado Moderno*. Façamos, primeiramente, o estudo segundo essa diretriz, tratando, em seguida, de outras orientações que apontam novas perspectivas para exame do tema.

Estado Antigo

Com a designação de *Estado Antigo, Oriental* ou *Teocrático*, os autores se referem às formas de Estado mais recuadas no tempo, que apenas começavam a definir-se entre as antigas civilizações do Oriente propriamente dito ou do Mediterrâneo. Conforme a observação de GETTEL, a família, a religião, o Estado, a organização econômica formavam um conjunto confuso, sem diferenciação aparente. Em consequência, não se distingue o pensamento político da religião, da moral, da filosofia ou das doutrinas econômicas[59].

Há, entretanto, duas marcas fundamentais, características do Estado desse período: a *natureza unitária* e a *religiosidade*. Quanto à primeira, verifica-se que o Estado Antigo sempre aparece como uma unidade geral, não admitindo qualquer divisão interior, nem territorial, nem de funções. A ideia da natureza unitária é permanente, persistindo durante toda a evolução política da Antiguidade. Quanto à presença do fator religioso, é tão marcante que muitos autores entendem que o Estado desse período pode ser qualificado como *Estado Teocrático*. A influência predominante foi religiosa, afirmando-se a autoridade dos governantes e as normas de comportamento individual e coletivo como expressões da vontade de um poder divino. Essa *teocracia*[60] significa, de maneira geral, que há uma es-

---

59. RAYMOND G. GETTEL, *Historia de las Ideas Políticas*, vol. I, págs. 61 e segs.

60. A palavra *teocracia* foi criada pelo historiador Josephus, segundo JELLINEK (*Teoría General del Estado*, pág. 217). Trata-se de Flavius Josephus, historiador judeu que viveu entre os anos 37 e 100 da era cristã, tendo chegado a assumir o posto de general e obtendo grande influência na Judeia. Josephus teve atuação muito

treita relação entre o Estado e a divindade, podendo-se, entretanto, apontar a existência de duas formas diferentes, conforme a distinção muito bem lembrada por Jellinek: *a)* em certos casos, o governo é unipessoal e o governante é considerado um representante do poder divino, confundindo-se, às vezes, com a própria divindade. A vontade do governante é sempre semelhante à da divindade, dando-se ao Estado um caráter de objeto, submetido a um poder estranho e superior a ele; *b)* em outros casos, o poder do governante é limitado pela vontade da divindade, cujo veículo, porém, é um órgão especial: a classe sacerdotal. Há uma convivência de dois poderes, um humano e um divino, variando a influência deste, segundo circunstâncias de tempo e lugar[61].

Estado Grego

Embora seja comum a referência ao *Estado Grego*, na verdade não se tem notícia da existência de um Estado único, englobando toda a civilização helênica. Não obstante, pode-se falar genericamente no Estado Grego pela verificação de certas características fundamentais, comuns a todos os Estados que floresceram entre os povos helênicos. Realmente, embora houvesse diferenças profundas entre os costumes adotados em Atenas e Esparta, dois dos principais Estados gregos, a concepção de ambos como sociedade política era bem semelhante, o que permite a generalização. A característica fundamental é a cidade-Estado, ou seja, a *polis*, como a sociedade política de maior expressão. O ideal visado era a autossuficiência, a autarquia, dizendo Aristóteles que "a sociedade constituída por diversos pequenos burgos forma uma cidade completa, com todos os meios de se abastecer por si, tendo atingido, por assim dizer, o fim a que se propôs"[62]. Essa noção de autossuficiência teve muita importância na preservação do caráter de cidade-Estado, fazendo com que, mesmo quando esses Estados efetuaram conquistas e dominaram outros povos, não se efetivasse

---

importante como intermediário entre romanos e judeus, tendo, no final de sua vida, após a queda de Jerusalém no ano 70, adotado a cidadania romana, vivendo em Roma e recebendo uma pensão do Estado. Sua principal obra, *Antiguidade dos Judeus*, de caráter histórico, é um repositório de informações sobre a vida do povo judeu desde a criação do mundo, encontrando-se aí as referências à organização e à vida de outros povos antigos.

61. Georg Jellinek, *Teoría General del Estado*, págs. 216 a 219.
62. Aristóteles, *A Política*, I, 8.

expansão territorial e não se procurasse a integração de vencedores e vencidos numa ordem comum.

No Estado Grego o indivíduo tem uma posição peculiar. Há uma elite, que compõe a classe política, com intensa participação nas decisões do Estado, a respeito dos assuntos de caráter público. Entretanto, nas relações de caráter privado a autonomia da vontade individual é bastante restrita. Assim, pois, mesmo quando o governo era tido como democrático, isto significava que uma faixa restrita da população — os cidadãos — é que participava das decisões políticas, o que também influiu para a manutenção das características de cidade-Estado, pois a ampliação excessiva tornaria inviável a manutenção do controle por um pequeno número.

Estado Romano

Pode parecer por demais artificial falar-se num *Estado Romano* como coisa bem caracterizada e uniforme, sabendo-se que ele teve início com um pequeno agrupamento humano, experimentou várias formas de governo, expandiu seu domínio por uma grande extensão do mundo, atingindo povos de costumes e organizações absolutamente díspares, chegando à aspiração de constituir um império mundial.

Apesar do longo tempo decorrido e do extraordinário vulto das conquistas, Roma sempre manteve as características básicas de cidade-Estado, desde sua fundação, em 754 a.C., até a morte de Justiniano, em 565 da era cristã. O domínio sobre uma grande extensão territorial e sobretudo o cristianismo iriam determinar a superação da cidade-Estado, promovendo o advento de novas formas de sociedade política, englobadas no conceito de Estado Medieval.

Uma das peculiaridades mais importantes do Estado Romano é a base familiar da organização, havendo mesmo quem sustente que o primitivo Estado, a *civitas*, resultou da união de grupos familiares (as *gens*), razão pela qual sempre se concederam privilégios especiais aos membros das famílias patrícias, compostas pelos descendentes dos fundadores do Estado. Assim como no Estado Grego, também no Estado Romano, durante muitos séculos, o povo participava diretamente do governo, mas a noção de *povo* era muito restrita, compreendendo apenas uma faixa estreita da população. Como governantes supremos havia os magistrados, sendo certo que durante muito tempo as principais magistraturas foram reservadas às famílias patrícias.

Gradativamente, em longa e lenta evolução, outras camadas sociais foram adquirindo e ampliando direitos, sem que, até o final, desaparecessem a base familiar e a ascendência de uma nobreza tradicional. A par disso, verifica-se que só nos últimos tempos, quando já despontava a ideia de Império, que seria uma das marcas do Estado Medieval, foi que Roma pretendeu realizar a integração jurídica dos povos conquistados, mas, mesmo assim, procurando manter um sólido núcleo de poder político, que assegurasse a unidade e a ascendência da Cidade de Roma. Note-se que, ainda que se tratasse de um plebeu romano, quando este já conquistara amplos direitos, teria situação superior à de qualquer membro dos povos conquistados. Isto durou até o ano de 212, quando o Imperador Caracala concedeu a naturalização a todos os povos do Império. Numa síntese muito feliz, Geraldo de Ulhoa Cintra faz a seguinte observação: "O objetivo do edito de Caracala foi político, a unificação do Império; foi religioso, visa a aumentar os adoradores dos deuses de Roma; foi fiscal, quer obrigar os peregrinos a pagar impostos nas sucessões; foi social, com vistas a simplificar e facilitar as decisões judiciais, nos casos sobre o estado e constituição das pessoas"[63]. Essa abertura foi, na verdade, o começo do fim, pois aí se iniciava uma fase de transição, dinamizada com o Edito de Milão, do ano de 313, através do qual Constantino assegurou a liberdade religiosa no Império, desaparecendo, por influência do cristianismo, a noção de superioridade dos romanos, que fora a base da unidade do Estado Romano.

Estado Medieval

Muita coisa já foi escrita sobre a Idade Média, classificada por alguns como a *noite negra* da história da Humanidade e glorificada por outros como um extraordinário período de criação, que preparou os instrumentos e abriu os caminhos para que o mundo atingisse a verdadeira noção do *universal*. No plano do Estado não há dúvida de que se trata de um dos períodos mais difíceis, tremendamente instável e heterogêneo, não sendo tarefa das mais simples a busca das características de um *Estado Medieval*. Não obstante, é possível estabelecer a configuração e os princípios informativos das sociedades políticas que, integrando novos fatores, quebraram

---

63. Geraldo de Ulhoa Cintra, *De Statu Civitatis*, pág. 54. Esse estudo, embora sucinto, é rico em informações e contém observações claras e precisas sobre a criação e a evolução da cidadania romana.

a rígida e bem definida organização romana, revelando novas possibilidades e novas aspirações, culminando no Estado Moderno.

Para efeitos puramente didáticos, sem perda da consciência de que os fatores de influência atuaram concomitantemente, numa interação contínua, podem-se indicar e analisar separadamente os principais elementos que se fizeram presentes na sociedade política medieval, conjugando-se para a caracterização do Estado Medieval, que foram o *cristianismo*, as *invasões dos bárbaros* e o *feudalismo*. Desde logo, entretanto, é preciso ressaltar que, mesmo onde e quando as formações políticas revelam um intenso fracionamento do poder e uma nebulosa noção de autoridade, está presente uma aspiração à unidade. Pode-se mesmo dizer que, quanto maior era a fraqueza revelada, mais acentuado se tornava o desejo de unidade e de força, pretendendo-se caminhar para uma grande unidade política, que tivesse um poder eficaz como o de Roma e que, ao mesmo tempo, fosse livre da influência de fatores tradicionais, aceitando o indivíduo como um valor em si mesmo.

O *cristianismo* vai ser a base da aspiração à universalidade. Superando a ideia de que os homens valiam diferentemente, de acordo com a origem de cada um, faz-se uma afirmação de igualdade, considerando-se como temporariamente desgarrados os que ainda não fossem cristãos. Afirma-se desde logo a unidade da Igreja, num momento em que não se via claramente uma unidade política. Motivos religiosos e pragmáticos levaram à conclusão de que todos os cristãos deveriam ser integrados numa só sociedade política. E, como havia a aspiração a que toda a Humanidade se tornasse cristã, era inevitável que se chegasse à ideia do Estado universal, que incluísse todos os homens, guiados pelos mesmos princípios e adotando as mesmas normas de comportamento público e particular.

A própria Igreja vai estimular a afirmação do Império como unidade política, pensando, obviamente, no Império da Cristandade. Com esse intuito é que o Papa Leão III confere a Carlos Magno, no ano de 800, o título de Imperador. Entretanto, dois fatores de perturbação iriam influir nesses planos: em primeiro lugar, uma infinita multiplicidade de centros de poder, como os reinos, os senhorios, as comunas, as organizações religiosas, as corporações de ofícios, todos ciosos de sua autoridade e sua independência, jamais se submetendo, de fato, à autoridade do Imperador; em segundo lugar, o próprio Imperador recusando submeter-se à autoridade da Igreja, havendo imperadores que pretenderam influir em assuntos eclesiásticos, bem como inúmeros papas que pretenderam o comando, não só dos assuntos de ordem espiritual, mas também de todos os assuntos de ordem temporal. Assim, pois, formalmente, a unidade política superior é o Império, sem que haja, na prática, uma autoridade e uma ordem correspondentes. A luta entre o Papa e o Imperador, que marcaria os últimos séculos da Idade Média, só vai terminar com o nascimento do Estado Moderno, quando se afirma a supremacia absoluta dos monarcas na ordem temporal[64].

As *invasões dos bárbaros*, iniciadas já no século III e reiteradas até o século VI, representadas por incursões de hordas armadas pelo território do Império Romano, constituíram um fator de grave perturbação e de profundas transformações na ordem estabelecida. Oriundos de várias partes da Europa, sobretudo do norte, os povos que os romanos denominavam bárbaros e que incluíam germanos, eslavos, godos etc. introduziram novos

---

64. Há dois fatos históricos que são bem ilustrativos dessa polêmica, e que revelam o sentido em que ela evoluiu. O primeiro fato se passa no século XI. Henrique IV, Imperador da Alemanha, nomeou feudalistas eclesiásticos para bispados alemães, sendo tais nomeações declaradas nulas pelo Papa Gregório VII. O Imperador, inconformado e ofendido, convocou uma reunião de todos os bispos alemães, visando à deposição do Sumo Pontífice. Este, inteirado daquela iniciativa, publicou um ato de excomunhão e determinou que nenhum Estado cristão reconhecesse mais Henrique IV como Imperador, no que foi obedecido. Impotente para reagir ou resistir, o Imperador não teve outra saída, e, no dia 27 de janeiro do ano de 1077, fez a famosa peregrinação a Canossa, nos Alpes italianos, vestido de buril e com os pés nus, esperando ajoelhado na neve que o Papa lhe concedesse o perdão.

O segundo fato se passa no século XIV. Reinando na França Filipe, o Belo, teve diversas desavenças com o Papa Bonifácio VIII. De um lado, o Rei era acusado de cobrar impostos excessivos sobre os bens da Igreja na França. Acerbamente criticado pelo Papa, Filipe, por sua vez, proibiu que saísse dinheiro da França para Roma e sofreu ameaça de excomunhão. As relações eram extremamente tensas quando, em 1301, um bispo francês foi acusado de conspirar a favor da Inglaterra, sendo preso. O Papa Bonifácio VIII, não acreditando na acusação, pretendeu que o bispo fosse enviado a Roma para julgamento, condenando publicamente o ato do monarca francês. Mas a situação já era, então, bem diversa daquela do século XI. Filipe retrucou violentamente, acusando o Papa de interferência em assuntos de ordem temporal e chegando mesmo a pretender que se realizasse um concílio para depô-lo. Depois de violentos ataques verbais recíprocos, publicando-se na França um edito em que Bonifácio VIII era acusado de dissolução e de haver tramado a renúncia de seu antecessor Celestino V, chegou-se à ação mais drástica. Em setembro de 1303, quando repousava no Castelo de Anagni, o Papa foi preso pelos soldados de Filipe, o Belo, comandados por Guilherme de Nogaret, distribuindo-se à população do local todos os bens do castelo. Dizendo que se submetia à autoridade do Papa em matéria espiritual, mas que não admitia sua intromissão em matéria temporal, Filipe consentiu na libertação de Bonifácio VIII três dias depois. Regressando a Roma, humilhado e abatido, o Papa morreria no mês seguinte. Era a primeira grande vitória do absolutismo, assinalando de maneira violenta a presença de um novo Estado.

costumes e estimularam as próprias regiões invadidas a se afirmarem como unidades políticas independentes, daí resultando o aparecimento de numerosos Estados. Ao mesmo tempo, não obstante a ação da Igreja tentando reunir os novos Estados num grande e poderoso Império, os povos do norte da África e do Oriente Médio sentiram-se também encorajados a fazer incursões em solo europeu, percebendo, desde logo, que encontrariam pouca resistência. E tudo se torna mais complicado quando se verifica que, em certas regiões, os povos cristãos, divididos entre si, chegam a celebrar alianças com chefes bárbaros, havendo também, em muitos casos, o estabelecimento de relações amistosas para fins econômicos. Assim, por exemplo, observa HENRI PIRENNE que desde o século IX os bizantinos, que eram cristãos, através de seus postos mais avançados nas costas italianas, Nápoles, Amalfi, Bari e, principalmente, Veneza, comerciaram mais ou menos ativamente com os árabes da Sicília, da África do Norte, do Egito e da Ásia Menor[65]. Em outras regiões sempre se manteve a luta entre cristãos e não cristãos.

Dentro desse quadro é que se encontram os fatores de transformação, que, despertando aspirações e criando novas condições, irão determinar as características do Estado Moderno. Desde logo se percebe que, no Estado Medieval, a ordem era sempre bastante precária, pela improvisação das chefias, pelo abandono ou pela transformação de padrões tradicionais, pela presença de uma burocracia voraz e quase sempre todo-poderosa, pela constante situação de guerra, e, inevitavelmente, pela própria indefinição das fronteiras políticas.

A isso tudo se acrescenta, para a caracterização do Estado Medieval, a influência do *feudalismo*. Para que se compreenda a organização feudal é preciso ter em conta que as invasões e as guerras internas tornaram difícil o desenvolvimento do comércio. Em consequência, valoriza-se enormemente a posse da terra, de onde todos, ricos ou pobres, poderosos ou não, deverão tirar os meios de subsistência. Assim, pois, toda a vida social passa a depender da propriedade ou da posse da terra, desenvolvendo-se um sistema administrativo e uma organização militar estreitamente ligados à situação patrimonial.

Vai ocorrer, sobretudo através de três institutos jurídicos, a confusão entre o setor público e o privado. Pela *vassalagem* os proprietários menos poderosos colocavam-se a serviço do senhor feudal, obrigando-se a dar-lhe apoio nas guerras e a entregar-lhe uma contribuição pecuniária, recebendo em troca sua proteção. Outra forma de estabelecimento de servidão era o

---

65. HENRI PIRENNE, *História Econômica e Social da Idade Média*, pág. 9.

benefício, contratado entre o senhor feudal e o chefe de família que não possuísse patrimônio. Este último recebia uma faixa de terra para cultivar, dela extraindo o sustento de sua família, além de entregar ao senhor feudal uma parcela da produção. Estabelecido o benefício, o servo era tratado como parte inseparável da gleba, e o senhor feudal adquiria, sobre ele e sua família, o direito de vida e de morte, podendo assim estabelecer as regras de seu comportamento social e privado. Por último, é importante considerar a *imunidade*, instituto pelo qual se concedia a isenção de tributos às terras sujeitas ao benefício. A vassalagem era uma relação jurídica de caráter pessoal, enquanto que o benefício tinha o sentido de estabelecimento de um direito real, mas ambos implicando o reconhecimento do poder político do senhor feudal e contribuindo para que o feudo tivesse sua ordem jurídica própria, desvinculada do Estado. Em última análise, os próprios agentes do poder público, ligando o exercício de suas funções à propriedade ou à posse da terra, afirmavam a independência em relação a qualquer autoridade maior, embora nominalmente integrados num Estado de dimensões muito vastas, ainda que imprecisas[66].

Conjugados os três fatores que acabamos de analisar, o cristianismo, a invasão dos bárbaros e o feudalismo, resulta a caracterização do Estado Medieval, mais como aspiração do que como realidade: um poder superior, exercido pelo Imperador, com uma infinita pluralidade de poderes menores, sem hierarquia definida; uma incontável multiplicidade de ordens jurídicas, compreendendo a ordem imperial, a ordem eclesiástica, o direito das monarquias inferiores, um direito comunal que se desenvolveu extraordinariamente, as ordenações dos feudos e as regras estabelecidas no fim da Idade Média pelas corporações de ofícios. Esse quadro, como é fácil de compreender, era causa e consequência de uma permanente instabilidade política, econômica e social, gerando uma intensa necessidade de ordem e de autoridade, que seria o germe de criação do Estado Moderno.

Estado Moderno

As deficiências da sociedade política medieval determinaram as características fundamentais do *Estado Moderno*. A aspiração à antiga

---

66. HENRI PIRENNE ressalta com muita propriedade as decorrências políticas do caráter de *civilização rural* adotado pela Europa depois das invasões bárbaras (*História Econômica e Social da Idade Média*, págs. 13 a 17). Sobre os institutos jurídicos medievais, veja-se RODOLFO DE STEFANO, *Il Problema del Potere*, págs. 91 a 94.

unidade do Estado Romano, jamais conseguida pelo Estado Medieval, iria crescer de intensidade em consequência da nova distribuição da terra. Com efeito, o sistema feudal, compreendendo uma estrutura econômica e social de pequenos produtores individuais, constituída de unidades familiares voltadas para a produção de subsistência, ampliou o número de proprietários, tanto dos latifundiários quanto dos que adquiriram o domínio de áreas menores. Os senhores feudais, por seu lado, já não toleravam as exigências de monarcas aventureiros e de circunstância, que impunham uma tributação indiscriminada e mantinham um estado de guerra constante, que só causavam prejuízo à vida econômica e social.

Isso tudo foi despertando a consciência para a busca da unidade, que afinal se concretizaria com a afirmação de um poder soberano, no sentido de supremo, reconhecido como o mais alto de todos dentro de uma precisa delimitação territorial. Um testemunho histórico do surgimento dessa consciência são os tratados de paz da Westfália, região do oeste da Alemanha, celebrados em 1648. Nesse ano foram assinados, nas cidades de Osnabrück e Münster, dois tratados, que puseram fim à chamada "guerra dos trinta anos", uma sequência de conflitos armados envolvendo várias disputas territoriais. Os signatários dos tratados, Império Germânico, França, Províncias Unidas e Espanha, reconheceram os limites territoriais de cada um dos outros, comprometendo-se a respeitá-los e a reconhecer a supremacia dos respectivos governos dentro daqueles limites. Os tratados de paz de Westfália tiveram o caráter de documentação da existência de um novo tipo de Estado, com a característica básica de unidade territorial dotada de um poder soberano. Era já o *Estado Moderno*, cujas marcas fundamentais, desenvolvidas espontaneamente, foram-se tornando mais nítidas com o passar do tempo e à medida que, claramente apontadas pelos teóricos, tiveram sua definição e preservação convertidas em objetivos do próprio Estado.[67]

---

67. Para RODOLFO DE STEFANO, os tipos fundamentais de Estado podem ser reduzidos a três: a *Cidade-Estado*, o *Império Medieval* e o *Estado Moderno*, parecendo-lhe que a divisão mais minuciosa, embora útil para o estudo do problema, é menos precisa, havendo apenas esses três *modelos institucionais irredutíveis* (*Il Problema del Potere*, págs. 8 a 12); GROPPALI propõe outra tipologia, baseada no limite maior ou menor que encontra o poder do Estado, chegando aos seguintes tipos: a) *Estado patrimonial*, quando o Estado é considerado patrimônio pessoal do príncipe e o exercício da soberania decorre da propriedade da terra; b) *Estado de polícia*, quando o soberano, embora não governando em nome próprio, mas em nome do Estado, exerce discricionariamente o poder público, de conformidade com aquilo que ele considera de interesse do Estado e dos súditos; c) *Estado de*

30. Quanto às *notas características* do Estado Moderno, que muitos autores preferem denominar *elementos essenciais* por serem todos indispensáveis para a existência do Estado, existe uma grande diversidade de opiniões, tanto a respeito da identificação quanto do número. Assim é que Santi Romano, entendendo que apenas a *soberania* e a *territorialidade* é que são peculiaridades do Estado, indica esses dois elementos. A maioria dos autores indica três elementos, embora divirjam quanto a eles. De maneira geral, costuma-se mencionar a existência de dois elementos *materiais*, o território e o povo, havendo grande variedade de opiniões sobre o terceiro elemento, que muitos denominam *formal*. O mais comum é a identificação desse último elemento com o poder ou alguma de suas expressões, como autoridade, governo ou soberania. Para Del Vecchio, além do povo e do território o que existe é o *vínculo jurídico*, que seria, na realidade, um sistema de vínculos, pelo qual uma multidão de pessoas encontra a própria unidade na forma do direito. Já Donato Donati sustenta que o terceiro elemento é a *pessoa estatal*, dotada de capacidade para o exercício de duas soberanias: uma pessoal, exercida sobre o povo, outra territorial, sobre o território. Com Groppali surge a afirmação de um quarto elemento, que é a *finalidade*, parecendo-lhe óbvio, em primeiro lugar, que as pessoas só se integram numa ordem e vivem sob um poder, em função de um fim a atingir; em segundo lugar, o Estado, sendo dotado de ordem própria e poder também próprio, é evidente que deverá ter uma finalidade peculiar, que justifique sua existência. Por último, Ataliba Nogueira procede a um desdobramento da nota característica relativa ao poder, apontando a existência de cinco notas: o território e o povo, coincidindo com os elementos materiais; a soberania e o poder de império, que representam dois aspectos do poder, constituindo, portanto, um desdobramento do chamado elemento formal, e, além desses, a finalidade, que indica, mais especificamente, como a regulação global da vida social.

Em face dessa variedade de posições, sem descer aos pormenores de cada teoria, vamos proceder à análise de quatro notas características — a soberania, o território, o povo e a finalidade —, cuja síntese nos conduzirá

---

direito, quando os poderes são rigorosamente disciplinados por regras jurídicas. Este último tipo de Estado, do qual procura avizinhar-se o Estado Moderno, ainda não foi conseguido em realidade, uma vez que muitas relações entre o Estado e os cidadãos carecem ainda de regulamento jurídico e de tutela jurisdicional (*Doutrina do Estado*, págs. 103 e 104). Esta classificação, apenas esboçada por Groppali, poderá ter utilidade prática, mas está ainda à espera de um amplo desenvolvimento para que se verifique sua real conveniência.

a um conceito de Estado que nos parece realista, porque considera todas as peculiaridades verificáveis no plano da realidade social. Evidentemente, a noção de ordem jurídica já se acha implícita, uma vez que se vai analisar determinada *sociedade* e todas as sociedades são ordens jurídicas. Quanto à finalidade, que também poderia parecer implícita na qualificação preliminar de sociedade *política*, o problema é diferente, uma vez que, como procuraremos demonstrar, há uma finalidade própria do Estado, que não deixa de ser política mas que apresenta certas peculiaridades.

Bibliografia

RAYMOND G. GETTEL, *Historia de las Ideas Políticas*, Ed. Nacional, México, 1951; GEORGE H. SABINE, *A History of Political Theory*, Henry Holt and Company, Inc., Nova York, 1951; GAETANO MOSCA E GASTON BOUTHOUL, *História das Doutrinas Políticas*, Ed. Zahar, Rio de Janeiro, 1962; ARISTÓTELES, *A Política*, Ed. de Ouro, com introdução de Ivan Lins, Rio de Janeiro, 1965; GERALDO DE ULHOA CINTRA, *De Statu Civitatis*, São Paulo, 1963; HENRI PIRENNE, *História Econômica e Social da Idade Média*, Ed. Mestre Jou, São Paulo, 1963; RODOLFO DE STEFANO, *Il Problema del Potere*, Ed. Giuffrè, Milão, 1962; SANTI ROMANO, *L'Ordinamento Giuridico*, Ed. Sansoni, Florença, 1962; MIGUEL REALE, *O Direito como Experiência*, Ed. Saraiva, São Paulo, 1968; ALBERTO MALET E J. ISAAC, *La Edad Media*, LIBRERÍA HACHETTE, Buenos Aires, 1947; PAULO BONAVIDES, *Do Estado Liberal ao Estado Social*, Ed. Saraiva, São Paulo, 1961; ALEXANDRE GROPPALI, *Doutrina do Estado*, Ed. Saraiva, São Paulo, 1962; GEORG JELLINEK, *Teoría General del Estado*, Ed. Albatroz, Buenos Aires, 1954; ADERSON DE MENEZES, *Teoria Geral do Estado*, Ed. Forense, Rio de Janeiro, 1968; A. MACHADO PAUPÉRIO, *Teoria Geral do Estado*, Ed. Forense, Rio de Janeiro, 1965; DARCY AZAMBUJA, *Teoria Geral do Estado*, Ed. Globo, Porto Alegre, 1962; FUSTEL DE COULANGES, *A Cidade Antiga* (2 vols.), Livraria Clássica Editora, Lisboa, 1950 (7ª ed.); MICHAEL E. TIGAR E MADELEINE R. LEVY, *O Direito e a Ascensão do Capitalismo*, Ed. Zahar, Rio de Janeiro, 1978; RICCARDO MARIANI, *A Cidade Moderna*, Ed. Nobel, São Paulo, 1986; JOÃO CARLOS BRUM TORRES, *Figuras do Estado Moderno*, Ed. Brasiliense, São Paulo, 1989; RENÉ LENOIR E JACQUES LESOURNE (Coords.), *Où va l'État?* Le Monde Éditions, Paris, 1992; HÉLCIO DE ABREU DALLARI JR., *Teoria Geral do Estado Contemporâneo*, Ed. Rideel, São Paulo, 2008 (2ª ed.).

Soberania

31. O conceito de *soberania*, claramente afirmado e teoricamente definido desde o século XVI, é um dos que mais têm atraído a atenção dos teóricos do Estado, filósofos do direito, cientistas políticos, internacionalistas, historiadores das doutrinas políticas, e de todos quantos se dedicam ao estudo das teorias e dos fenômenos jurídicos e políticos. Por isso mesmo, deu margem ao aparecimento de uma tão farta bibliografia e à formulação de uma tal multiplicidade de teorias que acabou sendo prejudicado, tornando-se cada vez menos preciso e dando margem a todas as distorções ditadas pela conveniência. Essas distorções têm sido uma consequência, sobretudo, da significação política do conceito, que se encontra na base de seu nascimento e que é inseparável dele, apesar de todo o esforço, relativamente bem-sucedido, para discipliná-lo juridicamente. Atualmente, porém, não obstante a imprecisão e as controvérsias, a expressão *soberania* vem sendo largamente empregada na teoria e na prática, às vezes até mesmo para justificar as posições de duas partes opostas num conflito, cada uma alegando defender sua soberania. Daí a observação feita por KAPLAN e KATZENBACH, de que não há no Direito Internacional um termo mais embaraçoso que soberania, parecendo-lhes que o seu uso impreciso e indisciplinado talvez se deva ao fato de haver-se tornado um "símbolo altamente emocional", amplamente utilizado para conquistar simpatias em face das tendências nacionalistas que vêm marcando nossa época[68].

O que se verifica, apesar disso tudo, é que o conceito de soberania é uma das bases da ideia de Estado Moderno, tendo sido de excepcional

---

68. MORTON A. KAPLAN e NICHOLAS DE B. KATZENBACH, *Fundamentos Políticos do Direito Internacional*, pág. 149.

importância para que este se definisse, exercendo grande influência prática nos últimos séculos, sendo ainda uma característica fundamental do Estado. É, pois, de grande interesse o seu estudo, que deverá ser iniciado através da verificação dos precedentes históricos que explicam o seu aparecimento.

32. No Estado da Antiguidade, desde a época mais remota até o fim do Império Romano, não se encontra qualquer noção que se assemelhe à soberania. Em ARISTÓTELES, no Livro I de "A Política", apontam-se as peculiaridades da Cidade, sobretudo aquelas que a diferenciam da sociedade familiar, afirmando-se então a ideia de superioridade da cidade-Estado, por ser dotada de *autarquia*. Esta expressão, entretanto, não indica supremacia de poder, significando apenas que ela era autossuficiente, capaz de suprir às próprias necessidades. Do conceito de autarquia nada se pode deduzir quanto à intensidade e à amplitude interna ou externa do poder do Estado. Em Roma também não se chega a qualquer noção que se possa considerar semelhante ou análoga à de soberania. Com efeito, os termos *majestas*, *imperium* e *potestas*, usados em diferentes circunstâncias como expressões de poder, ou indicam poderio civil ou militar, ou revelam o grau de autoridade de um magistrado, ou ainda podem externar a potência e a força do povo romano. Nenhuma delas, porém, indica poder supremo do Estado em relação a outros poderes ou para decidir sobre determinadas matérias.

Qual a razão de não se ter chegado, até então, ao conceito de soberania ou a outro equivalente? A resposta a essa pergunta já foi dada com bastante precisão por JELLINEK, quando este observou que o fato de a Antiguidade não ter chegado a conhecer o conceito de soberania tem um fundamento histórico de importância, a saber, faltava ao mundo antigo o único dado capaz de trazer à consciência o conceito de soberania: a oposição entre o poder do Estado e outros poderes[69]. De fato, as atribuições muito específicas do Estado, quase que limitadas exclusivamente aos assuntos ligados à segurança, não lhe davam condições para limitar os poderes privados. Sobretudo no âmbito econômico as intervenções verificadas eram apenas para assegurar a ordem estabelecida e arrecadar tributos, não havendo, pois, a ocorrência de conflitos que tornassem necessária a hierarquização dos poderes sociais. Durante a Idade Média, sobretudo depois do estabelecimento de inúmeras ordenações independentes, é que o problema iria ganhar importância, pois, entre outras inovações, as próprias atividades de segurança e tributação iriam dar causa a frequentes conflitos,

---

69. GEORG JELLINEK, *Teoría General del Estado*, págs. 331 e 341.

desaparecendo a distinção entre as atribuições do Estado e as de outras entidades, tais como os feudos e as comunas.

Até o século XII a situação continua mal definida, aparecendo referências a duas soberanias concomitantes, uma *senhorial* e outra *real*. Já no século XIII o monarca vai ampliando a esfera de sua competência exclusiva, afirmando-se soberano de todo o reino, acima de todos os barões, adquirindo o poder supremo de justiça e de polícia, acabando por conquistar o poder legislativo. Assim é que o conceito de soberano, inicialmente relativo, pois se afirmava que os barões eram soberanos em seu senhorio e o rei era soberano em todo o reino, vai adquirindo o caráter absoluto, até atingir o caráter superlativo, como poder *supremo*[70]. No desenvolvimento desse processo de afirmação da soberania dos reis há um aspecto verdadeiramente curioso: tal afirmação se faz, de um lado, para tornar clara sua superioridade em relação aos senhores feudais e a outros poderes menores; de outro, para afirmar a independência dos reis relativamente ao Imperador e ao Papa. E é por causa deste último aspecto que se chega a um momento intermediário, em que várias cidades italianas, como Veneza, Florença e outras, se afirmam como *civitates superiorem non recognoscentes*.

No final da Idade Média os monarcas já têm supremacia, ninguém lhes disputa o poder, sua vontade não sofre qualquer limitação, tornando-se patente o atributo que os teóricos logo iriam perceber, a *soberania*, que no século XVI aparece como um conceito plenamente amadurecido, recebendo um tratamento teórico sistemático e praticamente completo.

33. A primeira obra teórica a desenvolver o conceito de soberania foi "Les Six Livres de la République", de Jean Bodin, havendo inúmeras fontes que apontam o ano de 1576 como o do aparecimento dessa obra[71]. A leitura dos seis livros, que contêm apreciações e conclusões de caráter teórico, ao lado de fartas referências a ocorrências históricas citadas em apoio da teoria, deixa entrever que Bodin tomou como padrão, sobretudo, a situação da França, fazendo a constatação e a justificação dos costumes e completando-as com

---

70. A respeito da dupla soberania feudal há referências em vários autores, sendo suficiente, entretanto, a verificação das fontes indicadas por Jellinek, tendo este transcrito as palavras de Beaumanoirs, que são altamente esclarecedoras: *Cascuns barons est sovrains en sa baronnie. Voirs est que li rois est sovrains par desor tous* (Georg Jellinek, *Teoría General del Estado*, pág. 337, devendo-se verificar, especialmente, a nota 4, constante dessa mesma página).

71. Nosso estudo foi baseado numa edição francesa de 1583, com introdução em latim e os seis livros em francês.

apreciações que não são mais do que a revelação de sua própria concepção do que haveria de ser a autoridade real. Inicia-se o Livro I com a conceituação da *República*, como um direito de governo de muitas famílias e do que lhes é comum, *com um poder soberano*. E o Capítulo VIII do Livro I é totalmente dedicado ao esclarecimento do conceito de soberania. Diz BODIN: "É necessário formular a definição de soberania, porque não há qualquer jurisconsulto, nem filósofo político, que a tenha definido e, no entanto, é o ponto principal e o mais necessário de ser entendido no trabalho da República". Esclarece então que a *soberania é o poder absoluto e perpétuo de uma República, palavra que se usa tanto em relação aos particulares quanto em relação aos que manipulam todos os negócios de estado de uma República.* Como se vê, a expressão *República* equivale ao moderno significado de *Estado*.

Tendo afirmado que a soberania é um poder *absoluto* e *perpétuo*, cuida BODIN de tornar mais claro o sentido dessas duas características, estendendo-se mais na explicação da primeira. Sendo um poder *absoluto*, a soberania não é limitada nem em poder, nem pelo cargo, nem por tempo certo. Nenhuma lei humana, nem as do próprio príncipe, nem as de seus predecessores podem limitar o poder soberano. Quanto às leis *divinas* e *naturais*, todos os príncipes da Terra lhes estão sujeitos e não está em seu poder contrariá-las, se não quiserem ser culpados de lesar a majestade divina, fazendo guerra a Deus, sob a grandeza de quem todos os monarcas do mundo devem dobrar-se e baixar a cabeça com temor e reverência. São essas, portanto, as únicas limitações ao poder do soberano. Como um poder *perpétuo*, a soberania não pode ser exercida com um tempo certo de duração. Esclarece BODIN que, se alguém receber o poder absoluto por um tempo determinado, não se pode chamar soberano, pois será apenas depositário e guarda do poder. Acrescenta ainda que a soberania, via de regra, só pode existir nos Estados aristocráticos e populares, pois nestes casos, como o titular do poder é uma classe ou todo o povo, há possibilidade de perpetuação. Nas monarquias só haverá soberania se forem hereditárias.

Embora não tenha mencionado a *inalienabilidade* como característica da soberania, o que outros autores fariam depois, escreve BODIN que, seja qual for o poder e a autoridade que o soberano concede a outrem, *ele não concede tanto que não retenha sempre mais.* Dessa forma, a soberania coloca o seu titular, permanentemente, acima do direito interno e o deixa livre para acolher ou não o direito internacional, só desaparecendo o poder soberano quando se extinguir o próprio Estado.

Quase dois séculos mais tarde, no ano de 1762, ROUSSEAU publicaria "O Contrato Social", dando grande ênfase ao conceito de soberania e já transferindo sua titularidade da pessoa do governante para o povo. No Livro I, Capítulo VI, diz que o contrato social gera o corpo político, chamado *Estado* quando passivo, *Soberano* quando ativo e *Poder* quando comparado com os semelhantes. No Livro II dedica o Capítulo I à demonstração de que a soberania é *inalienável* e o Capítulo II à sua caracterização como *indivisível*, sendo essas, conforme sustenta, as características fundamentais da soberania. Ela é inalienável por ser o exercício da vontade geral, não podendo esta se alienar nem mesmo ser representada por quem quer que seja. E é indivisível porque a vontade só é geral se houver a participação do todo. Ainda no mesmo livro, no Capítulo IV, ROUSSEAU traça os limites do poder soberano. Diz, então, que o pacto social dá ao corpo político um poder absoluto sobre todos os seus membros, e esse poder é aquele que, dirigido pela vontade geral, leva o nome de soberania. O poder soberano, completamente absoluto, sagrado e inviolável, não ultrapassa nem pode transgredir os limites das convenções gerais. A regra básica da limitação é que o soberano não pode sobrecarregar os cidadãos de coisas inúteis à comunidade e tampouco pode exigi-las, devendo, finalmente, fazer exigências iguais a todos os súditos.

No combate da burguesia contra a monarquia absoluta, que teve seu ponto alto na Revolução Francesa, a ideia da soberania popular iria exercer grande influência, caminhando no sentido de soberania nacional, concebendo-se a nação como o próprio povo numa ordem. No começo do século XIX ganha corpo a noção de soberania como expressão de poder político, sobretudo porque interessava às grandes potências, empenhadas em conquistas territoriais, sustentar sua imunidade a qualquer limitação jurídica. Entretanto, a partir da metade do século, vai surgir na Alemanha a teoria da personalidade jurídica do Estado, que acabará sendo apontado como o verdadeiro titular da soberania. E já no século XX, aperfeiçoada a doutrina jurídica do Estado, a soberania passa a ser indicada como uma de suas notas características, colocando-se entre os temas fundamentais do direito público, desenvolvendo-se uma completa *teoria jurídica da soberania*. Essa construção teórica teve um desenvolvimento gradativo, sendo necessária a fixação de várias posições, correspondentes a diversas épocas ou a diferentes pontos de vista, para se apreender o seu conjunto.

34. O primeiro aspecto importante a considerar é o que se refere ao *conceito de soberania*. Entre os autores há quem se refira a ela como um poder do Estado, enquanto outros preferem concebê-la como qualidade do poder do Estado, sendo diferente a posição de KELSEN, que, segundo sua concepção normativista, entende a soberania como expressão da unidade de uma ordem. Para Heller e Reale ela é uma qualidade essencial do Estado, enquanto Jellinek prefere qualificá-la como nota essencial do poder do Estado. Ranelletti faz uma distinção entre a soberania, com o significado de poder de império, hipótese em que é *elemento essencial* do Estado, e soberania com o sentido de *qualidade* do Estado, admitindo que esta última possa faltar sem que se desnature o Estado, o que, aliás, coincide com a observação de Jellinek de que o Estado Medieval não apresentava essa qualidade[72].

Procedendo a uma síntese de todas as teorias formuladas, o que se verifica é que a noção de soberania está sempre ligada a uma concepção de poder, pois mesmo quando concebida como o centro unificador de uma ordem está implícita a ideia de poder de unificação. O que nos parece que realmente diferencia as concepções é uma evolução do sentido eminentemente político para uma noção jurídica de soberania. Concebida em termos puramente políticos, a soberania expressava a plena eficácia do poder, sendo conceituada como *o poder incontrastável de querer coercitivamente e de fixar as competências*. Por esse conceito, largamente difundido, verifica-se que o poder soberano não se preocupa em ser legítimo ou jurídico, importando apenas que seja absoluto, não admitindo confrontações, e que tenha meios para impor suas determinações. Em tal sentido, a soberania, baseada na supremacia do poder do mais forte, estimulou um verdadeiro egoísmo entre grandes Estados, pois todos se afirmavam soberanos e só agiam como tais aqueles que tivessem força para tanto.

Uma concepção puramente jurídica leva ao conceito de soberania como *o poder de decidir em última instância sobre a atributividade das normas*, vale dizer, sobre a eficácia do direito. Como fica evidente, embora continuando a ser uma expressão de poder, a soberania é poder jurídico utilizado para fins jurídicos. Partindo do pressuposto de que todos os atos dos Estados são passíveis de enquadramento jurídico, tem-se como soberano o poder que decide qual a regra jurídica aplicável em cada caso, podendo, inclusive, negar a juridicidade da norma. Segundo essa concepção não há Estados mais fortes ou mais fracos, uma vez que para todos a noção de direito é a mesma.

---

72. Vejam-se, a esse respeito, Miguel Reale, *Teoria do Direito e do Estado*, pág. 177; Oreste Ranelletti, *Istituzioni di Diritto Pubblico*, Parte Geral, pág. 78; Georg Jellinek, *Teoría General del Estado*, pág. 365; Costantino Mortati, *Istituzioni di Diritto Pubblico*, pág. 58; Hermann Heller, *La Soberanía*, pág. 214; Hans Kelsen, *Teoría General del Estado*, pág. 133; Marco Tullio Zanzucchi, *Istituzioni di Diritto Pubblico*, pág. 20.

A grande vantagem dessa conceituação jurídica é que mesmo os atos praticados pelos Estados mais fortes podem ser qualificados como antijurídicos, permitindo e favorecendo a reação de todos os demais Estados.

Uma terceira posição, de fundamento culturalista, nem admite a noção exclusivamente política, em termos de mera força, nem concorda em que se possa reduzir a soberania à condição de fenômeno totalmente submetido ao direito, uma vez que os fenômenos do Estado são, indissoluvelmente, sociais, jurídicos e políticos.

Externando com muita precisão essa concepção, MIGUEL REALE prefere denominá-la de *política*, embora acentuando que sua superioridade sobre as demais consiste justamente na circunstância de que só ela compreende e integra os conceitos sociais, jurídico e político do poder. Formula então o conceito de soberania como *o poder de organizar-se juridicamente e de fazer valer dentro de seu território a universalidade de suas decisões nos limites dos fins éticos de convivência*[73]. Assim, pois, a soberania jamais é a simples expressão de um poder de fato, embora não seja integralmente submetida ao direito, encontrando seus limites na exigência de jamais contrariar os fins éticos de convivência, compreendidos dentro da noção de bem comum. Dentro desses limites o poder soberano tem a faculdade de utilizar a coação para impor suas decisões.

35. Quanto às *características* da soberania, praticamente a totalidade dos estudiosos a reconhece como *una, indivisível, inalienável e imprescritível*. Ela é *una* porque não se admite num mesmo Estado a convivência de duas soberanias. Seja ela poder incontrastável, ou poder de decisão em última instância sobre a atributividade das normas, é sempre poder superior a todos os demais que existam no Estado, não sendo concebível a convivência de mais de um poder superior no mesmo âmbito. É *indivisível* porque, além das razões que impõem sua unidade, ela se aplica à universalidade dos fatos ocorridos no Estado, sendo inadmissível, por isso mesmo, a existência de várias partes separadas da mesma soberania. Não se deve confundir a teoria da divisão do poder, de que mais adiante se tratará pormenorizadamente, com uma forma de divisão da soberania, pois a chamada divisão do poder é, na verdade, uma distribuição de funções. A soberania é *inalienável*, pois aquele que a detém desaparece quando ficar sem ela, seja o povo, a nação, ou o Estado. Finalmente, é *imprescritível* porque jamais seria verdadeiramente superior se tivesse prazo certo de duração. Todo poder soberano

---

73. MIGUEL REALE, *Teoria do Direito e do Estado*, pág. 127.

aspira a existir permanentemente e só desaparece quando forçado por uma vontade superior.

A essas características acrescenta ainda ZANZUCCHI que a soberania é um poder: *originário*, porque nasce no próprio momento em que nasce o Estado e como um atributo inseparável deste; *exclusivo*, porque só o Estado o possui; *incondicionado*, uma vez que só encontra os limites postos pelo próprio Estado; *coativo*, uma vez que, no seu desempenho, o Estado não só ordena, mas dispõe de meios para fazer cumprir suas ordens coativamente[74].

A isso tudo acrescenta DUGUIT, fazendo uma síntese das teorias mas sem aceitá-las, que a soberania, sendo concebida como um direito subjetivo, é um poder de vontade que tem, além das já referidas, as seguintes características: *a*) é um poder de *vontade comandante*, sendo este o seu aspecto principal. A vontade soberana é, em essência, superior a todas as demais vontades que se encontrem no território submetido a ela. As relações entre a vontade soberana e as demais, não soberanas, são relações entre vontades desiguais, entre superior e subordinadas; *b*) é um poder de *vontade independente*, o que se aproxima bastante da característica de poder incondicionado, referida por ZANZUCCHI. A preocupação de DUGUIT, ao mencionar o poder de vontade independente, dirige-se mais ao âmbito externo do Estado, pois, segundo ele, o poder soberano não admite que qualquer convenção internacional seja obrigatória para o Estado, o que torna inviável a existência de um direito internacional[75]. A resposta a essa crítica de DUGUIT é dada pelo que se convencionou chamar de teoria da *autolimitação* do Estado, pela qual este, desde que o entenda conveniente, pode assumir obrigações externas, como pode fixar regras jurídicas para aplicação interna, sujeitando-se voluntariamente às limitações impostas por essas normas. O primeiro grande defensor dessa teoria foi IHERING, que a justificava argumentando que, na verdade, essas limitações não implicam diminuição, uma vez que o Estado se sujeita a elas no seu próprio interesse.

36. Outro aspecto importante a ser considerado é o que se relaciona com a *justificação* e a *titularidade* da soberania. De maneira geral as teorias justificadoras do poder soberano podem ser divididas em dois grandes grupos, com várias subdivisões, a saber:

Teorias teocráticas, que tiveram predominância no fim da Idade Média, quando já se prenunciava a clara conceituação de soberania, bem como

---

74. MARCO TULLIO ZANZUCCHI, *Istituzioni di Diritto Pubblico*, pág. 21.
75. LÉON DUGUIT, *Leçons de Droit Public Général*, pág. 116.

no período absolutista do Estado Moderno. Seu ponto de partida é o princípio cristão, externado por São Paulo, *omnis potestas a Deo*, ou seja, todo poder vem de Deus. Essas teorias apresentavam-se como de direito divino sobrenatural quando afirmavam que o próprio Deus concedera o poder ao príncipe, e de direito divino providencial, quando sustentavam que a soberania vem de Deus, como todas as coisas terrenas, mas que, diretamente, ela vem do povo, razão pela qual apresenta imperfeições. Mas, em ambos os casos, o *titular da soberania* acaba sendo a pessoa do monarca.

Teorias democráticas, sustentando que a soberania se origina do próprio povo. As teorias democráticas, ou da soberania popular, apresentam três fases sucessivas, nitidamente distintas. Na primeira, aparece como *titular da soberania* o próprio povo, como massa amorfa, situado fora do Estado. Numa segunda fase, que adquire seu ponto de consolidação na Revolução Francesa, influindo sobre as concepções políticas do século XIX e início do século XX, a titularidade é atribuída à nação, que é o povo concebido numa ordem integrante. Por último, chega-se à afirmação de que o titular da soberania é o Estado, o que começaria a ser aceito na segunda metade do século XIX e ganharia grande prestígio no século XX. Se a soberania é um direito, seu titular só pode ser uma pessoa jurídica. Ora, o povo, mesmo concebido como nação, não tem personalidade jurídica. Mas, como ele participa do Estado e é o elemento formador da vontade deste, a atribuição da titularidade da soberania ao Estado atende às exigências jurídicas, ao mesmo tempo que preserva o fundamento democrático. Essa última concepção é designada por Mortati como *legitimista*, pois a legitimação do soberano, que equivale ao nascimento do Estado, se dá com a consolidação da ordenação através do decurso do tempo. Quando determinada ordenação consegue positividade, impondo-se ao respeito dos destinatários, e se torna estável, adquirindo caráter permanente, aí então se pode dizer que existe poder soberano[76].

37. Finalmente, quanto ao *objeto* e à *significação* da soberania, verifica-se que o poder soberano se exerce sobre os indivíduos, que são a unidade elementar do Estado, não importando que atuem isoladamente ou em conjunto. Uma diferença importante a ressaltar é que os cidadãos do Estado estão sempre sujeitos ao seu poder soberano, havendo mesmo inúmeras hipóteses em que esse poder é exercido além dos limites territoriais do Estado. Relativamente aos que não são cidadãos do Estado, este exerce

---

76. Costantino Mortati, *Istituzioni di Diritto Pubblico*, pág. 64.

poder soberano quando se encontram dentro de seu território, embora haja também alguns casos excepcionais, que serão vistos mais adiante, em que um estrangeiro não é atingido pela soberania de um Estado, mesmo que se ache em seu território. Afirmado o poder soberano, isto significa que, dentro dos limites territoriais do Estado, tal poder é superior a todos os demais, tanto dos indivíduos quanto dos grupos sociais existentes no âmbito do Estado. E com relação aos demais Estados a afirmação de soberania tem a significação de independência, admitindo que haja outros poderes iguais, nenhum, porém, que lhe seja superior.

38. Por tudo quanto foi visto, pode-se concluir que o conceito de soberania, tendo sido de índole exclusivamente política na sua origem histórica, já se acha disciplinado juridicamente, quanto à sua aquisição, seu exercício e sua perda. Essa afirmação do poder soberano como poder jurídico é de evidente utilidade prática, constituindo mais um importante obstáculo ao uso arbitrário da força. Como é natural, e os fatos o comprovam constantemente, é absurdo pretender que a soberania tenha perdido seu caráter político, como expressão de força, subordinando-se totalmente a regras jurídicas. Entretanto, sua caracterização como um direito já tem sido útil, quando menos para ressaltar o caráter antijurídico e injusto da utilização da força incondicionada, para a solução de conflitos de interesses dentro de uma ordem estatal ou entre Estados, contribuindo para a formação de uma nova consciência, que repudia o uso arbitrário da força.

De fato, porém, apesar do progresso verificado, a soberania continua a ser concebida de duas maneiras distintas: como sinônimo de *independência*, e assim tem sido invocada pelos dirigentes dos Estados que desejam afirmar, sobretudo ao seu próprio povo, não serem mais submissos a qualquer potência estrangeira; ou como expressão de *poder jurídico mais alto*, significando que, dentro dos limites da jurisdição do Estado, este é que tem o poder de decisão em última instância, sobre a eficácia de qualquer norma jurídica. É óbvio que a afirmação de soberania, no sentido de independência, se apoia no poder de fato que tenha o Estado, de fazer prevalecer sua vontade dentro de seus limites jurisdicionais. A conceituação jurídica de soberania, no entanto, considera irrelevante, em princípio, o potencial de força material, uma vez que se baseia na igualdade jurídica dos Estados e pressupõe o respeito recíproco, como regra de convivência. Neste caso, a prevalência da vontade de um Estado mais forte, nos limites da jurisdição de um mais fraco, é sempre um ato irregular, antijurídico, configurando uma violação de soberania, passível de sanções jurídicas. E mesmo que tais sanções não possam ser aplicadas imediatamente, por deficiência de meios materiais, o caráter antijurídico da violação permanece, podendo servir de base a futuras reivindicações bem como à obtenção de solidariedade de outros Estados.

Bibliografia

JEAN BODIN, *Les Six Livres de la République*, Chez Jacques du Puis Libraire Iuré, à la Samaritaine, avec privilège du Roy, Paris, 1583; HERMANN HELLER, *La Soberanía*, Ed. da Universidade Nacional Autônoma do México, México, 1965; HAROLD J. LASKI, *El Problema de la Soberanía*, Ed. Dedalo, Buenos Aires, 1960; JEAN-JACQUES ROUSSEAU, *O Contrato Social*, Ed. Cultrix, 1971; A. MACHADO PAUPÉRIO, *O Conceito Polêmico de Soberania*, Ed. Forense, Rio de Janeiro, 1958; HAROLDO VALLADÃO, *Democratização e Socialização do Direito Internacional*, Ed. José Olympio, Rio de Janeiro, 1961; MORTON A. KAPLAN E NICHOLAS DE B. KATZENBACH, *Fundamentos Políticos do Direito Internacional*, Ed. Zahar, Rio de Janeiro, 1964; MICHEL HALBEQ, *L'État, son Autorité, son Pouvoir*, Libr. Générale de Droit et Jurisprudence, Paris, 1965; GOFFREDO TELLES JR., *Filosofia do Direito*, 2º tomo, Ed. Max Limonad, São Paulo, s/d; MANUEL GARCÍA-PELAYO, *Frederico II de Suábia e o Nascimento do Estado Moderno*, Ed. RBEP, Belo Horizonte, 1961; LÉON DUGUIT, *Leçons de Droit Public Général*, E. DE BOCCARD, Paris, 1926; MARCO TULLIO ZANZUCCHI, *Istituzioni di Diritto Pubblico*, Ed. Giuffrè, Milão, 1948; ORESTE RANELLETTI, *Istituzioni di Diritto Pubblico*, Parte Geral, Ed. Giuffrè, Milão, 1955; COSTANTINO MORTATI, *Istituzioni di Diritto Pubblico*, Ed. Cedam, Pádua, 1955; LESLIE LIPSON, *Os Grandes Problemas da Ciência Política*, Ed. Zahar, Rio de Janeiro, 1967; MIGUEL REALE, *Teoria do Direito e do Estado*, 2ª ed., Ed. Martins, São Paulo, 1960; GEORG JELLINEK, *Teoría General del Estado*, Ed. Albatroz, Buenos Aires, 1954; HANS KELSEN, *Teoría General del Estado*, Ed. Nacional, México, 1959; NÉLSON DE SOUZA SAMPAIO, *Prólogo à Teoria do Estado*, Ed. Forense, Rio de Janeiro, 1960; ENRIQUE RICARDO LEWANDOWSKI, *Globalização, Regionalização e Soberania*, Ed. Juarez de Oliveira, São Paulo, 2004.

Território

39. A noção de *território*, como componente necessário do Estado, só apareceu com o Estado Moderno, embora, à semelhança do que ocorreu com a soberania, isso não queira dizer que os Estados anteriores não tivessem território. Na cidade-Estado, limitada a um centro urbano e a uma zona rural circunvizinha, não havendo ensejo para conflitos de fronteiras, não chegou a surgir a necessidade de uma clara delimitação territorial. Além disso, o tipo de relacionamento entre a autoridade pública e os particulares não tornava imperativa a definição da ordem mais eficaz num determinado local. Durante a Idade Média, com a multiplicação dos conflitos entre ordens e autoridades, tornou-se indispensável essa definição, e ela foi conseguida através de duas noções: a de soberania, que indicava o poder mais alto, e a de território, que indicava onde esse poder seria efetivamente o mais alto. De fato, o Imperador também tivera a pretensão da supremacia. Entretanto, a indefinição territorial, decorrente da vocação permanentemente expansionista do Império, foi uma das causas de se ter mantido sua autoridade apenas nominal, sem jamais conseguir concretizar-se.

A afirmação da soberania *sobre determinado território* parece, em princípio, uma diminuição, pois implica o reconhecimento de que o poder será exercido apenas dentro daqueles limites de espaço. Entretanto, foi com essa delimitação que se pôde assegurar a eficácia do poder e a estabilidade da ordem. Assim, pois, a afirmação da noção de território foi uma decorrência histórica, ocorrendo quando os próprios fatos a exigiram.

40. Com raríssimas exceções, os autores concordam em reconhecer o território como indispensável para a existência do Estado, embora o considerem de maneiras diferentes. Enquanto para muitos ele é elemento constitutivo essencial do Estado, sendo um dos elementos materiais indispensáveis, outros o aceitam como condição necessária exterior ao Estado, chegando, como BURDEAU, à conclusão de que ele, conquanto necessário, é apenas o quadro natural, dentro do qual os governantes exercem suas funções[77]. Bem diversa é a concepção de KELSEN, que, também considerando a delimitação territorial uma necessidade, diz que assim é porque tal delimitação é que torna possível a vigência simultânea de muitas ordens estatais. O território não chega a ser, portanto, um componente do Estado, mas é o espaço ao qual se circunscreve a validade da ordem jurídica estatal, pois, embora a eficácia de suas normas possa ir além dos limites territoriais, sua validade como ordem jurídica estatal depende de um espaço certo, ocupado com exclusividade[78].

Essa questão ficará mais bem esclarecida, compreendendo-se, inclusive, as consequências de uma ou outra posição, com o exame das relações jurídicas de um Estado com o seu próprio território.

41. Sintetizando as inúmeras teorias relativas ao relacionamento do Estado com seu território encontram-se, de início, duas posições fundamentais. Uma delas, sustentada sobretudo por LABAND, entende que há uma relação de domínio, devendo-se reconhecer que o Estado atua como proprietário do território. O Estado pode usar o território e até dispor dele, com poder absoluto e exclusivo, estando presentes, portanto, as características fundamentais das relações de domínio. Evidentemente, em face da natureza do Estado e de sua finalidade, essa relação apresenta certas possibilidades e está sujeita a determinados princípios que não se aplicam à propriedade privada, razão pela qual se deve reconhecer que se trata de uma figura jurídica especial. Existe, no caso, conforme a expressão corrente, um *direito real de natureza pública*. Dessa forma, tem-se um direito exercido diretamente sobre a coisa, o território, independentemente de saber se ele é ocupado ou não.

Um pouco discordante é a posição de BURDEAU, que, argumentando com a impossibilidade de ser reconhecido um direito de propriedade, que seria incompatível com as propriedades particulares, chega à conclusão de que se trata de um *direito real institucional*. Esse direito, conforme esclarece, é exercido diretamente sobre o solo, e seu conteúdo é determinado pelo que exige o serviço da instituição estatal. Na verdade, a explicação de

---

77. GEORGES BURDEAU, *Droit Constitutionnel et Institutions Politiques*, pág. 17. Posição semelhante já fora adotada por DONATO DONATI, em *Stato e Territorio* onde considera o território simples pressuposto para a existência do Estado.

78. HANS KELSEN, *Teoría General del Estado,* pág. 181.

BURDEAU não muda a essência do problema e a conciliação possível é, segundo a maioria dos adeptos da teoria do direito real, a diferenciação entre um *domínio eminente*, exercido pelo Estado sobre o território em geral, e um *domínio útil*, exercido pelos proprietários de cada porção do território, em particular[79].

Opondo-se a essas teorias, outros autores, entre os quais se destaca JELLINEK, negam a existência de uma relação de domínio, sustentando que, do ponto de vista do Direito Público, o domínio exercido pelo Estado é expressão do poder de império. O *imperium*, que dá a qualificação das relações do Estado com seu território, é um poder exercido sobre pessoas, e é através destas que o Estado tem poder sobre o território. Assim, o direito do Estado ao território é apenas um reflexo da dominação sobre as pessoas, vale dizer, é um *direito reflexo*, não um direito em sentido subjetivo. É por isso que as invasões de território são consideradas ofensas à personalidade jurídica do Estado e não violação de direito real. Quanto às partes desabitadas do território, não apresentariam dificuldades, pois sempre que alguém estivesse nessas partes, mesmo transitoriamente, o Estado poderia agir, além do que o território desabitado deve ser considerado um espaço em que o poder do Estado pode manifestar-se de um momento para outro[80].

Procurando superar as deficiências e contradições dessas teorias, RANELLETTI propõe uma terceira posição, cuja base é a afirmação de que o território é o espaço dentro do qual o Estado exerce seu poder de império. Este poder se exerce sobre tudo, pessoas e coisas, que se encontre no território. Dessa maneira, afastada a ideia de que o poder de império só se exerce sobre pessoas, como queria JELLINEK, não há problema quanto às partes momentaneamente ou permanentemente desabitadas. Ao mesmo tempo, desaparece a dificuldade quanto à coincidência de domínios, inevitável quando se pretender que o Estado tenha um direito real sobre o território[81].

Dando um tratamento original à matéria, PAULO BONAVIDES procede ao agrupamento das teorias formuladas sobre o assunto, indicando a existência de quatro concepções fundamentais, que são as seguintes:

---

79. Sobre essas teorias vejam-se COSTANTINO MORTATI, *Istituzioni di Diritto Pubblico*, págs. 66 e 67; GEORGES BURDEAU, *Droit Constitutionnel et Institutions Politiques*, págs. 16 a 18; PAULO BONAVIDES, *Ciência Política*, pág. 53.

80. Quanto à teoria do *imperium* veja-se GEORG JELLINEK, *Teoría General del Estado*, págs. 295 a 301.

81. ORESTE RANELLETTI, *Istituzioni di Diritto Pubblico*, págs. 55 e 56.

Território-patrimônio, característica do Estado Medieval e com alguns reflexos em teorias modernas. Essa teoria não faz diferenciação entre *imperium* e *dominium*, concebendo o poder do Estado sobre o território exatamente como o direito de qualquer proprietário sobre um imóvel.

Território-objeto, que é a que concebe o território como objeto de um direito real de caráter público. Embora com certas peculiaridades, a relação do Estado com seu território é sempre e tão só uma relação de domínio.

Território-espaço, teoria segundo a qual o território é a *extensão espacial da soberania do Estado*. A base dessa concepção é a ideia de que o Estado tem um direito de caráter pessoal, implícito na ideia de *imperium*. Alguns adeptos dessa orientação chegam a considerar o território como parte da personalidade jurídica do Estado, propondo mesmo a expressão *território-sujeito*.

Território-competência, teoria defendida sobretudo por Kelsen, que considera o território o âmbito de validade da ordem jurídica do Estado[82].

Sintetizando todos os aspectos fundamentais que têm sido objeto de considerações teóricas, podem-se estabelecer algumas conclusões de caráter geral, sobre as quais se pode dizer que praticamente não há divergência:

a) Não existe Estado sem território. No momento mesmo de sua constituição o Estado integra num conjunto indissociável, entre outros elementos, um território, de que não pode ser privado sob pena de não ser mais Estado. A perda temporária do território, entretanto, não desnatura o Estado, que continua a existir enquanto não se tornar definitiva a impossibilidade de se reintegrar o território com os demais elementos. O mesmo se dá com as perdas parciais de território, não havendo qualquer regra quanto ao mínimo de extensão territorial.

b) O território estabelece a delimitação da ação soberana do Estado. Dentro dos limites territoriais a ordem jurídica do Estado é a mais eficaz, por ser a única dotada de soberania, dependendo dela admitir a aplicação, dentro do âmbito territorial, de normas jurídicas provindas do exterior. Por outro lado, há casos em que certas normas jurídicas do Estado, visando diretamente à situação pessoal dos indivíduos, atuam além dos limites territoriais, embora sem a possibilidade de concretizar qualquer providência externa sem a permissão de outra soberania.

c) Além de ser elemento constitutivo necessário, o território, sendo o âmbito de ação soberana do Estado, é objeto de direitos deste, considerado no seu conjunto. Assim é que, caso haja interesse do povo, o Estado pode

---

82. Paulo Bonavides, *Ciência Política*, págs. 50 a 58.

até alienar uma parte do território, como pode também, em circunstâncias especiais, usar o território sem qualquer limitação, até mesmo em prejuízo dos direitos de particulares sobre porções determinadas.

Em face desses aspectos é que se diz, em primeiro lugar, que a ordem jurídica estatal, atuando soberanamente em determinado território, está protegida pelo princípio da *impenetrabilidade*, o que significa reconhecer ao Estado o monopólio de ocupação de determinado espaço, sendo impossível que no mesmo lugar e ao mesmo tempo convivam duas ou mais soberanias. Além disso, ressalta-se que o território tem uma *significação jurídica negativa*, enquanto exclui outras ordenações e cria para o Estado a obrigação de agir sempre que no seu âmbito se verifiquem certas circunstâncias. E tem uma *significação positiva*, enquanto assegura ao Estado a possibilidade de agir soberanamente no seu campo de ação. O princípio da impenetrabilidade começou a sofrer restrições quanto ao seu caráter absoluto, no começo do século XXI, sob influência do Direito Humanitário. Informações precisas sobre violações graves dos direitos fundamentais das populações civis, praticadas por governos totalitários, incluindo ações armadas sobre grupos indefesos e pacíficos, suscitaram reações no plano internacional, tendo havido várias iniciativas no sentido do reconhecimento da legitimidade da interferência de forças externas para fazer cessar as violências. Esse é um novo debate sobre a soberania, que deverá ter repercussões na concepção jurídica da soberania, pois haverá Estados absolutamente contrários a essa possibilidade de interferência e se esta for admitida será necessário definir quem terá legitimidade para decidir concretizá-la, com que meios e até quais limites.

42. Um aspecto que já mereceu amplos debates, mas que atualmente perdeu qualquer significação prática, é o que se relaciona com a *classificação dos territórios e das fronteiras*. De fato, a Teoria Geral do Estado já se preocupou bastante com a diferenciação entre território metropolitano e colonial, havendo outras classificações semelhantes, baseadas no diferente tratamento dispensado pelo Estado a cada espécie de território. Mas, nos últimos anos, sobretudo a partir de 1945, com a aprovação da Carta das Nações Unidas, estão oficialmente extintos os territórios coloniais, que ou foram totalmente integrados ao Estado, ou então passaram a constituir novos Estados. Os poucos que restam, na África, na Ásia, na América do Sul e na América Central, estão disfarçados como províncias, ou até mesmo como Estados, sendo considerados como integrantes do território dos Estados a que pertencem ou tendo sua própria ordenação jurídica soberana, mesmo que neste caso entreguem a outro Estado a proteção de sua soberania.

No tocante às fronteiras, dava-se importância à diferenciação entre as naturais, estabelecidas por acidentes geográficos, e as artificiais, fixadas por meio de tratados, acrescentando-se ainda as chamadas fronteiras esboçadas, quando não estabelecidas com precisão. Modernamente, no entanto, com os recursos técnicos da aerofotogrametria e outros de que se valem os Estados, não há, praticamente, linha de fronteira que não esteja precisamente estabelecida, o que não se confunde com os conflitos fronteiriços resultantes de pretensões de alguns Estados sobre certas porções de território. Além disso, mesmo quando a linha divisória entre dois Estados é estabelecida por acidentes geográficos, costuma-se indicá-la em tratados, o que é consequência da efetiva ocupação dos territórios, ainda que seja só para exploração econômica.

43. Por último, é importante que se faça um estudo dos limites do território, sobretudo tendo-se em conta a ampla utilização do mar, de seu solo e subsolo, bem como do espaço aéreo. Até onde vai o território de um Estado no sentido do mar? Até que altura o espaço aéreo deve ser considerado como parte do território do Estado? Em relação à terra firme, como já foi salientado, os Estados limítrofes estabelecem a delimitação. No sentido do subsolo não chega a haver problema, uma vez que, em nenhum caso de utilização possível, qualquer Estado tem condições de ameaçar a soberania do seu antípoda. Vejamos, pois, os dois aspectos que podem dar margem a conflitos.

A extensão do território sobre o mar. A incorporação de uma faixa de mar ao território dos Estados marítimos é prática muito antiga, que todos reconhecem como necessária e justa. Entretanto, à medida que foi crescendo a possibilidade de utilização do mar, de seu solo e do subsolo marítimo, foi crescendo de importância o problema da extensão que deverá ter essa faixa de mar, atualmente designada como *mar territorial.* De início, eram apenas motivos de segurança que determinavam a extensão do mar territorial, sobre o qual o Estado exerceria sua soberania. Por esse motivo, o primeiro critério fixado foi o do alcance das armas, consagrando-se a fórmula *Terra potestas finitur ubi finitur armorum vis,* mencionando-se, a partir do século XVII, o alcance de um tiro de canhão.

Por vários séculos foi mantido esse critério e só no século XX, com o grande aperfeiçoamento das armas, passou a ser considerado obsoleto o critério do alcance do tiro do canhão, propondo-se então a fixação em certo número de milhas. A matéria foi amplamente debatida, sobretudo no âmbito do Direito Internacional Público, chegando-se finalmente a um acordo quase geral quanto à conveniência da fixação em três milhas, o que foi acolhido pela maioria dos Estados. No entanto, vários Estados, especialmente interessados na utilização do mar por outros motivos que não a segurança, recusaram esse limite, estabelecendo através de tratados ou por atos unilaterais outras medidas, havendo casos de quatro, cinco, nove ou doze milhas. Finalmente, com a intensa exploração do mar e dos territórios submersos, os conflitos foram-se tornando mais agudos. Os motivos de segurança passaram, praticamente, a plano secundário, uma vez que os modernos armamentos podem até lançar projéteis de um continente para outro. Os motivos econômicos passaram a ser os mais importantes, invocando-se ainda razões de ordem fiscal, sanitária ou de proteção à fauna marítima. Foi neste ambiente que surgiu a fixação do mar territorial em duzentas milhas, medida adotada primeiramente por vários Estados sul-americanos da costa do Pacífico e que foi conquistando novos adeptos, entre os quais o Brasil[83].

Como não há um órgão internacional competente para decidir sobre a matéria, o estabelecimento da extensão do mar territorial tem sido feito por tratados ou por atos unilaterais dos Estados, consagrados pelos costumes. No caso das duzentas milhas já existem vários tratados, embora de caráter regional, que o preveem, além do que a permanência do critério, apesar da oposição de alguns Estados, levará à sua consolidação como um costume. Ao que tudo indica, as circunstâncias do mundo atual deverão levar à conclusão de que é impraticável, por absolutamente inadequado, o critério de uma extensão uniforme do mar territorial para todos os Estados.

A soberania sobre o espaço aéreo. Outro problema de difícil solução, característico de nossa época, é o da fixação de um limite, acima do território de um Estado, até onde este exerça sua soberania. Esse problema surgiu no século XX, com o desenvolvimento da aeronáutica. Sobretudo durante a II Guerra Mundial, com o extraordinário aperfeiçoamento das naves aéreas e sua intensa utilização como um dos principais meios de transporte, foi sentida a necessidade do estabelecimento de regras para utilização do espaço aéreo. Considerou-se indispensável assegurar a *passagem inocente* das aeronaves sobre o território de qualquer Estado, permitindo-se ao Estado cujo território é sobrevoado ter notícia prévia da passagem e exercer controle no resguardo de seus interesses. Assim sendo, embora sem alterar o

---

83. A respeito do mar territorial veja-se *Natureza Jurídica e Delimitação do Mar Territorial*, de Vicente Marotta Rangel. Nessa obra, que é o trabalho científico de maior envergadura sobre o tema, de quantos apareceram no Brasil nos últimos tempos, o mestre da Universidade de São Paulo trata exaustivamente do assunto, apoiando-se em sólida e rica documentação.

critério tradicional, que considera integrante do território do Estado a coluna de ar existente sobre ele, sem qualquer limite, foi celebrada em Chicago, no ano de 1944, uma convenção sobre a aviação civil internacional, regulamentando o uso do direito à passagem inofensiva. Mais recentemente, com a utilização de aviões que voam a grande altitude executando missões de espionagem e, depois disso, com a utilização de satélites artificiais e naves espaciais, tripuladas ou não, o problema se tornou extremamente complexo. Com efeito, mesmo que um Estado considere ofendida sua soberania, pela passagem de uma nave espacial sobre seu território, nada pode fazer para detê-la. Vários critérios têm sido aventados para regular o assunto, tendo-se sugerido, entre outras coisas, a fixação de um limite de altura, além do qual os Estados não exerceriam soberania.

Com o notável desenvolvimento das conquistas espaciais, e tendo em vista os riscos que isso possa acarretar para a paz mundial e a segurança dos povos, a ONU vem promovendo entendimentos sobre a matéria. No ano de 1963 ela aprovou uma Declaração de Princípios Jurídicos Aplicáveis às Atividades dos Estados na Exploração e Uso do Espaço Exterior. E no ano de 1966 foi mais adiante, aprovando um Tratado do Espaço Exterior, pelo qual, entre outras coisas, se nega a qualquer Estado a possibilidade de se apossar, no todo ou em parte, do espaço ultraterrestre, inclusive da Lua ou de qualquer outro satélite ou planeta. Como se vê, o problema da extensão da soberania dos Estados ao espaço aéreo adquiriu, muito recentemente, novos aspectos, tornando ineficaz a regra tradicional da extensão ilimitada.

Bibliografia

DONATO DONATI, *Stato e Territorio*, Ed. Cedam, Pádua, 1940; ORESTE RANELLETTI, *Istituzioni di Diritto Pubblico*, Parte Geral, Ed. Giuffrè, Milão, 1955; PAULO BONAVIDES, *Ciência Política*, Ed. FGV, Rio de Janeiro, 1967; GEORGES BURDEAU, *Droit Constitutionnel et Institutions Politiques*, Libr. Générale de Droit et de Jurisprudence, Paris, 1966; V. E. ORLANDO, *Diritto Pubblico Generale*, Ed. Giuffrè, Milão, 1954; ALEXANDRE MORTATI, *Doutrina do Estado*, Ed. Saraiva, São Paulo, 1962; COSTANTINO GROPPALI, *Istituzioni di Diritto Pubblico*, Ed. Cedam, Pádua, 1955; GEORG JELLINEK, *Teoría General del Estado*, Ed. Albatroz, Buenos Aires, 1954; GIORGIO DEL VECCHIO, *Teoria do Estado*, Ed. Saraiva, São Paulo, 1957; HANS KELSEN, *Teoría General del Estado*, Ed. Nacional, México, 1950; VICENTE MAROTTA RANGEL, *Natureza Jurídica e Delimitação do Mar Territorial*, São Paulo, 1965; ARNOLD W. FRUTKIN, *Cooperação Internacional no Espaço*, Ed. Record, Rio de Janeiro, 1966; CARLOS ALBERTO PASINI COSTADOAT, *El Espacio Aéreo*, ROQUE DEPALMA EDITOR, Buenos Aires, 1955.

Povo

44. O termo *povo* está entre aqueles que, pelo uso indiscriminado e excessivo, acabaram por tornar-se equívocos, sendo necessário um grande esforço para, antes de tudo, depurá-lo das deformações e, depois disso, estabelecer sua noção jurídica. E no caso específico de povo a tarefa é mais dificultada pela grande carga emocional que, através dos séculos, se acumulou nessa expressão. E a busca da noção jurídica de povo deve começar pela sua distinção de palavras aparentemente sinônimas, utilizadas como tais ou até com preferência em inúmeras obras de Teoria do Estado.

É unânime a aceitação da necessidade do elemento pessoal para a constituição e a existência do Estado, uma vez que sem ele não é possível haver Estado e é para ele que o Estado se forma. Há, todavia, quem designe como *população* esse elemento pessoal. Ora, população é mera expressão numérica, demográfica, ou econômica, segundo Marcello Caetano, que abrange o conjunto das pessoas que vivem no território de um Estado ou mesmo que se acham nele temporariamente. Mas o fato de alguém se incluir na população de um Estado nada revela quanto ao vínculo jurídico entre a pessoa e o Estado, não sendo também necessária a constituição de uma vinculação jurídica especial para que alguém se inclua numa população. Assim, pois, essa expressão não tem sentido jurídico e não pode ser usada como sinônima de povo.

Outra expressão largamente usada com o sentido de povo e que tem sido causa de grande imprecisão, provocando confusão até mesmo nas legislações, é *nação*. Com efeito, surgido no século XVIII com a pretensão de ser a expressão do povo como unidade homogênea, o termo *nação* adquiriu grande prestígio durante a Revolução Francesa, sendo utilizado para externar tudo quanto se referisse ao povo. Assim, por exemplo, é que se falava em governo da nação ou soberania nacional. E foi por esse meio que se introduziu na terminologia jurídica o termo *nacionalidade*, indicando o membro de uma nação, mas tomando esta com o sentido de Estado. O termo *nação* ganhou prestígio e se tornou quase sagrado por influência do romantismo político do século XIX. A unidade nacional foi a bandeira de Mazzini e de Cavour para sustentar a ideia da edificação do Estado italiano, e serviu a Bismarck para apoiar todas as iniciativas tendentes à reconstrução do Império Germânico. Modernamente, no entanto, já é possível fixar um conceito preciso de nação, verificando-se que ela não se apoia na existência de vínculos jurídicos e não se confunde, portanto, com Estado. Nação, expressão usada inicialmente para indicar origem comum, ou comunidade de nascimento, não perdeu de todo tal significado, indicando, segundo Miguel Reale, uma comunhão formada por laços históricos e culturais e assentada sobre um sistema de relações de ordem objetiva. Outros autores, entre os quais Del Vecchio, Maritain, Marcello Caetano e Ataliba nogueira, demonstraram claramente que o termo *nação* se aplica a uma comunidade de base histórico-cultural, pertencendo a ela, em regra, os que nascem num certo ambiente cultural feito de tradições e costumes, geralmente expresso numa língua comum, tendo um conceito idêntico de vida e dinamizado pelas mesmas aspirações de futuro e os mesmos ideais coletivos[84].

Assim, pois, nem o termo *nação*, que indica uma comunidade, nem o seu derivado, *nacionalidade*, são adequados para qualificar uma situação jurídica, indicando, tão só, a pertinência a uma comunidade histórico-cultural, não sendo correto o uso da expressão *nação* com o sentido de povo.

45. A noção jurídica de *povo* é uma conquista bastante recente, a que se chegou num momento em que foi sentida a necessidade de disciplinar juridicamente a presença e a atuação dessa entidade mítica e nebulosa e, paradoxalmente, tão concreta e influente. Na Grécia antiga a expressão *cidadão* indicava apenas o membro ativo da sociedade política, isto é, aquele que podia participar das decisões políticas. Juntamente com os cidadãos compunham a *polis* ou cidade-Estado os homens livres não dotados de direitos políticos e os escravos. Já existe aí um vislumbre de noção jurídica, pois quando se fala no *povo de Atenas* só se incluem nessa expressão os indivíduos que têm certos direitos. Mas, evidentemente, não há coincidência

---

84. Miguel Reale, *Teoria do Direito e do Estado*, pág. 158; Marcello Caetano, *Manual de Ciência Política e Direito Constitucional*, pág. 103; Jacques Maritain, *El Hombre y el Estado*, pág. 17; José Carlos Ataliba Nogueira, *Lições de Teoria Geral do Estado*, pág. 85.

entre esse e o moderno conceito de povo. Em Roma usa-se, de início, a expressão *povo* para indicar o conjunto dos cidadãos, exatamente como na Grécia, dando-se-lhe mais tarde um sentido mais amplo, para significar o próprio Estado romano. Embora nesses casos não se encontre o sentido moderno de povo, existe já uma conotação jurídica, pois a qualidade de cidadão implica a titularidade de direitos públicos.

Durante a Idade Média foi menos precisa a noção de povo, pois a extensão dos direitos a novas camadas da população, bem como a maior mobilidade desta, até que se começassem a delinear os traços do Estado Moderno, tudo isso perturbou os padrões tradicionais. Enquanto o povo de um mesmo Estado permaneceu dividido em diferentes ordenações, sem um centro unificador eficaz, não pôde ser concebido como uma unidade. Durante essa fase, porém, foi totalmente superada a noção aristocrática de povo, e quando se chegou à afirmação do Estado Moderno já estava quase definida a nova concepção de povo, que seria a base das modernas aspirações democráticas.

Já no século XIV, na obra de Marsílio de Pádua, "Defensor Pacis", surgida em 1324, aparece uma noção unitária e ampla de povo, indicando-se este como a fonte da lei, reservando-se ao príncipe o poder executivo. Os direitos políticos são atribuídos aos cidadãos, mas estes não pertencem necessariamente a uma camada superior da população, representada pelas famílias tradicionais. Em lugar disso, assinalando já a presença da burguesia, entre os cidadãos encontram-se também os membros das corporações. Existe ainda um resquício de aristocracia, pois os direitos tradicionais, embora compartilhados com a nova classe política, não desaparecem, além do que entre as próprias corporações se estabelecem diferenças de importância, que irão influir no valor dos votos. Mas apesar disso tudo há um evidente avanço no sentido de povo, com a extensão dos direitos públicos a um contingente muito mais numeroso dos componentes do Estado.

Durante o primeiro período do Estado Moderno, enquanto prevaleceu a monarquia absoluta, foi-se generalizando, sobretudo na França, a designação de cidadão, o que iria influir para que o conceito de povo também se ampliasse[85]. Com a ascensão política da burguesia, através das re-

---

85. É curioso observar que Rousseau, em nota ao Capítulo VI, do Livro I de *O Contrato Social*, critica os franceses por usarem indiscriminadamente o designativo *cidadão*, entendendo Rousseau que só deveriam dar esse qualificativo aos membros das classes dirigentes. Não obstante, na opinião de Jellinek, já foi bastante útil o reconhecimento de que os componentes do povo, em determinadas

voluções do século XVIII, apareceria, inclusive nos textos constitucionais, a ideia de povo, livre de qualquer noção de classe, pretendendo-se mesmo impedir qualquer discriminação entre os componentes do Estado, como bem se percebe pela consagração do princípio do sufrágio universal. Na verdade, as discriminações não desapareceram na prática, mas, afirmando o princípio, iniciou-se um esforço doutrinário no sentido de efetivar, em termos jurídicos, a extensão plena da cidadania. Para isto foi de grande importância a contribuição da dogmática alemã do século XIX, especialmente de GERBER e da doutrina dos *Direitos Públicos Subjetivos*, encontrando-se na obra de JELLINEK, publicada em torno de 1900, uma completa construção doutrinária, fixando a noção jurídica de povo e disciplinando sua participação na vida do Estado.

46. O ponto de partida da doutrina de JELLINEK é a distinção entre um aspecto subjetivo e outro objetivo do povo. O Estado é sujeito do poder público, e o povo, como seu elemento componente, participa dessa condição. Esse é o *aspecto subjetivo* do povo. Por outro lado, o mesmo povo é objeto da atividade do Estado, e sob este ângulo é que se tem o povo em seu *aspecto objetivo*. Quanto ao aspecto subjetivo, lembra JELLINEK que a simples circunstância de reunir uma pluralidade de homens e submetê-los a uma autoridade comum não chegaria a constituir um Estado. Mas, se essa pluralidade de pessoas for associada a outros elementos num momento jurídico, perfaz uma unidade, surgindo o Estado. E cada indivíduo integrante do povo participa também da natureza de sujeito, derivando-se daí duas situações: *a*) os indivíduos, como objetos do poder do Estado, estão numa relação de subordinação e são, portanto, sujeitos de deveres; *b*) como membros do Estado, os indivíduos se acham, quanto a ele e aos demais indivíduos, numa relação de coordenação, sendo, neste caso, sujeitos de direitos.

No Estado Moderno todo indivíduo submetido a ele é, por isso mesmo, reconhecido como pessoa. E aqueles que, estando submetidos ao Estado, participam ao mesmo tempo de sua constituição exercem funções como sujeitos, sendo, pois, titulares de direitos públicos subjetivos. Segundo o próprio JELLINEK, a raiz dessa teoria, que leva ao reconhecimento da existência de direitos públicos subjetivos, encontra-se em ROUSSEAU, quando este diz que os associados, que compõem a sociedade e o Estado, recebem coletivamente o nome de *povo*, cabendo-lhes a designação particular de

---

circunstâncias, exercem poder soberano, o que iria levar à ideia de que exercem direitos públicos subjetivos.

cidadãos quando participam da autoridade soberana e *sujeitos* quando submetidos às leis do Estado[86].

Para JELLINEK, entretanto, a designação de cidadãos cabe a todos os que participam da constituição do Estado, havendo, entretanto, uma categoria especial de cidadãos, que são os que têm *cidadania ativa*, isto é, que exercem certas atribuições que o próprio Estado reconhece como suas. Se examinarmos as consequências do reconhecimento do vínculo jurídico entre o Estado e os membros do povo, veremos que se põe para o Estado a exigência de três atitudes: *a)* exigência de atitudes *negativas*, pois a subordinação dos indivíduos é disciplinada pelo direito, impedindo o Estado de ir além de certos limites; *b)* exigência de atitudes *positivas*, uma vez que o Estado é obrigado a agir para proteger e favorecer o indivíduo; *c)* exigência de atitudes *de reconhecimento*, pois em certas circunstâncias há indivíduos que agem no interesse do Estado e este é obrigado a reconhecê-los como órgãos seus. É isto que corresponde a reconhecer a alguém a condição de cidadão ativo, como se dá, por exemplo, com o eleitor ou o jurado.

47. Desenvolvendo-se os princípios fixados por JELLINEK, e tendo em vista o relacionamento dos indivíduos com o Estado, podem-se fixar alguns pontos fundamentais relativos à disciplina jurídica do povo. Em primeiro lugar, verifica-se que o povo, elemento essencial do Estado, continua a ser componente ativo mesmo depois que o Estado foi constituído. O povo é o elemento que dá condições ao Estado para formar e externar uma vontade.

Deve-se compreender como povo o conjunto dos indivíduos que, através de um momento jurídico, se unem para constituir o Estado, estabelecendo com este um vínculo jurídico de caráter permanente, participando da formação da vontade do Estado e do exercício do poder soberano. Essa participação e este exercício podem ser subordinados, por motivos de ordem prática, ao atendimento de certas condições objetivas, que assegurem a plena aptidão do indivíduo. Todos os que se integram no Estado, através da vinculação jurídica permanente, fixada no momento jurídico da unificação e da constituição do Estado, adquirem a condição de *cidadãos*, podendo-se, assim, conceituar o *povo* como o *conjunto dos cidadãos do Estado*. Dessa forma, o indivíduo, que no momento mesmo de seu nascimento atende aos requisitos fixados pelo Estado para considerar-se integrado nele, é, desde logo, cidadão. Mas, como já foi assinalado, o Estado pode estabelecer determinadas condições objetivas, cujo atendimento é

---

86. JEAN-JACQUES ROUSSEAU, *O Contrato Social*, Livro I, Cap. 6.

pressuposto para que o cidadão adquira o direito de participar da formação da vontade do Estado e do exercício da soberania. Só os que atendem àqueles requisitos e, consequentemente, adquirem esses direitos é que obtêm a condição de *cidadãos ativos*.

A aquisição da cidadania depende sempre das condições fixadas pelo próprio Estado, podendo ocorrer com o simples fato do nascimento em determinadas circunstâncias, bem como pelo atendimento de certos pressupostos que o Estado estabelece. A condição de cidadão implica direitos e deveres que acompanham o indivíduo mesmo quando se ache fora do território do Estado. A cidadania ativa, por sua vez, pressupõe a condição de cidadão, mas exige que, além disso, o indivíduo atenda a outros requisitos exigidos pelo Estado. Se o cidadão ativo deixar de atender a algum desses requisitos, poderá perder ou ter reduzidos os atributos da cidadania ativa, segundo o próprio Estado dispuser, sem, no entanto, perder a cidadania.

Por último, pode ocorrer que o cidadão, deixando de atender aos requisitos mínimos para a preservação da cidadania, venha a perdê-la, sendo, então, excluído do povo do Estado. Como é óbvio, esta exclusão é ato de extrema gravidade, especialmente se o excluído não tiver condições para ser cidadão de outro Estado, pois deixa o indivíduo completamente desprotegido e o impossibilita, praticamente, de viver em associação com os outros indivíduos, o que é uma exigência da própria natureza humana. Assim, pois, só deve ocorrer essa exclusão nos casos em que o próprio povo, inequivocamente, a considere necessária.

47A. Uma inovação recente, que já vem produzindo efeitos práticos mas que ainda está em evolução, é a criação de uma "cidadania europeia", em decorrência da aprovação de uma Constituição da União Europeia. O art. 5º dessa Constituição institui expressamente a cidadania, nos seguintes termos: "É instituída uma cidadania da União Europeia. É cidadão da União toda pessoa tendo a nacionalidade de um Estado-membro. A cidadania da União acrescenta-se à cidadania nacional e não a substitui. Os cidadãos da União gozam dos direitos previstos pela Constituição". De acordo com o art. 2º, todos os cidadãos da União são iguais perante a lei da União, não sendo admitida qualquer espécie de distinção.

Entre os principais direitos decorrentes dessa nova cidadania e que já podem ser usados está o direito de livre locomoção dos cidadãos por todo o território da União Europeia, sendo ignoradas, para esse efeito, as fronteiras dos Estados, as quais, entretanto, continuam existindo e constituem barreiras para outros efeitos. A par disso, o cidadão europeu pode agir perante as Cortes Judiciais europeias, mesmo que seja contra seu próprio

Estado, para defesa de seus direitos. Outro direito já efetivado é o direito de votar para escolha dos membros do Parlamento europeu. Segundo o art. 46, o Parlamento representa os cidadãos da União, dispondo o art. 47 que o Parlamento é composto de deputados eleitos por meio de sufrágio universal direto, pelos cidadãos da União. Em cada eleição deverá ser fixado o número de deputados que deverão ser eleitos pelos cidadãos de cada Estado-membro, levando-se em conta a população dos Estados.

A par dos avanços já concretizados, existem ainda muitos problemas em aberto, relativamente à aquisição e ao exercício de uma cidadania europeia plena, que permita ao cidadão europeu o gozo de todos os direitos que lhe são assegurados no Estado de sua cidadania de origem. Na realidade, como bem observa Dominique Schnapper, orientador de pesquisas da Escola de Altos Estudos, de Paris, ainda não existe uma cidadania europeia independente da cidadania nacional. Apesar disso, para vários efeitos práticos significativos a cidadania europeia já existe, o que não pode ser ignorado nas relações com cidadãos europeus ou entre eles, como também no estudo da cidadania.

Bibliografia

Georg Jellinek, *Teoría General del Estado*, Ed. Albatroz, Buenos Aires, 1954; Marcello Caetano, *Manual de Ciência Política e Direito Constitucional*, Coimbra Editora, Lisboa, 1963; Hans Kelsen, *Teoría General del Estado*, Ed. Nacional, México, 1959; Alexandre Groppali, *Doutrina do Estado*, Ed. Saraiva, São Paulo, 1962; Giorgio Balladore Pallieri, *A Doutrina do Estado*, vol. II, Coimbra Editora, Coimbra, 1969; Jacques Maritain, *El Hombre y el Estado*, Ed. Guillermo Kraft, Buenos Aires, 1952; Miguel Reale, *Teoria do Direito e do Estado*, 2ª ed., Ed. Martins, São Paulo, 1960; Giorgio del Vecchio, *Teoria do Estado*, Ed. Saraiva, São Paulo, 1957; José Carlos Ataliba Nogueira, *Lições de Teoria Geral do Estado*, São Paulo, 1969; Oreste Ranelletti, *Istituzioni di Diritto Pubblico*, Parte Geral, Ed. Giuffrè, Milão, 1955; Marco Tullio Zanzucchi, *Istituzioni di Diritto Pubblico*, Ed. Giuffrè, Milão, 1948; Costantino Mortati, *Istituzioni di Diritto Pubblico*, Ed. Cedam, Pádua, 1955; G. Codacci-Pisanelli, *Analisi delle Funzioni Sovrane*, Ed. Giuffrè, Milão, 1946; F. Rigaux, *Le Concept de Peuple*, Ed. E. Story-Sciencia, Bruxelas, 1988; Robert Badinter, *Une Constitution Européenne*, Ed. Fayard, Paris, 2002; Dominique Schnapper, *Qu'est-ce que la citoyanneté*, Ed. Gallimard, Paris, 2000; Francesco Lazzari, *L'altra faccia della cittadinanza*, Ed. Franco Angeli, Milão, 1994.

Finalidade e Funções do Estado

48. O problema da *finalidade* do Estado é de grande importância prática, sendo impossível chegar-se a uma ideia completa de Estado sem ter consciência de seus fins. Há mesmo quem entenda, como o faz Marcel de la Bigne de Villeneuve, que a legitimação de todos os atos do Estado depende de sua adequação às finalidades[87]. Sem chegar a esse extremo, uma vez que é preciso reconhecer que há circunstâncias em que o Estado é compelido a ceder a outros fins que não os seus, é facilmente verificável que há, de fato, uma estreita relação entre os fins do Estado e as funções que ele desempenha. A falta de consciência das finalidades é que faz com que, não raro, algumas funções importantes, mas que representam apenas uma parte do que o Estado deve objetivar, sejam tomadas como finalidade única ou primordial, em prejuízo de tudo o mais. Dois exemplos atuais, ilustrativos dessa deformação, são representados pela superexaltação das funções econômico-financeiras do Estado e pela obsessão de ordem, uma e outra exigindo uma disciplina férrea, que elimina, inevitavelmente, a liberdade. E como a liberdade é um dos valores fundamentais da pessoa humana, é óbvio que a preponderância daquelas funções, ainda que leve a muito bons resultados naquelas áreas, contraria os fins do Estado.

Enquanto autores como Kelsen e Mortati se opõem a que a Teoria Geral do Estado se ocupe da finalidade do Estado, o primeiro por entender que se trata de uma questão *política* e por restringir os estudos da disciplina ao campo técnico-jurídico, o segundo por entender que a finalidade do Estado é demasiado genérica, não havendo interesse em estudá-la, outros autores chegam a sustentar que a finalidade é elemento essencial do Estado.

---

87. Marcel de la Bigne de Villeneuve, *L'Activité Étatique*, pág. 6.

Entre estes situa-se GROPPALI, segundo quem é absurdo recusar-se que a defesa, a ordem, o bem-estar e o progresso, que representam o fim supremo de qualquer Estado em qualquer tempo, sejam elevados a elementos formadores do Estado, uma vez que tais finalidades constituem o conteúdo de toda a atividade estatal, determinando mesmo a estrutura fundamental do Estado[88].

De qualquer modo, aceita ou não como elemento formador do Estado, a finalidade tem sido reconhecida como de grande importância, havendo uma série de teorias em torno dela, devendo-se ressaltar, também em relação a este assunto, a notável contribuição de JELLINEK. Como é evidente, após a publicação de sua obra o mundo sofreu profundas transformações, inclusive as consequências de duas guerras mundiais, com reflexos na concepção da finalidade e das funções do Estado. Mas a partir de seus estudos, com o complemento de tudo quanto se escreveu sobre o assunto posteriormente, é possível uma sistematização doutrinária do estudo da finalidade do Estado.

49. Uma primeira classificação, de caráter mais geral, estabelece distinção entre os *fins objetivos* e os *fins subjetivos* do Estado.

Fins objetivos. A questão dos fins objetivos prende-se à indagação sobre o papel representado pelo Estado no desenvolvimento da história da Humanidade. Relativamente a esse problema, há duas ordens de respostas. Para uns, existem *fins universais objetivos*, ou seja, fins comuns a todos os Estados de todos os tempos. É a posição de PLATÃO, de ARISTÓTELES e, pode-se dizer, da maioria dos autores. Essa doutrina ganhou grande impulso com o cristianismo, que, apesar de buscar na teologia os fins do Estado, teve o mérito de conceber os fenômenos da História como o desenvolvimento de uma atividade que se propõe alcançar um objetivo, não como ordem resultante da sucessão espontânea de fatos humanos.

Essa possibilidade de identificação de uma finalidade foi negada com veemência, no século XIX, pelas várias correntes evolucionistas. Entre estas pode ser incluída a teoria *organicista*, que, entendendo o Estado como um fim em si mesmo, negava a existência de finalidade objetiva. Também as chamadas doutrinas *mecanicistas*, de fundo materialista, negaram a existência de finalidade, sustentando que a vida social é uma sucessão de

---

88. HANS KELSEN, *Teoría General del Estado*, pág. 52; COSTANTINO MORTATI, *La Costituzione in Senso Materiale*, pág. 129; ALEXANDRE GROPPALI, *Doutrina do Estado*, págs. 110 e 141.

acontecimentos inelutáveis, que não podem ser dirigidos para certo fim. Em posição diferente colocam-se os autores que sustentam a existência de *fins particulares objetivos*. Segundo estes, cada Estado tem seus fins particulares, que resultam das circunstâncias em que eles surgiram e se desenvolveram e que são condicionantes de sua história. Como observa JELLINEK, essas teorias, que aceitam a existência de *missões históricas* dos Estados, confundem os fins com os interesses desses Estados, ou até mesmo de seus governos.

Fins subjetivos. Para os que se atêm aos fins subjetivos o que importa é o encontro da relação entre os Estados e os fins individuais. O Estado é sempre uma unidade de fim, ou seja, é uma unidade conseguida pelo desejo de realização de inúmeros fins particulares, sendo importante localizar os fins que conduzem à unificação. De fato, sendo a vida do Estado uma série ininterrupta de ações humanas, e sendo estas, por sua vez, sempre determinadas por um fim, é lógico que os fins do Estado deverão ser a síntese dos fins individuais. Isso é que explica a existência das instituições do Estado e a diferença de concepções a respeito das mesmas instituições, de época para época. Para usar a expressão de JELLINEK, as *instituições do Estado não são poderes cegos da natureza*, mas nascem e se transformam por influência da vontade humana e em vista de fins a atingir.

50. Segundo o ponto de vista do relacionamento do Estado com os indivíduos, e estreitamente vinculada à amplitude das funções do Estado, há outra ordem de teorias, que, preconizando certo comportamento do Estado em função dos objetivos a atingir, propõe *fins expansivos, fins limitados* e *fins relativos*.

Fins expansivos. Aqui se enquadram todas as teorias que, dando grande amplitude aos fins do Estado, preconizam o seu crescimento desmesurado, a tal ponto que se acaba anulando o indivíduo. Essas teorias, que estão na base dos Estados totalitários, são de duas espécies: *a) Utilitárias*, quando indicam como bem supremo o máximo desenvolvimento material, mesmo que isso se obtenha com o sacrifício da liberdade e de outros valores fundamentais da pessoa humana. A ideia do *Estado do bem-estar* é uma das expressões dessa linha de pensamento, sustentando que a consecução de uma situação material bem favorável dará aos homens plena satisfação, desaparecendo todas as necessidades. Alguns dos adeptos dessa corrente chegaram a identificar o fim do Estado com o *bem comum*, dando a esta expressão o sentido de bem-estar material, exclusivamente, o que não deve ser confundido com o bem comum referido e conceituado nas encíclicas do Papa JOÃO XXIII. *b) Éticas*. Outras teorias, também favoráveis aos fins expansivos, rejeitam o utilitarismo e preconizam a absoluta supremacia de fins éticos, sendo este o fundamento da ideia do *Estado ético*. Também estas teorias levam ao totalitarismo, porque dão ao Estado a condição de fonte da moral, onipotente e onipresente, não tolerando qualquer comportamento que não esteja rigorosamente de acordo com a moral oficial. O que acontece na prática é que a predominância dessa orientação leva a um exagerado moralismo, que fornece a base para a supremacia absoluta da vontade dos governantes, pois são estes que ditam as regras morais em nome do Estado.

Fins limitados. São favoráveis aos fins limitados, reduzindo ao mínimo as atividades do Estado, todas aquelas teorias que dão ao Estado a posição de mero vigilante da ordem social, não admitindo que ele tome iniciativas, sobretudo em matéria econômica. Entre os adeptos dessa posição, alguns dão ao Estado a função exclusiva de preservação da segurança, daí derivando a expressão *Estado-polícia*, para indicar que o Estado só deveria agir para proteger a segurança dos indivíduos, nos casos de ameaça externa ou de grave perturbação interna. Outra importante corrente dá ao Estado, exclusivamente, a função de proteger a liberdade individual, emprestando um sentido muito amplo ao termo *liberdade*, não admitindo que qualquer indivíduo sofra a mínima restrição em favor de outro indivíduo, da coletividade ou do Estado. Esta é a linha de orientação do chamado *Estado-liberal*, cuja inspiração se atribui a JOHN LOCKE, por suas obras de crítica ao absolutismo inglês, tendo essa diretriz política exercido grande influência prática, associada ao liberalismo econômico de ADAM SMITH e outros.

Uma terceira corrente, derivada das teorias contratualistas, é a que preconiza o chamado *Estado de Direito*. Para o contratualismo, especialmente como foi expresso por HOBBES e ROUSSEAU, cada indivíduo é titular de direitos naturais, com base nos quais nasceram a sociedade e o Estado. Mas ao convencionar a formação do Estado e, ao mesmo tempo, a criação de um governo, os indivíduos abriram mão de certos direitos, mantendo, entretanto, a possibilidade de exercer os poderes soberanos, de tal sorte que todas as leis continuam a ser a emanação da vontade do povo. Assim, pois, o que se exige é que o Estado seja um aplicador rigoroso do direito, e nada mais do que isso. A aplicação prática desses preceitos levou a uma concepção puramente formal do direito, pois se há ou não injustiças isso fica em plano secundário, interessando apenas a obediência aos preceitos que são formalmente jurídicos. Também aqui se verifica uma grave distorção, pois os dirigentes do Estado declaram como direito aquilo que lhes convém e depois atuam segundo esse mesmo direito.

Fins relativos. Os adeptos dos fins relativos não podem ser considerados ecléticos, que proponham um meio-termo reduzindo quantitativamente a expansão ou a limitação. Na verdade, trata-se de uma nova posição, que leva em conta a necessidade de uma atitude nova dos indivíduos no seu relacionamento recíproco, bem como nas relações entre o Estado e os indivíduos. A base dessa terceira orientação, que conta, entre outros, com a adesão de JELLINEK, CLÓVIS BEVILÁQUA e GROPPALI, é a ideia de solidariedade, razão pela qual lhe foi dado o nome de *teoria solidarista*. O primeiro ponto ressaltado por essa teoria é que os elementos essencialmente produtores da cultura geral de um povo residem, de modo fundamental, nos indivíduos e na sociedade, não no Estado, embora este, inegavelmente, produza efeitos sociais. As ações humanas são a expressão de uma solidariedade que existe no íntimo dos indivíduos, e só quando essa solidariedade se externa é que cai no círculo das atividades essenciais do Estado. Assim, pois, o peculiar e próprio do Estado são as manifestações sistemáticas da vida solidária dos homens. *Conservar, ordenar* e *ajudar* são as três grandes categorias a que se pode reduzir a vida do Estado. Acredita JELLINEK que a evolução histórica mostra uma solidariedade cada vez maior e mais forte entre os interesses de um povo, de um lado, e, de outro, entre os interesses gerais de todos os povos que participam da cultura.

De acordo com as mais avançadas formas de solidarismo, não basta assegurar a todos a igualdade jurídica, no sentido da igualdade perante a lei, ou do gozo idêntico dos direitos civis e políticos, bem como da igual participação nos ônus públicos. É indispensável, além disso tudo, garantir a igualdade de todos os indivíduos nas condições iniciais da vida social[89].

51. Outra classificação das finalidades do Estado distingue entre *fins exclusivos*, que só devem caber ao Estado e que compreendem a segurança, externa e interna, e *fins concorrentes*. Estes são também de grande importância social, mas, por sua própria natureza, não exigem que o Estado trate deles com exclusividade, achando-se, no todo ou em parte, identificados com os fins de outras sociedades. Com pequenas variações, é essa a classificação adotada por GROPPALI e RANELLETTI, os quais, no entanto, preferem dar aos primeiros a denominação de *fins essenciais*, porque o

---

89. Sobre o solidarismo vejam-se ALEXANDRE GROPPALI, *I Fondamenti Giuridice del Solidarismo*, 1914, e *Doutrina do Estado*, págs. 144 e segs.; GEORG JELLINEK, *Teoría General del Estado*, págs. 186 e segs.; CLÓVIS BEVILÁQUA pretendeu a aplicação desses princípios ao Direito Internacional, propondo o conceito de *solidariedade* em lugar da soberania (*Direito Público Internacional*, 1910, pág. 13).

Estado não pode prescindir deles, colocando em plano um pouco inferior os *fins complementares* ou *integrativos*, que o Estado deve buscar para favorecer o desenvolvimento e o progresso da vida social.

52. Procedendo-se a uma síntese de todas essas ideias, verifica-se que o Estado, como sociedade política, tem um fim geral, constituindo-se em meio para que os indivíduos e as demais sociedades possam atingir seus respectivos fins particulares. Assim, pois, pode-se concluir que o fim do Estado é o bem comum, entendido este como o conceituou o Papa João XXIII, ou seja, o conjunto de todas as condições de vida social que consintam e favoreçam o desenvolvimento integral da personalidade humana[90]. Mas, se essa mesma finalidade foi atribuída à sociedade humana no seu todo, não há diferença entre ela e o Estado? Na verdade, existe uma diferença fundamental, que qualifica a finalidade do Estado: este busca o *bem comum de um certo povo, situado em determinado território*. Assim, pois, o desenvolvimento integral da personalidade dos integrantes desse povo é que deve ser o seu objetivo, o que determina uma concepção particular de bem comum para cada Estado, em função das peculiaridades de cada povo.

Bibliografia

ALEXANDRE GROPPALI, *Doutrina do Estado*, Ed. Saraiva, São Paulo, 1962; MARCEL DE LA BIGNE DE VILLENEUVE, *L'Activité Étatique*, Ed. Sirey, Paris, 1954; GEORG JELLINEK, *Teoría General del Estado*, Ed. Albatroz, Buenos Aires, 1954; PAULO BONAVIDES, *Teoria do Estado*, Ed. Saraiva, São Paulo, 1967; PINTO FERREIRA, *Teoria Geral do Estado*, tomo II, Ed. José Konfino, Rio de Janeiro, 1957; JOSÉ CARLOS ATALIBA NOGUEIRA, *O Estado é Meio e Não Fim*, Ed. Saraiva, São Paulo, 1945; HANS KELSEN, *Teoría General del Estado*, Ed. Nacional, México, 1959; ORESTE RANELLETTI, *Istituzioni di Diritto Pubblico*, Parte Geral, Ed. Giuffrè, Milão, 1955; GIORGIO DEL VECCHIO, *Teoria do Estado*, Ed. Saraiva, São Paulo, 1957; DALMO DE ABREU DALLARI, *O Futuro do Estado*, Ed. Moderna, São Paulo, 1980. CESAR PASOLD, *Função Social do Estado Contemporâneo*, UNIVALE, Itajaí, 2013.

---

90. Papa JOÃO XXIII, *Pacem in Terris* (Encíclica), I, 58.

O Poder do Estado

53. O problema do *poder*, para muitos autores, é o tema central da Teoria Geral do Estado, havendo mesmo quem sustente que o Estado não só *tem* um poder mas *é* um poder. Esta é precisamente a teoria de Burdeau, que conceitua o Estado como a institucionalização do poder. Diz ele que os chefes de um grupo social, assim como desejam que seja reconhecida sua legitimidade, querem também assegurar a continuidade do poder. E é então por essa preocupação pragmática que surge o Estado, podendo-se compreender por tal processo de formação sua natureza. O Estado é poder, e por isso seus atos obrigam; mas ele é poder abstrato, e por isso não é afetado pelas modificações que atingem seus agentes. Enfim, se ele dura tanto, a despeito das contingências históricas, é porque encarna uma ideia, a imagem de ordem que é o próprio fundamento do poder. Mas, apesar dessa concepção, e não obstante em outras ocasiões tratar o Estado como forma do poder, Burdeau, à semelhança da maioria dos autores, também se refere ao poder como coisa diversa do Estado, indicando mesmo as características do poder estatal. Diz então que, no Estado, o poder se reveste de características que não são encontradas em outro lugar, a saber: seu modo de enraizamento no grupo lhe dá uma originalidade que repercute na situação dos governantes e sua finalidade o liberta da arbitrariedade das vontades individuais; seu exercício, enfim, obedece a regras que limitam seu perigo[91]. Segundo essa concepção, o poder é mais do que essencial para o Estado, pois ele é o próprio Estado como expressão ordenada da ideia de convivência que prepondera no grupo.

---

91. Georges Burdeau, *L'État*, págs. 21 e segs.

54. Para a maior parte dos autores o *poder* é um elemento essencial ou uma nota característica do Estado. Sendo o Estado uma sociedade, não pode existir sem um poder, tendo este na sociedade estatal certas peculiaridades que o qualificam, das quais a mais importante é a soberania. Não há, também, uma distinção muito nítida entre poder de império e soberania, havendo quem identifique o *imperium* com a soberania no âmbito interno, enquanto que outros entendem como poder de império o que se exerce sobre pessoas.

Tratando o poder como um elemento à parte, distinto da soberania, é preciso então caracterizar o poder do Estado, demonstrando em que ele difere dos demais poderes. Essa tarefa foi empreendida por Jellinek, que dá como nota característica e diferenciadora a *dominação*, peculiar ao poder estatal. Há, segundo ele, duas espécies de poder: o *poder dominante* e o *poder não dominante*. Este último é o que se encontra em todas as sociedades que não o Estado, tanto naquelas em que se ingressa voluntariamente quanto nas de que se é integrante involuntário. Assim, mesmo as outras sociedades políticas só têm um poder não dominante, uma vez que não dispõem de *imperium*. A característica principal do poder não dominante é que não dispõe de força para obrigar com seus próprios meios à execução de suas ordens. Embora Jellinek não o esclareça, essa deficiência de força só pode ter o sentido de meio de coação legal, pois uma sociedade particular pode chegar a dispor de grande força em sentido material. De qualquer maneira, essa noção de poder não dominante acaba por levar à caracterização de um poder disciplinador, desprovido de dominação ou *imperium*.

O *poder dominante* apresenta duas características básicas: é *originário* e *irresistível*. Caracteriza-se como um poder *originário* porque o Estado Moderno se afirma a si mesmo como o princípio originário dos submetidos. Isto se torna manifesto pelo direito que ele próprio se atribui, de dispor, mediante suas leis, em seu território, de todo o poder de dominação. Ainda que concedendo aos submetidos um relativo poder de independência perante ele, o Estado tem um poder que lhe é próprio e do qual derivam os demais poderes. O poder do Estado é também *irresistível*, por ser um poder dominante. Dominar significa mandar de um modo incondicionado e poder exercer coação para que se cumpram as ordens dadas. Além desse aspecto, a irresistibilidade se revela na impossibilidade em que se acha o submetido de se subtrair ao poder dominante. Com efeito, em relação ao poder não dominante, é relativamente fácil alguém quebrar o vínculo de submissão. Entretanto, quando se trata do poder do Estado, isso é praticamente impossível, não havendo como renunciar a uma cidadania, pura e simplesmente, sendo possível, tão só, mudar de cidadania, o que significa subtrair-se ao poder de um Estado para submeter-se a outro.

Talvez impressionado com a excessiva expressão de força desse poder irresistível, incondicionado e coativo, o próprio Jellinek procurou atenuá-lo, concluindo com a observação de que num Estado plenamente desenvolvido, ou numa situação normal, o poder dominante deverá ter o caráter de poder jurídico. Sua conclusão final é que o conceito de poder do Estado já se acha contido no conceito de ordem jurídica[92]. Ora, sendo assim não há razão para o tratamento autônomo do poder, especialmente para considerá-lo desligado da soberania, que é um atributo do poder e, em última análise, da própria ordem jurídica.

55. Enquanto uma corrente doutrinária pretende caracterizar o poder do Estado como *poder político*, incondicionado e preocupado em assegurar sua eficácia, sem qualquer limitação, uma diretriz oposta qualifica-o como *poder jurídico*, nascido do direito e exercido exclusivamente para a consecução de fins jurídicos. A mais alta expressão dessa corrente doutrinária é, sem dúvida alguma, Hans Kelsen. Embora em sua concepção o Estado seja uma realidade normativa, observa ele que, não raro, o "ordenado" desloca a ordenação, e o objeto desta se torna autônomo perante a própria ordem. Foi por esse caminho que o Estado deixou de ser concebido como uma ordem da conduta humana, uma ordenação de homens, para ser visto como os próprios homens que coexistem, submetidos a certa regulação. Dessa forma o Estado foi deslocado do reino do normativo para o do natural e causal, surgindo uma conceituação que permite falar-se em elementos constitutivos. Embora contrário a esta orientação, Kelsen reconhece que ela é absolutamente predominante, procurando, então, através dela, demonstrar a permanente presença do jurídico nos três elementos constitutivos geralmente enumerados, que são: o território, o povo e o poder (autoridade).

Fixando-se no poder, diz Kelsen que o poder do Estado, designado como *poder de império*, submete os homens ligando sua conduta a um dever jurídico. Assim, portanto, para assegurar a consecução de fins jurídicos é que o poder é exercido. Quanto à afirmação de que se trata de poder originário, no sentido de *força natural*, parece-lhe falsa, pois, no seu entender, o poder do Estado acaba sendo visto, em última análise, como um poder juridicamente qualificado, podendo-se concluir com segurança que o chamado poder do Estado não é senão o direito do Estado. Isto porque na

---

92. Georg Jellinek, *Teoría General del Estado*, págs. 320 a 324.

afirmação de que, no início, uma vontade diretora da comunidade, com o caráter puramente fático, era o poder do Estado está encoberto o pressuposto de uma ordem jurídica, a qual determina que certos homens devem mandar e outros obedecer, aplicando-se a estes últimos, em caso de desobediência, a consequência coativa. Por tal motivo, encontrando-se na base de toda a vida social uma ordem jurídica, o verdadeiro sentido de *poder ou dominação estatal* não é o de que uns homens estão submetidos a outros, mas sim o de que todos os homens estão submetidos às normas. E quando se fala no poder do Estado como *poder coativo* isto quer dizer que as normas estatais, determinando certos comportamentos, prescrevem a coação para o caso de desobediência, isto porque são normas jurídicas. Mas essa ordem estatal é *objetiva*, porque tem validade objetiva, independendo dos homens que constituem o Estado.

Por último, rejeitando a ideia de que o poder do Estado seja irresistível porque ninguém se subtrai ao seu império, KELSEN procura demonstrar que há um poder de dominação *irresistível*, em sentido estritamente jurídico. De acordo com seu ponto de vista há uma distinção, realmente importante, que pode ser feita entre a ordem estatal e as demais: enquanto estas são ordens cujo âmbito de validade se acha ou pode achar-se limitado no espaço e no tempo por uma ordem superior, porque esta determina as condições e até o conteúdo de sua validade, a ordem estatal é uma ordem suprema, que não sofre aquelas limitações. Neste sentido ela é irresistível e onipotente, porque pode aceitar todos os conteúdos imagináveis, uma vez que são ilimitadas suas possibilidades na determinação de seu próprio conteúdo.

A crítica fundamental a essa argumentação prende-se à primeira ordem jurídica. Se, mesmo no início, sob a aparência de poder de fato e como vontade diretora da comunidade, já existe uma ordem jurídica, seria necessário explicar de onde deriva o poder coativo dessa ordem, chegando-se a um impasse, pois sempre será necessário remontar a uma ordem jurídica anterior. A explicação de KELSEN, que se encontra em sua "Teoria Pura do Direito", baseia-se numa *norma fundamental hipotética*, cujo caráter jurídico só pode ser suposto, uma vez que não foi *posta* por ninguém[93]. Esta base é de evidente fragilidade, resultando insustentável a afirmação de que o poder do Estado é total e exclusivamente jurídico.

---

93. HANS KELSEN, *Teoría General del Estado*, págs. 123 a 133; *Teoría Pura del Derecho*, págs. 36 a 42.

56. O minucioso exame das características do poder do Estado, de sua origem, de seu modo de funcionamento e de suas fontes leva à conclusão de que, assim como não se pode admiti-lo como estritamente político, não há também como sustentar que seja exclusivamente um poder jurídico. Isso foi muito bem demonstrado por MIGUEL REALE, através da análise das várias posições sobre o assunto e considerando a estreita relação, mantida através dos séculos e nos mais diversos estágios de cultura, entre poder e direito.

A observação de qualquer sociedade humana revela sempre, mesmo nas formas mais rudimentares, a presença de uma ordem jurídica e de um poder. Organizar-se, portanto, é constituir-se com um poder, diz REALE, assinalando que, assim como não há organização sem presença do direito, não há *poder* que não seja *jurídico*, ou seja, não há poder insuscetível de qualificação jurídica. Isso não quer dizer que o poder esteja totalmente situado no âmbito do direito, pois na verdade o poder nunca deixa de ser substancialmente político. Em que sentido, então, deve ser entendida a afirmação de que todo poder, embora político, é também jurídico? A resposta que permite conciliar essa aparente contradição tem como ponto de partida a aceitação de *graus de juridicidade*, ideia esta que tem suas raízes na "Teoria do Progresso Jurídico", de EDMOND PICARD, por meio da qual o notável mestre de Bruxelas procurou demonstrar a existência de uma evolução do direito, desde o estado *potencial* até o estado *positivo* variável[94].

Assim, quando se diz que o poder é jurídico isso está relacionado a uma graduação de juridicidade, que vai de um mínimo, representado pela força ordenadamente exercida como um meio para atingir certos fins, até a um máximo, que é a força empregada exclusivamente como um meio de realização do direito e segundo normas jurídicas[95]. Dessa maneira, mesmo que o poder se apresente com a aparência de mero poder político, procurando ser eficaz na consecução de objetivos sociais, sem preocupação com o direito, ele já participa, ainda que em grau mínimo, da natureza jurídica. E mesmo quando tiver atingido o grau máximo de juridicidade, tendo sua legitimidade reconhecida pela ordem jurídica e objetivando fins jurídicos, ele continuará a ser, igualmente, poder político, capaz de agir com plena eficácia e independência para a consecução de objetivos não jurídicos.

---

94. EDMOND PICARD, *O Direito Puro*, págs. 139 e segs.
95. MIGUEL REALE, *Teoria do Direito e do Estado*, especialmente as págs. 77, 106 e 107.

Bibliografia

MIGUEL REALE, *Teoria do Direito e do Estado*, 2ª ed., Ed. Martins, São Paulo, 1960; GEORG JELLINEK, *Teoría General del Estado*, Ed. Albatroz, Buenos Aires, 1954; HANS KELSEN, *Teoría General del Estado*, Ed. Nacional, México, 1959; MARIO STOPPINO, *Potere Politico e Stato*, Ed. Giuffrè, Milão, 1968; RODOLFO DE STEFANO, *Il Problema del Potere*, Ed. Giuffrè, Milão, 1962; FRANZ NEUMANN, *Estado Democrático e Estado Autoritário*, Ed. Zahar, Rio de Janeiro, 1969; MICHEL HALBECQ, *L'État, son Autorité, son Pouvoir*, Libr. Générale de Droit et de Jurisprudence, Paris, 1965; EDMOND PICARD, *O Direito Puro*, Ed. Ibero-americana, Barcelona, 1942; HANS KELSEN, *Teoría Pura del Derecho*, Eudeba, Buenos Aires, 1960; GEORGES BURDEAU, *L'État*, Éd. du Seuil, Paris, 1970.

Conceito de Estado

57. Encontrar um conceito de Estado que satisfaça a todas as correntes doutrinárias é absolutamente impossível, pois sendo o Estado um ente complexo, que pode ser abordado sob diversos pontos de vista e, além disso, sendo extremamente variável quanto à forma por sua própria natureza, haverá tantos pontos de partida quantos forem os ângulos de preferência dos observadores. E em função do elemento ou do aspecto considerado primordial pelo estudioso é que este desenvolverá o seu conceito. Assim, pois, por mais que os autores se esforcem para chegar a um conceito *objetivo*, haverá sempre um *quantum* de subjetividade, vale dizer, haverá sempre a possibilidade de uma grande variedade de conceitos.

A par disso, toda conceituação pode dar a impressão de redução formalista, mas a palavra Estado tem sido usada com tão variados sentidos que sem um conceito esclarecedor não se fica sabendo em que sentido ela está sendo usada.

Para muitos estudiosos essa extrema variedade é desconcertante, parecendo-lhes impossível construir qualquer teoria sobre base tão insegura. É o que ocorre, entre outros, com David Easton, uma das principais figuras da Ciência Política norte-americana contemporânea. Que é o Estado? — pergunta Easton. E ele próprio se refere a um autor que informa haver coligido nada menos do que cento e quarenta e cinco diferentes definições (C. H. Titus, "A Nomenclature in Political Science", *25 American Political Science Review*, 1931, 45-60, on p. 45), observando que raras vezes os homens discordaram tão acentuadamente sobre um termo. A confusão e variedade de sentidos é tão vasta — acrescenta Easton —, que é quase inacreditável que durante os últimos dois mil e quinhentos anos em que a questão tem sido repetidamente discutida de uma forma ou de outra, nenhuma espécie de uniformidade tenha sido conseguida. E conclui, afinal, pelo abandono da ideia de Estado, por sua excessiva fluidez, substituindo-a pela de *sistema político*[96].

58. A análise da grande variedade de conceitos revela duas orientações fundamentais: ou se dá mais ênfase a um elemento concreto ligado à noção de força, ou se realça a natureza jurídica, tomando-se como ponto de partida a noção de ordem. Antes de nos referirmos aos aspectos particulares dessas orientações, julgamos necessário, para eliminar dúvidas e preconceitos, a eliminação de um conceito que teve largo curso no século XIX e que ainda tem alguns adeptos, segundo o qual *o Estado é a nação politicamente organizada*. O estudo minucioso do conceito de nação, feito com o auxílio da Sociologia, da Antropologia e da História, já permitiu fixá-lo como espécie de comunidade, enquanto o Estado é uma sociedade. Quanto à expressão *politicamente organizada* não tinha qualquer rigor científico, tomando como forma o que pretendia que fosse a finalidade da organização. Assim, pois, o Estado não pode ser politicamente organizado, não podendo também ser acolhida a correção para *nação juridicamente organizada* porque o Estado não é nação, como se verá no estudo do relacionamento entre Estado e nação.

Entre os conceitos que se ligam mais à noção de força e que poderiam ser classificados como *políticos* não está ausente a preocupação com o enquadramento jurídico, mas o Estado é visto, antes de mais nada, como força que se põe a si própria e que, por suas próprias virtudes, busca a disciplina jurídica. Essa é, por exemplo, a orientação de DUGUIT, que conceitua o Estado como uma *força material irresistível*, acrescentando que essa força, atualmente, é *limitada e regulada pelo direito*. HELLER não fica distante, dando ao Estado o conceito de *unidade de dominação*, completando sua conceituação dizendo que ela é independente no exterior e no interior, atua de modo contínuo com meios de poder próprio e é claramente delimitada no pessoal e no territorial. Na mesma linha podem ser colocadas as conceituações de BURDEAU, para quem o Estado é uma *institucionalização do poder*, assim como a de GURVITCH, que acha necessário e suficiente para completa identificação do Estado dizer-se que ele é o *monopólio do poder*. Todos esses conceitos, na verdade, mantêm a tônica da ideia de força, ainda que associada a outros elementos e disciplinada parcialmente pelo direito.

As teorias que se podem denominar *jurídicas* não ignoram a presença da força no Estado, nem que este, por suas finalidades, é uma sociedade

---

96. DAVID EASTON, *The Political System*, pág. 107.

política. Entretanto, conscientes da presença desses fatores e de outros elementos materiais que se conjugam, estas teorias dão primazia ao elemento jurídico, acentuando que todos os demais têm existência independente fora do Estado, só se compreendendo como componentes do Estado após sua integração numa ordem jurídica, o que também se dá com a força, que se integra no Estado como poder. É interessante assinalar que a quase totalidade dos autores italianos adota esta orientação. Como exemplo dessa integração de elementos não jurídicos para, através de um *momento jurídico*, chegar-se ao Estado, pode-se mencionar a doutrina de Ranelletti, que menciona uma prévia *noção social* de Estado, segundo a qual este é "um povo fixado num território e organizado sob um poder supremo originário de império, para atuar com ação unitária os seus próprios fins coletivos". A partir dessa noção é que Ranelletti, adotando o conceito expresso por Jellinek, vai chegar à *noção jurídica* de Estado. Diz então que aquela organização, que integra todos os elementos e tem como característica fundamental ser uma ordenação de pessoas, é, por este motivo, uma *corporação*, que difere das demais por ser *territorial*, isto é, integra também necessariamente um território, completando-se, assim, a formação do Estado. Ainda entre os italianos é bem expressiva a definição de Del Vecchio, para quem o Estado é "a unidade de um sistema jurídico que tem em si mesmo o próprio centro autônomo e que é possuidor da suprema qualidade de pessoa", ficando evidente, nessa definição, a preponderância do fator jurídico.

A preocupação com a fixação de uma noção *jurídica* de Estado surge no século XIX, na Alemanha, com Gerber e seus seguidores, procurando estabelecer o conceito de Estado como pessoa jurídica e subordinar a regras jurídicas o seu funcionamento. É Jellinek, porém, quem vai fixar esse conceito basicamente jurídico, chegando à noção de Estado como *corporação territorial dotada de um poder de mando originário*. Como fica evidente, a base do conceito é a ideia de corporação, que é uma ordenação jurídica de pessoas. Essa corporação é territorial, por se fixar a determinado território e, além disso, é *dotada* de poder de mando. Este poder, ainda que originário, isto é, existindo desde o momento de constituição da corporação, é um componente dela, não sendo, porém, o fator central, unificador, que deva ser tomado como ponto de partida para a conceituação.

Com Hans Kelsen e sua preocupação em fixar uma noção puramente jurídica de Estado, considerando exteriores a ele todos os fatores não jurídicos, chega-se à noção de Estado como *ordem coativa normativa da conduta humana*. Ao que nos parece, é excessivamente limitada essa noção jurídica, resultando incompleta para dar uma ideia suficiente de Estado. De fato, dela estão ausentes as peculiaridades do Estado, que não se podem considerar implícitas na simples referência à qualidade de coativa. Na realidade, a noção de Estado, para ser completa, pode dar ênfase maior ao fator *jurídico*, sem, no entanto, ignorar os fatores não jurídicos indispensáveis[97].

59. Em face de todas as razões até aqui expostas, e tendo em conta a possibilidade e a conveniência de acentuar o componente jurídico do Estado, sem perder de vista a presença necessária dos fatores não jurídicos, parece-nos que se poderá conceituar o Estado como a *ordem jurídica soberana que tem por fim o bem comum de um povo situado em determinado território*. Nesse conceito se acham presentes todos os elementos que compõem o Estado, e só esses elementos. A noção de poder está implícita na de soberania, que, no entanto, é referida como característica da própria ordem jurídica. A politicidade do Estado é afirmada na referência expressa ao bem comum, com a vinculação deste a um certo povo, e, finalmente, a territorialidade, limitadora da ação jurídica e política do Estado, está presente na menção a determinado território.

Bibliografia

V. E. ORLANDO, *Diritto Pubblico Generale*, Ed. Giuffrè, Milão, 1954; GEORG JELLINEK, *Teoría General del Estado*, Ed. Albatroz, Buenos Aires, 1954; ORESTE RANELLETTI, *Istituzioni di Diritto Pubblico*, Parte Geral, Ed. Giuffrè, Milão, 1955; GIORGIO DEL VECCHIO, *Studi Sullo Stato*, Ed. Giuffrè, Milão, 1958; LÉON DUGUIT, *Traité de Droit Constitutionnel*, E. de Boccard, Paris, 1923/1927; HANS KELSEN, *Teoría General del Estado*, Ed. Nacional, México, 1959; GEORGES BURDEAU, *L'État*, Éd. du Seuil, Paris, 1970; HERMANN HELLER, *Teoría del Estado*, Fondo de Cultura Econômica, México, 1947; GEORGES GURVITCH, *L'Idée du Droit Social*, Recueil Sirey, Paris, 1932; DAVID EASTON, *The Political System*, Ed. ALFRED A. KNOPF, Nova York, 1968; DALMO DE ABREU DALLARI, *Da Atualização do Estado*, São Paulo, 1963; *O Futuro do Estado*, Ed. Moderna, São Paulo, 1980.

---

97. V. E. ORLANDO, o grande criador do Direito Público Geral na Itália, dedicou ao problema do conceito de Estado a aula inaugural do ano acadêmico, proferida na Universidade de Roma, a 5 de novembro de 1910. Essa aula, com o título *Sul Concetto di Stato*, foi incluída na coletânea de obras do mestre, publicada pela Editora Giuffrè em 1954 com o nome de *Diritto Pubblico Generale* (págs. 199 a 221).

CAPÍTULO III

Estado e Direito

Personalidade Jurídica do Estado

60. A concepção do Estado como pessoa jurídica representa um extraordinário avanço no sentido da disciplina jurídica do interesse coletivo. Mais do que por qualquer teoria objetivando estabelecer, por critérios formais, limitações ao poder do Estado, esse objetivo é atingido de maneira mais científica — porque baseada em fatores substanciais — pela noção da personalidade jurídica do Estado. Esta noção promove a conciliação do *político* com o *jurídico*.

A origem da concepção do Estado como pessoa jurídica pode ser atribuída aos contratualistas, através da ideia de coletividade ou povo como unidade, dotada de interesses diversos dos de cada um de seus componentes, bem como de uma vontade própria, também diversa das vontades de seus membros isoladamente considerados. Mas, apesar do grande valor dessa contribuição, ainda seriam necessários alguns séculos para que se admitisse o tratamento jurídico, em termos de direitos e deveres, de interesses que, por serem reconhecidos como fundamentais e comuns a toda a coletividade, eram considerados como superiores a todos os demais e insuscetíveis de limitações.

Só no século XIX, através da obra de notáveis publicistas alemães, é que se iria completar o desenvolvimento da ideia, admitindo-se que aqueles temas, até então considerados essencialmente e exclusivamente *políticos*, fossem aceitos também como objeto da dogmática jurídica. Com SAVIGNY — considerado o fundador da escola histórica — já aparece a ideia do Estado como pessoa jurídica. Em sua doutrina, porém, a personalidade jurídica do Estado é concebida como ficção, admitindo-se que sujeitos de direito, na realidade, são apenas os indivíduos dotados de consciência e de vontade. No entanto, segundo SAVIGNY, o reconhecimento da utilidade prática levou à atribuição de capacidade jurídica a certos agrupamentos de interesses coletivos. Assim, pois, embora dotados de personalidade jurídica própria, que não se confunde com a de seus componentes, as pessoas jurídicas são sujeitos artificiais, criados pela lei. E entre as pessoas jurídicas se acha o Estado, cuja personalidade é também produto da mesma ficção.

Essa conclusão, embora com fundamentos diferentes, seria a de HANS KELSEN neste século, através de sua concepção normativista do direito e do Estado. Em sua teoria o Estado é também dotado de personalidade jurídica, mas é igualmente um sujeito artificial, entendendo KELSEN que o Estado é a personificação da ordem jurídica. Essa posição é coerente com sua concepção de um direito puro, que afirma ser a norma a única realidade jurídica, não havendo como sustentar, dentro dessa perspectiva, que possa existir uma pessoa jurídica real. Diz KELSEN que, assim como o direito pode atribuir ou não personalidade jurídica aos homens, o mesmo pode fazer em relação às comunidades que encontra diante de si. Isto, entretanto, não altera a conclusão fundamental de que, *em si, as comunidades jurídicas carecem de personalidade jurídica, mas podem ser representadas como se fossem pessoas e tivessem personalidade*[98]. Essas teorias, chamadas *ficcionistas*, aceitam a ideia do Estado-pessoa jurídica, mas como produto de uma convenção, de um artifício, que só se justifica por motivos de conveniência.

61. Uma outra ordem de teorias afirma a existência real do Estado-pessoa jurídica, opondo-se à ideia de que ela seja mera ficção. Entre estas teorias, geralmente designadas como *realistas*, carecem de importância aquelas que pretenderam ver o Estado como um organismo físico, sustentando o chamado *organicismo biológico*, comparando o Estado a uma pessoa grande e explicando dessa forma sua personalidade. A visão realista e de cunho científico do Estado como pessoa jurídica é criação dos publicistas alemães, numa linha que passa por ALBRECHT, GERBER, GIERKE, LABAND e JELLINEK, consolidando-se a partir daí e se desenvolvendo através de constantes estudos dos mais autorizados publicistas.

Em 1837 escrevia ALBRECHT, numa rápida nota: "Ainda nos veremos obrigados a representar o Estado como uma pessoa jurídica"[99]. Essa afirmativa despertou grande reação, possivelmente porque deve ter dado a impressão de estar situada no plano do organicismo biológico. Entretanto,

---

98. HANS KELSEN, *Teoría General del Estado*, págs. 87 a 94.

99. Encontra-se referência a esse pronunciamento de W. E. ALBRECHT na magnífica introdução escrita por FERNANDO DE LOS RIOS URRUTI à edição argentina da *Teoría General del Estado*, de JELLINEK (pág. IX).

um dos objetores, GERBER, iria compreender a proposição e dar-lhe considerável impulso, embora mantendo ainda certa reserva.

Com efeito, GERBER admite que a personalidade jurídica do Estado seja um meio de construção jurídica, negando, todavia, que se trate de mera ficção jurídica, totalmente desligada da realidade. Numa tomada de posição bem característica de sua orientação doutrinária, identificada como *organicismo ético*, conclui que o Estado é um organismo moral, pensado personalisticamente, existente por si e não como simples criação conceitual.

Com GIERKE tomaria impulso a teoria do órgão, permitindo conceber-se o Estado como pessoa, capaz de ter uma vontade própria e de externá-la, sem precisar recorrer aos exageros do organicismo biológico. O Estado-pessoa jurídica é um organismo, e através de órgãos próprios atua sua vontade. Esta se forma e se externa por meio das pessoas físicas que agem como órgãos do Estado.

LABAND acentua que o Estado é um sujeito de direito, uma pessoa jurídica, com capacidade para participar de relações jurídicas. O Estado é visto como uma unidade organizada, uma pessoa que tem vontade própria. E mesmo quando a vontade do Estado é formada pela participação dos que o compõem, ou seja, do povo, não se confunde com as vontades dos que participam da formação da vontade estatal. Assim também os direitos e deveres do Estado são distintos dos direitos e deveres de seus cidadãos.

Finalmente, com a obra de JELLINEK, a teoria da personalidade jurídica do Estado como algo real e não fictício vai-se completar e acaba sendo mesmo um dos principais fundamentos do direito público. Explica JELLINEK que sujeito, em sentido jurídico, não é uma essência, uma substância, e sim uma capacidade criada mediante a vontade da ordem jurídica. O homem é um pressuposto da capacidade jurídica, uma vez que todo direito é uma relação entre seres humanos. Entretanto, nada exige que a qualidade de sujeito de direitos seja atribuída apenas ao indivíduo. E a elevação de uma unidade coletiva àquela condição não tem o sentido de criação de uma substância fictícia, que não existisse antes e que se proclame como uma essência a que se una a ordem jurídica. Com esses fundamentos conclui JELLINEK: "Se o Estado é uma unidade coletiva, uma associação, e esta unidade não é uma ficção, mas uma forma necessária de síntese de nossa consciência que, como todos os fatos desta, forma a base de nossas instituições, então tais unidades coletivas não são menos capazes de adquirir subjetividade jurídica que os indivíduos humanos"[100].

---

100. GEORG JELLINEK, *Teoría General del Estado*, págs. 125 a 128.

Analisando essas teorias, Groppali chama de *abstração* o processo pelo qual se afirma o Estado como pessoa jurídica, procurando demonstrar que a ideia de abstração permite levar em conta os elementos reais, concretos, que existem no Estado, sem o absurdo de compará-lo a uma pessoa física. Ao mesmo tempo evita o erro do ficcionismo, que baseia a vida jurídica do Estado, implicando interesses fundamentais dos indivíduos e da coletividade, num mero artifício. Apoiando-se em grande parte no organicismo ético, acentua Groppali que a vontade de um sujeito que não tem vida física, mas é criado pelo direito, sem ser concebida em sentido antropomórfico como vontade desse sujeito, deve ser considerada como a vontade das pessoas físicas que constituem seus órgãos e que se põe como sua vontade direta. Atrás da abstração está todo o complexo de elementos reais sobre os quais ela se apoia[101].

62. Essas teorias favoráveis ao reconhecimento do Estado como pessoa jurídica, se têm, de um lado, grande número de adeptos, que procuram consolidá-la e aperfeiçoá-la, têm também inúmeros opositores. Entre estes estão, sobretudo, os que perfilham o realismo jurídico. Assim, por exemplo, Max Seydel, que nega terminantemente a personalidade jurídica do Estado, dizendo que este não é unidade, nem organismo, nem todo vivo, nem sujeito de direitos, mas, tão só, homens, ou, quando muito, terra e gente dominada por uma vontade superior. Não existe vontade do Estado, mas vontade sobre o Estado, sendo este apenas objeto de direito daquela vontade superior. Donati faz uma pequena concessão, dizendo que a personalidade real do Estado é, na verdade, a personalidade dos governantes, que são os portadores da soberania e a substância da subjetividade estatal. Duguit refuta o próprio Donati, entendendo o Estado apenas como uma relação de subordinação, entre os que mandam e os que são mandados, ou, então, como uma cooperação de serviços públicos organizados e dirigidos pelos governantes. Essa relação de fato jamais se poderia transformar em pessoa, sendo, por isso, no seu entender, inaceitável a teoria da personalidade jurídica do Estado.

63. Apesar de todas as objeções, parece-nos sólida e coerente a construção científica da teoria da personalidade jurídica do Estado, como foi concebida pelos publicistas alemães e como vem sendo sustentada pelos seus seguidores. Na verdade, não é preciso recorrer-se a uma ficção para se encontrar o meio de que se vale o Estado para formar e externar sua

---

101. Alexandre Groppali, *Doutrina do Estado*, págs. 148 a 154.

vontade, pois os órgãos estatais são constituídos de pessoas físicas. Não é difícil perceber que as pessoas físicas, quando agem como órgãos do Estado, externam uma vontade que só pode ser imputada a este e que não se confunde com as vontades individuais.

Além de ser facilmente demonstrável a existência dessa vontade estatal, que é pressuposto da capacidade jurídica do Estado, é também evidente a necessidade dessa concepção para o tratamento jurídico dos interesses coletivos evitando-se a ação arbitrária em nome do Estado ou dos próprios interesses coletivos. Com efeito, só pessoas, sejam elas físicas ou jurídicas, podem ser titulares de direitos e de deveres jurídicos, e assim, para que o Estado tenha direitos e obrigações, deve ser reconhecido como pessoa jurídica.

A própria natureza dos fins do Estado exige dele uma ação intensa e profunda, continuamente desenvolvida, para que ele possa realizá-los, o que produz, inevitavelmente, uma permanente possibilidade de conflitos de interesses, que serão mais bem resguardados e adequadamente promovidos só através do direito. É por meio da noção do Estado como pessoa jurídica, existindo na ordem jurídica e procurando atuar segundo o direito, que se estabelecem limites jurídicos eficazes à ação do Estado, no seu relacionamento com os cidadãos. Se, de um lado, é inevitável que o Estado se torne titular de direitos que ele próprio cria por meio de seus órgãos, há, de outro, a possibilidade de que os cidadãos possam fazer valer contra ele suas pretensões jurídicas, o que só é concebível numa relação entre pessoas jurídicas.

Bibliografia

Felice Battaglia, *Nuovi Scritti di Teoria dello Stato*, Ed. Giuffrè, Milão, 1955; Frederico Carlos de Savigny, *Traité de Droit Romain*, Firmin Didot Frères, Paris, 1855; Alexandre Groppali, *Doutrina do Estado*, Ed. Saraiva, São Paulo, 1962; Giorgio Balladore Pallieri, *A Doutrina do Estado*, Coimbra Editora, Coimbra, 1969; Georg Jellinek, *Teoría General del Estado*, Ed. Albatroz, Buenos Aires, 1954; Hans Kelsen, *Teoría General del Estado*, Ed. Nacional, México, 1959; V. E. Orlando, *Diritto Pubblico Generale*, Ed. Giuffrè, Milão, 1954; Léon Duguit, *Traité de Droit Constitutionnel*, E. de Boccard, Paris, 1923/1927; Gonzalo del Castillo Alonso, *Derecho Político y Constitucional Comparado*, Libr. Bosch, Barcelona, 1932.

Estado, Direito e Política

64. Todo Estado implica um entrelaçamento de situações, de relações, de comportamentos, de justificativas, de objetivos, que compreende aspectos *jurídicos*, mas que contém, ao mesmo tempo, um indissociável conteúdo *político*. De fato, não é possível estabelecer-se a nítida separação entre o jurídico e o político, sendo inaceitável, neste ponto, a proposição de Kelsen, que pretendeu limitar a Teoria Geral do Estado ao estudo do Estado "como é", sem indagar se ele deve existir, por que, ou como, sendo-lhe vedado também preocupar-se com a busca do "melhor Estado". Ora, como é evidente, o Estado é necessariamente dinâmico, e toda a sua atividade está ligada a justificativas e objetivos, em função dos quais se estabelecem os meios. Como bem acentuou Harold Laski, o poder do Estado não é exercido num vácuo, nem se reduz a um simples jogo de normas existentes por si. Bem longe disso, é usado para atingir certas finalidades e suas regras são alteradas, em sua substância, para assegurar as finalidades consideradas boas, em determinada época, pelos que detêm o direito de exercer o poder estatal. Assim sendo, todos os julgamentos sobre os valores que o Estado deve perseguir e sobre a maneira pela qual deve atuar dependem, em grande parte, da apreciação que se faça a respeito das finalidades que ele está buscando atingir e das maneiras pelas quais procura consegui-las.

No mesmo sentido é a observação de Miguel Reale, que, após ressaltar o caráter de ciência de síntese, peculiar à Teoria Geral do Estado, demonstra que o Estado apresenta uma face *social*, relativa à sua formação e ao seu desenvolvimento em razão de fatores socioeconômicos; uma face *jurídica*, que é a que se relaciona com o Estado como ordem jurídica; e uma face *política*, onde aparece o problema das finalidades do governo em razão dos diversos sistemas de cultura[102]. Na verdade, é impossível compreender-se o Estado e orientar sua dinâmica sem o direito e a política, pois toda fixação de regras de comportamento se prende a fundamentos e finalidades, enquanto a permanência de meios orientados para certos fins depende de sua inserção em normas jurídicas.

65. A respeito do relacionamento do Estado com o direito muito já se disse no estudo dos problemas da soberania e do poder. Como se tem procurado evidenciar, inclusive com o objetivo de assegurar o respeito aos valores fundamentais da pessoa humana, o Estado deve procurar o máximo de juridicidade. Assim é que se acentua o caráter de *ordem jurídica*, na qual estão sintetizados os elementos componentes do Estado. Além disso, ganham evidência as ideias da *personalidade jurídica* do Estado e da existência, nele, de um *poder jurídico*, tudo isso procurando reduzir a margem de arbítrio e discricionariedade e assegurar a existência de limites jurídicos à ação do Estado. Mas, não obstante a aspiração ao máximo *possível* de juridicidade, há o reconhecimento de que não se pode pretender reduzir o Estado a uma ordem normativa, existindo no direito e exclusivamente para fins jurídicos.

66. Como sociedade política, voltada para fins políticos, o Estado participa da natureza *política*, que convive com a jurídica, influenciando-a e sendo por ela influenciada, devendo, portanto, exercer um *poder político*. Este é o aspecto mais difícil e mais fascinante do estudo do Estado, pois introduz o estudioso numa problemática extremamente rica, dinâmica e polêmica, onde se faz presente a busca dos valores fundamentais do indivíduo, da sociedade e do Estado, a par da procura da organização mais eficaz para a promoção desses valores. Neste ponto, a Teoria Geral do Estado apresenta uma característica, que é uma especialização e uma limitação, em função da qual se diferencia substancialmente da Ciência Política: é a preocupação com o *jurídico*. A eficácia dos meios é considerada, mas juntamente com a preocupação de legitimidade e legalidade. De qualquer maneira, mesmo com essa importante limitação, essa face do Estado, para usar a expressão de REALE, não deixa de ser política e assim deve ser considerada.

O poder político — diz NEUMANN — é o poder social que se focaliza no Estado, tratando da obtenção do controle dos homens para o fim de influenciar o comportamento do Estado. A preocupação característica do poder político é a eficácia e, por isso, aqueles que o detêm procuram obter,

---

102. HANS KELSEN, *Teoría General del Estado*, pág. 58; HAROLD J. LASKI, *Introdução à Política*, pág. 12; MIGUEL REALE, *Teoria do Direito e do Estado*, págs. 115 e 116.

de qualquer forma, a aceitação de seus comandos, recorrendo mesmo à violência, se preciso for, para obtenção da obediência. Daí a pretensão de criar limites jurídicos ou de fazer com que o próprio povo exerça o poder político, para redução dos riscos.

É necessário, entretanto, ressalvar que o uso do poder político, mesmo que tenha implícita a aspiração pelo máximo de eficácia, não deixa de ter presente, necessariamente, o interesse da coletividade ou dos indivíduos que a compõem. Embora seja frequente a utilização do poder político para satisfazer, antes de tudo, a vontade e os interesses dos que o exercitam em nome do Estado, isso constitui uma anomalia, não devendo levar à conclusão de que o poder político é essencialmente mau. Assim é que CASSIRER dá uma noção *neutra* de política, considerando-a *a arte de unificar e organizar as ações humanas e dirigi-las para um fim comum*. MAX WEBER dá uma noção *positiva*, ligando os conceitos de Estado e de política. De fato, depois de conceituar o Estado como uma comunidade humana que, dentro dos limites de determinado território, reivindica o monopólio do uso legítimo da violência física, externa a seguinte ideia de política: "o conjunto de esforços feitos com vistas a participar do poder ou a influenciar a divisão do poder, seja entre Estados, seja no interior de um único Estado". Aí estão presentes as noções de participação, de eficácia e de legitimidade. Mas, por se tratar de poder político, não se chega a cogitar dos fins que devam ser visados[103].

67. O caráter *político* do Estado, portanto, lhe dá a função de coordenar os grupos e os indivíduos em vista de fins a serem atingidos, impondo a escolha dos meios adequados. Para a consecução desse objetivo devem ser levados em conta, sobretudo, três dualismos fundamentais:

Necessidade e possibilidade. É preciso, antes de mais nada, identificar as necessidades preponderantes do povo, considerando como tais as aspirações de progresso, em sentido amplo, ou então o conjunto das condições e dos elementos que asseguram a sobrevivência dos indivíduos e dos grupos sociais em condições compatíveis com a natureza humana. Não basta, entretanto, a identificação dessas necessidades, pois se elas indicam a orientação a tomar devem, porém, ser atendidas de conformidade com os meios disponíveis em cada Estado. De acordo com as possibilidades é que se

---

[103]. FRANZ NEUMANN, *Estado Democrático e Estado Autoritário*, págs. 11, 12, 25 e 26; ERNST CASSIRER, *O Mito do Estado*, pág. 104; MAX WEBER, *Ciência e Política*, pág. 56.

deverá estabelecer a organização, bem como as etapas a serem atingidas até a consecução dos objetivos mais altos.

Indivíduos e coletividade. Outro ponto importante a ser considerado, na tomada de decisões políticas, é a conciliação entre as necessidades dos indivíduos e as da coletividade. Reconhecendo o indivíduo como o valor mais alto, em função do qual existem a sociedade e o Estado, pode parecer natural dar-se preferência, invariavelmente, às necessidades individuais. É preciso ter em conta, no entanto, que o indivíduo não existe isolado e que a coletividade é a soma dos indivíduos. Assim, não se há de anular o indivíduo dando precedência sistemática à coletividade, mas também será inadequada a preponderância automática do individual, pois ela poderá levar à satisfação de um indivíduo ou de apenas alguns, em detrimento das necessidades de muitos ou de quase todos, externadas sob a forma de interesse coletivo.

Liberdade e autoridade. Na escolha dos meios de satisfação das necessidades será necessário, não raro, determinar limitações à liberdade individual a fim de aumentar a eficácia dos meios disponíveis. Além disso, para que a dinâmica social se oriente no sentido de um fim determinado, será preciso coordenar a atuação dos indivíduos e dos grupos sociais, sendo indispensável, portanto, o estabelecimento e a preservação de uma ordem, o que implica a possibilidade de coagir. Este é um dos mais difíceis problemas das decisões políticas: o encontro do equilíbrio entre a liberdade e a autoridade. Mantendo-se a liberdade ilimitada, como um valor supremo que não pode ser restringido por qualquer outro, uma vez que nenhum lhe é superior, será bem difícil a preservação da ordem e, consequentemente, da coordenação em função de fins. Entretanto, se essa consideração levar ao excesso de restrições à liberdade, para que seja assegurada com a máxima eficácia a preservação da ordem, esta acaba perdendo o caráter de meio para se converter em fim. E então será uma ordem maléfica, por se constituir um empecilho à consecução dos valores fundamentais da pessoa humana, entre os quais se inscreve a liberdade.

Como se verifica, o Estado e o povo estão permanentemente implicados num processo de decisões políticas. Estas, quanto possível, devem ser enquadradas num sistema jurídico, suficientemente eficaz para conservação de uma ordem orientada para determinados fins, mas necessariamente flexível, para permitir o aparecimento e a integração de novos meios e para assegurar a reformulação da concepção dos objetivos fundamentais, quando isto for exigido pela alteração substancial das condições de vida social.

Bibliografia

Franz Neumann, *Estado Democrático e Estado Autoritário*, Ed. Zahar, Rio de Janeiro, 1969; Harold J. Laski, *Introdução à Política*, Ed. Zahar, Rio de Janeiro, 1964; Max Weber, *Ciência e Política*, Ed. Cultrix, São Paulo, 1970; Michel Debrun, *O Fato Político*, Ed. FGV, Rio de Janeiro, 1962; Miguel Reale, *Teoria do Direito e do Estado*, 2ª ed., Ed. Martins, São Paulo, 1960; Ernst Cassirer, *O Mito do Estado*, Publicações Europa-América, Lisboa, 1961; H. R. G. Greaves, *Fundamentos da Teoria Política*, Ed. Zahar, Rio de Janeiro, 1969; José Luiz Aranguren, *Ética e Política*, Ed. Duas Cidades, São Paulo, 1967; Carl J. Friedrich, *O Interesse Público*, Ed. O Cruzeiro, Rio de Janeiro, 1967; Theophilo Cavalcanti Filho, *O Problema da Segurança no Direito*, São Paulo, 1964; Nicolas Politis, *La Synthèse de l'Ordre et de la Liberté*, Faculdade de Direito da Universidade de Lisboa, Lisboa, 1942; C. Wright Mills, *Poder e Política*, Ed. Zahar, Rio de Janeiro, 1965; M. Jiménez de Parga, *Los Regímenes Políticos Contemporáneos*, Ed. Technos, Madri, 1968; Dalmo de Abreu Dallari, *O Renascer do Direito*, Ed. Saraiva, São Paulo, 1980 (2ª ed.); Marie-Joëlle Redor, *De l'État Legal à l'État de Droit*, Ed. Economica, Paris, 1992; Norberto Bobbio, *Estado, Governo e Sociedade*, Ed. Paz e Terra, São Paulo, 1988 (2ª ed).

Estado e Nação

68. Desde o aparecimento da concepção unitária de *povo* até a afirmação do Estado como a ordem jurídica soberana ocorreram fenômenos político-sociais de grande importância, dando causa ao aparecimento de novos conceitos. Entre estes se acha o conceito de *Nação*, que atingiu extraordinária significação e recebeu uma forte conotação emocional, no momento em que os povos europeus buscaram a constituição de unidades políticas sólidas e estáveis, para se livrarem das incertezas de um constante estado de guerra sem nenhum interesse para o povo. De fato, as lutas religiosas e dinásticas, bem como as ambições de conquista de alguns governantes, anulavam em boa parte as vantagens da afirmação dos Estados como ordens territoriais soberanas. E uma das características desse estado de coisas era a total impotência do povo, inclusive das classes economicamente mais fortes, para impedir as aventuras militares e suas danosas consequências. Foi essa a situação que inspirou e estimulou a sustentação da soberania popular, como base da luta contra o poder dos monarcas. Entretanto, era indispensável o aparecimento de um símbolo da unidade popular, tanto para obter do povo, por via emocional, sua adesão à luta contra o absolutismo, quanto para a institucionalização de lideranças.

Surge, então, como pura criação artificial, o conceito de Nação, que seria largamente explorado no século XVIII para levar a burguesia, economicamente poderosa, à conquista do poder político. Era em nome da Nação que se lutava contra a monarquia absoluta, dando-se a entender que era justo e necessário que o povo assumisse o seu próprio governo. Com a Revolução Americana e a Revolução Francesa, a Nação, em cujo nome se pretendia o governo do Estado, passa a ser identificada com o próprio Estado. Este conceito era mais difícil de ser atingido pelo povo, por ser uma construção científica muito elaborada, enquanto que o termo *Nação*, muito vago e já utilizado com êxito como símbolo de reivindicações populares, prestava-se muito mais para despertar reações emocionais. E foi assim que, resolvido o problema interno com a derrubada ou o enfraquecimento das monarquias, os novos governantes dos grandes Estados passaram a utilizar a força mística da expressão para justificar suas investidas sobre os pequenos Estados. O século XIX irá assistir, então, em nome da grandeza das Nações, a uma intensa corrida imperialista, voltada especialmente contra os territórios da África e da Ásia. No século XX ainda se iria presenciar um capítulo, de grande amplitude e trágicas consequências, da exploração dos chamados sentimentos nacionais, com a eclosão de duas guerras mundiais baseadas, em parte, no pretexto de reunir numa só unidade política os componentes da mesma Nação e, além disso, no desejo de afirmar a existência de Nações superiores[104].

Como se vê, o conceito de Nação, surgindo como um artifício para envolver o povo em conflitos de interesses alheios, jamais teve significação jurídica, não indicando a existência de um vínculo jurídico entre seus componentes. Entretanto, como realidade sociológica, a Nação é de inegável importância, influindo sobre a organização e o funcionamento do Estado. Assim sendo, é necessário fixar-se um conceito preciso de Nação, para se saber em que termos deve ser posto seu relacionamento com o Estado.

69. Já é bem grande o número de juristas que aceita a diferenciação entre Estado e Nação, reconhecendo no primeiro uma sociedade, enquanto esta é *comunidade*. Essa distinção, de base sociológica, foi estabelecida, sobretudo, pelo notável sociólogo alemão FERDINAND TÖNNIES, na segunda década do século XX, estando amplamente desenvolvida em sua obra "Comunidade e Sociedade" e mais sucintamente em seus "Princípios de Sociologia".

O ponto de partida de sua teoria é a indicação da sociedade e da comunidade como as duas possibilidades irredutíveis de convivência humana. Todo grupo social que tenha existência permanente será ou uma sociedade ou uma comunidade. As sociedades se formam por atos de vontade, não se exigindo que os seus membros tenham afinidades espirituais ou psicológicas. É perfeitamente possível que um grupo de pessoas

---

104. Como expressões da utilização *política* do conceito de Nação, sob a aparência de construção científica, vejam-se: W. BAGEHOT, *Lois Scientifiques du Développement des Nations*, Paris, 1877; ERNEST RENAN, "Qu'est ce la Nation?", in *Discours et Conférences*, Paris, 1882; RENÉ JOHANNET, *Le Principe des Nationalités*, Paris, 1923.

absolutamente diferentes quanto às características culturais resolva unir-se para conseguir um objetivo que a todas interessa. Criam, então, uma sociedade, ligando-se reciprocamente por vínculos jurídicos, podendo conseguir a finalidade almejada sem que desapareçam as diferenças culturais existentes no início.

A comunidade se coloca num outro plano, independente da vontade, existindo como fato antes mesmo que os seus membros tomem consciência de que ela existe. Observando-se as relações psíquicas entre os homens, verificamos que elas podem ser amistosas ou hostis, podendo-se classificar como positivas, negativas ou mistas. As relações positivas, estabelecidas entre indivíduos ou grupos humanos, começam com um momento neutro, em que as pessoas travam conhecimento. Desde logo, porém, havendo afinidade psicológica, desenvolve-se entre essas pessoas uma *simpatia*, verificando-se que elas têm sentimentos conformes. A simpatia evolui, gradativamente, para uma forma superior, gerando uma relação de *confiança* recíproca, o que faz com que as pessoas se sintam unidas por *vínculos de sentimento*. Conscientes desse fato, tais pessoas passam a agir de maneira a fortalecer cada vez mais a união, podendo haver, neste momento, a participação da vontade, mas só depois que a comunidade já existe. A circunstância de pertencerem à mesma comunidade faz com que os seus membros tenham sentimentos comuns, experimentem estados psicológicos também comuns e, como consequência última, desenvolvam costumes comuns[105].

Pondo em confronto a sociedade e a comunidade, podemos assinalar as seguintes diferenças fundamentais:

a) Toda sociedade, natural ou voluntária, agrupa os homens em torno de um objetivo, de um fim a atingir, pressupondo a participação da vontade e da inteligência humanas. A comunidade, que é um fato independente da vontade, não se forma em função de qualquer objetivo, e a única aspiração de seus membros é a preservação da própria comunidade.

b) A existência da sociedade pressupõe a ocorrência de manifestações de conjunto juridicamente ordenadas, ligando-se, portanto, os seus membros por vínculos jurídicos. Na comunidade inexiste qualquer relação jurídica e os comportamentos comuns de seus membros são determinados apenas pelos sentimentos comuns.

---

105. Ferdinand Tönnies, *Princípios de Sociologia*, págs. 30 e segs.; Jacques Maritain, *El Hombre y el Estado*, págs. 14 e segs.; Gaston Bouthoul, *Traité de Sociologie*, págs. 234 e segs.

c) Em toda sociedade existe, necessariamente, um poder social, reconhecido pela ordenação jurídica. Na comunidade, não havendo regras jurídicas nem finalidade a atingir, não há também um poder, podendo existir, quando muito, centros de influência, a que os membros da comunidade conferem prestígio e cujo comportamento pode influir sobre a comunidade.

Evidentemente, nada impede que os membros de uma comunidade resolvam compor uma sociedade para atingir certo objetivo. Ocorrendo isso, no entanto, continuam a ter existência distinta a comunidade e a sociedade, não se podendo dizer que uma se transformou na outra. Em sentido inverso, pode ocorrer, embora seja muito mais difícil, que os componentes de uma sociedade, por força de uma convivência prolongada, forçados a agir de maneira semelhante em função de interesses comuns, acabem por reduzir ou até eliminar suas diferenças de sentimentos, criando-se então uma comunidade. Também neste caso não se pode dizer que houve transformação de uma para outra forma de convivência, pois elas existem em planos diversos e têm natureza essencialmente diferente.

Aí estão as características fundamentais das comunidades, que são, portanto, as características das Nações, podendo-se agora pôr em confronto o Estado e a Nação, para verificarmos como se relacionam.

70. A coincidência entre Estado e Nação vai-se tornando cada vez mais rara à medida que aumentam as facilidades de comunicação e a mobilidade dos indivíduos, de um para outro Estado. A pretensão de caracterizar o Estado moderno como *Estado nacional* baseou-se na relativa estabilidade obtida pela Europa no século XIX, com as fronteiras bem delimitadas e a nítida predominância de certas características nacionais em cada Estado. Daí a afirmação do *princípio das nacionalidades,* segundo o qual cada Nação deveria constituir um Estado. Mas o exame apenas superficial dos componentes de qualquer Estado contemporâneo, ressalvadas apenas algumas exceções relativas a Estados minúsculos, revela já que a regra é o plurinacionalismo, ou seja, em cada povo há indivíduos pertencentes a várias Nações.

Esse plurinacionalismo, significando a existência, dentro do mesmo Estado, de grupos sociais claramente distintos por sua cultura e por seus costumes, tem influência sobre a organização do Estado, que procura a unidade jurídica respeitando os valores fundamentais do homem, devendo, assim, conciliar a igualdade jurídica e a diversidade cultural. É óbvio que, quanto menores forem as desigualdades, mais fácil será a obtenção da harmonia social, pois a própria noção de bem comum será mais facilmente fixada se todo o povo tiver os mesmos valores culturais. Convém, pois, ao Estado que haja a possibilidade de estabelecer o máximo possível de regras gerais uniformes para todo o povo, pois além de tudo é bem difícil manter um tratamento diferenciado e que todos os grupos considerem justo. Acrescente-se ainda que os diferentes grupos nacionais desejam igualmente participar do governo do Estado, e, não raro, cada um procura preponderar sobre os demais. Por todas essas dificuldades é que DEL VECCHIO chama de *Estados imperfeitos* os plurinacionais, embora reconheça que no mundo atual são raros os Estados efetivamente nacionais.

O fato é que não existe, a não ser em casos excepcionais, coincidência entre Estado e Nação, havendo nações cujos membros estão distribuídos entre vários Estados, como há, em regra, entre os componentes do povo de cada Estado, indivíduos pertencentes a diferentes grupos nacionais. Isso tem levado os Estados a se organizarem de maneira a obter a unidade na diversidade, criando condições para a convivência harmônica das comunidades, ou proibindo discriminações, ou assegurando a participação de todos no exercício do poder político. Exemplo dessa orientação é o que se verifica nos Estados da África, onde é mais acentuada a característica plurinacional dos Estados, uma vez que as fronteiras são o simples reflexo das diferentes dominações dos Estados imperialistas do século XIX. Conforme acentua MAURO STRAMACCI, um dos elementos fundamentais das constituições dos Estados africanos é o respeito nas novas realidades das sociedades estatais, das velhas tradições tribais que durante milênios formaram as estruturas sociais africanas. Isso está patente, em particular, em quase todas as constituições, pela grande relevância dada aos grupos e aos entes locais[106]. Outra importante expressão dessa busca de unificação jurídica, respeitando e harmonizando as diferenças culturais, é a frequente adoção da organização federativa. No Estado Federal é possível, entre outras coisas, dar a cada unidade nacional o poder de se autodeterminar sobre muitos assuntos, não obstante haver sempre dificuldades para a composição do governo federal.

71. Em conclusão, o Estado é uma sociedade e a Nação uma comunidade, havendo, portanto, uma diferença essencial entre ambos, não se podendo dizer, com propriedade, que o Estado é uma Nação ou que é um produto da evolução desta. Para obter maior integração de seu povo, e assim reduzir as causas de conflitos, os Estados procuram criar uma *imagem nacional*, simbólica e de efeitos emocionais, a fim de que os componentes da sociedade política se sintam mais solidários. Para tanto, busca-se

---

106. MAURO STRAMACCI, *Le Costituzioni degli Stati Africani*, pág. 11.

evidenciar e estimular todos os elementos comuns que atuam como pontos de ligação entre os diferentes grupos sociais, especialmente procurando ressaltar os feitos positivos de cada grupo como realizações de todo o conjunto. E é por isso mesmo que se apregoa a existência de características *nacionais*, quando se apontam certas notas comuns a toda a sociedade política, pois isso favorece a formação de uma consciência de comunidade. Assim, a submissão a um governo comum, o uso da mesma língua, a aceitação de muitos valores culturais comuns, bem como a comunidade de interesses, tudo isso é insuficiente para fazer do Estado uma Nação, mas é útil para a obtenção de maior solidariedade na persecução dos objetivos da sociedade política.

Finalmente, em face da diferenciação aqui demonstrada, verifica-se que, quando o indivíduo, por sua iniciativa ou mesmo por fato involuntário, deixa de ser vinculado a uma ordem jurídica estatal para ligar-se a outra, ocorre, na realidade, uma troca de *cidadania*, não de nacionalidade. Bastam a vontade do indivíduo e a satisfação de formalidades legais para que essa mudança ocorra, não cabendo indagações sobre os valores culturais ou os sentimentos de quem pretende a mudança. É esse o motivo pelo qual, geralmente, os Estados concedem direitos políticos limitados aos cidadãos adotivos, pois se reconhece que o ato jurídico de mudança de cidadania, que transfere o cidadão de uma para outra sociedade política, não significa sua integração comunitária.

Bibliografia

J. T. Delos, *La Nation*, L'Arbre, Montreal, 1944; S. I. Benn e R. S. Peters, *The Principles of Political Thought*, Collier Books, Nova York, 1964; Jacques Maritain, *El Hombre y el Estado*, Ed. Guillermo Kraft, Buenos Aires, 1952; Miguel Reale, *Teoria do Direito e do Estado*, 2ª ed., Ed. Martins, São Paulo, 1960; Giorgio del Vecchio, *Teoria do Estado*, Ed. Saraiva, São Paulo, 1957; Ferdinand Tönnies, *Princípios de Sociologia*, Fondo de Cultura Econômica, México, 1942; René Johannet, *Le Principe des Nationalités*, Nouvelle Librairie Nationale, Paris, 1923; Gaston Bouthoul, *Traité de Sociologie*, Payot, Paris, 1949; Loran David Osborn e Martin Henry Neumeyer, *A Comunidade e a Sociedade*, Cia. Ed. Nacional, São Paulo, 1936; Mauro Stramacci, *Le Costituzioni degli Stati Africani*, Ed. Giuffrè, Milão, 1963; José Carlos Ataliba Nogueira, *Lições de Teoria Geral do Estado*, São Paulo, 1969; Sebastião Tojal, *Teoria Geral do Estado*, Ed. Forense, São Paulo, 1997; Jurgen Habermas, *Après l'État-nation*, Fayard, Paris, 2000.

Mudanças do Estado por Reforma e Revolução

72. Um dos problemas fundamentais do Estado contemporâneo é conciliar a ideia de *ordem*, no sentido de situação estabelecida, com o intenso dinamismo social, que ele deve assegurar e promover e que implica a ocorrência de uma constante *mutação*. A incompreensão de que o Estado é um todo dinâmico, submetido a um constante sistema de tensões, mas ao mesmo tempo uma ordem, que permite novas criações sem anular os resultados já obtidos, tem sido desastrosa para a liberdade humana e a justiça social.

Com efeito, há dois erros básicos de concepção que têm levado o Estado a extremos opostos: ou mantendo uma organização inadequada, ou adotando processos muito eficazes para objetivos limitados, mas conflitantes com o objetivo de consecução do bem comum de todo o povo. No primeiro caso tem-se uma concepção formalista e estática de *ordem*, que leva à utilização do Estado como um embaraço às mudanças sociais, tornando-o expressão de valores anacrônicos, já superados pela realidade social. Essa noção do Estado como ordem estática, responsável, entre outras coisas, pela manutenção de estruturas absolutamente ineficazes, tem levado à concepção formalista do próprio direito, sendo responsável pela contradição das *ditaduras constitucionais*. Concebida a ordem estatal como simples forma, que deve ser mantida a todo custo, é inevitável o recurso à força para impedir que as novas exigências da realidade imponham a adoção de novas formas. E o próprio anacronismo dos valores oferece pretexto para a ação arbitrária, pois toda inovação é vista como ação destruidora de valores tradicionais e, dessa maneira, contraditoriamente, a preservação de uma ordem inadequada serve de fundamento para impedir que se atinja o ideal de atualização, que é o *Estado adequado*.

Como reação a esse exagerado e negativo formalismo, ocorreu a identificação do Estado com as situações privilegiadas, únicas beneficiárias da estagnação, chegando-se mesmo a propor, como o fazem DAVID EASTON e GABRIEL ALMOND, o abandono do conceito de Estado e das noções consideradas *legalistas*, no sentido de formalistas, que o acompanham. Isso é dito com muita clareza por ALMOND, que assim se expressa: "Em lugar do conceito de Estado, limitado pelo seu significado legal e funcional, preferimos *sistema político*; ao invés de *poderes*, conceito com conotações legais, começamos a optar por funções; em substituição a *postos* (legal), aceitamos *papéis*; escolhemos *estruturas* ao invés de *instituições*, também com caráter formal; em lugar de *opinião pública* e *treino de cidadania*, de significação formal e racional, preferimos *cultura política e socialização política*"[107]. É evidente, nessas palavras, a identificação de Estado com estrutura formal e a concepção do próprio direito como fórmula abstrata, desligada da realidade. Essa crítica falha por não localizar o verdadeiro âmago do problema e por preconizar soluções que, eliminando o *legalismo* como barreira, eliminam também o *legal*, que é fator de preservação eficaz dos próprios instrumentos de transformação.

73. Assim, pois, com a compreensão de que o Estado se acha constantemente submetido a um processo dialético, reflexo das tensões dinâmicas que compõem a realidade social, será possível mantê-lo permanentemente adequado, eliminando-se a aparente antinomia entre ordem e mutação. O primeiro passo para se conseguir a organização conveniente será a concepção do direito como totalidade dinâmica. Abordando o assunto em termos modernos, MIGUEL REALE propõe o uso limitado da expressão *fonte do direito*, por considerá-la presa ainda aos pressupostos de uma experiência jurídica subordinada ao direito como criação ou declaração do Estado. Em seu lugar preconiza o uso de *modelo jurídico*, advertindo, porém, que o modelo jurídico, para que o seja realmente, deve ser fundado na experiência, para estar em perfeita consonância com a realidade. O modelo jurídico, portanto, não deve ser reflexo de um ideal abstrato ou o produto de mera construção lógica, mas deve resultar de um trabalho de aferição de dados da experiência para a determinação de um tipo de comportamento não só possível, mas considerado necessário à convivência humana[108]. Ainda que

---

107. GABRIEL A. ALMOND e JAMES S. COLEMAN, *A Política das Áreas em Desenvolvimento*, pág. 14. No mesmo sentido veja-se DAVID EASTON, *The Political System*, págs. 106 e segs.

108. MIGUEL REALE, *O Direito como Experiência*, Ensaios VII e VIII.

se rejeite a expressão *modelo*, por outras conotações que possa implicar, fica ressaltada a ideia de que o direito, e consequentemente qualquer ordem jurídica, deve ter fundamento na experiência, refletindo a realidade social, o que não elimina a existência de normas eficazes, ao mesmo tempo que deixa aberto o caminho a uma permanente transformação.

O segundo ponto fundamental para assegurar a permanência do Estado adequado é a aceitação dos conflitos de opiniões e de interesses como fatos normais, componentes da realidade e participantes do processo dialético de que resulta a ordem capaz de promover e assegurar o bem comum. A observação cuidadosa dos fatos revela que todos os conflitos fundamentais entre pessoas são produto de necessidades naturais. Mesmo quando os conflitos são secundários, decorrem, quase sempre, da necessidade que sente cada um de fazer prevalecer suas opiniões ou seus interesses. E como não pode haver um padrão objetivo prévio que permita dizer qual a vontade que deve preponderar, é indispensável que o Estado se organize de maneira a permitir a expressão livre das ideias e das aspirações, estabelecendo regras gerais e uniformes para a escolha da vontade preponderante.

Segundo DEL VECCHIO, em cada Estado convivem muitas vontades sociais, pois cada indivíduo e cada grupo social têm suas ideias a respeito da melhor forma de convivência. E o Estado que decorre da realidade e que reflete a síntese das aspirações da maioria do povo corresponde à *vontade social preponderante*. Se for impedida a expressão das discordâncias pode-se obter uma ordem estática, mas esta só se mantém pela força, e gera, fatalmente, um Estado inadequado, que não cumpre seus objetivos e por isso vai-se enfraquecendo, uma vez que o próprio povo não se empenha na manutenção de uma ordem que não corresponde aos seus desejos e às suas necessidades. Se, pelo contrário, for realizada a institucionalização dos conflitos, pela criação de canais regulares para expressão das discordâncias e aferição das vontades, o Estado sofrerá constante adaptação em aspectos particulares, permanecendo sempre a expressão da vontade social preponderante. Este será o Estado adequado, capaz de realizar o bem comum.

Um terceiro ponto fundamental a ser considerado é a multiplicidade de valores que convivem em qualquer meio social. Se for dada preponderância absoluta e permanente a algum objetivo particular, este pode ser plenamente atingido, mas o Estado estará distanciado de sua própria razão de ser. Assim, por exemplo, quando a ordem, a segurança, o desenvolvimento econômico, o equilíbrio financeiro e outros objetivos fundamentais não levam em conta a liberdade individual, a igualdade de oportunidades e a justa distribuição das riquezas produzidas pela coletividade, o Estado não está cumprindo sua finalidade. Passa, então, a ser útil apenas aos beneficiários diretos daqueles objetivos particulares e, sobretudo, transforma-se em mero instrumento de grupos privilegiados, pois, para que tais objetivos particulares sejam atingidos, impõe-se uma estabilidade rigorosa e artificial, que reduz a mobilidade social e impede a correção de injustiças.

74. Quanto à profundidade e à aceleração das transformações do Estado, bem como aos meios de sua consecução, já fizemos alguma referência ao assunto em obra anterior[109], quando ressaltamos a diferença entre as transformações efetivadas gradativamente, por *evolução*, e as que ocorrem bruscamente, por *revolução*. A primeira dessas hipóteses é preferível, pois, através do desenvolvimento natural e progressivo das ideias e dos costumes, e da constante adaptação do Estado às novas condições de vida social, caminha-se com mais segurança, sendo mais fácil aquilatar da verdadeira profundidade e do sentido real das mudanças verificadas nas condições de vida e nas aspirações dos indivíduos. Para que se assegure esse processo de transformação é indispensável que as instituições do Estado sejam devidamente aparelhadas, prontas para sentir o aparecimento de novas possibilidades e aspirações, para conhecer o seu verdadeiro significado, e, finalmente, para integrá-las na ordem jurídica.

Pode ocorrer, entretanto, que o Estado, ou por inadequação de sua organização, ou por despreparo ou maus propósitos de seus dirigentes, adote uma rigidez institucional que impeça a integração dos novos fatores de influência, ou até mesmo que formalize uma ordem conflitante com a realidade. Nestas circunstâncias, somente através de revolução é que se podem remover os obstáculos à livre transformação do Estado, restaurando-se os mecanismos de adaptação constante às novas exigências da realidade social. Mas a própria finalidade da revolução mostra que não basta a substituição de governantes, ou a mudança de uma para outra ordem formal, para que ela se caracterize. Assim também não se há de confundir com revolução a mera substituição do grupo dominante e a introdução de modificações superficiais, que afetem apenas a burocracia do Estado. A revolução, que é um fato anormal na vida de qualquer Estado, e que sempre, mesmo que plenamente justificada e muito bem orientada, tem aspectos negativos por criar a possibilidade de ação arbitrária, deve ser o caminho para a implantação da ordem jurídica adequada à realidade. Segundo

---

109. *Da Atualização do Estado*, págs. 14 e segs.

CATTANEO, do ponto de vista jurídico, *a revolução é o abatimento de uma ordenação jurídica e a instauração de outra nova, através de meio ilegal,* isto é, por procedimento não previsto na ordenação anterior[110].

Assim, pois, também os juristas reconhecem que, em determinadas circunstâncias, a revolução, embora seja, por definição, contrária à ordem jurídica vigente, pode ser justificada como uma exigência do próprio direito. Entretanto, para que seja reconhecida sua legitimidade, deve corresponder a certos requisitos, apontados com muita precisão por GOFFREDO TELLES JR., que são: a *legitimidade,* a *utilidade* e a *proporcionalidade.* Ela será legítima se decorrer de uma real necessidade, ou seja, se de fato houver um desacordo profundo entre a ordem jurídica vigente e aquela que deveria corresponder à realidade social. Nesta exigência está implícita a ideia de que os líderes da revolução conhecem a realidade e já têm clara noção da nova ordem jurídica a ser instaurada. O segundo requisito, que é o da utilidade, exige que a revolução se processe de maneira eficaz e apropriada, capaz de atingir os objetivos almejados, pois do contrário haverá a mera destruição de uma ordem sem a colocação de outra mais adequada.

Por último, a proporcionalidade exigida parte do pressuposto de que todas as revoluções têm certos aspectos negativos inevitáveis. Com o abatimento da ordem jurídica vigente há um momento de incerteza jurídica, durante o qual ficam abertas as portas à arbitrariedade, à violência e ao uso indiscriminado dos meios de coação, sempre havendo quem se utilize desse momento para resolver seus problemas particulares em nome da revolução. É preciso, então, que, ao se promover a atualização do Estado por meio de revolução, não sejam acarretados males maiores do que aqueles que se pretende corrigir[111]. Em resumo: o hiato entre a velha e a nova ordenação deve ser brevíssimo, não mais do que o necessário para que esta última possa atuar com eficácia. Superado esse breve momento, devem ser desde logo restaurados os mecanismos de transformação evolutiva, para que o Estado, mantendo sua permanente adequação à realidade social, seja um instrumento do bem comum.

Bibliografia

---

110. MARIO A. CATTANEO, *Il Concetto di Rivoluzione nella Scienza del Diritto.*

111. GOFFREDO TELLES JR., "Resistência Violenta aos Governos Injustos", ensaio publicado na *Revista da Faculdade de Direito da Universidade de São Paulo,* vol. 50.

Dalmo de Abreu Dallari, *Da Atualização do Estado*, São Paulo, 1963; Gabriel A. Almond e James S. Coleman, *A Política das Áreas em Desenvolvimento*, Ed. USAID, Rio de Janeiro, 1969; Romeu Rodrigues Silva, *Fatores Globais e Transformações do Estado Moderno*, Rio de Janeiro, 1962; Miguel Reale, *O Direito como Experiência*, Ed. Saraiva, São Paulo, 1968; *Teoria do Direito e do Estado*, 2ª ed., Ed. Martins, São Paulo, 1960; David Easton, *The Political System*, Ed. Alfred A. Knopf, Nova York, 1968; Goffredo Telles Jr., "Resistência Violenta aos Governos Injustos", in *Revista da Faculdade de Direito da Universidade de São Paulo*, vol. 50, 1955; Pinto Ferreira, *Teoria Geral do Estado*, tomo II, Ed. José Konfino, Rio de Janeiro, 1957; Mário A. Cattaneo, *Il Concetto di Rivoluzione nella Scienza del Diritto*, Ed. Giuffrè, Milão, 1960; Giorgio del Vecchio, *Teoria do Estado*, Ed. Saraiva, São Paulo, 1957; A. Machado Paupério, *O Direito Político de Resistência*, Ed. Forense, Rio de Janeiro, 1962; Gastone Silvano Spinetti, *La Riforma dello Stato*, Ed. Solidarismo, Roma, 1960.

CAPÍTULO IV

Estado e Governo

Estado Moderno e Democracia

75. A ideia moderna de um *Estado Democrático* tem suas raízes no século XVIII, implicando a afirmação de certos valores fundamentais da pessoa humana, bem como a exigência de organização e funcionamento do Estado tendo em vista a proteção daqueles valores. A fixação desse ponto de partida é um dado de fundamental importância, pois as grandes transformações do Estado e os grandes debates sobre ele, nos dois últimos séculos, têm sido determinados pela crença naqueles postulados, podendo--se concluir que os sistemas políticos do século XIX e da primeira metade do século XX não foram mais do que tentativas de realizar as aspirações do século XVIII. A afirmação desse ponto de partida é indispensável para a compreensão dos conflitos sobre os objetivos do Estado e a participação popular, explicando também, em boa medida, a extrema dificuldade que se tem encontrado para ajustar a ideia de Estado Democrático às exigências da vida contemporânea.

Para a compreensão da ideia de Estado Democrático, inclusive para que se chegue a uma conclusão quanto à viabilidade de sua realização e à maneira de seu ajustamento às exigências atuais, será necessária, em primeiro lugar, a fixação dos princípios que estão implícitos na própria ideia de Estado Democrático, verificando-se, em seguida, quais os meios utilizados na tentativa de sua aplicação concreta e quais as consequências dessas tentativas. A base do conceito de Estado Democrático é, sem dúvida, a noção de *governo do povo*, revelada pela própria etimologia do *termo democracia*, devendo-se estudar, portanto, como se chegou à supremacia da preferência pelo governo popular e quais as instituições do Estado geradas pela afirmação desse governo. Depois disso, numa complementação necessária, deverá ser feito o estudo do Estado que se organizou para ser democrático, surgindo aqui a noção de Estado Constitucional, com todas as teorias que vêm informando as Constituições quanto às formas de Estado e de governo. Só depois disso é que se poderá chegar à ideia atual de Estado Democrático.

76. Haverá alguma relação entre a ideia moderna de democracia e aquela que se encontra na Grécia antiga? A resposta é afirmativa, no que respeita à noção de governo do povo, havendo, entretanto, uma divergência fundamental quanto à noção do *povo* que deveria governar. No livro III de "A Política", ARISTÓTELES faz a classificação dos governos, dizendo que o governo pode caber a um só indivíduo, a um grupo, ou a todo o povo. Mas ele próprio já esclarecera que o nome de cidadão só se deveria dar com propriedade àqueles que tivessem parte na autoridade deliberativa e na autoridade judiciária. E diz taxativamente que a cidade-modelo não deverá jamais admitir o artesão no número de seus cidadãos. Isto porque a virtude política, que é a sabedoria para mandar e obedecer, só pertence àqueles que não têm necessidade de trabalhar para viver, não sendo possível praticar-se a virtude quando se leva a vida de artesão ou de mercenário. Esclarece, finalmente, que em alguns Estados havia-se adotado orientação mais liberal, quanto à concessão do título de cidadão, mas que isso fora feito em situações de emergência, para remediar a falta de verdadeiros e legítimos cidadãos. A regra, entretanto, era a restrição, que em alguns lugares era bastante rigorosa, como na Cidade de Tebas, onde uma lei chegou a excluir das funções públicas quem não tivesse cessado, dez anos antes, qualquer atividade comercial. Como se vê claramente, essa ideia restrita de povo não poderia estar presente na concepção de democracia do século XVIII, quando a burguesia, economicamente poderosa, estava às vésperas de suplantar a monarquia e a nobreza no domínio do poder político.

Assim, pois, o que se pode concluir é que houve influência das ideias gregas, no sentido da afirmação do governo democrático equivalendo ao governo de todo o povo, neste se incluindo, porém, uma parcela muito mais ampla dos habitantes do Estado, embora ainda se mantivessem algumas restrições, como se verá no estudo do sufrágio. A referência à prática da democracia em algumas cidades gregas, em breves períodos, seria insuficiente para determinar a preferência pela democracia, que se afirmou a partir do século XVIII em todo o hemisfério ocidental, atingindo depois o restante do mundo. Foram as circunstâncias históricas que inspiraram tal preferência, num momento em que a afirmação dos princípios democráticos era o caminho para o enfraquecimento do absolutismo dos monarcas e para a ascensão política da burguesia. Este último aspecto, aliás, foi o que levou muitos autores à identificação de Estado Democrático e Estado burguês.

77. O Estado Democrático moderno nasceu das lutas contra o absolutismo, sobretudo através da afirmação dos direitos naturais da pessoa humana. Daí a grande influência dos jusnaturalistas, como LOCKE e ROUSSEAU, embora estes não tivessem chegado a propor a adoção de governos democráticos, tendo mesmo ROUSSEAU externado seu descrédito neles. De fato, após admitir que o governo democrático pudesse convir aos pequenos Estados, mas apenas a estes, diz que "um povo que governar sempre bem não necessitará de ser governado", acrescentando que jamais existiu verdadeira democracia, nem existirá nunca. E sua conclusão é fulminante: "Se existisse um povo de deuses, ele se governaria democraticamente. Tão perfeito governo não convém aos homens"[112]. Apesar disso tudo, foi considerável a influência de ROUSSEAU para o desenvolvimento da ideia de Estado Democrático, podendo-se mesmo dizer que estão em sua obra, claramente expressos, os princípios que iriam ser consagrados como inerentes a qualquer Estado que se pretenda democrático.

É através de três grandes movimentos político-sociais que se transpõem do plano teórico para o prático os princípios que iriam conduzir ao Estado Democrático: o primeiro desses movimentos foi o que muitos denominam de Revolução Inglesa, fortemente influenciada por LOCKE e que teve sua expressão mais significativa no *Bill of Rights*, de 1689; o segundo foi a Revolução Americana, cujos princípios foram expressos na Declaração de Independência das treze colônias americanas, em 1776; e o terceiro foi a Revolução Francesa, que teve sobre os demais a virtude de dar universalidade aos seus princípios, os quais foram expressos na Declaração dos Direitos do Homem e do Cidadão, de 1789, sendo evidente nesta a influência direta de ROUSSEAU.

Quanto à Revolução Inglesa, dois pontos básicos podem ser apontados: a intenção de estabelecer limites ao poder absoluto do monarca e a influência do protestantismo, ambos contribuindo para a afirmação dos direitos naturais dos indivíduos, nascidos livres e iguais, justificando-se, portanto, o governo da maioria, que deveria exercer o poder legislativo assegurando a liberdade dos cidadãos.

No "Segundo Tratado sobre o Governo" sustentara LOCKE a supremacia do poder legislativo, que poderia ser exercido por vários órgãos, mas sempre sujeito ao povo. A comunidade conserva perpetuamente o poder supremo de se salvaguardar dos propósitos e atentados de quem quer que

---

112. JEAN-JACQUES ROUSSEAU, *O Contrato Social*, Liv. III, Caps. III e IV.

seja, mesmo dos legisladores. E quem detiver o poder legislativo ou o poder supremo de qualquer comunidade obriga-se a governá-la mediante leis estabelecidas, promulgadas e conhecidas do povo, e não por meio de decretos que surpreendam o povo. Procurando caracterizar uma democracia, escreve LOCKE: "Tendo a maioria, quando de início os homens se reúnem em sociedade, todo o poder da comunidade naturalmente em si, pode empregá-lo para fazer leis destinadas à comunidade de tempos em tempos, as quais se executam por meio de funcionários que ela própria nomeia: nesse caso, a forma de governo é uma perfeita democracia"[113]. Em sua opinião, entretanto, quando os poderes executivo e legislativo estiverem em mãos diversas, como entendia devesse ocorrer nas monarquias moderadas, o bem da sociedade exige que várias questões fiquem entregues à discrição de quem dispõe do poder executivo. Resta, assim, uma esfera de poder discricionário, que ele chama de *prerrogativa*, conceituando-a como *o poder de fazer o bem público sem se subordinar a regras*[114].

Essas ideias, expostas no final do século XVII, iriam ganhar uma amplitude maior nas colônias da América durante o século seguinte, sobretudo porque atendiam plenamente aos anseios de liberdade dos colonos. É importante assinalar também que essas afirmações de LOCKE representavam a sistematização teórica de fatos políticos que estavam transformando a Inglaterra de seu tempo, tais como a publicação da Declaração Inglesa de Direitos, de 1688, que proclamava os direitos e as liberdades dos súditos, e a aprovação do documento que se tornou conhecido como *Bill of Rights*, através do qual se fez a ratificação daquela Declaração, além de se afirmar a supremacia do Parlamento.

A luta contra o absolutismo inglês também se desenrolou, em parte, nas colônias da América do Norte. E, por circunstâncias históricas, foi possível, e até mesmo necessário, levar-se avante a ideia de governo democrático. Realmente, a par dessa posição antiabsolutista e da influência protestante, os norte-americanos estavam conquistando sua independência e de nada lhes adiantaria livrarem-se de um governo absoluto inglês para se submeterem a outro, igualmente absoluto, ainda que norte-americano. E não existindo, no momento da independência ou da criação dos Estados Unidos da América, uma nobreza ou um Parlamento que fossem considerados os opositores naturais do absolutismo, isto influiu para uma afirmação mais vigorosa de governo pelo próprio povo. Uma síntese perfeita de todas essas

---

113. *Op. cit.*, pág. 81.
114. *Idem*, pág. 106.

influências encontra-se nas frases iniciais da Declaração da Independência, de 1776, onde assim se proclama: "Consideramos verdades evidentes por si mesmas que todos os homens são criados iguais, que são dotados pelo Criador de certos direitos inalienáveis, entre os quais a Vida, a Liberdade e a procura da Felicidade; que para proteger tais direitos são instituídos os governos entre os Homens, emanando seus justos poderes dos consentimentos dos governados. Que sempre que uma forma de governo se torna destrutiva, é Direito do Povo alterá-la ou aboli-la e instituir um novo governo, fundamentado em princípios e organizando seus poderes da forma que lhe parecer mais capaz de proporcionar segurança e Felicidade".

Seguindo essa orientação é que se organizariam, primeiramente, as antigas colônias e, mais tarde, os Estados Unidos da América, procurando-se garantir sempre a supremacia da vontade do povo, a liberdade de associação e a possibilidade de manter um permanente controle sobre o governo. E, com base na afirmação da igualdade de direitos, afirmou-se, como um dogma, a supremacia da vontade da maioria. Segundo JEFFERSON, a *lex majoris partis* constitui lei fundamental de toda sociedade de indivíduos de iguais direitos, devendo-se considerar a vontade da sociedade, enunciada pela maioria — ainda que de um único voto —, tão sagrada como se fosse unânime, sob pena de se cair, inevitavelmente, sob o despotismo militar[115]. Um aspecto importante a ser evidenciado é que, tendo recebido apenas malefícios do governo inglês, os norte-americanos associaram as ideias de democracia e não intervenção do Estado, o que marcaria profundamente a organização e o funcionamento do Estado norte-americano e dos que o seguiram, sendo muito recente o começo de superação dessa identificação.

O terceiro movimento consagrador das aspirações democráticas do século XVIII foi a Revolução Francesa. As condições políticas da França eram diferentes das que existiam na América, resultando disso algumas dessemelhanças entre uma e outra orientação. Além de se oporem aos governos absolutos, os líderes franceses enfrentavam o problema de uma grande instabilidade interna, devendo pensar na unidade dos franceses. Foi isto que favoreceu o aparecimento da ideia de *nação*, como centro unificador de vontades e de interesses. Outro fator importante de diferenciação foi a situação religiosa, uma vez que na França a Igreja e o Estado eram inimigos, o que influiu para que a Declaração dos Direitos do Homem e do

---

115. Essa manifestação de JEFFERSON se encontra em carta enviada a ALEXANDRE HUMBOLDT, em 13 de junho de 1817, conforme consta do livro publicado pela Ibrasa com o título de *Escritos Políticos*, à pág. 79.

Cidadão, de 1789, diversamente do que ocorrera na Inglaterra e nos Estados Unidos da América, tomasse um cunho mais universal, sem as limitações impostas pelas lutas religiosas locais.

Declara-se, então, que os homens nascem e permanecem livres e iguais em direitos. Como fim da sociedade política aponta-se a conservação dos direitos naturais e imprescritíveis do homem, que são a liberdade, a propriedade, a segurança e a resistência à opressão. Nenhuma limitação pode ser imposta ao indivíduo, a não ser por meio da lei, que é a expressão da vontade geral. E todos os cidadãos têm o direito de concorrer, pessoalmente ou por seus representantes, para a formação dessa vontade geral. Assim, pois, a base da organização do Estado deve ser a preservação dessa possibilidade de participação popular no governo, a fim de que sejam garantidos os direitos naturais.

78. Foram esses movimentos e essas ideias, expressões dos ideais preponderantes na Europa do século XVIII, que determinaram as diretrizes na organização do Estado a partir de então. Consolidou-se a ideia de Estado Democrático como o ideal supremo, chegando-se a um ponto em que nenhum sistema e nenhum governante, mesmo quando patentemente totalitários, admitem que não sejam democráticos.

Uma síntese dos princípios que passaram a nortear os Estados, como exigências da democracia, permite-nos indicar três pontos fundamentais:

A *supremacia da vontade popular*, que colocou o problema da participação popular no governo, suscitando acesas controvérsias e dando margem às mais variadas experiências, tanto no tocante à representatividade, quanto à extensão do direito de sufrágio e aos sistemas eleitorais e partidários.

A *preservação da liberdade*, entendida sobretudo como o poder de fazer tudo o que não incomodasse o próximo e como o poder de dispor de sua pessoa e de seus bens, sem qualquer interferência do Estado.

A *igualdade de direitos*, entendida como a proibição de distinções no gozo de direitos, sobretudo por motivos econômicos ou de discriminação entre classes sociais.

As transformações do Estado, durante o século XIX e primeira metade do século XX, seriam determinadas pela busca de realização desses preceitos, os quais se puseram também como limites a qualquer objetivo político. A preocupação primordial foi sempre a participação do povo na organização do Estado, na formação e na atuação do governo, por se considerar implícito que o povo, expressando livremente sua vontade soberana, saberá resguardar a liberdade e a igualdade.

Bibliografia

A. D. Lindsay, *O Estado Democrático Moderno*, Ed. Zahar, Rio de Janeiro, 1964; Paulo Bonavides, *Do Estado Liberal ao Estado Social*, Ed. Saraiva, São Paulo, 1961; John Locke, *Segundo Tratado sobre o Governo*, Ed. Ibrasa, São Paulo, 1963; Jean-Jacques Rousseau, *O Contrato Social*, Ed. Cultrix, São Paulo, 1971; Thomas Jefferson, *Escritos Políticos*, Ed. Ibrasa, São Paulo, 1964; Aristóteles, *A Política*, Ed. de Ouro, com introdução de Ivan Lins, Rio de Janeiro, 1965; Alexis de Tocqueville, *De la Démocratie en Amérique*, com estudo introdutório de Harold Laski, Ed. Gallimard, Paris, 1951; Manoel Gonçalves Ferreira Filho, *Curso de Direito Constitucional*, Ed. Saraiva, São Paulo, 1971; Miguel Reale, *Pluralismo e Liberdade*, Ed. Saraiva, São Paulo, 1963; A. Machado Paupério, *Teoria do Estado Democrático*, Ed. Presença, Rio de Janeiro, 1968; Giovanni Sartori, *Teoria Democrática*, Ed. Fundo de Cultura, Rio de Janeiro, 1965; Jerome Hall, *Democracia e Direito*, Ed. Zahar, Rio de Janeiro, s/d; João Arruda, *Do Regime Democrático*, Ed. da Universidade de São Paulo, São Paulo, 1948; Ignácio da Silva Telles, *Conceito de Democracia no Mundo Contemporâneo*, São Paulo, 1964; William N. Chambers e Robert H. Salisbury, *Problemas e Perspectivas Atuais da Democracia*, Ed. Zahar, Rio de Janeiro, 1966.

Democracia Direta, Semidireta, Participativa e Representativa

79. Sendo o Estado Democrático aquele em que o próprio povo governa, é evidente que se coloca o problema de estabelecimento dos meios para que o povo possa externar sua vontade. Sobretudo nos dias atuais, em que a regra são colégios eleitorais numerosíssimos e as decisões de interesse público muito frequentes, exigindo uma intensa atividade legislativa, é difícil, quase absurdo mesmo, pensar na hipótese de constantes manifestações do povo, para que se saiba rapidamente qual a sua vontade. Entretanto, embora com amplitude bastante reduzida, não desapareceu de todo a prática de pronunciamento direto do povo, existindo alguns institutos que são classificados como expressões de *democracia direta*. Referindo-se a essas práticas, BURDEAU qualifica-as de mera *curiosidade histórica*, entendendo que só existe mesmo a democracia direta na *Landsgemeinde*, que ainda se encontra em alguns Cantões suíços: Glaris, Unterwalden e Appenzell.

Durante séculos a *Landsgemeinde* foi o órgão supremo em todos os pequenos Cantões da Suíça central e oriental, começando a sua abolição no século XIX. Trata-se de uma assembleia, aberta a todos os cidadãos do Cantão que tenham o direito de votar, impondo-se a estes o comparecimento como um dever. A *Landsgemeinde* reúne-se ordinariamente uma vez por ano, num domingo da primavera, podendo, entretanto, haver convocações extraordinárias. Na maioria dos casos só foi admitida a convocação pelo Conselho Cantonal, havendo Cantões, entretanto, que admitiram a convocação por um certo número de cidadãos. Há uma publicação prévia dos assuntos a serem submetidos à deliberação, podendo ser votadas proposições de cidadãos ou do Conselho Cantonal, remetendo-se a este todas as conclusões. A *Landsgemeinde* vota leis ordinárias e emendas à

Constituição do Cantão, tratados intercantonais, autorizações para a cobrança de impostos e para a realização de despesas públicas de certo vulto, cabendo-lhe também decidir sobre a naturalização cantonal[116].

Acompanhando o pensamento de BURDEAU, quanto ao caráter anacrônico dessa sobrevivência de democracia direta, ANDRÉ HAURIOU *ainda* aponta algumas peculiaridades, para demonstrar que é só aparente a decisão do povo. São os seguintes, a seu ver, os pontos negativos: *a*) só se mantém a *Landsgemeinde* naqueles Cantões suíços menos populosos; *b*) o trabalho dessas assembleias populares é minuciosamente preparado por um Conselho cantonal eletivo, e se limita, praticamente, a aprovar ou desaprovar o que foi estabelecido pelo mesmo Conselho; *c*) quando se trata de problemas técnicos ou jurídicos, a assembleia não está apta para discutir e mesmo para justificar uma recusa ou aceitação das proposições que lhe são submetidas[117]. Ainda que possa haver algum rigor nessa crítica, é facilmente compreensível que tal prática só poderá mesmo ocorrer onde o colégio eleitoral seja muito restrito, o que, por si só, é suficiente para torná-la inviável no mundo atual.

No momento em que os mais avançados recursos técnicos para captação e transmissão de opiniões, como terminais de computadores, forem utilizados para fins políticos será possível a participação direta do povo, mesmo nos grandes Estados. Mas para isso será necessário superar as resistências dos políticos profissionais, que preferem manter o povo dependente de representantes.

80. Há vários outros institutos que, embora considerados por alguns autores como característicos da democracia direta, não dão ao povo a possibilidade de ampla discussão antes da deliberação, sendo por isso classificados pela maioria como representativos da *democracia semidireta*. Essas instituições são: o *referendum*, o *plebiscito*, a *iniciativa*, o *veto popular*, o *recall*. Vejamos em que consiste cada um deles.

O *referendum* vem sendo largamente utilizado atualmente, consistindo na consulta à opinião pública para a introdução de uma emenda constitucional ou mesmo de uma lei ordinária, quando esta afeta um interesse público relevante. A origem do *referendum* se encontra nas antigas Dietas

---

116. Sobre a *Landsgemeinde* veja-se MARCEL BRIDEL, *Précis de Droit Constitutionnel et Public Suisse*, tomo II, págs. 95 e segs.

117. ANDRÉ HAURIOU, *Droit Constitutionnel et Institutions Politiques*, pág. 418; GEORGES BURDEAU, *Droit Constitutionnel et Institutions Politiques*, pág. 132.

das Confederações Germânicas e Helvéticas, quando todas as leis eram aprovadas *ad referendum* do povo. Em certos casos as Constituições de alguns Estados modernos exigem que se faça o *referendum*, sendo ele considerado *obrigatório*, o que se dá quase sempre quanto a emendas constitucionais; em outros, ele é apenas previsto como possibilidade, ficando a cargo das assembleias decidir sobre sua realização, sendo ele então chamado *facultativo* ou *opcional*. Uma peculiaridade importante do referendo é que ele consiste numa consulta que se faz à opinião pública depois de tomada uma decisão, para que esta seja ou não confirmada. Por esse motivo alguns autores falam do referendo como plebiscito confirmatório, sendo preferível usar a palavra referendo, que já tem tradição e não deixa dúvida de que o objetivo é perguntar ao povo se ele confirma ou não uma decisão já tomada.

O *plebiscito*, que alguns preferem considerar apenas um *referendum* consultivo, consiste numa consulta prévia à opinião popular. Dependendo do resultado do plebiscito é que se irão adotar providências legislativas, se necessário.

O plebiscito é um instituto que tem suas raízes na Roma antiga e já tem sido bastante utilizado modernamente, às vezes para obter previamente a opinião do povo sobre uma futura iniciativa legislativa que esteja em cogitação. Outras vezes o plebiscito tem sido utilizado para que se conheça a opinião do povo sobre algum ponto fundamental que se pretende alterar na política de governo. Os que são mais apegados às fórmulas da democracia representativa argumentam com os riscos de uma "democracia plebiscitária", afirmando que o povo poderá ser mais facilmente enganado e envolvido do que nos Parlamentos, pois não é difícil direcionar o plebiscito, fazendo a consulta sem dar ao povo todos os elementos necessários para uma decisão bem informada e consciente. Por outro lado, é generalizada, no mundo de hoje, a convicção de que o povo é mal representado nos Parlamentos, pois em muitos casos tem ficado evidente que os mandatários se orientam por interesses que não são os do povo ou que, mais grave ainda, são contrários aos legítimos e autênticos interesses do povo. Evidentemente, é necessário e possível aperfeiçoar os métodos de eleição de representantes do povo, mas não há dúvida de que o uso do plebiscito é mais condizente com a democracia direta, que hoje se tornou mais fácil de realizar em vista dos modernos meios de comunicação e consulta popular.

A *iniciativa* confere a um certo número de eleitores o direito de propor uma emenda constitucional ou um projeto de lei. Nos Estados Unidos da América faz-se uma diferenciação entre duas espécies de iniciativa, que são: *iniciativa direta*, pela qual o projeto de emenda constitucional ou de lei ordinária contendo a assinatura de um número mínimo de eleitores deve, obrigatoriamente, ser submetido à deliberação dos eleitores nas próximas eleições; e *iniciativa indireta*, que dá ao Legislativo estadual a possibilidade de discutir e votar o projeto proposto pelos eleitores, antes que ele seja submetido à aprovação popular. Só se o projeto for rejeitado pelo Legislativo é que ele será submetido ao eleitorado, havendo Estados norte-americanos que exigem um número adicional de assinaturas, apoiando o projeto, para que ele seja dado à decisão popular mesmo depois de recusado pela assembleia. A Constituição brasileira de 1988 adotou a iniciativa popular, mas apenas para projetos de lei ordinária ou complementar e sem a possibilidade de qualquer recurso se o Legislativo rejeitar o projeto.

O *veto popular* é um instituto que guarda certa semelhança com o *referendum*, sendo mesmo denominado por autores norte-americanos de *mandatory referendum*. Pelo veto popular, dá-se aos eleitores, após a aprovação de um projeto pelo Legislativo, um prazo, geralmente de sessenta a noventa dias, para que requeiram a aprovação popular. A lei não entra em vigor antes de decorrido esse prazo e, desde que haja a solicitação por um certo número de eleitores, ela continuará suspensa até as próximas eleições, quando então o eleitorado decidirá se ela deve ser posta em vigor ou não.

O *recall* é uma instituição norte-americana, que tem aplicação em duas hipóteses diferentes: ou para revogar a eleição de um legislador ou funcionário eletivo, ou para reformar decisão judicial sobre constitucionalidade de lei. No primeiro caso, exige-se que um certo número de eleitores requeira uma consulta à opinião do eleitorado, sobre a manutenção ou a revogação do mandato conferido a alguém, exigindo-se dos requerentes um depósito em dinheiro. Em muitos casos dá-se àquele cujo mandato está em jogo a possibilidade de imprimir sua defesa na própria cédula que será usada pelos eleitores. Se a maioria decidir pela revogação esta se efetiva. Caso contrário, o mandato não se revoga e os requerentes perdem para o Estado o dinheiro depositado.

O *recall* judicial, bastante controvertido, foi preconizado por THEODORE ROOSEVELT, em 1912, numa de suas campanhas eleitorais. Segundo sua proposição, as decisões de juízes e Tribunais, excluída apenas a Suprema Corte, negando a aplicação de uma lei por julgá-la inconstitucional, deveriam poder ser anuladas pelo voto da maioria dos eleitores. Ocorrida essa anulação a lei seria considerada constitucional, devendo ser aplicada. Inúmeros Estados acolheram o *recall* judicial em suas respectivas Constituições, visando, sobretudo, a superar os obstáculos à aplicação de leis sociais, opostos pela magistratura eletiva pressionada pelos grupos econômicos que decidiam as eleições. Apontam-se, entretanto, muitos inconvenientes em todas as modalidades de *recall*, razão pela qual seu uso é relativamente raro, devendo-se notar que os parlamentares, a quem caberia aperfeiçoar esse instituto, preferem eliminá-lo para não ficarem sujeitos aos seus efeitos.

80A. No final do século XX foi proposta, e teve grande repercussão prática, a intensificação da participação direta do povo nas decisões políticas, por meio de manifestações coletivas, aprovando proposições para a adoção de políticas públicas. Essa prática passou a ser identificada como *democracia participativa* e já vem sendo objeto de estudos teóricos, como nova possibilidade de efetivação das ideias e dos princípios contidos no conceito de democracia. É preciso reconhecer que a participação do povo tem limitações, não podendo abranger todas as decisões dos governos, mas, ao mesmo tempo, é evidente que a participação popular é benéfica para a sociedade, sendo mais uma forma de democracia direta, que pode orientar os governos e os próprios representantes eleitos quanto ao pensamento do povo sobre questões de interesse comum.

Uma forma de participação popular que já era praticada por alguns Estados e que teve expressiva ampliação foi a iniciativa popular de projetos de lei. Com efeito, na maioria dos Estados era reservado aos membros do Poder Legislativo ou ao Chefe do Executivo o direito de propor projetos de lei, para discussão e votação do Parlamento. Essa prática foi estimulada e, apesar das limitações decorrentes da inexperiência e da falta de preparo técnico para elaborar projetos atendendo aos requisitos técnicos, vem sendo gradativamente intensificada. Além da dificuldade relacionada com os aspectos formais relativos à elaboração dos projetos, existe ainda o problema da obtenção de apoio nas Casas Legislativas para o acompanhamento da tramitação de um projeto e a discussão de eventuais propostas de emenda, uma vez que se trata de proposição de iniciativa popular, ou seja, de um conjunto de cidadãos reunidos para um objetivo determinado e não de um parlamentar ou de parlamentares filiados a partidos políticos, que atuem no Legislativo. Por esses motivos vem sendo pouco usada essa forma de participação popular, que se enquadra no conceito de democracia participativa. Entretanto, já foram bem-sucedidas inúmeras proposições de iniciativas populares, havendo a perspectiva de que em decorrência de tais sucessos, e com maior preparo de lideranças populares e das organizações sociais para essa prática, deverá ser, progressivamente, ampliada sua utilização.

Outra forma de participação da cidadania, que também está inserida no conceito de democracia participativa, é a criação de Conselhos, especializados para atuar em certo setor das atividades sociais. Assim, por exemplo, há Conselhos que tratam dos direitos da criança e do adolescente, outros são ligados às questões de educação ou de saúde, outros, ainda, são relacionados com a proteção do meio ambiente ou com a busca de melhorias nas relações de vizinhança. Tais Conselhos estão inseridos no aparato da democracia participativa, havendo, entretanto, certas resistências ligadas às noções tradicionais de sistema democrático. Como a atuação do povo por meio de Conselhos não caracteriza uma participação direta de toda a cidadania, nem se enquadra nas fórmulas de democracia representativa, são frequentes os questionamentos sobre a natureza e a autoridade dos Conselhos. Há quem reconheça que eles participam das decisões e, assim, suas deliberações devem ser levadas em conta pelas autoridades responsáveis pelas áreas em que eles atuam, enquanto outros sustentam que os Conselhos são de natureza consultiva, podendo opinar, mas sem que suas conclusões devam ser obrigatoriamente consideradas pelas autoridades incumbidas de providências de ordem prática.

O que se pode concluir, tendo em conta a experiência das últimas décadas, é que vem sendo ampliada a autoridade dos institutos de democracia participativa, que são, de certo modo, um reforço à busca de intensificação do caráter democrático das decisões e ações das autoridades públicas. A utilização de tais institutos coloca os governos mais próximos do ideal de democracia direta, contribuindo para atenuar, em parte, as imperfeições e os riscos da democracia representativa, que continua sendo a principal forma de busca da democratização dos governos.

81. A impossibilidade prática de utilização dos processos da democracia direta, bem como as limitações inerentes aos institutos de democracia semidireta, tornaram inevitável o recurso à *democracia representativa*, apesar de todas as dificuldades já reveladas para sua efetivação. Na democracia representativa o povo concede um mandato a alguns cidadãos, para, na condição de representantes, externarem a vontade popular e tomarem decisões em seu nome, como se o próprio povo estivesse governando. Entendem alguns estudiosos que é impróprio falar-se em *mandato* político, o que, no seu entender, significa uma transposição inadequada de um instituto do direito privado para o âmbito do direito público. Acham que só existe *representação* política, o que, em última análise, não resolve o problema, uma vez que também existe o instituto da representação no âmbito do direito privado. Assim, pois, como não foi ainda apontado um substituto nitidamente superior, é preferível que se continue a usar o termo *mandato*, que já tem a seu favor uma tradição de vários séculos.

Na verdade, o mandato político é tema bastante polêmico, sobre o qual ainda não se detiveram suficientemente os publicistas, parecendo mesmo que o assunto vem sendo deliberadamente evitado, pelas dificuldades que apresenta. Assim sendo, e tendo em conta inúmeros pontos comuns ao mandato público e privado, torna-se necessário recorrer aos privatistas, os quais, mormente por sua condição de atualizadores da herança romana, nos casos de sistemas de origem romanística, têm estudado minuciosamente o assunto, elaborando uma teoria dos mandatos, completa sob o ângulo privado e bastante útil para a compreensão de muitos aspectos do instituto no âmbito público. Na realidade, a qualificação de *mandatários*, dada aos representantes políticos, não foi obra do acaso ou mera designação analógica, havendo, pelo contrário, razões históricas ligando o atual mandato, público ou privado, à *manus datio* dos romanos. Aliás, se aceitarmos o conceito de mandato, bastante genérico, formulado por CARVALHO DE MENDONÇA, poderemos aplicá-lo quase indistintamente a uma ou a outra esfera. Diz ele que mandato é "o contrato pelo qual alguém constitui a outrem seu representante, investindo-o de poderes para executar um ou mais de um ato jurídico"[118]. Evidentemente, não será possível a aceitação integral dessa noção pelos publicistas, sobretudo pela natureza contratual atribuída ao mandato, que implica responsabilidade e que é, justamente, um dos mais importantes pontos de divergência entre o mandato público e o privado.

Há, entretanto, um núcleo comum explicado pela coincidência de origem, que se conserva e que permite a apreciação de certos ângulos do mandato público à luz da análise do instituto privado. Para demonstrar, em rápidos traços, essa vinculação à raiz comum, basta que se examine o chamado mandato *imperativo*, que foi, por assim dizer, o momento de transição, durante o qual se manteve um caráter nitidamente contratual. De fato, segundo norma vigente em alguns dos grandes Estados europeus desde o fim da Idade Média, e que foi afinal repudiada pelos teóricos da Revolução Francesa, desaparecendo na prática, os representantes do povo recebiam um mandato imperativo. Isso significava que, como mandatários, estavam obrigados a seguir fielmente as instruções, geralmente escritas, que lhes eram dadas por seus eleitores. Através delas determinava-se, minuciosamente e com antecipação, como se deveria comportar o representante no momento da votação das leis e perante as questões que lhe fossem submetidas. Caso surgisse uma circunstância nova, não prevista de antemão, deveria o representante dirigir-se aos eleitores, a fim de receber instruções,

---

118. M. I. CARVALHO DE MENDONÇA, *Contratos no Direito Civil Brasileiro*, tomo I, pág. 197.

além do que ficaria sempre obrigado a prestar contas do desempenho do mandato. Se fosse julgada insatisfatória sua atuação, o mandato poderia ser revogado, havendo ainda a possibilidade de não pagamento dos subsídios previamente fixados.

Essa prática foi expressamente repudiada pela Constituição francesa de 1791, que estabeleceu a seguinte norma: "Os representantes eleitos nos departamentos não serão representantes de nenhum departamento em particular, mas de toda a nação, *e não lhes poderá ser dado nenhum mandato*". Quando a Constituição fala aí em mandato, está-se referindo, exatamente, às instruções ou ordens específicas dadas pelos eleitores. Não obstante essa orientação adotada pelos franceses, o problema exigiu ainda algumas décadas para ser superado na Inglaterra. Com efeito, o *Reform Bill*, de 1832, modificou substancialmente o processo eleitoral inglês, visando, sobretudo, a substituir o predomínio das antigas oligarquias pela livre opinião. Mas algumas associações, ostensivas ou secretas, que aglutinavam grande número de eleitores e que detinham o governo em algumas localidades, procuraram ainda impor aos representantes, cuja eleição dependia de seu apoio, o mandato imperativo. Isto ocorreu na própria Cidade de Londres, onde se estabeleceram, através da chamada *Resolução de Londres*, de 17 de outubro de 1832, as seguintes normas, entre outras: "... 2º) os membros escolhidos como representantes no Parlamento deverão fazer o que os comitentes desejarem que eles façam, e lhes mandarem fazer;... 4º) será exigido, de cada membro, um compromisso assinado, pelo qual ele se obrigue a agir, sempre e em todas as coisas, conforme os desejos da maioria de seus comitentes, claramente expressados, ou, por sua ordem, a renunciar ao mandato com o qual eles o honraram"[119]. Mas durante o século XIX foi sendo rapidamente rejeitada a submissão dos representantes, acabando por desaparecer o mandato imperativo. Ao mesmo tempo foram-se definindo as modernas características do mandato político, como instituto de direito público, sendo possível, agora, a indicação de suas principais peculiaridades.

82. Para a compreensão das características do mandato político é indispensável aceitar-se sua completa desvinculação da origem privada. É precisamente a existência de características peculiares que dá autonomia ao instituto, permitindo e exigindo que ele seja examinado à luz de

---

119. A respeito do mandato imperativo podem-se consultar: M. Ostrogorski, *La Démocratie et l'Organisation des Parties Politiques*, tomo I, pág. 460, e tomo II, págs. 208 e 231; Giovanni Sartori, *A Teoria da Representação no Estado Representativo Moderno*, pág. 20; Darcy Azambuja, *Teoria Geral do Estado*, págs. 257 e segs.

princípios publicísticos. Além disso, é preciso ter-se em conta que o mandato político é uma das mais importantes expressões da conjugação do *político* e do *jurídico*, o que também influi em suas características mais importantes, que são as seguintes:

a) O mandatário, apesar de eleito por uma parte do povo, expressa a vontade de todo o povo, ou, pelo menos, de toda a circunscrição eleitoral onde foi candidato, podendo tomar decisões em nome de todos os cidadãos da circunscrição, ou mesmo de todo o povo do Estado se tiver sido eleito para um órgão de governo do Estado.

b) Embora o mandato seja obtido mediante um certo número de votos, ele não está vinculado a determinados eleitores, não se podendo dizer qual o mandato conferido por certos cidadãos.

c) O mandatário, não obstante decidir em nome do povo, tem absoluta autonomia e independência, não havendo necessidade de ratificação das decisões, além do que as decisões obrigam mesmo os eleitores que se oponham a elas.

d) O mandato é de caráter geral, conferindo poderes para a prática de todos os atos compreendidos na esfera de competências do cargo para o qual alguém é eleito.

e) O mandatário é irresponsável, não sendo obrigado a explicar os motivos pelos quais optou por uma ou por outra orientação.

f) Em regra, o mandato é irrevogável, sendo conferido por prazo determinado. A exceção a esse princípio é o *recall*, que dá possibilidade à revogação do mandato por motivos exclusivamente políticos. Esse instituto, entretanto, só existe em alguns Estados da federação norte-americana, e é de alcance muito restrito, não chegando a desfigurar o princípio geral da irrevogabilidade.

83. Por último, é preciso fazer referência à base da representação. Como se verá em seguida, o Estado Moderno partiu de um misto de *representação de interesses* e *representação política*, fixando-se nesta. No entanto, em face de graves deficiências e de dificuldades praticamente insuperáveis, surgiram sérios opositores da representação política, propondo-se outras bases de representação. Foi assim que se propôs, no século XIX, a base profissional, construindo-se a teoria da representação profissional ou sindical. Ainda com base na predominância dos interesses sobre as ideias, foi tentada no século XX uma *representação corporativa*. Rejeitando a base política, mas considerando igualmente insuficientes ou inadequadas a base profissional e a corporativa, recentemente surgiu uma outra hipótese, dando margem à teoria da *representação institucional*. O exame crítico dessas várias espécies de sistemas representativos permitirá conhecer as dificuldades e os êxitos, decorrentes das tentativas de organizar uma autêntica e eficiente democracia representativa.

Bibliografia

GIOVANNI SARTORI, *A Teoria da Representação no Estado Representativo Moderno*, Ed. RBEP, Belo Horizonte, 1962; JAMES MACGREGOR BURNS E JACK WALTER PELTASON, *Government by the People*, Prentice-Hall, Englewood Cliffs, Inc., Nova Jersey, 1964; CARL J. FRIEDRICH, *Constitutional Government and Democracy*, Ginn, Nova York, 1950; V. E. ORLANDO, *Diritto Pubblico Generale*, Ed. Giuffrè, Milão, 1954; GEORGES BURDEAU, *Droit Constitutionnel et Institutions Politiques*, Libr. Générale de Droit et de Jurisprudence, Paris, 1966; ANDRÉ HAURIOU, *Droit Constitutionnel et Institutions Politiques*, Ed. Montchrétien, Paris, 1966; R. CARRÉ DE MALBERG, *Contribution à la Théorie Générale de l'État*, Recueil Sirey, Paris, 1922; MARCEL BRIDEL, *Précis de Droit Constitutionnel et Public Suisse*, Payot, Lausana, 1959; DARCY AZAMBUJA, *Teoria Geral do Estado*, Ed. Globo, Porto Alegre, 1962; PINTO FERREIRA, *Teoria Geral do Estado*, Ed. José Konfino, Rio de Janeiro, 1957; JOÃO ARRUDA, *Do Regime Democrático*, Ed. da Universidade de São Paulo, São Paulo, 1949; VINCENZO ZANGARA, *La Rappresentanza Istituzionale*, Cedam, Pádua, 1952; JOHN STUART MILL, *Governo Representativo*, Ed. Ibrasa, São Paulo, 1964; OTTO BIHARI, *Socialist Representative Institutions*, Akadémiai Kiadó, Budapest, 1970; MAURICE BATTELLI, *Les Institutions de Democratie Directe*, Ed. Sirey, Paris, 1932; MARION GRET E YVES SINTOMER, *Porto Alegre — L'Espoir d'une autre Démocratie*, Ed. La Découverte, Paris, 2002; TARSO GENRO E UBIRATAN DE SOUZA, *Orçamento Participativo*, Ed. Fundação Perseu Abramo, São Paulo, 1997; ANTOINE BEVORT, *Pour une Démocratie Participative*, Ed. Presses de Sciences Po, Paris, 2002; PAULO BONAVIDES, *Democracia Participativa*, Malheiros Ed., São Paulo, 2003.

Representação Política

84. A necessidade de governar por meio de representantes deixa para o povo o problema da escolha desses representantes. Cada indivíduo tem suas aspirações, seus interesses e, mesmo que de maneira indefinida e imprecisa, suas preferências a respeito das características dos governantes. E quando se põe concretamente o problema da escolha é natural a formação de grupos de opinião, cada um pretendendo prevalecer sobre os demais. Observa GETTEL que, em Atenas, no século V a.C., quando se instaurou a democracia, a autoridade suprema do Estado era a assembleia dos cidadãos. Houve, então, a definição de partidos na assembleia, como consequência das lutas entre interesses opostos e diferentes pontos de vista, especialmente entre os adeptos do governo democrático e os que pretendiam estabelecer um sistema oligárquico[120]. A história política de Roma também revela a formação de agrupamentos definidos, geralmente em torno de um líder, encontrando-se, em diferentes épocas da história romana, partidos que se digladiavam, sobretudo, a respeito da política externa ou da extensão dos direitos da plebe. Durante a Idade Média foram, da mesma forma, bastante frequentes as manifestações de cunho partidário, durando vários séculos a luta entre o partido Guelfo, favorável à supremacia do Papa, e os Gibelinos, adeptos do Imperador.

Entretanto — adverte DUVERGER —, a analogia das palavras não nos deve enganar. Dá-se, igualmente, o nome de *partidos* às facções que dividiam as Repúblicas antigas, aos clãs que se agrupavam em torno de um condutor na Itália da Renascença, aos clubes onde se reuniam os deputados às assembleias revolucionárias, aos comitês que preparavam as eleições censitárias das monarquias constitucionais, assim como às vastas organizações populares

---

120. RAYMOND G. GETTEL, *Historia de las Ideas Políticas*, vol. I, pág. 84.

que enfeixam a opinião pública nas democracias modernas. Essa identidade nominal — admite ele — justifica-se de um lado, pois traduz certo parentesco profundo, uma vez que todas essas instituições desempenharam o mesmo papel, que é o de conquistar o poder político e exercê-lo. Entretanto, no seu entender, os *partidos políticos*, no sentido moderno, só aparecem a partir de 1850. Outros autores, entre os quais OSTROGORSKI, ERSKINE MAY, AFONSO ARINOS e WILLIAM BENNET MUNRO, veem o nascedouro dos modernos partidos políticos na Inglaterra, desde a luta entre os direitos do Parlamento e as prerrogativas da coroa, no século XVII, afirmando MUNRO que foi a partir de 1680 que se definiu a noção de *oposição política*, isto é, a doutrina, básica na democracia, de que os adversários do governo não são inimigos do Estado e de que os opositores não são traidores ou subversivos.

85. Na realidade, pode-se dizer que houve um período de maturação durante o qual prevaleceram organizações mais ou menos clandestinas, como os clubes políticos, na França, os *caucus*, na Inglaterra e nos Estados Unidos, até que fossem claramente definidos e incorporados à vida constitucional os partidos políticos. Isto só viria a ocorrer, de fato, no século XIX, havendo, no entanto, trabalhos doutrinários fazendo referências mais ou menos precisas aos partidos já no século XVIII, numa primeira tentativa de sistematização doutrinária. Assim é que DAVID HUME, ainda se recusando a aceitar a oposição como coisa normal, publica, em 1741, os seus *Essays, Moral and Political*, criticando as facções e procedendo à sua classificação, num trabalho precursor das modernas classificações dos partidos políticos. Diz HUME que as facções podem ser *pessoais*, quando baseadas em amizade pessoal ou animosidade entre os que compõem os partidos em luta, e *reais*, quando fundadas em alguma diferença real de sentimento ou interesses. As facções *reais*, por sua vez, podem ser de três espécies: de *interesse*, de *princípio* e de *afeição*. As primeiras lhe parecem mais razoáveis e desculpáveis, pois, quando duas ordens de homens como os nobres e o povo possuem autoridade distinta, em um governo não mui exatamente equilibrado e formado, naturalmente seguem interesses distintos. "Os partidos de *princípio*", esclarece HUME, "especialmente princípio abstrato especulativo, somente nos tempos modernos se conhecem, e são, talvez, o fenômeno mais extraordinário e difícil de justificar que até agora surgiu nos negócios humanos". Finalmente, quanto aos partidos de *afeição*, explica serem os que se baseiam nas diferentes ligações dos homens com famílias particulares ou pessoas que desejam ver governá-los[121].

---

121. DAVID HUME, *Ensaios Políticos*, págs. 76 e segs.

Como se pode perceber, foram justamente os partidos de *princípios* os que mais se desenvolveram, absorvendo os grupos de interesses, os quais sempre tiveram dificuldade para atuação ostensiva e organizada. No final do século XVIII, EDMUND BURKE já se referia ao partido como "um corpo de homens que se unem, para colocar seus esforços comuns a serviço do interesse nacional, sobre a base de um princípio ao qual todos aderem". A crítica de OSTROGORSKI a esse conceito é que ele, além de dar ao partido o caráter de agrupamento particular, considera-o resultante de acordo sobre um princípio determinado. Ora, os partidos acabaram impondo-se como entidades públicas, objetivando a totalidade da vida social. Outro autor, BENJAMIM CONSTANT, escrevendo no início do século XIX, conceituava o partido como "uma reunião de homens que professam a mesma doutrina política", o que pareceu a BURDEAU excessivamente restrito, pois tal reunião é apenas um meio necessário para a consecução de objetivos muito mais amplos.

Entre os autores atuais que mais se detiveram no estudo dos partidos políticos, DUVERGER considera extremamente difícil uma tipologia dos partidos e não chega a tentar uma definição. BURDEAU, por sua vez, considera inútil pretender encontrar uma definição precisa de partido, sem situá-la, previamente, em certa época e num determinado meio político e social. A seu ver são possíveis duas noções de partido: uma, *geral* e *universal*, e, em certo sentido, *material*, considera o partido como "a qualificação de um movimento de ideias centralizado no problema político e cuja originalidade é suficientemente percebida pelos indivíduos, para que estes aceitem ver nele uma realidade objetiva independente dos comportamentos sociais"; outra noção, de caráter mais *formal*, prende-se à natureza do liame que reúne os indivíduos no partido e à delimitação de seus objetivos imediatos. Na verdade, a extrema variedade dos partidos torna bastante difícil a formulação de um conceito de validade universal, devendo-se concluir em face de cada caso concreto, e tendo em conta o respectivo sistema jurídico, se se trata ou não de partido político.

Quanto à natureza jurídica dos partidos, poucos autores sustentam que eles sejam pessoas jurídicas de direito privado. Inúmeros autores italianos, entre eles SANTI ROMANO e BISCARETTI DI RUFFIA, atribuíram aos partidos a natureza de *entes auxiliares do Estado*, tendo este último concluído, com mais precisão, que são "entidades sociais tendentes a transformarem-se em instituições". FERREIRA FILHO vai mais além, considerando que os partidos são instituições, dotadas de personalidade jurídica e situadas no âmbito do direito público interno[122], sendo esta a conclusão predominante entre os modernos autores. Apesar disso, entretanto, ao renovar a legislação sobre partidos políticos, o legislador brasileiro optou pela expressa qualificação dos partidos políticos como pessoas jurídicas de direito privado. A Constituição de 1988 estabeleceu, no art. 17, que após adquirirem personalidade jurídica, na forma da lei civil, os partidos registrarão os seus estatutos no Tribunal Superior Eleitoral. E a lei ordinária que disciplinou a formação dos partidos, identificada como Lei dos Partidos, que é a Lei n. 9.096, de 19 de setembro de 1995, foi mais explícita, declarando em seu art. 1º que o partido político é pessoa jurídica de direito privado.

86. Tendo-se afirmado no início do século XIX como instrumentos eficazes da opinião pública, dando condições para que as tendências preponderantes no Estado influam sobre o governo, os partidos políticos se impuseram como o veículo natural da representação política. Em consequência, multiplicaram-se vertiginosamente os partidos, apresentando as mais variadas características. Entretanto, considerando alguns dos aspectos fundamentais, é possível fazer-se uma classificação dos *sistemas partidários* segundo cada um desses aspectos, chegando-se à seguinte tipologia:

Quanto à *organização interna* dos partidos, eles podem ser considerados:

Partidos de quadros, quando, mais preocupados com a qualidade de seus membros do que com a quantidade deles, não buscam reunir o maior número possível de integrantes, preferindo atrair as figuras mais notáveis, capazes de influir positivamente no prestígio do partido, ou os indivíduos mais abastados, dispostos a oferecer contribuição econômico-financeira substancial à agremiação partidária.

Partidos de massas, quando, além de buscarem o maior número possível de adeptos, sem qualquer espécie de discriminação, procuram servir de instrumento para que indivíduos de condição econômica inferior possam aspirar às posições de governo[123].

---

122. Manoel Gonçalves Ferreira Filho, *Os Partidos Políticos nas Constituições Democráticas*, pág. 71.

123. Esta classificação, baseada na estrutura interna dos partidos, foi proposta recentemente por Duverger, não aparecendo em sua obra *Les Partis Politiques*, publicada em 1951. Só aparece na *Sociologie Politique*, publicada na França em 1966 e editada no Brasil em 1968, com o título de *Sociologia Política*, págs. 358 e segs.

Quanto à *organização externa*, os sistemas de partidos podem ser classificados levando-se em conta o número de partidos existentes no Estado, havendo:

Sistemas de *partido único*, caracterizados pela existência de um só partido no Estado. Em tais sistemas pretende-se que os debates políticos sejam travados dentro do partido, não havendo, assim, um caráter necessariamente antidemocrático nos sistemas unipartidários. Na prática, porém, o que se verifica é que o partido único se prende a princípios, rígidos e imutáveis, só havendo debates quanto a aspectos secundários, ainda que às vezes estes também sejam importantes. Um ponto importante a observar, na consideração de cada sistema unipartidário, são os antecedentes, havendo casos em que ocorreu a sufocação de um pluripartidarismo anterior, enquanto que em outros o unipartidarismo representou o primeiro passo para o oferecimento de opções políticas. Outro ponto fundamental é a tendência do sistema, uma vez que, em condições normais, assegurada a liberdade de expressão, dificilmente se mantém um só partido no Estado. Por último, é necessário ter-se em conta que um sistema aparentemente pluripartidário, mas onde na realidade um só partido tem condições para prevalecer, mantendo constantemente o seu predomínio, não passa de um sistema unipartidário disfarçado.

Sistemas *bipartidários*, que se caracterizam pela existência de dois grandes partidos que se alternam no governo do Estado. Não se excluem outros partidos, os quais, porém, por motivos diversos e sem qualquer interferência do Estado, permanecem pouco expressivos, embora possam ganhar maior significação sob o impacto de algum novo fator social. Os sistemas bipartidários típicos são o da Inglaterra e o dos Estados Unidos da América, onde se tem verificado a alternância, no comando do Estado, de duas grandes agremiações partidárias. Dois pontos são básicos para caracterizar o sistema: em primeiro lugar, a predominância de dois grandes partidos, sem exclusão de outros; em segundo, a autenticidade do sistema, que deve decorrer de circunstâncias históricas, em função das quais a maioria do eleitorado se concentra em duas grandes correntes de opinião. Evidentemente, o próprio sistema eleitoral pode favorecer essa tendência, o que não se confunde com a criação de obstáculos legais ao aparecimento de outros partidos.

Sistemas *pluripartidários*, que são a maioria, caracterizando-se pela existência de vários partidos igualmente dotados da possibilidade de predominar sobre os demais. O pluripartidarismo tem várias causas, entendendo Duverger que há duas mais importantes, que são o fracionamento interior das correntes de opinião e a superposição de dualismos.

Analisando-se qualquer meio social verifica-se que em relação a muitos pontos há opiniões divergentes. Entretanto, cada corrente de opinião tem uma graduação interna, indo desde os mais radicais até os mais moderados. Muitas vezes, por fatores diversos, aumenta a distância entre um e outro extremo, chegando-se a um ponto em que não há mais possibilidade de convivência. Nesse momento é que se dá o fracionamento. E, quando essa corrente de opinião tem um partido representativo, o fracionamento leva à constituição de, pelo menos, mais um partido.

Por outro lado, verifica-se também que num mesmo povo é comum a existência concomitante de várias opiniões quanto ao fator social preponderante. Para uns, o mais importante é o econômico, para outros, o social ou o religioso, e assim por diante. E, relativamente a cada um desses fatores existe um dualismo, havendo sempre duas posições fundamentais e opostas quanto a cada um deles. Se houver absoluta predominância de um dualismo, forma-se um sistema bipartidário. Entretanto, quando coexistem vários dualismos com significação política semelhante, todos eles darão margem ao aparecimento de dois partidos, havendo, portanto, a pluralidade partidária. Essa tendência à multiplicação de partidos, quando exagerada, pode levar a uma excessiva divisão do eleitorado, sendo impossível a qualquer partido obter sozinho o governo, donde resulta a necessidade de acordos eleitorais e de outros artifícios destinados a compor maiorias, quase sempre em dano de interesse público. Por tal razão, já se vai tornando comum a exigência de um número mínimo de votos para que o partido eleja representantes. Os partidos menores podem continuar existindo e disputando eleições, mas só terão representantes se comprovarem estar representando uma porcentagem mínima dos eleitores. Dessa forma se preserva a liberdade de opinião e de associação, sem o risco do excessivo fracionamento.

Quanto ao *âmbito de atuação* dos partidos, encontram-se as seguintes espécies:

Partidos de *vocação universal*, quando pretendem atuar além das fronteiras dos Estados, baseando-se a solidariedade entre seus membros numa teoria política de caráter universal. Nesses casos, embora aparentemente limitados a um Estado, para se adaptarem a exigências legais, os partidos atuam em estreita relação com os congêneres de outros Estados, havendo unidade não só quanto aos princípios, mas também quanto aos métodos de ação.

Partidos *nacionais* (a designação é defeituosa, porque decorre da confusão entre Estado e nação, mas é tradicional e convém mantê-la para evitar dificuldades de linguagem), quando têm adeptos em número considerável em todo o território do Estado. Não é necessário que haja a distribuição uniforme do eleitorado por todo o território do Estado, podendo ocorrer, como no caso norte-americano, que determinado partido seja fortemente predominante em algumas regiões e pouco expressivo em outras. O que importa é que a soma de seus eleitores e a sua presença em todos os pontos do Estado confiram-lhe expressão nacional.

Partidos *regionais* são aqueles cujo âmbito de atuação se limita a determinada região do Estado, satisfazendo-se os seus líderes e adeptos com a conquista do poder político nessa região.

Partidos *locais* são os de âmbito municipal, que orientam sua atuação exclusivamente por interesses locais, em função dos quais almejam a obtenção do poder político municipal.

87. A crítica aos partidos políticos, que envolve a crítica à própria representação política, tem indicado aspectos favoráveis e negativos. A favor dos partidos argumenta-se com a necessidade e as vantagens do agrupamento das opiniões convergentes, criando-se uma força grupal capaz de superar obstáculos e de conquistar o poder político, fazendo prevalecer no Estado a vontade social preponderante. Além dessa necessidade para tornar possível o acesso ao poder, o agrupamento em partidos facilita a identificação das correntes de opinião e de sua receptividade pelo meio social, servindo para orientar o povo e os próprios governantes.

Contra a representação política, argumenta-se que o povo, mesmo quando o nível geral de cultura é razoavelmente elevado, não tem condições para se orientar em função de ideias e não se sensibiliza por debates em torno de opções abstratas. Assim sendo, no momento de votar são os interesses que determinam o comportamento do eleitorado, ficando em plano secundário a identificação do partido com determinadas ideias políticas. A par disso, os partidos são acusados de se ter convertido em meros instrumentos para a conquista do poder, uma vez que raramente a atuação de seus membros condiz fielmente com os ideais enunciados no programa partidário. Dessa forma, os partidos, em lugar de orientarem o povo, tiram-lhe a capacidade de seleção, pois os eleitores são obrigados a escolher entre os candidatos apontados pelos partidos, e isto é feito em função do grupo dominante em cada partido. Este aspecto levou ROBERT MICHELS a concluir que há uma *tendência oligárquica* na democracia, por considerar inevitável essa predominância de grupos.

Em conclusão, pode-se dizer que os partidos políticos poderão ser úteis, apresentando mais aspectos positivos que negativos, desde que sejam autênticos, formados espontaneamente e com a possibilidade de atuar livremente. Neste caso, podem exercer uma função de extraordinária relevância, *preparando alternativas políticas,* sendo oportuno lembrar que a existência dessas alternativas é indispensável para a caracterização do Estado Democrático.

Bibliografia

MAURICE DUVERGER, *Les Partis Politiques,* Libr. Armand Colin, Paris, 1951; *Sociologie Politique,* Presses Universitaires de France, Paris, 1966; MANOEL GONÇALVES FERREIRA FILHO, *Os Partidos Políticos nas Constituições Democráticas,* Ed. RBEP, Belo Horizonte, 1966; DAVID HUME, *Ensaios Políticos,* Ed. Ibrasa, São Paulo, 1963; ROBERT MICHELS, *Les Partis Politiques,* Ed. Ernest Flammarion, Paris, 1914; M. OSTROGORSKI, *La Démocratie et l'Organisation des Partis Politiques,* Ed. Calmann Lévy, Paris, 1903; GEORGES BURDEAU, *Traité de Science Politique,* tomo I, Libr. Générale de Droit et de Jurisprudence, Paris, 1949; MIHAIL MANOILESCO, *Le Parti Unique,* Les Oeuvres Françaises, Paris, 1937; G. E. LAVAU, *Partis Politiques et Réalités Sociales,* Libr. Armand Colin, Paris, 1953; RODOLFO RIVAROLA, *Partidos Políticos,* Buenos Aires, 1905; LÚCIO MANDIETA Y NUÑES, *Los Partidos Políticos,* Universidad Nacional, México, 1947; HUGH A. BONE e AUSTIN RANNEY, *A Política e o Eleitor,* Ed. Presença, Rio de Janeiro, 1966; AFONSO ARINOS DE MELLO FRANCO, *História e Teoria do Partido Político no Direito Constitucional Brasileiro,* Rio de Janeiro, 1948; ALFREDO CECÍLIO LOPES, *A Racionalização dos Partidos Políticos,* São Paulo, 1934; WILLIAM BENNET MUNRO, *The Governments of Europe,* Ed. MacMillan, Nova York, 1945; JAMES MACGREGOR BURNS, *The Deadlock of Democracy,* Ed. John Calder, Londres, 1964; RAYMOND G. GETTEL, *Historia de las Ideas Políticas,* Ed. Nacional, México, 1951; PAULO BONAVIDES, *Ciência Política,* Ed. FGV, Rio de Janeiro, 1967; ORLANDO M. CARVALHO, *A Crise dos Partidos Nacionais,* Ed. Kriterion, Belo Horizonte, 1950; *Ensaios de Sociologia Eleitoral,* Ed. UFMG, Belo Horizonte, 1958.

Representação Profissional, Corporativa e Institucional

88. A descrença na representação política já inspirou várias tentativas de encontro de outra base de representação, visando a assegurar maior autenticidade dos representantes, sobretudo no sentido de serem efetivamente vinculados aos representados. Ao mesmo tempo, pretende-se que o sistema representativo se baseie em fatores sociais espontâneos e significativos, de que os representados realmente participem, evitando-se o artificialismo da representação política, que só uma pequena parcela do povo compreende e que não decorre da realidade social. Das ideias de representação surgidas em substituição à política, podem-se destacar três, que já exerceram influência prática: *representação profissional*, *representação corporativa* e *representação institucional*. Vejamos em que consiste cada uma dessas ideias e qual foi o seu reflexo prático.

Representação Profissional

89. A ideia da representação profissional tem sua fonte mais remota nos movimentos a favor da ascensão política do proletariado, desencadeados na primeira metade do século XIX e intensificados com o desenvolvimento da Revolução Industrial e o agravamento das injustiças sociais que ela determinou. A rigor, não se pretendeu, desde logo, a substituição pura e simples da base de representação, tendo-se feito, isto sim, acusação contra o próprio Estado, responsabilizado pela preservação da ordem injusta e acusado de ser um "instrumento da burguesia para a exploração do proletariado". Assim, era preciso eliminar o Estado, não bastando melhorar os governantes. Entretanto, por influência de inúmeros fatores político-sociais, o movimento proletário se dividiu em várias correntes, uma das quais chegou a propugnar a representação profissional.

Para que se possa compreender o caminho percorrido até o aparecimento dessa ideia, e sua sistematização doutrinária, é preciso ter em conta que o movimento proletário, que teve seus principais pontos de apoio na França e na Inglaterra, nasceu da conjugação do socialismo e do anarquismo. A noção do Estado como inimigo do povo, herança das lutas contra o absolutismo, fez preponderar a rejeição de qualquer intervenção do Estado na ordem social, o que deixou o caminho aberto à atividade das grandes forças econômicas. Isto favoreceu a Revolução Industrial, que, a par de consequências positivas, produziu uma situação social profundamente injusta, com a concentração de grandes massas proletárias, sem nenhuma garantia de salário justo, sem limitação das horas de trabalho e sem qualquer preocupação pela segurança e pela saúde dos trabalhadores. E o Estado se limitava a manter a ordem, o que significava manter as injustiças.

Bem revelador desse estado de coisas é a constatação do que ocorria na França, em relação às tentativas de agrupamento para defesa dos operários. A Lei le Chapelier, de 1791, proibira todas as associações, operárias e patronais, declarando não haver mais corporações no Estado mas somente o *interesse particular de cada indivíduo* e o *interesse geral*. E o Código Penal de 1810 previu o *crime de coligação*, objetivando coibir qualquer tentativa de associação dos operários. Ora, a predominância do interesse particular de cada indivíduo poderia ser uma realidade quando o indivíduo tivesse boa situação econômica e social, mas para os operários, mal remunerados, doentes, constantemente ameaçados pelo desemprego, pelas doenças e pela fome, atuar individualmente em defesa dos interesses de cada um era uma trágica impossibilidade. Daí surgirem tentativas de agrupamento para ação em conjunto. E o governo, que deveria impedir todas as associações, tolerava aquelas que considerava inofensivas e agia violentamente contra as que julgava perigosas e subversivas, incluindo entre estas todas as associações de trabalhadores que visassem à defesa dos interesses da classe e quisessem reivindicar melhores condições de trabalho[124].

Desníveis sociais violentos, situação de miséria sem esperança, ação do Estado contra os trabalhadores, preservando pela força a ordem injusta:

---

124. Vejam-se EDOUARD DOLLÉANS, *Histoire du Mouvement Ouvrier*, pág. 171; PAUL LOUIS, *Histoire du Socialisme en France*, págs. 12 e segs.; DIVA BENEVIDES PINHO, *Sindicalismo e Cooperativismo*, págs. 51 e segs.

tudo isso preparou o terreno para o socialismo e o anarquismo. E a impossibilidade absoluta de ação individual para reagir contra as injustiças preparou o advento do *sindicalismo*.

Enquanto isso tudo se passava na França, na Inglaterra, onde a situação dos trabalhadores não era melhor, havia a possibilidade de agrupamento dos trabalhadores em associações para mútua ajuda e defesa, surgindo em Manchester, por volta de 1830, as *Trade-Unions*, que foram as sementes dos modernos sindicatos. Estimulados pelo exemplo inglês, também os trabalhadores franceses desejaram unir-se, iniciando-se, em 1840, um período de intensas agitações sociais, tendo como objetivo imediato a *organização dos trabalhadores*, pregada principalmente por LOUIS BLANC, que evoluiria para a *organização internacional dos trabalhadores*, como iria ser preconizado no Manifesto Comunista de 1848.

90. A partir de 1848, com a intensificação do movimento proletário — e a multiplicação de associações de trabalhadores, já então aceitas na França, embora reprimidas as suas manifestações mais ostensivas —, surgem também inúmeras divergências entre os sindicalistas, ocorrendo uma bifurcação fundamental. De um lado, o *sindicalismo revolucionário*, radical e intransigente, e, de outro, o *sindicalismo reformista*, aceitando a convivência com o Estado e acreditando na melhoria progressiva das condições dos trabalhadores.

A corrente revolucionária, frequentemente denominada *anarcossindicalismo* por seu fundamento anarquista, considerava inevitável que o Estado fosse um instrumento de classe, e por isso pregava sua destruição. O ponto de vista dos anarcossindicalistas foi muito bem sintetizado por GEORGES SOREL, que assim escrevia em 1906: "Os sindicalistas não propõem a reforma do Estado, como o fizeram os homens do século XVIII; eles querem destruí-lo porque desejam realizar a ideia de Marx de que a revolução socialista não deve culminar na substituição de um governo de minoria pelo de outra minoria". Para SOREL era impossível que houvesse o menor entendimento entre os sindicalistas e os *socialistas oficiais* (que aceitavam o Estado e o desenvolvimento das lutas através de meios legais). Estes, segundo ele, "falam em mandar tudo pelos ares, mas atacam mais os homens no poder do que o próprio poder"[125]. Mas, na realidade, as pró-

---

125. GEORGES SOREL, *Réflexions sur la Violence*, págs. 122 e 124. É erro corrente atribuir-se a SOREL a inspiração do anarcossindicalismo. Na verdade, esse movimento já se delineia claramente nos primeiros anos da segunda metade do século XIX, e a obra revolucionária de SOREL só viria a aparecer nos primeiros anos do

prias condições de vida dos trabalhadores, sobretudo suas deficiências econômicas, não lhes permitiam permanecer em constante atividade revolucionária, promovendo greves, praticando atos de sabotagem e, consequentemente, deixando de receber salários.

Referindo-se ao movimento sindicalista inglês, ATTLEE menciona exemplos de conquista de sindicatos por extremistas, que, recorrendo à política da greve contínua, acabaram arruinando a organização, porque exigiam constantemente de seus membros sacrifícios que só excepcionalmente deveriam exigir[126]. Em consequência, o sindicalismo revolucionário foi perdendo adeptos, até se reduzir a um pequeno número, absolutamente desprovido de meios para atingir seus objetivos.

91. O *sindicalismo reformista*, assim designado pejorativamente pelos anarcossindicalistas, partiu também da premissa de que era indispensável a organização dos trabalhadores para a defesa de seus interesses, não acreditando nos partidos políticos como instrumento eficiente de suas reivindicações. Em geral, atribui-se a ROBERT OWEN a paternidade da ideia e da iniciativa de organizar os operários para a defesa de seus próprios interesses, apontando-se uma ligação direta entre suas iniciativas, no início do século XIX, e as *Trade-Unions* da Inglaterra e dos Estados Unidos da América. OWEN, rico industrial, dizia ser a associação o único meio para *colocar a Sociedade de acordo com a Natureza*, adotando uma teoria que foi chamada de *socialismo associacionista*, com o mérito de ter promovido a organização de seus próprios empregados, entregando-lhes, praticamente, a direção de suas indústrias. Apesar de considerado utópico por várias correntes socialistas, o gesto de OWEN produziu efeitos favoráveis, sobretudo como estímulo à organização.

Em 1830 já apareciam na Inglaterra as *Trade-Unions*, que poucos anos depois seriam organizadas também nos Estados Unidos. Um dos principais líderes sindicalistas norte-americanos, SAMUEL GOMPERS (nascido na Inglaterra e naturalizado norte-americano) faz referências, em sua obra autobiográfica, à formação do sindicalismo norte-americano, em plena expansão a partir de 1860. E descrevendo uma grave crise por que passaram os trabalhadores no ano de 1873, quando então sentiram a impossibilidade prática de recurso permanente às táticas radicais, sobretudo pela ameaça

---

século XX, sendo de 1906 os primeiros artigos que iriam compor sua obra de maior repercussão: *Réflexions sur la Violence*.

126. CLEMENT ATTLEE, *Bases e Fundamentos do Trabalhismo*, pág. 47.

do desemprego, GOMPERS revela o descrédito dos políticos perante os trabalhadores. Em face da situação dramática em que se achavam os operários, programou-se um comício-monstro, para estimular a solidariedade, tendo--se publicado uma circular contendo a seguinte advertência: "Atenção, políticos e demagogos! Fiquem fora disso! Isso é um comício do povo e ele tem plena competência para cuidar de seus interesses para o bem-estar de todos. A política está morta, compareçam ao seu enterro"[127].

As organizações de trabalhadores, para cuidarem da defesa de seus direitos e da promoção de seus interesses por meios legais, foram ganhando incentivo, e a França, através da Lei Waldeck-Rousseau, de 21 de março de 1884, concedeu personalidade jurídica aos sindicatos operários e patronais. Conquistada a liberdade de sindicalização, surgiu a preocupação de ampliar o papel das organizações de trabalhadores, fixando-lhes um campo próprio e exclusivo de atuação, de maneira que, existindo paralelamente ao Estado, as associações profissionais não dependessem dele para a promoção dos interesses específicos dos trabalhadores.

Com a intenção de oferecer a base teórica a essa organização social, PAUL-BONCOUR publica, no ano de 1900, "Le Fédéralisme Économique", com prefácio de WALDECK-ROUSSEAU, autor da lei que assegurava a liberdade de associação profissional. Partindo da consideração de que a sociedade se compõe de uma infinidade de agrupamentos sociais, chega PAUL--BONCOUR à conclusão de que dentre estes devem ser ressaltados os *agrupamentos profissionais*, "talvez os mais importantes de todos". Em relação a esses grupos, considera o Estado exterior e excessivamente mecânico, caracterizando-se por sua uniformidade e rigidez. Ora, sendo os fenômenos econômicos e sociais eminentemente complexos e mutáveis, reclamam organismos providos de força espontânea e interna, distinguindo-se pela variedade e flexibilidade de seus procedimentos. Quer PAUL--BONCOUR que se reconheça a existência de uma *soberania econômica*, ao lado da *soberania territorial* que pertence ao Estado.

Mas, assim como neste a soberania pertence ao todo, exercendo-se pela vontade da maioria, também a soberania econômica não pode pertencer a um grupo profissional ou a grupos que não levem à preponderância da vontade da maioria. Por tal razão os grupos profissionais devem ser coordenados, compondo na sua totalidade a *Federação Econômica*. A base

---

127. SAMUEL GOMPERS, *Sindicalismo e Trabalhismo nos Estados Unidos da América*, pág. 83.

desta Federação são os grupos profissionais, cada um dotado de soberania própria, com autonomia por grupo profissional especializado e por região. E, como ao lado dos interesses específicos de cada grupo há muitos outros que são comuns a todos, procede-se ao agrupamento dos próprios grupos, chegando-se a uma soberania regional, reunindo os que exercem profissões semelhantes. Finalmente, a coordenação de todos os grupos regionais comporá a Federação Econômica, dotada de soberania econômica.

Esta constituição econômica implica relações especiais entre os indivíduos, os agrupamentos e o Estado. Cada soberania de que se compõe o federalismo econômico não representa senão interesses particulares, interesses econômicos especiais para cada grupo. E seu próprio conjunto, o federalismo, por mais desenvolvido que se possa supor, não representará mais do que um conjunto de interesses econômicos, portanto, interesses especiais. E esse particularismo tem, justamente, por finalidade não permitir que participem da soberania senão os indivíduos verdadeiramente reunidos pela comunidade de interesses e pela solidariedade real que necessita daquela soberania. Para dar efetividade à soberania os grupos profissionais devem ser dotados de *poder legislativo e poder executivo*, elaborando suas próprias normas, sempre relativas aos interesses profissionais, e dispondo de meios para impô-las à observância dos destinatários.

92. Embora tenha crescido a importância e a autoridade das organizações profissionais, inclusive com o reconhecimento de certo *poder normativo*, como ocorre com as convenções coletivas de trabalho, que são celebradas entre sindicatos e cuja obediência é assegurada pelo Estado, evidentemente não se caminhou para a realização da Federação Econômica.

Entre as críticas feitas à ideia da representação profissional para cuidar dos interesses dos trabalhadores, encontram-se as seguintes:

a) Não é possível estabelecer-se a nítida separação entre o que é ou não de interesse profissional. Como se tem reconhecido, há uma série de atividades não diretamente relacionadas com o trabalho mas que exercem grande influência sobre ele. Assim, para mencionar alguns dos exemplos mais expressivos, ocorre com a própria recreação dos trabalhadores, com sua educação, transporte, e muitas outras atividades, chegando-se, então, à conclusão de que quase tudo deveria ser entregue à Federação Econômica, restando sempre a impossibilidade de se fixarem claramente suas competências e as do Estado.

b) O número de profissões é muito grande e extremamente variável, surgindo novas profissões a cada dia que passa. Embora modernamente se faça o agrupamento das profissões, através do enquadramento sindical, esse agrupamento é arbitrário e obriga, muitas vezes, a manter no mesmo conjunto atividades com interesses diversos. Os problemas que já existem, em decorrência das imperfeições do enquadramento sindical, seriam terrivelmente aumentados com a grande ampliação dos poderes das organizações profissionais.

c) Há muitos interesses econômicos que não podem ser qualificados como interesses profissionais, surgindo aqui a dificuldade de se saber quem cuidaria dos assuntos a eles relacionados. Sendo interesses *econômicos* deveriam ficar sujeitos à soberania econômica ou à territorial? Não sendo interesses profissionais, deveriam assim mesmo sujeitar-se ao poder normativo e executivo dos grupos profissionais? Nenhuma resposta a essas indagações seria satisfatória, uma vez que há uma contradição insuperável.

d) A amplitude dos assuntos que ficariam a cargo dos grupos profissionais exigiria que os representantes fossem indivíduos de sensibilidade e visão para o encaminhamento de problemas gerais. Em última análise, o bom representante só poderia ser um bom político, o que faria com que se recaísse novamente na representação política, como, aliás, já se verifica na direção dos sindicatos.

Por todas essas impossibilidades práticas, a ideia da representação profissional não prosperou, não obstante haver produzido alguns resultados bastante positivos. Entre estes se inclui justamente o reconhecimento do poder normativo às organizações sindicais, além de se ter ampliado largamente sua possibilidade legal e sua capacidade de fato de promover atividades associativas. Por último, o sindicalismo exerceu influência sobre as organizações políticas, ou tornando imperativa a consideração dos interesses dos trabalhadores nas assembleias políticas e nos programas partidários, ou indo bem mais longe do que isso, inspirando a constituição dos Partidos Trabalhistas, que são um produto direto das atividades sindicalistas.

Representação Corporativa

93. Opondo-se radicalmente à representação política e considerando ultrapassados os partidos políticos, embora reconhecendo que eles foram de alguma utilidade no século XIX, surgiu a doutrina da *Representação Corporativa*. Na base do corporativismo está a noção orgânica da sociedade e do Estado. Segundo os corporativistas, a coletividade se reparte, por força do princípio da divisão do trabalho, em diferentes categorias de indivíduos, que exercem funções sociais bem determinadas. Essas categorias funcionais chamam-se *corporações*.

As corporações, de acordo com o que expõe Manoilesco, um dos defensores mais exaltados do corporativismo, apresentam duas características fundamentais: *a*) são órgãos *naturais*, por meio dos quais a vida do Estado se manifesta; *b*) sendo órgãos naturais, que brotam da própria vida social, não são apenas econômicas. Ao lado das corporações econômicas existem as sociais e as culturais, como a Igreja, o Exército, a magistratura, a corporação da educação nacional, da saúde pública, das ciências e das artes.

O exame atento das principais obras dos defensores do corporativismo revela, de um lado, uma imprecisão muito grande, com a afirmação de pressupostos hipotéticos como se fossem fatos comprovados, e, de outro, uma profunda contradição, pois, ao mesmo tempo que eles afirmam o caráter natural das corporações, dão um papel nitidamente superior ao Estado. Aliás, é oportuno assinalar que o corporativismo, longe de se opor à existência do Estado ou à sua autoridade, coloca-se em plano oposto, dando imensos poderes ao Estado Corporativo. Assim é que o mesmo Manoilesco, tratando da organização das corporações e de seu relacionamento com o Estado, se manifesta: "Reconhecendo às instituições orgânicas, tais como a Igreja, o Exército e o ensino, o caráter de preexistência sobre o próprio Estado, a doutrina corporativa não pode conceder a este último a autoridade moral e jurídica de renovar os princípios básicos desses organismos, *desde que a necessidade funcional não o imponha diretamente*"[128]. Em outras palavras, desde que o Estado entenda que há necessidade funcional, pode determinar a renovação dos princípios básicos dos organismos naturais. Ora, sendo assim, desaparece o caráter natural das corporações, uma vez que elas poderão ser, a qualquer momento, moldadas pelo Estado, segundo as conveniências deste.

O corporativismo apresenta, à primeira vista, um caráter científico e adequado à natureza humana, pois se baseia em realidades sociológicas e prevê uma organização que é produto dessas realidades. Entretanto, no momento de proceder à coordenação das corporações os autores se perderam, criando um Estado totalitário, que anula todas as vantagens que pudessem estar contidas nos pressupostos. De fato, além dos aspectos já assinalados, o corporativismo faz a apologia do *programa nacional*, que

---

128. Mihail Manoilesco, *O Século do Corporativismo*, pág. 147. Manoilesco, Professor de Economia Política de Bucareste, exerceu grande influência sobre o corporativismo italiano, havendo em sua obra várias referências entusiásticas ao fascismo e à personalidade de Mussolini. Por aqui se vê que o Estado totalitário italiano não foi uma deformação do corporativismo, mas estava implícito nele.

absorve todas as atividades exercidas no Estado. "Esse programa, que não pode ser concebido ou executado senão em um regime de continuidade nacional, é o sinal mais característico do Estado, chamando a si funções políticas superiores, de acordo com os imperativos"[129]. Como fica evidente, a teoria da representação corporativa, além de confusa e contraditória, é essencialmente antidemocrática, o que é suficiente para justificar seu efêmero sucesso e seu abandono.

A impossibilidade de construção democrática da representação corporativa, já demonstrada na experiência italiana, teve comprovação no Estado Corporativo português, onde coexistiram uma Assembleia Nacional, de base política, e uma Câmara Corporativa. Quanto a esta, eis o que revela o depoimento autorizado de MARCELLO CAETANO: "Em nossa opinião os conselhos das corporações deviam mesmo só ter existência e funcionar na Câmara, único modo de escaparem à dependência da administração pública e à equiparação a órgãos de qualquer ministério. Não foi, porém, essa a orientação que vingou na Lei nº 2.086, de 22 de agosto de 1956 (Estatuto das Corporações), embora tenha ficado assente que as corporações, pessoas coletivas de direito público, têm existência por si, sem integração nem subordinação à administração pública"[130]. Também no Brasil, quando se introduziu a representação corporativa ao lado da política, em 1934, o resultado foi esse, fazendo com que aquela representação fosse, na verdade, mero apêndice do Poder Executivo, sem nenhum caráter representativo.

Em conclusão, a proposta de representação corporativa não significou a demonstração da viabilidade de um sistema que fosse superior ao de representação política sob qualquer aspecto, não tendo também dado qualquer contribuição para o aperfeiçoamento da democracia representativa.

Representação Institucional

94. Uma terceira tentativa de substituir a representação política por outra mais autêntica e que reflita, verdadeiramente, a vontade popular é decorrência da Teoria da Instituição, podendo, por isso, ser designada como *Representação Institucional*. A denominação é nova, não constando que tenha sido já utilizada para qualificar um tipo novo de representação que

---

129. *Idem*, pág. 92.

130. MARCELLO CAETANO, *Manual de Ciência Política e Direito Constitucional*, págs. 515 e 516.

substitua a de base política. Na realidade, porém, esse novo tipo de representação já foi aventado e está sendo aplicado com êxito, sendo perfeitamente adequado chamá-lo de *representação institucional*.

Para evitar eventuais confusões terminológicas é necessário, antes de tudo, esclarecer-se que a expressão *representação institucional* já tem sido usada em vários outros sentidos. Assim CHIARELLI, estudando o Estado Corporativo, menciona a possibilidade da representação institucional de uma categoria profissional, esclarecendo que ela "consiste numa situação jurídica que determina, nos entes legalmente reconhecidos e institucionalmente investidos da tutela dos interesses de categoria, a capacidade de ser sujeito de relações jurídicas, tendo eficácia obrigatória para os titulares dos interesses representados"[131]. Na concepção de PANUNZIO tem-se a representação institucional "quando o representante é um ente, não um indivíduo"[132]. Numa visão mais avançada de instituição, fortemente influenciado por MAURICE HAURIOU, ZANGARA diz que "há representação institucional quando o vínculo representativo não é constituído pela vontade do representado, nem pela lei, mas nasce, *ipso facto* e *ipso jure*, das relações necessárias que se estabelecem para o surgimento no próprio ato do nascimento de uma instituição (e particularmente de uma pessoa jurídica)"[133].

Como se vê, todas essas noções têm aplicação mais restrita, não chegando a se aproximar da hipótese de uma representação institucional para compor o governo do Estado.

95. A *representação institucional* pode ser explicada tomando-se como ponto de partida o conceito de *instituição* de HAURIOU, que a concebe como "ideia de empresa que se realiza e dura num meio social". Assim, pois, tem-se a ideia de algo a realizar, de um valor a atingir, que conseguiu realizar-se e continuar existindo num meio social. Essa ideia de empresa pode referir-se a qualquer objetivo social, podendo ser uma ordem ou algum interesse específico de um grupo social. Dessa maneira, podem-se ter instituições decorrentes da aceitação de teorias políticas, que preconizem certa forma de convivência ou determinada orientação nas relações de produção. Quando essas ideias passam do plano teórico para o da realidade, e adquirem condições de duração no meio social, estão institucionalizadas. Neste

---

131. GIUSEPPE CHIARELLI, *Lo Stato Corporativo*, págs. 173 e 174.

132. SERGIO PANUNZIO, *Contributo all'exame dei problemi relativi all'istituzione della Camera dei fasci e delle corporazioni*, pág. 189.

133. VINCENZO ZANGARA, *La Rappresentanza Istituzionale*, pág. 285.

sentido, pode-se dizer que os partidos políticos lutam para que seus ideais se convertam em instituições. Por outro lado, se o objetivo visado pelo grupo social for a realização de condições que favoreçam determinados interesses, e se esse objetivo for alcançado e permanecer, tem-se também a institucionalização dele.

Ora, assim sendo, o que fica evidente é que no conceito de *representação institucional* estão incluídas a representação *de ideias* e a representação *de interesses*. Compreende-se aí a representação política, a profissional e até mesmo a corporativa, com uma amplitude ainda maior. Tenha-se em conta, entretanto, que o mesmo indivíduo, que num determinado momento aspira a certo objetivo primordial, não deixa de ter outros objetivos concomitantes. Assim, se alguém deseja mais intensamente melhores condições de trabalho para sua categoria profissional, tem, ao mesmo tempo, aspirações e necessidades quanto à forma de governo, às relações familiares, à obtenção de bens de consumo, e muitas outras coisas que afetam a vida social. Disso decorre que não será necessário pensar-se num órgão alheio às instituições para coordená-las, pois os próprios indivíduos que deram causa a que uma instituição surgisse têm ideias e aspirações a respeito da coordenação. E os interesses do Estado são exatamente os interesses superiores das instituições e dos indivíduos que lhes deram causa.

Transpondo-se essas ideias para o plano concreto tem-se, em primeiro lugar, que das próprias relações sociais surgem, espontaneamente, as instituições fundamentais do Estado. Definidas as instituições fundamentais, que são aquelas que contam com um número significativo de adeptos, será possível compor-se um órgão local de governo, que pode ter poder legislativo e executivo, onde estejam representadas as instituições. Esses órgãos representativos, agrupados regionalmente, revelarão as instituições desejadas em âmbito regional, as quais, uma vez constituídas, elegerão seus representantes num órgão regional. Finalmente, a reunião dos órgãos regionais revelará as instituições que constituem aspiração de todo o povo do Estado, cabendo a estas escolher os componentes do governo do Estado. Tem-se, portanto, um governo em três níveis, com base institucional, mantendo-se a possibilidade de surgimento de novas instituições sempre que ocorrerem mudanças na realidade social. Note-se que as instituições existentes numa região podem não coincidir com as que existam em outras, o que não traz qualquer inconveniente e aumenta a autenticidade e a eficácia da representação.

Um sistema representativo peculiar, que procurava conjugar a representação profissional com a institucional, foi o que existiu na ex-União

Soviética e que, com algumas adaptações, foi implantado na Iugoslávia. Em ambos os casos a unidade básica de representação era o conselho, que na língua russa se denomina *soviet*, donde a expressão "organização soviética". O que se pretendia com essa forma de representação foi bem sintetizado por KARDELJ, um dos principais teóricos do sistema iugoslavo: "o conceito de *órgão representativo* iugoslavo é diferente do tradicional, fundando-se em organizações que representam o povo com base nas relações de produção e de trabalho, e na progressiva satisfação cotidiana das aspirações e dos interesses humanos"[134].

Para realização desse objetivo foi criado um Conselho Comunal, eleito diretamente pelos cidadãos, e um Conselho das Comunidades de Trabalho, eleito pelos trabalhadores. Esses dois órgãos compunham a Assembleia Comunal, que elegeria os membros da Assembleia Distrital. Cada República da federação iugoslava tinha uma Assembleia. Aplicando o princípio soviético intitulado "centralismo democrático", havia no topo uma Assembleia Federal, composta pelo Conselho Federal, representativo dos cidadãos das comunas e das Repúblicas, e pelos Conselhos Econômico, de Educação e Cultura, de Assuntos Sociais e Saúde, e ainda um Conselho Político-Organizacional. Como se vê, buscava-se a representação com base nos interesses fundamentais do povo e não apenas nas relações de trabalho.

No caso da ex-União Soviética pode-se dizer que havia, ao mesmo tempo, representação profissional, institucional e política, pois o Partido Comunista tinha participação nas decisões tomadas em âmbito local, regional e nacional. Muitos analistas do sistema soviético consideram que o ponto falho foi precisamente a excessiva interferência do Partido, que acabou criando uma casta privilegiada e prepotente, que praticamente anulou a autenticidade e independência dos conselhos. De qualquer modo, vale a pena conhecer essas experiências, que apontaram para novas formas de representação, que, se bem utilizadas, poderiam superar as deficiências da representação exclusivamente política.

96. Aí estão as ideias de representação aventadas para substituir a representação política, baseada no sistema de partidos. Estes, na realidade, têm falhado em seus objetivos, além de constituírem, quase sem exceção, instrumentos de grupos. Entre as ideias novas que será preciso aceitar, para que se chegue ao Estado Democrático autêntico e eficaz, talvez esteja a da

---

134. EDVARD KARDELJ, *Principios del anteproyeto de la nueva Constitución de la República Socialista Federalista de Yugoslavia*.

superação dos partidos, vislumbrando-se já a *representação institucional* como a mais apta a corresponder às novas exigências da realidade.

Bibliografia

CLEMENT ATTLEE, *Bases e Fundamentos do Trabalhismo*, Ed. A Noite, Rio de Janeiro, s/d; SAMUEL GOMPERS, *Sindicalismo e Trabalhismo nos Estados Unidos da América*, Ed. Presença, Rio de Janeiro, s/d; DIVA BENEVIDES PINHO, *Sindicalismo e Cooperativismo*, Instituto Cultural do Trabalho, São Paulo, 1964; J. PAUL-BONCOUR, *Le Fédéralisme Économique*, Felix Alcan Éditeur, Paris, 1900; ROBERT BOTHÉREAU, *Histoire du Syndicalisme Français*, Presses Universitaires de France, Paris, 1946; PIOTR KROPOTKIN, *Em Torno de uma Vida*, Ed. José Olympio, Rio de Janeiro, 1946; J. B. DUROSELLE, *Les Débuts du Catholicisme Social en France*, Presses Universitaires de France, Paris, 1951; PAUL LOUIS, *Histoire du Socialisme en France*, Libr. Marcel Rivière, Paris, 1950; EDOUARD DOLLÉANS, *Histoire du Mouvement Ouvrier*, Libr. Armand Colin, Paris, 1953; GEORGES SOREL, *Réflexions sur la Violence*, Libr. Marcel Rivière, Paris, 1919; GIUSEPPE CHIARELLI, *Lo Stato Corporativo*, Cedam, Pádua, 1936; MIHAIL MANOILESCO, *O Século do Corporativismo*, Ed. José Olympio, Rio de Janeiro, 1933; MARCELLO CAETANO, *Manual de Ciência Política e Direito Constitucional*, Coimbra Editora, Lisboa, 1963; MIGUEL REALE, *Teoria do Direito e do Estado*, 2ª ed., Ed. Martins, São Paulo, 1960; GOFFREDO TELLES JR., *A Criação do Direito*, vol. II, São Paulo, 1953; MAURICE HAURIOU, "Aux Sources du Droit", in *Cahiers de la Nouvelle Journée*, nº 23, Libr. Blond & Gay, Paris, 1933; ANDRÉ HAURIOU, *Droit Constitutionnel et Institutions Politiques*, Éd. Montchrétien, Paris, 1966; SAHID MALUF, *Curso de Direito Constitucional*, 1º vol., Ed. Sugestões Literárias, São Paulo, 1969; VÁRIOS AUTORES, *Democracia Socialista na Iugoslávia*, Ed. da Revista Mensal Iugoslava, Belgrado, s/d; VINCENZO ZANGARA, *La Rappresentanza Istituzionale*, Cedam, Pádua, 1952; SERGIO PANUNZIO, *Contributo all'Exame dei Problemi Relativi all'Istituzione della Camera dei Fasci e delle Corporazioni*, Florença, 1937; EDVARD KARDELJ, *Principios del Anteproyeto de la Nueva Constitución de la República Socialista Federalista de Yugoslavia*, Ed. Yugoslavia, Belgrado, 1962.

O Sufrágio

97. O governo do Estado, mesmo quando se afirme um *governo de ideias*, não deixa de ser necessariamente um governo de homens. No Estado Democrático um dos fundamentos é a supremacia da vontade popular, assegurando-se ao povo o autogoverno. Entretanto, pela impossibilidade prática de confiar ao povo a prática direta dos atos de governo, é indispensável proceder-se à escolha dos que irão praticar tais atos em nome do povo. Vários foram os critérios utilizados através dos tempos para a escolha de governantes, desde o critério da força física, usado nas sociedades primitivas, confiando-se o governo ao que se mostrasse fisicamente mais apto, até outros critérios, como o de sorteio, o de sucessão hereditária e, finalmente, o de *eleição*, que é o característico do Estado Democrático. Por mais imperfeito que seja o sistema eleitoral, a escolha por eleição é a que mais se aproxima da expressão direta da vontade popular, além do que é sempre mais justo que os próprios governados escolham livremente os que irão governá-los. Tendo em vista, por outro lado, que a designação dos governantes é indispensável para a própria sobrevivência do Estado, e que se confia ao povo essa atribuição, chega-se à conclusão de que o povo, quando atua como corpo eleitoral, é um verdadeiro órgão do Estado.

A constatação desses dois aspectos, ou seja, de que o povo deve ter a possibilidade de escolher seus governantes e de que tal escolha corresponde a uma necessidade do Estado, suscitou uma polêmica em torno da natureza do voto, ou *sufrágio*, sustentando uns que se trata de um *direito*, enquanto, para outros, existe apenas uma *função*, havendo ainda quem preferisse ver no sufrágio apenas a expressão de um *dever* eleitoral. A opinião absolutamente predominante é a de que se trata de um direito e de uma função, concomitantemente. Com efeito, se existe o pressuposto de que no Estado Democrático o povo deve ter assegurada a possibilidade de autogoverno, e reconhecendo-se a impraticabilidade do governo direto, só é possível conciliar esses dois aspectos concedendo-se ao povo o direito de escolher seus governantes. E como o direito de sufrágio, que cabe ao indivíduo, se exerce na esfera pública para a consecução de fins públicos, tem-se que ele configura um *direito público subjetivo*. Por outro lado, como é necessária a escolha de governantes para que se complete a formação da vontade do Estado e tenha meios de expressão, não há dúvida de que o sufrágio corresponde também a uma *função social*, o que justifica sua imposição como um dever[135].

98. Como é evidente, a possibilidade de exercer o direito de votar, que é o direito político fundamental, implica séria responsabilidade, pois a experiência já tem demonstrado amplamente que uma escolha inadequada pode ser desastrosa para o Estado e, em última análise, para o próprio povo. Assim, pois, coloca-se o problema da extensão do direito de sufrágio, havendo duas posições básicas: a que defende o *sufrágio universal* e a adepta do *sufrágio restrito*.

A conquista do sufrágio universal foi um dos objetivos da Revolução Francesa e constou dos programas de todos os movimentos políticos do século XIX, que se desencadearam em busca da democratização do Estado. Atualmente é fórmula consagrada nas Constituições a afirmação de que o voto é universal. É necessário, porém, ter-se em conta que a expressão *universal* não tem, na realidade, o alcance que o termo sugere. Na verdade, quando se buscou, na França do século XVIII, a afirmação do sufrágio universal, o que se pretendia era abrir caminho para a participação política dos que, não sendo nobres, não tinham qualquer posição assegurada por direito de nascimento. Como bem observou Darcy Azambuja, os legisladores da Revolução Francesa foram contraditórios, pois, ao mesmo tempo que sustentavam a igualdade de todos, admitiam que a sociedade deveria ser dirigida pelos mais sensatos, mais inteligentes, pelos melhores, que compõem, segundo se admitiu, a elite social. E para identificação dessa elite foi apontado um duplo critério: o econômico, afirmando-se como mais capazes os que possuíssem bens de fortuna; e o intelectual, considerando-se mais capazes os que tivessem mais instrução[136]. Além disso, foi excluída

---

135. A caracterização do sufrágio como direito e função foi fixada por Santi Romano em magistral estudo sobre os direitos públicos subjetivos, intitulado "La Teoria dei Diritti Pubblici Subbiettivi", in *Primo Trattato Completo di Diritto Amministrativo Italiano*, organizado por V. E. Orlando, vol. I, págs. 110 a 220.

136. Darcy Azambuja, *Teoria Geral do Estado*, pág. 336.

a participação das mulheres, independentemente das condições de fortuna e instrução. Não há dúvida de que, na realidade, o que se introduziu foi o *sufrágio restrito*, com a eliminação dos privilégios da nobreza, o que constituiu um avanço mas ficou bem distante do sufrágio universal.

99. Um exame das restrições ao direito de sufrágio demonstrará as tendências relativas à concessão da *cidadania ativa*. Em princípio, todo cidadão deve ter o direito de participar da escolha de seus governantes, mas, por vários motivos, alguns geralmente considerados justos e outros reconhecidamente alegados em atitude conservadora ou em defesa de privilégios, todas as Constituições estabelecem algumas restrições. Façamos a enumeração e a análise das mais frequentes.

Por motivo de idade. É pacífico o reconhecimento de que o indivíduo só adquire maturidade suficiente para agir conscientemente na vida pública depois de certa idade. Não existe ainda um consenso unânime quanto ao limite mínimo de idade para aquisição do direito de sufrágio, havendo, no entanto, uma tendência que se vai generalizando no sentido de fixar em dezoito anos essa idade-limite.

Por motivo de ordem econômica. As restrições de base econômica, que ainda contam com alguns adeptos, já figuraram expressamente nas legislações, tendo sido aos poucos eliminadas e chegando em muitos casos a ser até proibidas, num reconhecimento de que elas atentam contra a igualdade jurídica dos indivíduos. Os defensores dessas restrições valiam-se, principalmente, dos seguintes argumentos: *a)* as pessoas dotadas de melhor situação econômica, sobretudo os proprietários de bens imóveis, têm mais interesse na escolha de um bom governo, para a melhor proteção de seus bens; *b)* essas pessoas são mais preocupadas com a ordem, porque têm uma situação social que desejam preservar, e por isso são mais cuidadosas na escolha do governo; *c)* os proprietários são os que pagam impostos e por isso têm mais direito à escolha dos que irão utilizar os recursos públicos; *d)* sendo mais bem dotados economicamente, e não precisando trabalhar muitas horas por dia para seu sustento, os proprietários dispõem de mais tempo para acompanhar os assuntos políticos e, consequentemente, estão mais preparados para escolher governantes.

Todos esses argumentos foram sendo paulatinamente eliminados pela experiência, ficando evidente que a condição de proprietário nada tem que ver com o interesse e o preparo para o exercício do direito de votar, não restando sequer o argumento do pagamento de tributos, uma vez que os rendimentos do trabalho passaram a ser tributados, bem como qualquer atividade de consumo. Assim, pois, desapareceram as restrições econômicas diretas, restando, todavia, as restrições indiretas, representadas pela utilização de meios econômicos para viciar a vontade do eleitor.

Por motivo de sexo. Como já foi mencionado, ao ser introduzido o sufrágio universal, não foi concebido o direito de voto às mulheres. A conquista desse direito pelas mulheres demandou um longo tempo, durante o qual muitas lutas foram travadas, desenvolvendo-se intensas campanhas e realizando-se demonstrações públicas tendentes a obter a concessão do direito. Em 1869, no Estado norte-americano de Wyoming, pela primeira vez se concedeu o direito de sufrágio às mulheres, mas bem reduzido foi o avanço no século XIX, sendo interessante notar que, mesmo nos Estados Unidos, só em 1920 a Constituição proibiu a restrição aos direitos políticos por motivo de sexo. Neste século, entretanto, generalizou-se o reconhecimento de igualdade dos sexos quanto aos direitos políticos, tendo-se verificado em 1956, por um levantamento feito pela ONU, que apenas onze Estados ainda negavam o direito de sufrágio às mulheres. Desses, alguns já o concederam, sendo atualmente o principado de Liechtenstein o único Estado europeu que faz essa restrição, não passando de meia dúzia o número de Estados que a mantêm no mundo atual[137].

Por deficiência de instrução. Considerando a necessidade de um grau mínimo de instrução para o exercício consciente do direito de sufrágio, é comum fazerem-se exigências a esse respeito. Assim, no tocante às mulheres, muitas legislações concederam-lhes o direito de voto desde que tivessem um grau de escolaridade que não era exigido dos eleitores masculinos. A exigência de comprovação de um mínimo de instrução foi aplicada muitas vezes, até recentemente, em Estados do sul dos Estados Unidos, em relação aos eleitores negros, servindo frequentemente como um meio de burlar a proibição constitucional de discriminação racial. Para os países de menor nível de desenvolvimento econômico, geralmente apresentando uma porcentagem muito elevada de adultos analfabetos, existe o grave problema de permitir ou não que os analfabetos votem. As opiniões a esse respeito estão bastante divididas. De um lado, procura-se justificar a negativa do direito de sufrágio sob a alegação de que os analfabetos, não tendo acesso a jornais, livros e outras fontes escritas de informação, estão despreparados para o exercício de direitos políticos, sendo presa fácil da demagogia. Alega-se

---

137. A Suíça, que era dos Estados mais resistentes à concessão do voto feminino em nível federal, concedeu-o no início de 1971. Na obra *Teoria Geral do Estado*, de ADERSON DE MENEZES, encontra-se, à pág. 314, a indicação do ano em que as mulheres conquistaram o direito de sufrágio em todos os Estados que o haviam concedido até 1955.

também que a proibição de votar será mais um fator de estímulo para que eles procurem alfabetizar-se. Este último argumento contém uma contradição, pois, se eles de fato são inconscientes, e por isso não devem votar, é bem pouco provável que sintam necessidade de votar.

Quanto às fontes de informação, alega-se contra a proibição que, atualmente, sobretudo com o largo uso de rádios de pilha, que levam a informação mesmo durante o período de trabalho e até onde não existe energia elétrica, ficou superado o problema das informações. Em muitos lugares demonstrou-se que os veículos escritos de divulgação não são os de maior penetração, mesmo entre as camadas de maior nível de instrução. O largo uso da televisão como veículo de divulgação de informações políticas ampliou consideravelmente a possibilidade de comunicação com os eleitores sem recurso à leitura. Além disso tudo, e da constatação de que a simples alfabetização não dá esclarecimento nem infunde interesse pelos negócios públicos, argumenta-se que num Estado com grande porcentagem de analfabetismo a exclusão dos analfabetos leva ao governo de minorias. Com efeito, se houver a eliminação prévia de uma parcela considerável dos cidadãos, e considerando-se que o governo será sempre a expressão da vontade de apenas uma parte dos que votam, chega-se à conclusão de que a maioria estará sendo governada pela minoria, o que é contrário aos princípios democráticos.

Além do problema dos analfabetos, e ainda em relação ao grau de instrução, é preciso fazer referência a teorias que têm surgido pretendendo que se conceda um valor maior ao voto das pessoas mais cultas. Contra essa pretensão nota-se, em primeiro lugar, que será impossível a fixação de um critério objetivo para saber quem é culto ou não. A par disso, a experiência tem demonstrado que o maior nível de cultura não significa maior interesse pelos assuntos públicos, melhor discernimento político, e mesmo maior honestidade de propósitos. Mas ainda que não existissem essas barreiras intransponíveis à aceitação da discriminação como justa, um dos fundamentos do Estado Democrático é a igualdade de todos, sobretudo igualdade jurídica e de possibilidades, não havendo como conciliar democracia e discriminação intelectual ou qualquer outra espécie de discriminação.

Por deficiência física ou mental. A exigência de que o eleitor tenha consciência da significação do ato de votar exclui, desde logo, os deficientes mentais. Por outro lado, estando consagrada a exigência de que o voto seja *pessoal* e *secreto*, para assegurar a independência dos eleitores, ficam excluídos aqueles que, por deficiência física, não têm condições para votar obedecendo a essas circunstâncias. Esta última restrição, que ainda se mantém amplamente, poderia ser facilmente reduzida com a utilização de processos especiais de expressão da vontade e de apuração dos votos. E é uma exigência democrática a redução das restrições, para que o maior número possível participe das escolhas.

Por condenação criminal. Aquele que comete um crime e que tem reconhecida sua responsabilidade por sentença judicial, recebendo a imposição de uma pena, deve ter suspensos os seus direitos políticos enquanto durarem os efeitos da sentença. Isto porque se pressupõe que a pena cominada, tendo por finalidade precípua a reeducação do delinquente, terá sido fixada de acordo com o tempo que se supõe necessário para que se complete o processo reeducativo. Essa restrição é geralmente imposta, sem que se levantem objeções. Mas o que é indispensável ter-se em conta é que só os criminosos condenados judicialmente, em processo normal, com ampla possibilidade de defesa, é que devem sofrer a suspensão dos direitos políticos. A simples suspeita ou acusação, ou mesmo o processo sem condenação, não justificam a medida restritiva.

Na verdade, a cassação dos direitos políticos é uma sanção extremamente grave, significando, numa democracia representativa, verdadeira morte civil, pois o indivíduo privado de tais direitos perde a possibilidade de participar do governo, não tendo como influir sobre a política do Estado e sobre a fixação das regras de comportamento social a que estará sujeito, o que equivale a dizer, em última análise, que em relação a esse indivíduo o Estado deixa de ser democrático. Daí a ponderação de FERREIRA FILHO de que "os fatos que não forem suficientemente graves para ser qualificados como crimes, não o podem ser para excluir a elegibilidade"[138], não o sendo também, com mais razão, para a cassação do direito de votar. Assim sendo, mesmo que se trate de crime político, só se justificam as restrições aos direitos políticos depois de condenação criminal pelo órgão julgador próprio, previsto na Constituição, assegurado ao acusado o direito de plena defesa, sendo antidemocrática qualquer outra restrição.

Por engajamento no serviço militar. A restrição ao direito de voto dos militares, aplicada apenas às praças de pré, situadas no nível mais baixo da hierarquia, visa a impedir que a política penetre nos quartéis, provocando divisões entre os que deverão agir em conjunto e dentro da mais estrita disciplina em qualquer grave emergência. Algumas legislações restringem mais amplamente esses direitos, atingindo os próprios oficiais, o que a maioria dos autores considera exagero.

---

138. MANOEL GONÇALVES FERREIRA FILHO, *Curso de Direito Constitucional*, pág. 212, 1967.

100. Aí estão os principais aspectos relacionados com o sufrágio, que é, sem dúvida alguma, um dos pontos fundamentais da democracia representativa. Quanto à extensão do direito de votar, podem-se fixar dois princípios orientadores, que sintetizam as considerações a respeito das restrições:

a) O eleitor deve ter a possibilidade de agir livremente no momento de votar. Se houver qualquer fator de coação, direta ou indireta, viciando a vontade do eleitor, sua manifestação já não será autêntica. E a falta de autenticidade no pronunciamento de muitos eleitores compromete todo o processo eleitoral, retirando-lhe o caráter democrático.

b) O eleitor deve ter consciência da significação de seu ato. Evidentemente, não se há de pretender que qualquer colégio eleitoral se componha só de indivíduos dotados de grande cultura política. Mas o que é razoável pretender é que os eleitores, tendo noções fundamentais da organização do Estado e das competências que atribuem aos eleitos, votem com responsabilidade. Como é óbvio, o simples fato de alguém atender aos requisitos legais para exercer o direito de sufrágio não indica a existência, de fato, de preparo adequado. Cabe aos governos democráticos promover a educação política do eleitorado, através da divulgação sistemática de conhecimentos, por meio de programas escolares, e concedendo ao povo amplas possibilidades de exercício livre dos direitos políticos, aproveitando os efeitos educativos da experiência.

Bibliografia

Domenico Fisichella, *Sviluppo Democratico e Sistemi Elettorali*, Sansoni Editore, Florença, 1970; James MacGregor Burns e Jack Walter Peltason, *Government by the People*, Prentice-Hall, Inc., Englewood Cliffs, Nova Jérsei, 1964; Emmett S. Redford *et alii*, *Politics and Government in the United States*, Harcourt, Brace & World, Inc., Nova York, 1965; Georges Burdeau, *Droit Constitutionnel et Institutions Politiques*, Libr. Générale de Droit et de Jurisprudence, Paris, 1966; Aderson de Menezes, *Teoria Geral do Estado*, Ed. Forense, Rio de Janeiro, 1968; Darcy Azambuja, *Teoria Geral do Estado*, Ed. Globo, Porto Alegre, 1962; Paulo Bonavides, *Ciência Política*, Ed. FGV, Rio de Janeiro, 1967; João Camilo de Oliveira Torres, *Harmonia Política*, Ed. Itatiaia, Belo Horizonte, 1961; Levi Carneiro, *Voto dos Analfabetos*, Ed. Vozes, Petrópolis, 1964; Hugh A. Bone e Austin Ranney, *A Política e o Eleitor*, Ed. Presença, Rio de Janeiro, 1966; Santi Romano, "La Teoria dei Diritti Pubblici Subbiettivi", in *Primo Trattato Completo di Diritto Amministrativo Italiano*, organizado por V. E. Orlando, Società Editrice Libreria, Milão, 1900.

Sistemas Eleitorais

101. A procura de meios eficazes para assegurar a autenticidade eleitoral e a necessidade de atender às características de cada colégio eleitoral têm determinado uma grande variedade de sistemas eleitorais. E a par desses fatores positivos de influência há também fatores negativos, que concorrem para a introdução de inovações visando a adaptar os sistemas às conveniências do grupo dominante. De tudo isso resulta a impossibilidade de um rigoroso enquadramento dos sistemas eleitorais, uma vez que em todos eles se encontram peculiaridades que são causa e consequência de importantes e variados fenômenos políticos.

Não obstante, podem-se indicar em termos bem gerais as espécies de sistemas, analisando-se as características gerais de cada uma, podendo-se começar pela classificação mais frequente, que distingue os sistemas de representação *majoritária* e *proporcional*.

Sistema de Representação Majoritária

Por este sistema, como o próprio nome sugere, só o grupo majoritário é que elege representantes. Não importa o número de partidos, não importando também a amplitude da superioridade eleitoral. Desde que determinado grupo obtenha maioria, ainda que de um único voto, conquista o cargo de governo objeto da disputa eleitoral. Contra o sistema de representação majoritária alega-se que a maioria obtida quase sempre está muito longe de representar a maior parte dos cidadãos. Isso é ainda mais evidente quando são vários os partidos em luta e se concede a representação ao mais votado, podendo, entretanto, ocorrer que o eleito tenha recebido menos votos do que o conjunto dos demais. Um outro argumento, que fere um ponto substancial, é que não se considera justo dar representação apenas à maioria, deixando as minorias sem possibilidade de participação no governo. Respondendo a esta última crítica, sustenta-se que é da essência da democracia o governo pela maioria, sendo importante, isto sim, que não se impeça a organização das minorias e sua possibilidade de se converter em maiorias se os eleitores aceitarem suas ideias. Quanto ao problema da maioria apenas *relativa*, que é inferior à soma dos votos obtidos por todos os demais partidos, inúmeros sistemas procuram resolvê-lo exigindo a *maioria absoluta*, isto é, só se considera eleito aquele que obtém mais da metade dos votos que compõem o colégio eleitoral, ou mais da metade dos votos depositados nas urnas. A experiência com tal sistema demonstrou, porém, que, não raro, nenhum dos candidatos obtém a maioria absoluta se houver mais de dois candidatos. Para superar essa dificuldade criou-se, então, o sistema de *turno duplo*, que consiste numa segunda votação, concorrendo apenas os dois candidatos mais votados na primeira. A mais dura crítica feita a esse sistema é relacionada com a artificialidade da maioria e a sufocação das minorias, pois somente as duas correntes mais numerosas é que podem disputar o governo[139].

O principal argumento usado pelos que defendem o sistema de representação majoritária é que ele define as responsabilidades pela política adotada, criando um vínculo mais estreito entre o representante e os representados, pois sempre se saberá quem foi o responsável por determinada orientação governamental. E o governante, à vista disso, precisa estar atento às aspirações do eleitorado.

Sistema de Representação Proporcional

O problema de mais difícil solução na democracia representativa é o da representação das minorias. Tentando solucioná-lo foi que na Bélgica se introduziu, no ano de 1900, o sistema de *representação proporcional*, que seria acolhido por muitos Estados depois da I Guerra Mundial. Por esse sistema, todos os partidos têm direito a representação, estabelecendo-se

---

139. Observa FISICHELLA que, mesmo quando o segundo turno é livre, ou seja, quando todos os candidatos podem concorrer novamente, o que raramente se dá, ocorre uma redução *de fato*, pois há uma tendência à celebração de alianças que acaba deixando na disputa apenas os dois mais votados (*Sviluppo Democratico e Sistemi Elettorali*, pág. 219).

uma proporção entre o número dos votos recebidos pelo partido e o número de cargos que ele obtém.

Os defensores desse sistema de representação consideram que ele resolve perfeitamente o problema das minorias, pois assegura também aos grupos minoritários a possibilidade de participação no governo. Assim, o sistema de governo será verdadeiramente democrático também em relação a eles, que não ficam sujeitos a ser governados pela maioria, só participando do governo por ficção. Contra o sistema de representação proporcional muitas são as alegações, sendo a principal delas a que o acusa de provocar uma diluição de responsabilidade e uma redução da eficácia do governo. Isto porque, sendo o produto de uma conjugação heterogênea, o governo não é responsável pela manutenção de uma linha política definida, ninguém sendo responsável pela ineficácia da ação governamental. Além disso, como consequência do fato de ser uma unidade heterogênea, de que participam correntes diversas e até opostas, não é possível aplicar-se a orientação integral e uniforme de qualquer partido político, resultando um sistema de governo indefinido e muitas vezes até contraditório em si mesmo e nos seus atos.

A par de todas essas críticas, ainda se adiciona que não foi assegurada efetivamente, pela representação proporcional, a representação das minorias, uma vez que o representante eleito por um grupo minoritário não tem condições para impor ao governo suas ideias e seus princípios. Na realidade, há uma preponderância *de fato* dos grandes partidos, que têm maior número de representantes, resultando disso tudo a completa inautenticidade da representação.

Sistema de Distritos Eleitorais

102. Paralelamente aos debates que se desenvolveram a respeito dos sistemas de representação majoritária e proporcional, há outra acesa polêmica, relativa à conveniência de se adotar o sistema de *distritos eleitorais*. Por esse sistema, o colégio eleitoral é dividido em distritos, devendo o eleitor votar apenas no candidato de seu respectivo distrito. O exame do sistema distrital revela, no entanto, que ele tem sido aplicado de maneiras muito diversas, havendo como único ponto uniforme a proibição de que o eleitor vote em candidato de outro distrito que não o seu.

Um problema que muito cedo teve que ser enfrentado no sistema distrital foi o do número de candidatos a serem eleitos por distrito. Ao lado dele, em estreita correlação, havia o problema de número de votos a ser conferido ao eleitor, se o distrito devesse eleger mais de um candidato. Na

Inglaterra, na primeira metade do século XIX, os distritos elegiam vários candidatos e o eleitor dispunha de *voto múltiplo*, ou seja, podia votar em tantos nomes quantos fossem os cargos a preencher. Na prática, entretanto, o sistema revelava-se complicado, razão pela qual, a partir de 1860, foram feitas experiências de *escrutínio uninominal* em alguns distritos, aplicando--se a fórmula *um eleitor, um voto*. Os resultados foram positivos, e a partir de 1885 este último sistema foi aplicado em todos os distritos. Além disso, foi-se estabelecendo a redução do número de candidatos por distrito, chegando-se à conclusão de que é mais conveniente que haja distritos menores, cada um elegendo o seu candidato, o que se aplica hoje na maioria dos Estados que adotam o sistema distrital. É interessante notar que a fixação de um candidato por distrito solucionou a disputa entre os adeptos da representação majoritária e da proporcional. Com efeito, quando eram vários os candidatos a eleger em cada distrito sempre havia o problema de se conceder ou não representação às minorias. Havendo apenas um candidato a ser eleito é óbvio que só se elege o mais votado, prevalecendo, pois, o critério majoritário. E o perigo de que um candidato se eleja com reduzido número de votos, valendo-se da divisão do eleitorado entre vários partidos, tem sido enfrentado, nos Estados em que isso pode ocorrer, com a exigência de maioria absoluta e a previsão de turno duplo.

Um sistema distrital bastante original é o do Japão, baseado em distritos denominados *médios*, que elegem de três a cinco deputados. Tal sistema de distritos médios foi introduzido durante o regime Meiji, que se transformou em monarquia constitucional em 1889 e durou até 1912, esclarecendo Tadakasu Fukase, professor da Faculdade de Direito da Universidade de Hokkaido, que se procurou com aquele sistema conter o movimento demasiado democrático que resultara da adoção do sistema eleitoral inglês (que já era o de pequenos distritos com escrutínio uninominal num só turno). Adotou-se, então, o sistema de distritos médios, que elegem de três a cinco candidatos, mantendo-se o escrutínio uninominal num só turno. O maior problema passou a ser dos partidos, que devem estudar cuidadosamente se é melhor lançar vários candidatos num distrito, correndo o risco da excessiva dispersão dos votos, ou se é preferível concentrar o seu eleitorado em um ou dois candidatos, garantindo a eleição destes. Na opinião de Fukase, o regime japonês é uma variedade de representação minoritária e, antes de tudo, um sistema prático, fácil de ser entendido, permitindo aos eleitores escolher seu favorito do ponto de vista político e pessoal[140].

---

140. Tadakasu Fukase, "La Récente Évolution du Régime Parlementaire

Muitos são os argumentos favoráveis e contrários ao sistema distrital, estes últimos acarretando a sugestão de novas variantes, visando a aperfeiçoá-lo e neutralizar as críticas. Os que são contrários alegam que o sistema de distritos atende à perpetuação de lideranças locais, ou pelos favores do governo aos seus partidários locais, ou pela consolidação de lideranças tradicionais, invencíveis nos limites do distrito, mas que podem ser derrotadas quando o candidato pode receber votos também fora da área de influência dessas lideranças. Além disso, alega-se que o sistema distrital tende a facilitar a corrupção pelo poder econômico, pois a concentração de recursos num só distrito é muito mais eficaz do que quando é necessário "comprar" os votos, direta ou indiretamente, numa área muito ampla.

Em resposta, os adeptos do sistema distrital ressaltam, antes de mais nada, as vantagens do relacionamento direto do representante com determinado colégio eleitoral restrito. Quando, no sistema de *circunscrição única*, o candidato pode receber votos em todo o Estado, não se sente obrigado para com qualquer local ou região, uma vez que, a não ser em casos excepcionais, seu eleitorado está disperso pelo Estado. E, em contrapartida, não existe um grupo homogêneo de eleitores que tenha condições para exigir do representante que justifique suas posições. Pelo sistema distrital, ao contrário disso, vincula-se o representante a um colégio eleitoral definido, dando-se aos eleitores a possibilidade de fiscalizar permanentemente o comportamento de seu representante. Isso contribui também para reduzir a influência do poder econômico, pois, além de ser limitado, em cada colégio, o número de votos "compráveis", nenhum colégio dará muitas oportunidades a um representante que, embora pródigo em conceder benefícios pessoais, se mostre incapaz de trabalhar pelos interesses gerais. E qualquer outra forma de corrupção eleitoral se torna muito mais fácil de ser percebida e comprovada quando praticada no âmbito reduzido de um distrito.

Por outro lado, ainda como vantagem do sistema distrital, sustenta-se que será mais eficiente o desempenho do representante, que terá a seu favor uma série de circunstâncias. Entre outras coisas, o representante poderá concentrar os seus esforços sobre um menor número de problemas, uma vez que deverá dar maior ênfase ao trabalho em favor de seu respectivo colégio eleitoral. E isto, obviamente, sem deixar de ter participação nos assuntos de interesse geral do Estado, sobre os quais conhecerá melhor o pensamento de seus eleitores, podendo então agir como verdadeiro

---

Japonais", in *Revue du Droit Public et de la Science Politique en France et à l'Étranger*, mai.-juin., 1969, nº 3, págs. 429 e 430.

representante. O próprio eleitorado do distrito, sabendo quem efetivamente o representa, terá interesse em aumentar a eficiência da representação, oferecendo subsídios e sugestões que permitam a elaboração de proposições adequadas e solidamente apoiadas na realidade.

O grande problema a ser enfrentado na adoção do sistema de distrito é o mesmo que torna insatisfatórios todos os demais sistemas: a representação das minorias. Para contornar essa dificuldade há quem pense na adoção de um sistema distrital misto, pelo qual se reservaria um certo número de cargos para serem preenchidos mediante votação de qualquer parte do Estado. Assim, alega-se, uma corrente ideológica que tenha adeptos em número razoável, mas espalhados por todo o Estado, não ficará sem a possibilidade de eleger representante. Contra essa pretensão argumenta-se, em primeiro lugar, com a possibilidade de ampla e intensa divulgação das ideias num determinado distrito, o que permitiria, com relativa facilidade, assegurar a representação da corrente minoritária. Esta se concentraria, em primeiro lugar, num determinado distrito, e depois, valendo-se de uma atuação eficiente de seu representante, teria facilidade para a conquista de novos distritos. Além desse aspecto, argumenta-se que, se a ideia defendida pelo grupo minoritário corresponder, efetivamente, a uma necessidade ou mesmo à conveniência do eleitorado, não encontrará dificuldade para a conquista de novos adeptos, deixando de ser uma expressão de minoria.

103. Esses são os sistemas de mais largo uso e, por isso mesmo, objeto de maiores debates. Como já foi assinalado, há uma infinidade de variedades, ditadas por circunstâncias locais e momentâneas, que não chegam a caracterizar novos sistemas. Assim, por exemplo, ocorre com a adoção das *sublegendas*, permitindo-se que o mesmo partido apresente vários candidatos ao mesmo cargo, contando-se a totalidade dos votos das sublegendas para o partido e considerando-se eleito o seu candidato que tiver sido mais votado. Trata-se apenas de um artifício eleitoral, imposto pelo reconhecimento de que o partido governamental é excessivamente heterogêneo, apresentando divisões internas insuperáveis. Esse sistema anômalo, introduzido no Brasil em 1968, e abolido poucos anos depois, é absolutamente negativo, tirando a autenticidade da representação.

Em síntese, através dos sistemas aqui referidos é que se tem buscado a representação autêntica e verdadeiramente democrática. Como ponto de partida, é importante admitir-se a ideia de que nos Estados que apresentem características regionais altamente diversificadas o sistema eleitoral também deve ser diversificado. Aplicado o sistema adequado a cada região, estará dado o primeiro passo para a obtenção de uma representação autêntica e plenamente responsável, que é uma das exigências básicas da democracia representativa.

Bibliografia

DOMENICO FISICHELLA, *Sviluppo Democratico e Sistemi Elettorali*, Sansoni Editore, Florença, 1970; BARBOSA LIMA SOBRINHO, *Sistemas Eleitorais e Partidos Políticos*, Ed. FGV, 1956; JAMES MACGREGOR BURNS E JACK WALTER PELTASON, *Government by the People*, Prentice-Hall, Inc., Englewood Cliffs, Nova Jérsei, 1964; JOÃO CAMILO DE OLIVEIRA TORRES, *Harmonia Política*, Ed. Itatiaia, Belo Horizonte, 1961; DARCY AZAMBUJA, *Teoria Geral do Estado*, Ed. Globo, Porto Alegre, 1962; ADERSON DE MENEZES, *Teoria Geral do Estado*, Ed. Forense, Rio de Janeiro, 1968; HUCH A. BONE e AUSTIN RANNEY, *A Política e o Eleitor*, Ed. Presença, Rio de Janeiro, 1966; MARCELLO CAETANO, *Manual de Ciência Política e Direito Constitucional*, Coimbra Editora, Lisboa, 1963; ROLAND YOUNG, *O Congresso Americano*, Ed. Forense, Rio de Janeiro, 1966; TADAKASU FUKASE, "La Récente Évolution du Régime Parlementaire Japonais", in *Revue du Droit Public et de la Science Politique en France et à l'Étranger*, nº 3, mai.-juin., Paris, 1969; F. KALINYTCHEV, V. VASSILIEV et alii, *Le Parlement Soviétique*, Moscou, 1967; GEORGES BURDEAU, *Droit Constitutionnel et Institutions Politiques*, Libr. Générale de Droit et de Jurisprudence, Paris, 1966; ORLANDO M. CARVALHO, *Ensaios de Sociologia Eleitoral*, Ed. UFMG, Belo Horizonte, 1958; THEMÍSTOCLES B. CAVALCANTI e outros, *O Voto Distrital no Brasil*, Ed. FGV, Rio de Janeiro, 1975; LUÍS VIRGÍLIO AFONSO DA SILVA, *Sistemas Eleitorais*, São Paulo, Malheiros Ed., 1999.

O Estado Constitucional

104. O Estado Constitucional, no sentido de Estado enquadrado num sistema normativo fundamental, é uma criação moderna, tendo surgido paralelamente ao Estado Democrático e, em parte, sob influência dos mesmos princípios. Os constitucionalistas, que estudam em profundidade o problema da origem das constituições, apontam manifestações esparsas, semelhantes, sob certos aspectos, às que se verificam no Estado Constitucional moderno, em alguns povos da Antiguidade. Assim é que LOEWENSTEIN sustenta que os hebreus foram os primeiros a praticar o constitucionalismo, enquanto ANDRÉ HAURIOU é absolutamente categórico ao afirmar que "o berço do Direito Constitucional se encontra no Mediterrâneo oriental e, mais precisamente, na Grécia", havendo ainda quem dê primazia ao Egito[141]. Entretanto, o próprio HAURIOU fala no "caráter ocidental do Direito Constitucional", explicando, como todos os que admitem o constitucionalismo na Antiguidade, que, com a queda de Roma, houve um *hiato constitucional*, que só iria terminar com o Estado moderno. Em conclusão, pois, o constitucionalismo, assim como a moderna democracia, tem suas raízes no desmoronamento do sistema político medieval, passando por uma fase de evolução que iria culminar no século XVIII, quando surgem os documentos legislativos a que se deu o nome de *Constituição*.

105. Em sentido geral, pode-se dizer que o constitucionalismo moderno tem sua origem mais remota na Idade Média, nas lutas contra o absolutismo, nascendo como expressão formal de princípios e objetivos

---

141. Sobre as manifestações constitucionais na Antiguidade, vejam-se KARL LOEWENSTEIN, *Teoría de la Constitución*, págs. 154 e segs.; ANDRÉ HAURIOU, *Droit Constitutionnel et Institutions Politiques*, págs. 30 e segs.

políticos em 1215, quando os barões da Inglaterra obrigaram o rei João Sem Terra a assinar a Magna Carta, jurando obedecê-la e aceitando a limitação de seus poderes. Depois disso, ainda seriam necessários alguns séculos para que ocorressem avanços substanciais, o que se dará na própria Inglaterra, no século XVII, quando a Revolução Inglesa consagra a supremacia do Parlamento como órgão legislativo. Com isto se chega bem próximo da ideia de que o Estado deve ter "um governo de leis, não de homens".

Finalmente, no século XVIII, conjugam-se vários fatores que iriam determinar o aparecimento das Constituições e infundir-lhes as características fundamentais. Sob influência do jusnaturalismo, amplamente difundido pela obra dos contratualistas, afirma-se a superioridade do indivíduo, dotado de direitos naturais inalienáveis que deveriam receber a proteção do Estado. A par disso, desenvolve-se a luta contra o absolutismo dos monarcas, ganhando grande força os movimentos que preconizavam a limitação dos poderes dos governantes. Por último, ocorre ainda a influência considerável do Iluminismo, que levaria ao extremo a crença na *Razão*, refletindo-se nas relações políticas através da exigência de uma racionalização do poder.

Aí estão os três grandes objetivos, que, conjugados, iriam resultar no constitucionalismo: a afirmação da *supremacia do indivíduo*, a necessidade de *limitação do poder* dos governantes e a crença quase religiosa nas virtudes da razão, apoiando a busca da *racionalização do poder*. Este último objetivo, atuando como um instrumento para criação das condições que permitissem a consecução dos demais, foi claramente manifestado pelos autores que mais de perto influíram na Revolução Francesa. E assim como ocorrera com a ideia de democracia, também a de Constituição teve mais universalidade na França, de lá se expandindo para outras partes do mundo, justamente porque apoiada na razão, que é comum a todos os povos, mais do que em circunstâncias peculiares ao lugar e à época. Com efeito, embora a primeira Constituição escrita tenha sido a do Estado de Virgínia, de 1776, e a primeira posta em prática tenha sido a dos Estados Unidos da América, de 1787, foi a francesa, de 1789/1791, que teve maior repercussão.

Nos Estados Unidos da América também se conjugaram aqueles objetivos fundamentais há pouco referidos, que conformaram o constitucionalismo. Os autores franceses influíram sobre a Revolução Americana, que também aderiu ao culto da razão. Assim, observa CORWIN que, para os americanos, embora muito menos que para os franceses, o período da Constituição foi *uma era de racionalismo*, pelo que se deve entender não uma cega ignorância das lições da experiência, mas a confiança na habilidade da razão, atuando à luz da experiência, para desviar o curso irracional dos acontecimentos para canais benéficos. Ainda segundo CORWIN, a nenhum respeito, naquela época, o homem foi mais senhor de seu destino do que no tocante à habilidade política, parecendo-lhe importante ressaltar que o Estado norte-americano não foi fundado numa era de ignorância e superstição. Ao contrário disso, nasceu numa época em que os direitos do ser humano eram mais bem compreendidos e mais claramente definidos do que em qualquer outro período[142]. Não há dúvida, portanto, de que estiveram presentes os mesmos fatores de influência que determinaram a conformação básica do constitucionalismo francês, embora neste tenha sido mais acentuado o caráter racionalista, que lhe infundiu universalidade.

106. Pelos próprios objetivos fundamentais propostos é fácil perceber que o constitucionalismo teve, quase sempre, um caráter revolucionário. Com efeito, a limitação dos poderes dos monarcas sempre se faria, como de fato ocorreu, contra a vontade destes, e se eles aceitaram as restrições isto deveu-se às fortes pressões exercidas pelas novas classes políticas, sobretudo pela burguesia. E, como é evidente, as mesmas forças que haviam conseguido impor restrições aos monarcas iriam valer-se da oportunidade para afirmar seus direitos e assegurar a permanência da situação de poder a que haviam chegado. Daí a preferência pelas Constituições escritas, que definiam melhor as novas condições políticas, ao mesmo tempo que tornavam muito mais difícil qualquer retrocesso.

É preciso ter em conta, porém, que o constitucionalismo, apesar de impulsionado sempre pelos mesmos objetivos básicos, teve características diversificadas, segundo as circunstâncias de cada Estado. Com efeito, surgindo num momento em que a doutrina econômica predominante era o liberalismo, incorporou-se o constitucionalismo ao acervo de ideias que iriam configurar o *liberalismo político*. Este, por sua vez, expandiu-se como ponto de convergência das lutas a favor dos direitos e da liberdade do indivíduo. Dessa forma, em alguns Estados o constitucionalismo foi o instrumento de afirmação política de novas classes econômicas, enquanto, em outros, foi a mera expressão de anseios intelectuais, nascidos de um romantismo político sem caráter utilitarista. Naqueles, em consequência, o constitucionalismo teve caráter verdadeiramente revolucionário, consagrando mudanças estruturais e implicando limitações ao governo e ao Estado. Nos

---

142. EDWARD S. CORWIN, *American Constitutional History*, págs. 1 e 2.

demais teve um sentido quase simbólico, gerando as *monarquias constitucionais*, cujo absolutismo perdeu o caráter pessoal para adquirir um fundamento legal.

107. A possibilidade de preservação de sistemas substancialmente absolutistas, apesar da Constituição, deveu-se a um desdobramento do próprio conceito de Constituição que permite distinguir entre um sentido *material* e um sentido *formal*.

Quando se busca a identificação da Constituição através do seu conteúdo *material* deve-se procurar sua própria substância, aquilo que está consagrado nela como expressão dos valores de convivência e dos fatos prováveis do povo a que ela se liga. LOEWENSTEIN faz uma enumeração dos requisitos mínimos de uma Constituição autêntica, indicando, em síntese, os seguintes: *a*) a diferenciação das diversas tarefas estatais e sua atribuição a diferentes órgãos ou detentores do poder, para evitar a concentração do poder nas mãos de um só indivíduo; *b*) um mecanismo planejado, que estabeleça a cooperação dos diversos detentores do poder, significando, ao mesmo tempo, uma limitação e uma distribuição do exercício do poder; *c*) um mecanismo, planejado também com antecipação, para evitar bloqueios respectivos entre os diferentes detentores de parcelas autônomas do poder, a fim de evitar que qualquer deles, numa hipótese de conflito, resolva o embaraço sobrepondo-se aos demais; *d*) um mecanismo, também previamente planejado, para adaptação pacífica da ordem fundamental às mutáveis condições sociais e políticas, ou seja, um método racional de reforma constitucional para evitar o recurso à ilegalidade, à força ou à revolução; *e*) além disso tudo, a Constituição deve conter o reconhecimento expresso de certas esferas de autodeterminação individual, isto é, dos direitos individuais e das liberdades fundamentais, prevendo sua proteção contra a interferência de um ou de todos os detentores do poder[143].

Quando se trata da Constituição em *sentido formal*, tem-se a lei fundamental de um povo, ou o conjunto de regras jurídicas dotadas de máxima eficácia, concernentes à organização e ao funcionamento do Estado. Essa diferenciação entre os sentidos *material* e *formal* é de bastante utilidade para a aferição da autenticidade da Constituição. De fato, aquele mesmo formalismo que tornou possíveis as monarquias constitucionais absolutistas encontra-se, atualmente, na base das chamadas *ditaduras constitucionais*. Em princípio esta expressão é contraditória. Todavia, como a Constituição

---

143. KARL LOEWENSTEIN, *Teoría de la Constitución*, pág. 153.

nasceu com a mística da limitação do poder e afirmação das liberdades individuais, as ditaduras procuram criar uma aparência de legitimidade, disfarçando o seu verdadeiro caráter, apoiando-se numa Constituição. Mas por sua própria natureza só podem atender aos requisitos formais, faltando ao documento a que dão o nome de Constituição os requisitos materiais que comprovariam sua autenticidade[144].

É curioso assinalar que, embora tratando da autenticidade constitucional sob uma perspectiva técnico-formal, KELSEN chega a uma conclusão semelhante. Seu ponto de partida é uma *norma fundamental hipotética*, que é um ponto nebuloso de sua teoria e que os comentadores entendem que deva ser identificada como a própria ideia de justiça. Com base naquela norma fundamental hipotética os membros do povo selecionam as normas de comportamento social que consideram fundamentais. Essas normas, que existem na consciência das pessoas, formam uma primeira Constituição, que é chamada *abstrata* ou *teórica*, porque ainda não se externou como norma jurídica. Num terceiro momento, pelos meios próprios que são os órgãos reconhecidos pelo direito, aquelas normas são expressadas como regras jurídicas fundamentais, tendo-se então a Constituição *positiva*. Como se vê, existe aí também um critério para aferição de legitimidade, que impõe o confronto entre aquilo que foi positivado, ou seja, que tem a forma de Constituição, e o que existe na consciência do povo, decorrendo da norma fundamental hipotética, que é, em última análise, o conteúdo material da Constituição[145].

108. Da própria noção de Constituição, resultante da conjugação dos sentidos material e formal, decorre que o titular do *poder constituinte* é sempre o povo. É nele que se encontram os valores fundamentais que informam os comportamentos sociais, sendo, portanto, ilegítima a Constituição que reflete os valores e as aspirações de um indivíduo ou de um grupo e não do povo a que a Constituição se vincula. A Constituição autêntica será sempre uma conjugação de valores individuais e valores sociais, que o próprio povo selecionou através da experiência.

---

144. Sobre a diferenciação entre os sentidos *material e formal* da Constituição, vejam-se MANOEL GONÇALVES FERREIRA FILHO, *Curso de Direito Constitucional*, págs. 13 a 15; EDWARD S. CORWIN, *American Constitutional History*, pág. 99; KARL LOEWENSTEIN, *Teoría de la Constitución*, págs. 152 e segs. A respeito das ditaduras constitucionais, vejam-se LESLIE LIPSON, *Os Grandes Problemas da Ciência Política*, pág. 360, e FRANZ NEUMANN, *Estado Democrático e Estado Autoritário*, pág. 25.

145. HANS KELSEN, *Teoría Pura del Derecho*, págs. 147 e segs.

Uma indagação que hoje se coloca, e cuja resposta é fundamental para o Estado Democrático de Direito, é: tendo sido a Constituição uma criação do século XVIII, sendo, então, a expressão das aspirações de liberdade e de garantia dos direitos individuais que marcaram aquele século, poderá ser ainda, no início do século XXI, o instrumento político-jurídico ideal para a limitação do poder e a garantia dos direitos? Numa visão retrospectiva, verifica-se que, na realidade, desde o século XIX a Constituição foi símbolo de afirmação da liberdade de povos e indivíduos. Quanto aos direitos individuais ela teve, quase em todos os Estados constitucionais, o sentido de expressão e síntese dos direitos fundamentais, mas com eficácia jurídica limitada, pois, se ela operava eficazmente como limitadora dos poderes e garantia contra a violação de direitos, carecia de força cogente para assegurar, na prática, a efetivação dos direitos, tendo-se generalizado, na teoria constitucional, a ideia de que as normas constitucionais relativas ao exercício dos direitos individuais, cuja efetivação dependia de ações de terceiros, fossem estes os Estados ou indivíduos, necessitavam de complementação por lei ordinária para se tornarem judicialmente exigíveis.

A partir da aprovação pela Organização das Nações Unidas, em 1948, da Declaração Universal de Direitos Humanos, teve início uma nova fase na história do constitucionalismo. Um ponto de extraordinária importância foi a proclamação dos direitos econômicos, sociais e culturais, com o mesmo valor e a mesma eficácia jurídica dos tradicionais direitos civis e políticos, que até então englobavam a totalidade dos direitos individuais. Uma das consequências disso foi a ampliação do papel político e social do Estado, que deixou de ser apenas o protetor da liberdade e dos direitos para assumir um papel ativo na criação de condições para efetivação dos direitos. Desse modo, foram rompidas as barreiras que limitavam as ações do Estado em nome da proteção dos direitos individuais. Tudo isso gerou um surto de novas Constituições, determinando também importantes inovações no papel constitucional dos Poderes do Estado, pois surgiu a necessidade de uma nova legislação contemplando essas mudanças. O Executivo também sofreu transformações na organização e na definição dos instrumentos de atuação e o Judiciário passou a ser muito mais do que um garantidor do respeito à legalidade estrita, para ser, em muitos casos, um complementador das normas constitucionais, visando dar-lhes efetividade. Essas mudanças vêm sendo objeto de inovações teóricas, apresentadas dentro da rubrica de sentido muito amplo que é o neoconstitucionalismo, já estando definidos alguns pontos fundamentais, como a afirmação da natureza jurídica dos princípios e normas constitucionais, a abrangência universal da Constituição quanto a todos os fatos e a todas as situações que tenham alguma implicação sobre os direitos e, ainda, a superioridade da Constituição no âmbito de um sistema jurídico.

Na verdade, entretanto, não desapareceu a necessidade de impor limitações ao poder para proteção dos valores fundamentais do indivíduo. Ainda que se considere superada, como de fato se deve considerar, a concepção ultraindividualista de direito e liberdade, criada pelo liberalismo e utilizada para sustentar privilégios, o indivíduo continua a ser a base da vida social, devendo-se proceder à conjugação dos valores individuais e sociais e promovê-los adequadamente. E para a proteção e a promoção dos valores fundamentais de convivência é indispensável o Estado Democrático, que impõe a observância de padrões jurídicos básicos, nascidos da própria realidade.

Não está, portanto, superada a necessidade de se preservar a supremacia da Constituição, como padrão jurídico fundamental e que não pode ser contrariado por qualquer norma integrante do mesmo sistema jurídico. As normas constitucionais, em qualquer sistema regular, são as que têm o máximo de eficácia, não sendo admissível a existência, no mesmo Estado, de normas que com elas concorram em eficácia ou que lhes sejam superiores. Atuando como padrão jurídico fundamental, que se impõe ao Estado, aos governantes e aos governados, as normas constitucionais condicionam todo o sistema jurídico, daí resultando a exigência absoluta de que lhes sejam conformes todos os atos que pretendam produzir efeitos jurídicos dentro do sistema.

Bibliografia

KARL LOEWENSTEIN, *Teoría de la Constitución*, Ed. Ariel, Barcelona, 1965; ANDRÉ HAURIOU, *Droit Constitutionnel et Institutions Politiques*, Éd. Montchrétien, Paris, 1966; MANOEL GONÇALVES FERREIRA FILHO, *Curso de Direito Constitucional*, Ed. Saraiva, São Paulo, 1971; EDWARD S. CORWIN, *American Constitutional History*, Harper & Row, Publishers, Nova York, 1964; GEORGES BURDEAU, *Droit Constitutionnel et Institutions Politiques*, Libr. Générale de Droit et de Jurisprudence, Paris, 1966; WOODROW WILSON, *Governo Constitucional nos Estados Unidos*, Ed. lbrasa, São Paulo, 1963; ALEXANDER HAMILTON, John Jay e James Madison, *O Federalista*, Ed. Nacional de Direito, Rio de Janeiro, 1959; HANS KELSEN, *Teoría Pura del Derecho*, Eudeba, Buenos Aires, 1960; FRANZ NEUMANN, *Estado Democrático e Estado Autoritário*, Ed. Zahar, Rio de Janeiro, 1969; MARCELLO CAETANO, *Manual de Ciência Política e Direito Constitucional*, Coimbra Editora, Lisboa, 1963; PINTO FERREIRA, *Princípios de Direito Constitucional Moderno*, Ed. Revista dos Tribunais, São Paulo, 1971; SAHID MALUF, *Curso de Direito Constitucional*, 6ª ed., Ed. Sugestões Literárias,

São Paulo, 1970, vol. 1º; WOLGRAN JUNQUEIRA FERREIRA, *Elementos de Direito Constitucional*, São João da Boa Vista, 1970; JAYME DE ALTAVILA, *Origem dos Direitos dos Povos*, Ed. Melhoramentos, São Paulo, s/d; LESLIE LIPSON, *Os Grandes Problemas da Ciência Política*, Ed. Zahar, Rio de Janeiro, 1967; AFONSO ARINOS DE MELO FRANCO, *Direito Constitucional*, Ed. Forense, Rio de Janeiro, 1976; JOSÉ AFONSO DA SILVA, *Curso de Direito Constitucional Positivo*, Ed. Revista dos Tribunais, São Paulo; FERDINAND LASSALLE, *A Essência da Constituição*, Ed. Liber Juris, Rio de Janeiro, 1985; JORGE MIRANDA, *Manual de Direito Constitucional* (3 vols.), Coimbra Editora, Lisboa, 1982; DALMO DE ABREU DALLARI, *Constituição e Constituinte*, Ed. Saraiva, São Paulo, 1982; *A Constituição na vida dos Povos*, Ed. Saraiva, 2010; PAUL BASTID, *L'Idée de Constitution*, Ed. Economica, Paris, 1985; YVES GUCHET, *Histoire Constitutionnelle Française*, Ed. Erasme, Paris (Nanterre), 1990; JOSÉ AFONSO DA SILVA, *Poder Constituinte e Poder Popular*, Malheiros Ed., São Paulo, 2000; JOSÉ JOAQUIM GOMES CANOTILHO, *Direito Constitucional*, Almedina, Coimbra, 1993; LUIS ROBERTO BARROSO, *O direito constitucional e a efetividade de suas normas*, 2ª ed., Renovar, Rio de Janeiro, 1993; CATHERINE DRINKER BOWEN, *Miracle at Philadelphia*, 4. imp. Boston, Little Brown, 1986; BERNARD SCHWARTZ, *Main currents in American legal thought*, Carolina Academic Press, Durham, 1993; JEAN-CLAUDE COLLIARD E YVES JEGOUZO (orgs.), *Le nouveau constitutionnalisme*, Ed. Economica, Paris, 2001; ANDRES GIL DOMINGUES, *Neoconstitucionalismo y derechos colectivos*, Ediar, Buenos Aires, 2005. ROBERT BADINTER, *Une constitution européenne*, Fayard, Paris, 2002; DALMO DE ABREU DALLARI, *A Constituição na Vida dos Povos*, 2ª ed., Ed. Saraiva, São Paulo, 2013.

As Declarações de Direitos e as Normas de Direitos Humanos

109. Qual o significado das Declarações de Direitos? Por que motivo repetir-se uma Declaração, se os direitos declarados forem os mesmos e se já obtiveram proteção eficaz por meio das Constituições? Essas perguntas não são despropositadas, havendo, na verdade, a necessidade de tornar claro o motivo pelo qual se têm feito as Declarações e qual a utilidade prática desses documentos.

O exame dos documentos legislativos da Antiguidade revela já uma preocupação com a afirmação de direitos fundamentais, que nascem com o homem e cujo respeito se impõe, por motivos que estão acima da vontade de qualquer governante. Observa-se, porém, que nos documentos antigos mesclavam-se preceitos jurídicos, morais e religiosos, não se dissociando a recomendação de regras morais da imposição coercitiva de certos comportamentos. Durante a Idade Média também não se encontram documentos que tenham o caráter de declarações abstratas de direitos, havendo apenas documentos legislativos, como a legislação dos povos germânicos, que contêm regras de vida social, nas quais está implícita a existência dos direitos fundamentais. Foi a Inglaterra, já na última fase da Idade Média, que teve a iniciativa de afirmações que podem ser consideradas precursoras das futuras Declarações de Direitos.

110. O documento que a maioria dos autores considera o antecedente direto mais remoto, das Declarações de Direitos, é a Magna Carta da Inglaterra, de 1215. Na realidade, não se pode dizer que as normas da Magna Carta constituam uma afirmação de caráter universal, de direitos inerentes à pessoa humana e oponíveis a qualquer governo. O que ela consagrou, de fato, foram os direitos dos barões e prelados ingleses, restringindo o poder absoluto do monarca. Todavia, essa afirmação de direitos, feita em caráter geral e obrigando o rei da Inglaterra no seu relacionamento com os súditos, representou um avanço, tendo fixado alguns princípios que iriam ganhar amplo desenvolvimento, obtendo a consagração universal. Assim, por exemplo, o parágrafo 39 da Magna Carta, um dos mais expressivos em termos de afirmação geral de direitos, dispunha o seguinte: "Nenhum homem livre poderá ser detido ou mantido preso, privado de seus bens, posto fora da lei ou banido, ou de qualquer maneira molestado, e não procederemos contra ele nem o faremos vir, a menos que por julgamento legítimo de seus pares e pela lei da terra". E na própria Inglaterra, no século XVII, ocorreriam várias reafirmações de direitos, sempre em detrimento do monarca e a favor de seus súditos, mas através da afirmação de preceitos gerais, que iriam servir de exemplo e estímulo para a criação de uma concepção geral de direitos fundamentais, invioláveis pelo governo ou mesmo pela própria lei.

111. O século XVIII seria, afinal, o século das Declarações. Muitos fatores de influência se conjugaram para que se chegasse à noção da existência de direitos inerentes à natureza humana, que precedem a própria existência do Estado. Em boa medida, os mesmos fatores que geraram os movimentos pela criação do Estado Constitucional inspiraram a elaboração de Declarações, fixando valores e preceitos que deveriam ser acolhidos por todas as Constituições. Mas, pela própria circunstância de se atribuir às Declarações uma autoridade que não depende de processos legais, verifica-se que na sua base está a crença num Direito Natural, que nasce com o homem e é inseparável da natureza humana.

O jusnaturalismo do século XVII, que levou às Declarações de Direitos no século seguinte, já não se apoiava na crença em duas verdades, uma revelada e outra conquistada pela razão, como ocorria com os jusnaturalistas medievais. Assim Hugo Grócio, um dos mais eminentes defensores do novo Direito Natural, sustentava que este poderia ser concebido mesmo que não houvesse Deus, procurando com isso afirmar o seu caráter puramente racional. Para ele o Direito Natural era "a qualidade moral que tornava justo e certo que um homem fizesse ou tivesse algo". Nessa mesma linha racionalista, como observa Roscoe Pound, os juristas do século XVII sustentavam quatro proposições: "1ª) Há direitos naturais demonstráveis pela razão. São eternos e absolutos, válidos para todos os homens em todos os tempos e em todos os lugares. 2ª) O Direito Natural é um grupo de regras, suscetíveis de verificação por meio da razão, que asseguram perfeitamente todos esses direitos naturais. 3ª) O Estado existe tão só para assegurar aos homens esses direitos naturais. 4ª) O direito positivo, o direito aplicado e executado pelos tribunais, é o meio pelo qual o Estado realiza essa função e obriga moralmente somente enquanto está de acordo com o Direito Natural"[146]. Esse racionalismo, como base das relações jurídicas, teve reflexos políticos mais imediatos na França e na América do Norte, revelando-se muito claramente nos processos de contenção e racionalização do poder.

112. Embora a Inglaterra tenha dado o impulso inicial, e não obstante localizar-se na França o mais ativo centro de irradiação de ideias, foi na América, na ainda colônia de Virgínia, que surgiu a primeira Declaração de Direitos. Antes mesmo de se declararem independentes, as colônias inglesas da América se reuniram num Congresso Continental, em 1774, tendo o Congresso recomendado às colônias que formassem governos independentes. Quem deu os primeiros passos para isso foi justamente a Virgínia, que em 12 de janeiro de 1776 publicou uma Declaração de Direitos, cuja cláusula primeira proclamava "que todos os homens são por natureza igualmente livres e independentes, e têm certos direitos inerentes, dos quais, quando entram em qualquer estado de sociedade, não podem por qualquer acordo, privar ou despojar os pósteros; quer dizer, o gozo da vida e liberdade, com os meios de adquirir e possuir propriedade, e perseguir e obter felicidade e segurança". Seguiam-se mais quinze cláusulas, encontrando-se nessa Declaração praticamente todos os princípios básicos do constitucionalismo americano. Outras colônias americanas aprovaram Declarações semelhantes, mantendo a mesma linha fundamental.

Em 26 de agosto de 1789, a Assembleia Nacional francesa aprovou sua *Declaração dos Direitos do Homem e do Cidadão*, que, inegavelmente, teve desde logo muito maior repercussão do que as precedentes. Isto se deveu, em parte, à sua condição de centro irradiador de ideias, a que já se fez referência, mas deveu-se, sobretudo, ao caráter universal da Declaração francesa. "Seu sucesso, que fez por longo tempo da França um campeão do liberalismo", assinala Philippe Braud, "deveu-se a que os autores da Declaração tiveram consciência de proclamar direitos individuais, válidos para todos os homens de todos os tempos e de todos os países"[147]. Com efeito, reconhecendo e declarando, conforme o artigo da Declaração de Direitos, que "os homens nascem e continuam livres e iguais em direitos" e que "as

---

146. Roscoe Pound, *Desenvolvimento das Garantias Constitucionais da Liberdade*, págs. 57 e 58.

147. Philippe Braud, *La Notion de Liberté Publique en Droit Français*, pág. 30.

distinções sociais só podem fundar-se na utilidade comum", a Assembleia deixou expresso que esta e as demais proposições se aplicavam a todas as sociedades políticas. Assim, diz o artigo II: "O fim de toda associação política é a conservação dos direitos naturais e imprescritíveis do homem. Esses direitos são a liberdade, a propriedade, a segurança e a resistência à opressão". E o artigo XVI: "Toda sociedade na qual a garantia dos direitos não está assegurada, nem a separação dos poderes determinada, não tem Constituição".

É fora de dúvida que essa Declaração, cuja influência na vida constitucional dos povos, não só do Ocidente como também do Oriente, ainda hoje é marcante, representou um considerável progresso na história da afirmação dos valores fundamentais da pessoa humana. Entretanto, como um produto do século XVIII, seu cunho é nitidamente individualista, subordinando a vida social ao indivíduo e atribuindo ao Estado a finalidade de *conservação* dos direitos individuais. Neste ponto era muito mais avançada a Declaração de Direitos da Virgínia, segundo a qual a sociedade não poderia privar os homens dos meios de adquirir e possuir propriedade e perseguir e obter felicidade e segurança. A predominância do liberalismo assegurou, entretanto, a prevalência da orientação passiva do Estado, como simples conservador dos direitos dos que já os possuíam, sem nada fazer pelos que não tinham qualquer direito a conservar.

Outras declarações se seguiram, tendo a própria França feito novas proclamações semelhantes em 1793, 1795, 1814 e 1848, pois cada nova maré revolucionária queria trazer a sua própria Declaração de Direitos. Mas os princípios fundamentais foram sempre aqueles afirmados na Declaração de 1789, cuja influência chegou muito viva até o século XX.

112A. No ano de 1689 o Parlamento Britânico aprovou um documento que passou a ser conhecido como Bill of Rights e que para muitos teve o sentido de uma nova Magna Carta. Na realidade, esse documento, cujo título oficial era "Um ato declarando os direitos e as liberdades da pessoa e ajustando a sucessão da coroa", veio em seguida a uma declaração que visava dar legitimidade aos sucessores do rei que havia fugido, bem como afirmar a legitimidade do próprio Parlamento. O novo texto aprovado por esse Parlamento foi promulgado como declaração com força de lei, razão pela qual passou a ser conhecido como Bill of Rights.

Por esse Bill of Rights ficou estabelecido que a eleição dos membros do Parlamento seria livre e que a liberdade de palavra e discussão no Parlamento não poderia ser contestada em qualquer tribunal ou noutro lugar. Ficou também expresso que o rei não tinha o poder de revogar as leis feitas pelo Parlamento ou de impedir sua execução. Além disso, ficou proibida a exigência de fianças excessivamente elevadas para que alguém fosse processado em liberdade, como também a imposição de penas cruéis ou incomuns.

Esse Bill of Rights inspirou a edição de declarações e leis semelhantes nas colônias inglesas da América do Norte, tendo como resultado final a aprovação de um conjunto de dez emendas que foram incorporadas à Constituição dos Estados Unidos da América. Esse conjunto de emendas, contendo declarações de direitos fundamentais e suas garantias, foi proposto por James Madison visando suprir o que, em suas palavras, era uma lacuna da Constituição aprovada em 1787. Em vários Estados havia medo de que o governo federal cometesse excessos, prejudicando direitos e liberdades, e o acréscimo dessa declaração de direitos e garantias ao texto da Constituição acalmava esses temores. Aprovadas na primeira sessão legislativa do Congresso e ratificadas em 15 de dezembro de 1791, essas dez emendas passaram a ser identificadas como o Bill of Rights americano e passaram a ter, desde então, excepcional importância para a garantia da liberdade e dos demais direitos fundamentais nos Estados Unidos.

Na opinião de Bernard Schwartz, expressa em seu livro *The Great Rights of Mankind*, "a noção americana de um Bill of Rights incorpora garantias de liberdade da pessoa num documento constitucional, em cujos artigos são definidas e limitadas as áreas de ação legislativa legítima". A incorporação dessa declaração de direitos e garantias ao texto constitucional deu-lhe maior eficácia do que teria como simples declaração. Isso mesmo foi feito pela França quando, após a aprovação da Constituição de 1791, decidiu incorporar ao seu texto a Declaração de Direitos do Homem e do Cidadão, de 1789. Na prática, o Bill of Rights norte-americano, constantemente reinterpretado pela Suprema Corte, que além disso assegura a eficácia de seus preceitos como normas constitucionais, tem sido de extrema importância para a incorporação de novas demandas sociais ao sistema constitucional de direitos e garantias dos Estados Unidos.

113. No século XX a ideia de uma nova Declaração de Direitos surgiu no final da II Guerra Mundial. O industrialismo do século XIX, ao mesmo tempo em que procurara levar às últimas consequências os princípios individualistas do liberalismo, promovera a concentração dos indivíduos que nada mais possuíam do que a força de trabalho. Com isto, iria deixar muito evidente a existência de desníveis sociais brutalmente injustos e favorecer a organização do proletariado como força política. Além disso, patenteou aos intelectuais e aos líderes não condicionados por interesses econômicos a necessidade imperiosa de se implantar uma nova ordem social, em que todos os homens recebessem proteção e tivessem meios de acesso aos bens sociais. E a Revolução Russa, de outubro de 1917, abrindo o caminho para o Estado Socialista, iria despertar a consciência do mundo para a necessidade de assegurar aos trabalhadores um nível de vida compatível com a dignidade humana. Surge, então, a consciência de que os indivíduos que não têm direitos a conservar são os que mais precisam do Estado.

Na Alemanha, ao final da I Guerra Mundial, a situação dos operários era desesperadora, com um altíssimo índice de desemprego e todo o seu cortejo de miséria e desespero. Em 9 de novembro de 1918, o Príncipe Max de Baden, chefiando um movimento revolucionário, publicou um manifesto, anunciando a abdicação do Imperador e a organização de um novo governo. Afirmando que a orientação desse governo era "puramente socialista", o manifesto, a que se deu força de lei, eliminava uma série de restrições e prometia que em breve prazo seriam promulgadas novas disposições em matéria de política social, dizendo textualmente: "Em 1º de janeiro de 1919, o mais tardar, entrará em vigor a jornada máxima de oito horas de trabalho". Esse documento teve grande importância pela influência que exerceu sobre a nova Constituição alemã, a famosa *Constituição de Weimar*, de 11 de agosto de 1919, na qual tiveram grande destaque os direitos sociais. Esclarece BÜHLER que a Constituição imperial alemã, de 1871, não continha disposições sobre os direitos fundamentais, os quais, entretanto, eram mencionados nas Constituições dos Territórios alemães. "Todas elas estavam influenciadas pelas disposições sobre direitos fundamentais contidas nas Constituições francesas, especialmente na famosa 'Declaração dos Direitos do Homem e do Cidadão, de 1789'"[148]. Havia, portanto, entre os alemães uma predisposição para a afirmação dos direitos fundamentais em sentido muito amplo, o que ainda mais se acentuou com a constatação das dificuldades da grande massa trabalhadora e de sua absoluta impossibilidade de conquistar e assegurar com meios próprios uma situação razoável. Tudo isso fez com que o Livro II da *Constituição de Weimar* fosse inteiramente dedicado aos "Direitos e Deveres Fundamentais do Cidadão Alemão", contendo três capítulos referentes, respectivamente, a "Pessoas Individuais", "Vida Social" e "Religião e Associações Religiosas".

Essa Constituição exerceu grande influência no constitucionalismo moderno, sobretudo pela ênfase dada aos direitos fundamentais. Todavia, as dificuldades que haviam levado à I Guerra Mundial não tinham sido

---

148. OTTMAR BÜHLER, *La Constitución Alemana*, pág. 109.

removidas, sendo muitas delas agravadas pela guerra. E não muito tempo depois eclodiria a II Guerra Mundial, não dando oportunidade a que se fizesse a efetiva aplicação das normas de promoção dos direitos sociais.

114. Finalmente, após a II Guerra Mundial, o problema dos direitos fundamentais da pessoa humana foi posto novamente em debate. Em 26 de junho de 1945 aprovou-se a Carta das Nações Unidas, destinada a fornecer a base jurídica para a permanente ação conjunta dos Estados, em defesa da paz mundial. Mas a experiência já havia deixado bem evidente que não pode existir paz onde não houver justiça social, surgindo, portanto, a ideia de uma Declaração de Direitos que fixasse as diretrizes para a reorganização dos Estados. Já no ano de 1946 foi iniciado o trabalho de elaboração desse documento, que, afinal, foi aprovado na terceira sessão ordinária da Assembleia Geral das Nações Unidas, em 10 de dezembro de 1948, recebendo o nome de Declaração Universal dos Direitos Humanos.

Contendo trinta artigos, a Declaração é precedida de um preâmbulo, onde se diz que a Assembleia Geral das Nações Unidas *proclama* os direitos fundamentais. É bem expressivo esse termo, pois torna evidente que não há concessão ou reconhecimento dos direitos, mas proclamação deles, significando que sua existência independe de qualquer vontade ou formalidade. Assim sendo, tratando-se de direitos fundamentais inerentes à natureza humana, nenhum indivíduo ou entidade, nem os governos, os Estados ou a própria Organização das Nações Unidas, tem legitimidade para retirá-los de qualquer indivíduo.

Indo muito além da simples preocupação com a conservação de direitos, a Declaração faz a enumeração dos direitos fundamentais e, no artigo 22, proclama que todo ser humano tem direito à segurança social e à realização dos direitos econômicos, sociais e culturais indispensáveis à sua dignidade e ao livre desenvolvimento de sua personalidade. O exame dos artigos da Declaração revela que ela consagrou três objetivos fundamentais: a *certeza* dos direitos, exigindo que haja uma fixação *prévia* e *clara* dos direitos e deveres, para que os indivíduos possam gozar dos direitos ou sofrer imposições; a *segurança* dos direitos, impondo uma série de normas tendentes a garantir que, *em qualquer circunstância*, os direitos fundamentais serão respeitados; a *possibilidade* dos direitos, exigindo que se procure assegurar a *todos* os indivíduos os meios necessários à fruição dos direitos, não se permanecendo no formalismo cínico e mentiroso da afirmação de igualdade de direitos onde grande parte do povo vive em condições sub-humanas.

O grande problema, ainda não resolvido, é a consecução de eficácia das normas de Declaração de Direitos. Proclamadas como normas jurídicas, anteriores aos Estados, elas devem ser aplicadas independentemente de sua inclusão nos direitos dos Estados pela formalização legislativa. Entretanto, inexistindo um órgão que possa impor sua efetiva aplicação ou impor sanções em caso de inobservância, muitas vezes os próprios Estados que subscreveram a Declaração agem contra suas normas, sem que nada possa ser feito. Adotou-se a praxe de incluir nas próprias Constituições um capítulo referente aos direitos e garantias individuais, justamente porque, dessa forma, incorporadas ao direito positivo dos Estados, aquelas normas adquirem plena eficácia. Entretanto, quando qualquer governo, valendo-se de uma posição de força, ignora a Constituição e desrespeita as normas da Declaração de Direitos, os demais Estados ou a própria Organização das Nações Unidas se limitam a fazer protestos, quase sempre absolutamente inócuos, ou de pouco efeito prático.

Num esforço para dar eficácia à proclamação dos direitos fundamentais da pessoa humana, a ONU aprovou inúmeros documentos que estabelecem com mais precisão e de modo mais concreto os direitos de todas as pessoas ou de segmentos especiais, como as mulheres, as crianças, os deficientes físicos e mentais, fixando regras precisas para a proteção e, mais ainda, a promoção desses direitos. Em tal sentido são excepcionalmente importantes os chamados "Pactos de Direitos Humanos", aprovados em 1966: o Pacto de Direitos Civis e Políticos e o Pacto de Direitos Econômicos, Sociais e Culturais.

É importante assinalar também a crescente importância das Organizações Não Governamentais, frequentemente referidas como "ONG", entidades privadas que atuam de muitas formas, denunciando violações graves de Direitos Humanos, fazendo a divulgação dos documentos internacionais relacionados com esses direitos, promovendo estudos e pesquisas visando o aperfeiçoamento de sua proteção e promoção e também apresentando sugestões às organizações oficiais especializadas, inclusive à ONU. Várias ONGs são formalmente reconhecidas pela ONU e já exercem influência nas decisões dessa entidade representativa dos Estados, o que significa que os povos, diretamente, estão atuando na ordem internacional, buscando suprir as deficiências da ação estatal e eliminar as injustiças e a violência que impedem a humanidade de viver em paz.

Em conclusão, pode-se afirmar que a proclamação dos Direitos Humanos, com a amplitude que teve, objetivando a certeza e a segurança dos direitos, sem deixar de exigir que todos os seres humanos tenham a possibilidade de aquisição e gozo dos direitos fundamentais, representou um progresso. Mas sua efetiva aplicação ainda não foi conseguida, apesar do geral reconhecimento de que só o respeito a todas as suas normas poderá conduzir a um mundo de paz e de justiça social.

Bibliografia

ANTONIO AUGUSTO CANÇADO TRINDADE, *A Proteção Internacional dos Direitos Humanos*, Ed. Saraiva, São Paulo, 1991; "Imperio del Derecho y Derechos Humanos", publicação da Comissão Internacional de Juristas, Genebra, 1967; "Derechos Humanos en el Mundo", in *Revista da Comissão Internacional de Juristas*, nº 1, março, Genebra, 1969; GERARDO MORELLI, *La Sospensione dei Diritti Fondamentali nello Stato Moderno*, Ed. Giuffrè, Milão, 1966; ROSCOE POUND, *Desenvolvimento das Garantias Constitucionais da Liberdade*, Ed. Ibrasa, São Paulo, 1965; JAYME DE ALTAVILA, *Origem dos Direitos dos Povos*, Ed. Melhoramentos, São Paulo, s/d; Papa JOÃO XXIII, *Pacem in Terris* (Encíclica), Ed. Vozes, Petrópolis, 1963; OTTO KIRCHHEIMER, *Justicia Politica*, Ed. Uteha, México, 1968; EDWARD S. CORWIN, *American Constitutional History*, Harper & Row, Publishers, Nova York, 1964; OTTMAR BÜHLER, *La Constitución Alemana*, Ed. Labor, Barcelona, 1931; B. MIRKINE-GUETZÉVITCH, *Les Nouvelles Tendances du Droit Constitutionnel*, Marcel Giard, Paris, 1931; *Les Constitutions Européennes*, Presses Universitaires de France, Paris, 1951; PINTO FERREIRA, *Teoria Geral do Estado*, tomo 2º, Ed. José Konfino, Rio de Janeiro, 1957; BERNARD SCHWARTZ, *Os Grandes Direitos da Humanidade*, Ed. Forense-Universitária, Rio de Janeiro, 1979; MAURICE CRANSTON, *O que são os Direitos Humanos?*, Ed. Difel, São Paulo, 1979; MICHAEL E. TIGAR e MADELEINE R. LEVY, *O Direito e a Ascensão do Capitalismo*, Ed. Zahar, Rio de Janeiro, 1978; DANIEL O'DONNEL, *Protección Internacional de los Derechos Humanos*, Ed. Comisión Andina de Juristas, Lima, 1989 (2ª ed.); CRISTOPHE SWINARSKI, *Direito Internacional Humanitário*, Ed. Revista dos Tribunais, São Paulo, 1990; DANIEL E. HERRENDORF e GERMAN J. BIDART CAMPOS, *Principios de Derechos Humanos y Garantías*, Ed. Ediar, Buenos Aires, 1991; BERNARD SCHWARTZ, *The Great Rights of Mankind*, New York, Oxford University Press, 1977; FLÁVIA PIOVESAN, *Direitos Humanos e o Direito Constitucional Internacional*, São Paulo, Ed. Max Limonad, 1996; FÁBIO KONDER COMPARATO, *A Afirmação Histórica dos Direitos Humanos*, Ed. Saraiva, São Paulo, 1999; PEDRO DALLARI, *Constituição e Tratados Internacionais*, Ed. Saraiva, São Paulo, 2003.

A Separação de Poderes e as Funções do Estado

115. A teoria da *separação de poderes,* que através da obra de Montesquieu se incorporou ao constitucionalismo, foi concebida para assegurar a liberdade dos indivíduos. Com efeito, diz o próprio Montesquieu que, quando na mesma pessoa ou no mesmo corpo de magistratura o Poder Legislativo está reunido ao Poder Executivo, não há liberdade, pois que se pode esperar que esse monarca ou esse senado façam leis tirânicas para executá-las tiranicamente[149]. Proposta essa ideia de maneira sistemática no século XVIII, com o fim exclusivo de proteção da liberdade, mais tarde seria desenvolvida e adaptada a novas concepções, pretendendo-se então que a separação dos poderes tivesse também o objetivo de aumentar a eficiência do Estado, pela distribuição de suas atribuições entre órgãos especializados. Esta última ideia, na verdade, só apareceu no final do século XIX, quando já se havia convertido em dogma a doutrina da separação dos poderes, como um artifício eficaz e necessário para evitar a formação de governos absolutos. É importante assinalar que essa teoria teve acolhida e foi consagrada numa época em que se buscavam meios para *enfraquecer* o Estado, uma vez que não se admitia sua interferência na vida social, a não ser como vigilante e conservador das situações estabelecidas pelos indivíduos.

116. Embora seja clássica a expressão *separação de poderes,* que alguns autores desvirtuaram para *divisão* de poderes, é ponto pacífico que o poder do Estado é uno e indivisível. É normal e necessário que haja muitos órgãos exercendo o poder soberano do Estado, mas a unidade do poder não se

---

149. Montesquieu, *De L'Esprit des Lois*, Livro XI, Cap. VI.

quebra por tal circunstância. Outro aspecto importante a considerar é que existe uma relação muito estreita entre as ideias de *poder* e de *função* do Estado, havendo mesmo quem sustente que é totalmente inadequado falar-se numa separação de poderes, quando o que existe de fato é apenas uma *distribuição de funções*. Assim, por exemplo, Leroy-Beaulieu adota esta última posição, indo até mais longe, procurando demonstrar que as diferentes funções do Estado, atribuídas a diferentes órgãos, resultaram do princípio da divisão do trabalho. Diz ele que foi esse princípio, inconscientemente aplicado, que fez passarem ao Estado certas funções que a sociedade exercia instintivamente e que o Estado organiza com reflexão[150].

Qual a importância prática dessa polêmica na atualidade? Existe, na verdade, uma grande importância, pois aquela diferenciação está intimamente relacionada com a concepção do papel do Estado na vida social. De fato, quando se pretende desconcentrar o poder, atribuindo o seu exercício a vários órgãos, a preocupação maior é a defesa da liberdade dos indivíduos, pois, quanto maior for a concentração do poder, maior será o risco de um governo ditatorial. Diferentemente, quando se ignora o aspecto do poder para se cuidar das funções, o que se procura é aumentar a eficiência do Estado, organizando-o da maneira mais adequada para o desempenho de suas atribuições. E pode muito bem ocorrer que se conclua ser mais conveniente, em certo momento e num Estado determinado, concentrar as funções em menor número de órgãos, o que iria entrar em choque com o princípio da separação de poderes. Como resolver o conflito?

117. Para enfrentar o problema com mais segurança, é necessário que se faça a verificação do surgimento e da evolução da teoria clássica da separação de poderes, para depois situá-la no Estado contemporâneo.

O antecedente mais remoto da separação de poderes encontra-se em Aristóteles, que considera injusto e perigoso atribuir-se a um só indivíduo o exercício do poder, havendo também em sua obra uma ligeira referência ao problema da eficiência, quando menciona a impossibilidade prática de que um só homem previsse tudo o que nem a lei pode especificar[151]. Mas a concepção moderna da separação de poderes não foi buscar em Aristóteles

---

150. Paul Leroy-Beaulieu, *L'État Moderne et ses Fonctions*, págs. 44 e segs. A respeito das relações entre *poder* e *função* do Estado e das principais teorias que se referem ao assunto, fizemos um estudo pormenorizado no livro *Da Atualização do Estado*, págs. 102 e segs.

151. Aristóteles, *A Política*, Livro III, Cap. XI.

sua inspiração, tendo sido construída gradativamente, de acordo com o desenvolvimento do Estado e em função dos grandes conflitos político-sociais. Já no século XIV, no ano de 1324, aparece a obra "Defensor Pacis", de Marsílio de Pádua, estabelecendo uma distinção entre o Poder Legislativo e o executivo. A base do pensamento de Marsílio de Pádua é a afirmação de uma oposição entre o povo, que chama de *primeiro legislador*, e o príncipe, a quem atribui função executiva, podendo-se vislumbrar aí uma primeira tentativa de afirmação da soberania popular. Segundo informação contida em "O Príncipe", de Maquiavel, no começo do século XVI já se encontravam na França três poderes distintos: o Legislativo (Parlamento), o Executivo (o rei) e um Judiciário independente. É curioso notar que Maquiavel louva essa organização porque dava mais liberdade e segurança ao rei. Agindo em nome próprio o Judiciário poderia proteger os mais fracos, vítimas de ambições e das insolências dos poderosos, poupando o rei da necessidade de interferir nas disputas e de, em consequência, enfrentar o desagrado dos que não tivessem suas razões acolhidas[152].

No século XVII é que vai surgir, entretanto, uma primeira sistematização doutrinária da separação de poderes, com a obra de Locke. Baseado, evidentemente, no Estado inglês de seu tempo, Locke aponta a existência de quatro funções fundamentais, exercidas por dois órgãos do poder. A função legislativa caberia ao Parlamento. A função executiva, exercida pelo rei, comportava um desdobramento, chamando-se função federativa quando se tratasse do poder de guerra e de paz, de ligas e alianças, e de todas as questões que devessem ser tratadas fora do Estado. A quarta função, também exercida pelo rei, era a prerrogativa, conceituada como "o poder de fazer o bem público sem se subordinar a regras"[153]. Embora opondo-se expressamente ao absolutismo defendido por Hobbes, Locke não considerou anormal o reconhecimento de uma esfera de poder discricionário do governante, sem atentar para a circunstância de que o bem público, impossível de ser claramente definido, sempre seria um bom pretexto para as decisões absolutistas.

Finalmente, com Montesquieu, a teoria da separação de poderes já é concebida como um sistema em que se conjugam um legislativo, um executivo e um judiciário, harmônicos e independentes entre si, tomando, praticamente, a configuração que iria aparecer na maioria das Constituições. Em sua obra *"De L'Esprit des Lois"*, aparecida em 1748, Montesquieu

---

152. Maquiavel, *O Príncipe*, XIX.
153. John Locke, *Segundo Tratado sobre o Governo*, XII, XIII e XIV.

afirma a existência de funções intrinsecamente diversas e inconfundíveis, mesmo quando confiadas a um só órgão. Em sua opinião, o normal seria a existência de um órgão próprio para cada função, considerando indispensável que o Estado se organizasse com três poderes, pois "Tudo estaria perdido se o mesmo homem ou o mesmo corpo dos principais, ou dos nobres, ou do povo, exercesse esses três poderes". O ponto obscuro da teoria de MONTESQUIEU é a indicação das atribuições de cada um dos poderes. Com efeito, ao lado do poder legislativo coloca um poder executivo "das coisas que dependem do direito das gentes" e outro poder executivo "das que dependem do direito civil". Entretanto, ao explicar com mais minúcias as atribuições deste último, diz que por ele o Estado "pune os crimes ou julga as querelas dos indivíduos". E acrescenta: "chamaremos a este último o poder de julgar e, o outro, simplesmente, o poder executivo do Estado". O que se verifica é que MONTESQUIEU, já adotando a orientação que seria consagrada pelo liberalismo, não dá ao Estado qualquer atribuição interna, a não ser o poder de julgar e punir. Assim, as leis, elaboradas pelo legislativo, deveriam ser cumpridas pelos indivíduos, e só haveria interferência do executivo para punir quem não as cumprisse[154].

Como é óbvio, dando atribuições tão restritas ao Estado, MONTESQUIEU não estaria preocupado em assegurar-lhe a eficiência, parecendo-lhe mais importante a separação tripartida dos poderes para garantia da liberdade individual.

118. Foi a intenção de enfraquecer o poder do Estado, complementando a função limitadora exercida pela Constituição, que impôs a separação de poderes como um dos dogmas do Estado Moderno, chegando-se mesmo a sustentar a impossibilidade de democracia sem aquela separação. Assim é que, já na Declaração de Direitos da Virgínia, de 1776, consta do parágrafo 5º "que os poderes executivo e legislativo do Estado deverão ser separados e distintos do judiciário".

A exigência da separação dos poderes aparece ainda com mais ênfase na Declaração dos Direitos do Homem e do Cidadão, aprovada na França em 1789, declarando-se em seu artigo XVI: "Toda sociedade na qual a garantia dos direitos não está assegurada, nem a separação dos poderes determinada, não tem Constituição".

Essa preocupação com a separação dos poderes visando a proteger a liberdade refletiu-se imediatamente em todo o movimento constitucionalista.

---

154. MONTESQUIEU, *De L'Esprit des Lois*, especialmente o Livro VI.

Para demonstrar que estava bem consciente dessa exigência e que ela não fora ignorada ao se elaborar a Constituição norte-americana, escreveu MADISON, num dos artigos de "O Federalista": "A acumulação de todos os poderes, legislativos, executivos e judiciais, nas mesmas mãos, sejam estas de um, de poucos ou de muitos, hereditárias, autonomeadas ou eletivas, pode-se dizer com exatidão que constitui a própria definição da tirania"[155]. Esse pensamento está claramente refletido na Constituição dos Estados Unidos, que dedica o artigo 1º ao legislativo, o 2º ao executivo e o 3º ao judiciário, não admitindo interferências recíprocas nem a transferência de poderes, ainda que parcial e temporária.

O sistema de separação dos poderes, consagrado nas Constituições de quase todo o mundo, foi associado à ideia de Estado Democrático e deu origem a uma engenhosa construção doutrinária, conhecida como *sistema de freios e contrapesos*. Segundo essa teoria os atos que o Estado pratica podem ser de duas espécies: ou são atos *gerais* ou são *especiais*. Os *atos gerais*, que só podem ser praticados pelo poder legislativo, consistem na emissão de regras gerais e abstratas, não se sabendo, no momento de serem emitidas, a quem elas irão atingir. Dessa forma, o poder legislativo, que só pratica atos gerais, não atua concretamente na vida social, não tendo meios para cometer abusos de poder nem para beneficiar ou prejudicar uma pessoa ou um grupo em particular. Só depois de emitida a norma geral é que se abre a possibilidade de atuação do poder executivo, por meio de *atos especiais*. O executivo dispõe de meios concretos para agir, mas está igualmente impossibilitado de atuar discricionariamente, porque todos os seus atos estão limitados pelos atos gerais praticados pelo legislativo. E se houver exorbitância de qualquer dos poderes surge a ação fiscalizadora do poder judiciário, obrigando cada um a permanecer nos limites de sua respectiva esfera de competências.

119. A primeira crítica feita ao sistema de separação de poderes é no sentido de que ele é meramente formalista, jamais tendo sido praticado. A análise do comportamento dos órgãos do Estado, mesmo onde a Constituição consagra enfaticamente a separação dos poderes, demonstra que sempre houve uma intensa interpenetração. Ou o órgão de um dos poderes pratica atos que, a rigor, seriam de outro, ou se verifica a influência de fatores extralegais, fazendo com que algum dos poderes predomine sobre os demais, guardando-se apenas a aparência de separação.

---

155. ALEXANDER HAMILTON, JOHN JAY e JAMES MADISON, *O Federalista*, XLVII.

Outro argumento importante contra o sistema é que ele jamais conseguiu assegurar a liberdade dos indivíduos ou o caráter democrático do Estado. A sociedade plena de injustiças criada pelo liberalismo, com acentuadas desigualdades e a efetiva garantia de liberdade apenas para um pequeno número de privilegiados, foi construída à sombra da separação de poderes. Apesar desta, houve e tem havido executivos antidemocráticos e que transacionam *de fato* com o poder legislativo, sem quebra das normas constitucionais. Não raro, também o legislativo, dentro do sistema de separação de poderes, não tem a mínima representatividade, não sendo, portanto, democrático. E seu comportamento, muitas vezes, tem revelado que a emissão de atos gerais obedece às determinações ou conveniências do executivo. Assim, pois, a separação dos poderes não assegurou a liberdade individual nem o caráter democrático do Estado.

Como evidencia LOEWENSTEIN, desde o século XVIII se pratica o parlamentarismo, que não aplica o princípio da separação de poderes, a qual, no seu entender, não passa mesmo de uma simples distribuição de funções. E a isso se pode acrescentar que há muitos exemplos de maior respeito à liberdade e à democracia em Estados parlamentaristas do que em outros que consagraram a separação de poderes.

120. Críticas mais recentes se dirigem a outro aspecto fundamental que lembra a polêmica a respeito dos poderes e das funções do Estado. Como se tem observado, a separação de poderes foi concebida num momento histórico em que se pretendia limitar o poder do Estado e reduzir ao mínimo sua atuação. Mas a evolução da sociedade criou exigências novas, que atingiram profundamente o Estado. Este passou a ser cada vez mais solicitado a agir, ampliando sua esfera de ação e intensificando sua participação nas áreas tradicionais. Tudo isso impôs a necessidade de uma legislação muito mais numerosa e mais técnica, incompatível com os modelos da separação de poderes. O legislativo não tem condições para fixar regras gerais sem ter conhecimento do que já foi ou está sendo feito pelo executivo e sem saber de que meios este dispõe para atuar. O executivo, por seu lado, não pode ficar à mercê de um lento processo de elaboração legislativa, nem sempre adequadamente concluído, para só então responder às exigências sociais, muitas vezes graves e urgentes.

Entretanto, apesar da patente inadequação da organização do Estado, a separação de poderes é um dogma, aliado à ideia de democracia, daí decorrendo o temor de afrontá-la expressamente. Em consequência, buscam-se outras soluções que permitam aumentar a eficiência do Estado mantendo a aparência da separação de poderes.

Entre as tentativas feitas, duas merecem destaque por sua amplitude e pelas consequências que acarretam:

Delegação de poderes. Recebida de início com muitas reservas e despertando forte resistência, a delegação de poderes, sobretudo a delegação de poder legislativo, foi aos poucos penetrando nas Constituições. Atualmente, superada já a fase de resistências, admite-se como fato normal a delegação, exigindo-se apenas que seja limitada no tempo e quanto ao objeto. Os que ainda temem os efeitos da delegação não a recusam totalmente, sustentando, porém, que certas competências devem ser consideradas indelegáveis.

Transferência constitucional de competências. Outra ocorrência mais ou menos frequente é a transferência de competências, por meio de reforma constitucional ou até da promulgação de novas Constituições. Por esse meio, obedecendo rigorosamente ao processo de emenda à Constituição ou pelo uso de um processo autêntico de elaboração constitucional, têm surgido novas Constituições que não se apegam rigidamente à teoria dos freios e contrapesos, embora mantenham a aparência de separação de poderes. Isso tem ocorrido, nos últimos tempos, visando a aumentar as competências do poder executivo, dando como resultado a manutenção de órgãos do poder legislativo que conservam sua estrutura tradicional mas têm um mínimo de participação na formação da vontade do Estado.

Como fica evidente, e a experiência tem comprovado, tais soluções são artificiais, pois mantêm uma organização sem manterem o funcionamento que determinou sua criação. Na verdade, as próprias exigências de efetiva garantia de liberdade para todos e de atuação democrática do Estado requerem deste maior dinamismo e a presença constante na vida social, o que é incompatível com a tradicional separação de poderes. É necessário que se reconheça que o dogma da rígida separação formal está superado, reorganizando-se completamente o Estado, de modo a conciliar a necessidade de eficiência com os princípios democráticos.

Bibliografia

MARCEL DE LA BIGNE DE VILLENEUVE, *La Fin du Principe de Séparation des Pouvoirs*, Recueil Sirey, Paris, 1934; G. CODACCI-PISANELLI, *Analisi delle Funzioni Sovrane*, Ed. Giuffrè, Milão, 1946; DALMO DE ABREU DALLARI, *Da Atualização do Estado*, São Paulo, 1963; LÉON DUGUIT, *Les Transformations du Droit Public*, Ed. Albert Fontemoing, Paris, 1913; PINTO FERREIRA, "A Separação de Poderes no Presidencialismo Brasileiro", in *Direito*, vol. LXXXI, Rio de Janeiro, 1951;

ALEXANDER HAMILTON, JOHN JAY e JAMES MADISON, *O Federalista*, Ed. Nacional de Direito, Rio de Janeiro, 1959; GEORG JELLINEK, *Teoría General del Estado*, Ed. Albatroz, Buenos Aires, 1954; VITOR NUNES LEAL, "A Divisão dos Poderes no Direito Constitucional Brasileiro", in *Revista de Direito Administrativo*, vol. IV, Rio de Janeiro, abril de 1946; PAUL LEROY-BEAULIEU, *L'Etat Moderne et son Droit*, Libr. Guillaumin, Paris, 1891; MONTESQUIEU, *De L'Esprit des Lois*, Libr. Garnier Frères, Paris, s/d; JOSÉ PINTO ANTUNES, *Da Limitação dos Poderes*, São Paulo, 1950; A. SAINT GIRONS, *Essai sur la Séparation des Pouvoirs dans l'Ordre Politique Administratif et Judiciaire*, Larose Édicteur, Paris, 1881; JOHN LOCKE, *Segundo Tratado sobre o Governo*, Ed. Ibrasa, São Paulo, 1963; JAMES MACGREGOR BURNS e JACK WALTER PELTASON, *Government by the People*, Prentice-Hall, Inc., Englewood Cliffs, Nova Jérsei, 1964; EDWARD S. CORWIN e JACK WALTER PELTASON, *Understanding the Constitution*, Holt, Rinehart and Winston, Nova York, 1966; LOUIS ALTHUSSER, *Montesquieu, a Política e a História*, Editorial Presença, Lisboa, 1977.

Formas de Governo

121. A organização das instituições que atuam no poder soberano do Estado e nas relações entre essas instituições fornecem a caracterização das formas de governo. Para a maior parte dos autores, *forma de governo* e *regime político* são expressões sinônimas. DUVERGER utiliza esta última expressão, estabelecendo uma distinção entre regime político em *sentido amplo*, quando indica a forma que, num dado grupo social, assume a distinção geral entre governantes e governados; e regime político em *sentido estrito*, aplicável somente à estrutura governamental de um tipo particular de sociedade humana, que é o Estado; XIFRA HERAS faz uma distinção diferente, observando que há uma relação íntima entre forma política e estrutura da vida humana social. O conceito de forma afeta os diferentes graus da realidade política, permitindo a identificação de três espécies distintas: *regime político*, quando se refere à estrutura global da realidade política, com todo o seu complexo institucional e ideológico; *forma de Estado*, se afeta a estrutura da organização política; *sistema de governo*, quando se limita a tipificar as relações entre as instituições políticas[156].

A rigor, porém, a expressão *forma de governo* é mais precisa, quando se trata de estudar os órgãos de governo, através de sua estrutura fundamental e da maneira como estão relacionados. Como se pode facilmente perceber, mesmo pela observação superficial dos Estados, as formas de governo são extremamente variáveis, não havendo um só Estado que não apresente em seu governo uma peculiaridade exclusiva. Por esse motivo a classificação das formas de governo só pode ser feita em termos gerais, pela

---

156. Vejam-se MAURICE DUVERGER, *Os Regimes Políticos*, págs. 9 e 10; JORGE XIFRA HERAS, *Instituciones y Sistemas Políticos*, págs. 7 e segs.

identificação de certas características básicas encontradas em grande número de Estados. Essa classificação é possível porque inúmeras vezes, tendo em vista o êxito alcançado por um Estado com a adoção de uma forma de governo, outros Estados passam a segui-lo, adotando as mesmas linhas fundamentais. Surgem, assim, as formas de governo que se tornam clássicas.

Como última observação preliminar é conveniente esclarecer que na classificação só se procuram as características das formas *normais* de governo, aquelas que se estabelecem em decorrência da evolução natural dos fenômenos políticos. As formas *anormais*, que são os totalitarismos ou as ditaduras de homens ou de grupos, não comportam subclassificações, porque são regimes apoiados na força e que impedem a expansão natural das vocações políticas. Dessa maneira, seria inútil estudá-los, porque eles não obedecem a outra lei que não a da força. Basta, portanto, mencioná-los como regimes de força, dando-lhes o nome de tirania, despotismo, totalitarismo ou ditadura, de acordo com o uso de cada época e lugar.

122. A classificação mais antiga das formas de governo que se conhece é a de Aristóteles, baseada no número de governantes. Distingue ele três espécies de governo: a *realeza*, quando é um só indivíduo quem governa; a *aristocracia*, que é o governo exercido por um grupo, relativamente reduzido em relação ao todo; e a *democracia* (ou *república*, segundo alguns tradutores), que é o governo exercido pela própria multidão no interesse geral. Cada uma dessas formas de governo pode sofrer uma degeneração, quando quem governa deixa de se orientar pelo interesse geral e passa a decidir segundo as conveniências particulares. Então aquelas formas, que são puras, são substituídas por formas impuras. A realeza degenera em tirania, a aristocracia em oligarquia e a democracia em demagogia[157]. Essa classificação, que é feita em termos bem gerais baseando-se apenas no número dos governantes e na preponderância do interesse geral ou particular, é válida até hoje, sendo utilizada na teoria e na prática.

Depois de Aristóteles é com Maquiavel que vai aparecer nova classificação, já então mais precisa e atenta para as características que se iam revelando na organização do Estado Moderno. Nos "Discursos sobre a Primeira Década de Tito Lívio", publicados em 1531, Maquiavel desenvolve uma teoria procurando sustentar a existência de *ciclos de governo*. O ponto de partida é um estado anárquico, que teria caracterizado o início

---

157. Aristóteles, *A Política*, Livro III, Cap. V.

da vida humana em sociedade. Para se defenderem melhor os homens escolheram o mais robusto e valoroso, nomeando-o chefe e obedecendo-o. Depois de algumas escolhas percebeu-se que aquelas características não indicavam um bom chefe, passando-se a dar preferência ao mais justo e sensato. Essa monarquia eletiva converteu-se depois em hereditária, e algum tempo depois os herdeiros começaram a degenerar, surgindo a tirania. Para coibir os seus males, os que tinham mais riqueza, nobreza e ânimo valoroso organizaram conspirações e se apoderaram do governo, instaurando-se a aristocracia, orientada para o bem comum. Entretanto, os descendentes dos governantes aristocratas, que não haviam sofrido os males da tirania e não estavam preocupados com o bem comum, passaram a utilizar o governo em seu proveito próprio, convertendo a aristocracia em oligarquia. O povo, não suportando mais os descalabros da oligarquia, mas, ao mesmo tempo, lembrando-se dos males da tirania, destituiu os oligarcas e resolveu governar a si mesmo, surgindo o governo popular ou democrático. Mas o próprio povo, quando passou a ser governante, sofreu um processo de degeneração, e cada um passou a utilizar em proveito pessoal a condição de participante no governo. E isto gerou a anarquia, voltando-se ao estágio inicial e recomeçando-se o ciclo, que já foi cumprido muitas vezes na vida de todos os povos. A única maneira de evitar as degenerações, quebrando-se o ciclo, seria a conjugação da monarquia, da aristocracia e da democracia em um só governo[158]. No ano seguinte ao da publicação dessa obra, ou seja, em 1532, aparecia "O Príncipe", em cujas primeiras linhas diz MAQUIAVEL: "Os Estados e soberanias que tiveram e têm autoridade sobre os homens, foram e são ou repúblicas ou principados". Os governos aristocráticos, conhecidos entre alguns povos da Antiguidade, já não eram admitidos no tempo de MAQUIAVEL, consagrando-se a república e a monarquia como as formas de governo possíveis no Estado Moderno.

Mais tarde MONTESQUIEU, em sua obra que tanta influência prática exerceu, apontaria três espécies de governo: o republicano, o monárquico e o despótico, esclarecendo: "O governo republicano é aquele em que o povo, como um todo, ou somente uma parcela do povo, possui o poder soberano; a monarquia é aquele em que um só governa, mas de acordo com leis fixas e estabelecidas, enquanto, no governo despótico, uma só pessoa, sem obedecer a leis e regras, realiza tudo por sua vontade e seus caprichos"[159].

---

158. MAQUIAVEL, *Discursos sobre a Primeira Década de Tito Lívio*, I, 2.
159. MONTESQUIEU, *De L'Esprit des Lois*, Livro II, Cap. I.

Na realidade, ainda hoje, a *monarquia* e a *república* são as formas fundamentais de governo, sendo necessário, portanto, fazer a fixação das características de cada uma e o exame dos principais argumentos favoráveis e contrários a elas.

123. A *monarquia* é uma forma de governo que já foi adotada, há muitos séculos, por quase todos os Estados do mundo. Com o passar dos séculos ela foi sendo gradativamente enfraquecida e abandonada. Quando nasce o Estado Moderno a necessidade de governos fortes favorece o ressurgimento da monarquia, não sujeita a limitações jurídicas, donde o qualificativo de *monarquia absoluta*. Aos poucos, entretanto, vai crescendo a resistência ao absolutismo e, já a partir do final do século XVIII, surgem as *monarquias constitucionais*. O rei continua governando, mas está sujeito a limitações jurídicas, estabelecidas na Constituição. Depois disso, ainda surge outra limitação ao poder do monarca, com a adoção do parlamentarismo pelos Estados monárquicos. Adotando o sistema parlamentar de governo, com a manutenção da monarquia, o monarca não mais governa, mantendo-se apenas como Chefe de Estado, tendo quase só atribuições de representação, não de governo, pois este passa a ser exercido por um Gabinete de Ministros.

As características fundamentais da monarquia, das quais decorrem os argumentos favoráveis e contrários a ela, são:

Vitaliciedade. O monarca não governa por um tempo certo e limitado, podendo governar enquanto viver ou enquanto tiver condições para continuar governando.

Hereditariedade. A escolha do monarca se faz pela simples verificação da linha de sucessão. Quando morre o monarca ou deixa o governo por qualquer outra razão, é imediatamente substituído pelo herdeiro da coroa. Houve alguns casos de *monarquias eletivas*, em que o monarca era escolhido por meio de eleições, podendo votar apenas os príncipes eleitores. Mas a regra sempre foi a hereditariedade.

Irresponsabilidade. O monarca não tem responsabilidade política, isto é, não deve explicações ao povo ou a qualquer órgão sobre os motivos pelos quais adotou certa orientação política.

A favor da monarquia, os seus adeptos, cujo número é atualmente bastante reduzido, usam os seguintes argumentos: 1º) Sendo vitalício e hereditário, o monarca está acima das disputas políticas, podendo assim intervir com grande autoridade nos momentos de crise política. 2º) O monarca é um fator de unidade do Estado, pois todas as correntes políticas têm nele um elemento superior, comum. 3º) Sendo o ponto de encontro das correntes políticas, e estando à margem das disputas, o monarca assegura a estabilidade das instituições. 4º) Além disso tudo, o monarca é alguém que, desde o nascimento, recebe uma educação especial, preparando-se para governar. Na monarquia não há, portanto, o risco de governantes despreparados.

Contra a monarquia são os seguintes os argumentos mais frequentes: 1º) Se o monarca não governa é uma inutilidade, geralmente muito dispendiosa, que sacrifica o povo sem qualquer proveito. 2º) A unidade do Estado e a estabilidade das instituições não podem depender de um fator pessoal, mas devem repousar na ordem jurídica, que é um elemento objetivo e muito mais eficaz. 3º) Se o monarca efetivamente governa, será extremamente perigoso ligar o destino do povo e do Estado à sorte de um indivíduo e de sua família. Mesmo com a educação especial que se ministra ao herdeiro da coroa, não têm sido raros os exemplos de monarcas desprovidos das qualidades de liderança e de eficiência que se exigem de um governante. 4º) A monarquia é essencialmente antidemocrática, uma vez que não assegura ao povo o direito de escolher seu governante. E como o monarca é hereditário, vitalício e irresponsável dispõe de todos os elementos para sobrepor sua vontade a todas as demais, desaparecendo, pois, a supremacia da vontade popular, que deve ser mantida permanentemente nos governos democráticos.

O que a realidade nos mostra é que a monarquia vai perdendo adeptos e vai desaparecendo como forma de governo, havendo atualmente, no mundo todo, apenas cerca de vinte Estados com governo monárquico.

124. A *república*, que é a forma de governo que se opõe à monarquia, tem um sentido muito próximo do significado de democracia, uma vez que indica a possibilidade de participação do povo no governo. Na Antiguidade há referências à república, mas o sentido que se dá ao termo não corresponde ao moderno, como se verifica, por exemplo, com a expressão "república romana", que identifica o próprio Estado e não sua forma de governo. Modernamente, é com MAQUIAVEL que aparece o termo *república*, em oposição a monarquia.

O desenvolvimento da ideia republicana se deu através das lutas contra a monarquia absoluta e pela afirmação da soberania popular. Desde o século XVIII muitos teóricos e líderes pregavam a abolição da monarquia, considerada um mal em si mesma, não lhes parecendo que bastasse limitá-la por qualquer meio. Exemplo bem expressivo dessa opinião são os escritos de JEFFERSON, que chegou a dizer que as sociedades sem governo ainda são melhores que as monarquias. Tendo visitado vários Estados europeus, todos monárquicos, JEFFERSON ficou de tal forma impressionado que escreveu em carta a GEORGE WASHINGTON: "Eu era inimigo ferrenho de monarquias antes de minha vinda à Europa. Sou dez mil vezes mais desde que vi o que elas são. Não há, dificilmente, um mal que se conheça nestes países, cuja origem não possa ser atribuída a seus reis, nem um bem que não derive das pequenas fibras de republicanismo existente entre elas. Posso acrescentar, com segurança, que não há, na Europa, cabeça coroada cujo talento ou cujos méritos lhe dessem direito a ser eleito pelo povo conselheiro de qualquer paróquia da América"[160]. Ao mesmo tempo que se apontavam os males da monarquia, aumentava a exigência de participação do povo no governo, surgindo a república, mais do que como forma de governo, como o símbolo de todas as reivindicações populares. A república era expressão democrática de governo, era a limitação do poder dos governantes e era a atribuição de responsabilidade política, podendo, assim, assegurar a liberdade individual. E a implantação do governo republicano na América com a comprovação de suas vantagens, sobretudo com a demonstração de que a possibilidade de substituir os governantes periodicamente aproximava o povo do governo, estimulou os anseios republicanos de outros povos.

Mas a monarquia, aceitando as limitações constitucionais e fazendo outras concessões, ainda resistiria durante o século XIX em grande número de Estados. Mas, desde o início do século XX, primeiro sob influência das transformações econômicas e, depois, da I Guerra Mundial, começou a liquidação das monarquias, que a II Guerra Mundial iria acelerar. Atualmente, qualquer pretensão monarquista é vista como um anacronismo e uma originalidade, não havendo um só movimento significativo no sentido de uma restauração monárquica.

As características fundamentais da república, mantidas desde o século XVII e que foram a razão de seu prestígio e de sua receptividade, são as seguintes:

Temporariedade. O Chefe do Governo recebe um mandato, com o prazo de duração predeterminado. E, para evitar que as eleições reiteradas do mesmo indivíduo criassem um paralelo com a monarquia, estabeleceu--se a proibição de reeleições sucessivas.

Eletividade. Na república o Chefe do Governo é eleito pelo povo, não se admitindo a sucessão hereditária ou por qualquer forma que impeça o povo de participar da escolha.

---

160. THOMAS JEFFERSON, *Escritos Políticos*, pág. 67.

Responsabilidade. O Chefe do Governo é politicamente responsável, o que quer dizer que ele deve prestar contas de sua orientação política, ou ao povo diretamente ou a um órgão de representação popular.

Essas características básicas, entretanto, sofreram adaptações, segundo as exigências de cada época e de cada lugar, surgindo peculiaridades que não chegaram a desfigurar o regime.

125. Além da distinção entre monarquia e república, outras classificações podem ser feitas, de acordo com certas características que se tornaram clássicas. Assim, as relações entre o legislativo e o executivo determinaram a configuração de dois sistemas, o *parlamentarismo* e o *presidencialismo*, que por longo tempo disputaram a primazia, tanto na monarquia quanto na república. O exame das características desses dois sistemas e de sua evolução é indispensável para que se possa fazer a identificação das tendências do Estado contemporâneo.

Bibliografia

M. Jiménez de Parga, *Los Regímenes Políticos Contemporáneos*, Ed. Technos, Madri, 1968; Maurice Duverger, *Os Regimes Políticos*, Difusão Europeia do Livro, São Paulo, 1962; Jorge Xifra Heras, *Instituciones y Sistemas Políticos*, Ed. Bosch, 1961; Darcy Azambuja, *Teoria Geral do Estado*, Ed. Globo, Porto Alegre, 1962; José Pedro Galvão de Souza, *Iniciação à Teoria do Estado*, Ed. Bushatsky, São Paulo, 1967; Alexandre Groppali, *Doutrina do Estado*, Ed. Saraiva, São Paulo, 1962; Thomas Jefferson, *Escritos Políticos*, Ed. Ibrasa, São Paulo, 1964; Aristóteles, *A Política*, Ed. de Ouro, com introduções de Ivan Lins, Rio de Janeiro, 1965; Niccolo Machiavelli, *Obras Políticas*, Ed. Poseidon, Buenos Aires, 1943; Montesquieu, *de L'Esprit des Lois*, Libr. Garnier Frères, Paris, s/d; Attilio Brunialti, *Le Forme di Governo*, Unione Tipografica Editrice, Turim, 1886; Emile de Laveleye, *Éssay sur les Formes de Gouvernement dans les Sociétés Modernes*, Baillière, Paris, 1872; Nélson Nogueira Saldanha, *As Formas de Governo e o Ponto de Vista Histórico*, RBEP, Belo Horizonte, 1960.

O Parlamentarismo

126. O *parlamentarismo* foi produto de uma longa evolução histórica, não tendo sido previsto por qualquer teórico, nem se tendo constituído em objeto de um movimento político determinado. Suas características foram se definindo paulatinamente, durante muitos séculos, até que se chegasse, no final do século XIX, à forma precisa e bem sistematizada que a doutrina batizou de *parlamentarismo* e que Duverger denomina de *regime de tipo inglês*, indicando-o como um dos grandes modelos de governo do século XX.

A Inglaterra pode ser considerada o berço do governo representativo. Já no século XIII, o mesmo que assistiu à elaboração da Magna Carta, numa rebelião dos barões e do clero contra o monarca, iria ganhar forma o Parlamento. No ano de 1265 um nobre francês, Simon de Montfort, neto de inglesa e grande amigo de barões e eclesiásticos ingleses, chefiou uma revolta contra o rei da Inglaterra, Henrique III, promovendo uma reunião que muitos apontam como a verdadeira criação do Parlamento. Antes disso, em 1213, o próprio João Sem Terra convocara "quatro cavaleiros discretos" de cada condado, para com eles "conversar sobre assuntos do reino". Mas Simon de Montfort deu à reunião o caráter de uma assembleia política, reunindo pessoas de igual condição política, econômica e social. Morrendo Simon em combate, no mesmo ano de 1265, continuou a praxe de se reunirem cavaleiros (nobres que não eram pares do reino), cidadãos e burgueses. E no ano de 1295 o Rei Eduardo I oficializou essas reuniões, consolidando a criação do Parlamento[161].

---

161. Veja-se E. L. Woodward, *Uma História da Inglaterra*, págs. 52 e segs.

Depois de uma fase inicial de grande prestígio, o Parlamento, que também sofreu as consequências da instalação do absolutismo, foi perdendo a autoridade, levando vários séculos para poder impor ao monarca suas decisões, o que só iria conseguir no século XVIII. Nesse meio tempo, entretanto, a partir do ano de 1332, começa a se definir a criação de duas Casas do Parlamento. Os barões, que eram pares do reino, continuavam a realizar suas assembleias, às quais o clero não mais comparecia. E os cavaleiros, cidadãos e burgueses, identificados no seu conjunto pela designação de *commoners*, compuseram sua própria assembleia, que seria a Câmara dos Comuns[162]. Mas somente no final do século XVIII, como consequência de intensas lutas políticas, familiares e religiosas, iria desencadear-se o processo que determinou a criação do parlamentarismo.

A Revolução Inglesa, que teve seu ápice nos anos de 1688 e 1689, culminou com a expulsão do rei católico Jaime II, que foi substituído por Guilherme de Orange e Maria, ambos protestantes, embora ela fosse filha do próprio Jaime II. A partir de 1688 o Parlamento se impõe como a maior força política, e altera, inclusive, a linha de sucessão, com a exclusão do ramo católico dos Stuarts, o que iria ter sérias consequências poucos anos depois. Durante o reinado de Guilherme e Maria, bem como no de sua sucessora, a Rainha Ana, estabeleceu-se o hábito de convocação pelo soberano de um "Conselho de Gabinete", que era um corpo restrito de conselheiros privados, consultados regularmente sobre assuntos de relações exteriores.

Com o falecimento da Rainha Ana, em agosto de 1714, o príncipe alemão Jorge, eleitor de Brunswick-Luneburg e que governava de Hanover os seus territórios, foi considerado o herdeiro legítimo da coroa britânica, subindo ao trono da Inglaterra com o título de Jorge I. Nem ele, nem seu sucessor, Jorge II, tinham conhecimento dos problemas políticos ingleses, e não revelaram o menor interesse por eles. Como registram os historiadores, nenhum dos dois falava inglês e quando se dirigiam ao Parlamento faziam-no em latim. Uma das principais consequências de todas essas circunstâncias foi que o Gabinete continuou a se reunir e a tomar decisões, sem a presença do rei. E logo um dos ministros, membro do Gabinete, foi se destacando dos demais, liderando o Gabinete e passando a expor e defender suas decisões perante o Parlamento. Esse ministro, Roberto Walpole, foi chamado, de início por ironia, Primeiro-Ministro, por sua ascendência sobre os demais e no controlar o rei. Mas sua atuação teve importância

---

162. Veja-se Orlando M. Carvalho, *O Mecanismo do Governo Britânico*, págs. 103 e segs.

decisiva para que, com a redução da participação e da autoridade do monarca nas decisões políticas, ficasse claramente delineado um dos pontos básicos do parlamentarismo: a distinção entre o *Chefe do Governo*, que passou a ser o Primeiro-Ministro, e o *Chefe do Estado*, que continuou sendo o monarca.

Outras ocorrências iriam determinar as demais características do parlamentarismo. Tentando reagir contra a submissão da coroa ao Parlamento, o Rei Jorge III escolheu para Primeiro-Ministro, em 1770, Lord North, chamando para si a responsabilidade pela fixação da política do Estado. Alguns anos antes, em 1757, havia sido eleito para a Câmara dos Comuns John Wilkes, agitador político de grande prestígio junto às classes mais pobres. Esse fato acabou adquirindo grande importância; porque Wilkes tomou, desde logo, atitude de franca hostilidade em relação ao monarca. Acusado de sedição, na Câmara dos Lordes, esta acabou aprovando contra ele um libelo acusatório, forçando sua expulsão da Câmara dos Comuns. Refugiando-se na França, Wilkes retornou depois à Inglaterra, onde foi processado e recebeu uma pena bastante leve. Pouco depois, em 1774, foi reeleito para a Câmara dos Comuns, desencadeando-se grande controvérsia sobre a validade dessa eleição. Para afirmar sua independência e sua autoridade, a Câmara não só o acolheu mas, no mesmo ano, designou-o *Lord Mayor* de Londres, cargo que equivale a Prefeito da capital. Dois anos depois viria a independência das colônias norte-americanas, abertamente apoiada por Wilkes, e que iria fornecer pretexto para violentos ataques ao rei e aos seus conselheiros políticos, acusados de incapacidade para fixar a política do Estado. Finalmente, depois de alguma resistência, em 1782 o monarca se vê obrigado a demitir Lord North, estabelecendo-se desde então que a Câmara dos Comuns deveria dar sua aquiescência à escolha do Primeiro-Ministro. Estabelecia-se a supremacia da representação popular, exatamente como também a França o desejava na mesma época.

Ainda mais um passo seria dado, quando o Parlamento, sentindo-se forte, começou a pressionar os ministros a se demitirem, quando discordavam de sua política. De início foi utilizado o *impeachment* (instituto de direito penal) para afastar os ministros indesejáveis. Fazia-se a acusação perante a Câmara dos Comuns, alegando-se a prática de um delito. Reconhecida a culpa, declarava-se o *impeachment*, com a consequência de perda do ministério e imposição de uma pena. Aos poucos os ministros perceberam ser mais conveniente deixar o cargo logo que se manifestasse o descontentamento do Parlamento em relação à política que estivessem adotando. Nasceu, assim, a *responsabilidade política*, com a obrigatoriedade da demissão do Gabinete sempre que receber um voto de *desconfiança*.

127. Como ficou demonstrado, através de uma longa sequência de acontecimentos foram sendo, gradualmente, estabelecidas as características do parlamentarismo. Durante o século XIX o sistema iria ser aperfeiçoado, quando então já existia plena consciência de sua existência e, através de trabalhos teóricos, foi claramente fixado o seu mecanismo. Isso contribuiu para que se firmasse a praxe de escolher para Primeiro-Ministro sempre um representante da maioria parlamentar, condicionando-se sua permanência no cargo à manutenção dessa maioria. Essa prática foi facilitada pelo caráter bipartidário do sistema britânico, pois esta circunstância dá condições a que um único partido possa deter a maioria das cadeiras. Assim sendo, basta verificar qual o partido que tem o maior número de representantes para saber que ele deve indicar o Primeiro-Ministro. Isso não ocorre nos sistemas pluripartidários, pois nestes, quase sem exceção, nenhum partido consegue sozinho obter a maioria dos lugares, sendo indispensável a realização de coligação para compor a maioria parlamentar. Em consequência, nem sempre o Primeiro-Ministro é membro do partido que tem o maior número de representantes, podendo recair a escolha em alguém que seja de um partido menor, mas que revele melhores condições para conseguir a composição de um grupo majoritário.

128. Com base em todos esses elementos, podem-se indicar agora, numa síntese, as principais características do parlamentarismo. Antes disso, porém, é preciso lembrar que, não obstante haver nascido na Inglaterra, onde coexistem a monarquia e o sistema bipartidário, o parlamentarismo foi implantado também em Estados que têm governo republicano e sistema pluripartidário, o que obrigou a certas adaptações, indispensáveis para possibilitar o funcionamento do sistema.

Em linhas gerais, são as seguintes as características do parlamentarismo:

Distinção entre Chefe de Estado e Chefe de Governo. O Chefe de Estado, monarca ou Presidente da República, não participa das decisões políticas, exercendo preponderantemente uma função de representação do Estado. Sendo secundária sua posição, em termos políticos, é normal nas repúblicas parlamentares que sua escolha seja feita por eleição no Parlamento e que seu mandato seja relativamente longo. É inegável, todavia, que o Chefe de Estado é uma figura importante, pois, além das funções de representação e além de atuar como vínculo moral do Estado, colocado acima das disputas políticas, ele desempenha um papel de especial relevância nos momentos de crise, quando é necessário indicar um novo Primeiro-Ministro à aprovação do Parlamento. Essa indicação é extremamente difícil, muitas vezes, nos sistemas pluripartidários, pois deve ser escolhido alguém que revele estar em condições de compor um Gabinete que obtenha a aprovação da maioria parlamentar.

O Chefe de Governo, por sua vez, é a figura política central do parlamentarismo, pois é ele que exerce o poder executivo. Como já foi assinalado, ele é apontado pelo Chefe de Estado para compor o governo e só se torna Primeiro-Ministro depois de obter a aprovação do Parlamento. Por esse motivo é que muitos consideram o Chefe do Governo, no parlamentarismo, um delegado do Parlamento, pois ele só pode assumir a chefia do governo e permanecer nela, como se verá em seguida, com a aprovação da maioria parlamentar. Como assinalou LOEWENSTEIN, não há como sustentar que no parlamentarismo se preserva a separação dos poderes.

Chefia do governo com responsabilidade política. O Chefe do Governo, aprovado pelo Parlamento, não tem mandato com prazo determinado, podendo permanecer no cargo por alguns dias ou por muitos anos, ambas as hipóteses já tendo ocorrido na prática. Há dois fatores que podem determinar a demissão do Primeiro-Ministro e de seu Gabinete (ou a *queda do governo*, segundo a gíria política): a *perda da maioria parlamentar* ou o *voto de desconfiança*. Num sistema bipartidário, quando se realizam eleições para o Parlamento, a chefia do governo está sempre em jogo. Se o partido a que pertence o Primeiro-Ministro conseguir manter a maioria parlamentar, ele permanece no cargo. Se, pelo contrário, o maior número de cadeiras for conquistado por outro partido, este, automaticamente, adquire a chefia do governo, devendo ser escolhido entre os seus membros o novo Primeiro-Ministro.

Num sistema pluripartidário é preciso verificar se ainda subsiste a coligação majoritária, para que se mantenha o Primeiro-Ministro. A coligação pode ser desfeita por desentendimentos entre os seus componentes, ou pode tornar-se minoritária em consequência do resultado de novas eleições. Em ambos os casos o Primeiro-Ministro perde sua base de sustentação política e deve demitir-se. Outro fator que determina a demissão do Primeiro-Ministro é a aprovação de um voto de desconfiança pelo Parlamento. Se um parlamentar desaprova, no todo ou num importante aspecto particular, a política desenvolvida pelo Primeiro-Ministro, propõe um voto de desconfiança. Se este for aprovado pela maioria parlamentar, isso revela que o Chefe do Governo está contrariando a vontade da maioria do povo, de quem os parlamentares são representantes. Assim sendo, deve demitir-se. Às vezes, embora muito raramente, o Primeiro-Ministro considerava o voto de desconfiança produto de um desentendimento ocasional ou secundário e não se considera obrigado a demitir-se. Nesse caso, o comportamento da maioria em novas votações é que decide se ele deve ou não continuar no cargo.

Possibilidade de dissolução do Parlamento. Uma característica importante do sistema inglês é a possibilidade de ser dissolvido o Parlamento, considerando-se extinto o mandato dos membros da Câmara dos Comuns antes do prazo normal. Isso pode ocorrer quando o Primeiro-Ministro percebe que só conta com uma maioria e acredita que a realização de eleições gerais irá resultar numa ampliação dessa maioria. Ou então, e isto se aplica mais aos sistemas pluripartidários, quando o Primeiro-Ministro recebe um voto de desconfiança mas entende que o Parlamento é que se acha em desacordo com a vontade popular. Nesses casos ele pode pedir ao Chefe do Estado que declare extintos os mandatos e, pelo mesmo ato, convoque novas eleições gerais. Realizadas as eleições, seu resultado determinará a permanência do Primeiro-Ministro, se continuar com a maioria, ou sua demissão, se contar apenas com a minoria dos novos representantes eleitos.

129. Em torno dessas linhas fundamentais surgiram inúmeros sistemas, mantida, entretanto, a diretriz básica representada pela atribuição de competência ao Parlamento para fixação da política do Estado. Em alguns casos admitiu-se que o Chefe do Estado também exercesse algumas funções políticas, razão pela qual alguns autores passaram a chamar de *dualista* esta última forma, denominando *monista* a primeira. Ainda em função das variações introduzidas no parlamentarismo, fala-se em regime *de gabinete*, quando o sistema é nitidamente monista e o executivo é como um representante da maioria do Parlamento. Essa hipótese corresponde, na realidade, ao Estado parlamentarista com um sistema bipartidário. Dá-se o nome de regime *de assembleia* àquele em que o executivo é uma espécie de delegado do Parlamento e atua de comum acordo com ele, o que seria típico do parlamentarismo num sistema pluripartidário.

Na verdade, porém, essas peculiaridades não chegam a criar um novo tipo de governo, razão pela qual todas elas são consideradas variações do tipo inglês de governo. Quanto às razões que determinam seu aparecimento, não é difícil explicá-las. Houve, antes de tudo, o temor dos excessos do poder pessoal e, em consequência, o desejo de transferir a maior soma de poder político para os Parlamentos. Isso ficou muito evidente depois da I Guerra Mundial quando em toda a Europa os Estados adotaram novas constituições introduzindo o parlamentarismo. Observando o fenômeno, Mirkine-Guetzévitch assinalou que a tendência essencial do constitucionalismo europeu daquele período era a procura de *racionalização do poder*. E, compreendendo que o problema básico dessa racionalização estava nas relações entre o legislativo e o executivo, deram preferência à absoluta predominância do legislativo, acreditando-o o mais equilibrado e menos sujeito aos riscos do personalismo. E ele próprio acentuou que a lembrança da guerra e dos grandes erros das monarquias estava contribuindo para acentuar esse desejo de organizar governos racionais, tomando o parlamentarismo por modelo[163].

Os defensores do parlamentarismo consideram-no, de fato, mais racional e menos personalista, porque atribui responsabilidade política ao chefe do executivo e transfere ao Parlamento, onde estão representadas todas as grandes tendências do povo, a competência para fixar a política do Estado, ou, pelo menos, para decidir sobre a validade da política fixada. Os que são contrários a esse tipo de governo argumentam com sua fragilidade e instabilidade, sobretudo na época atual em que o Estado não pode ficar numa atitude passiva, de mero vigilante das relações sociais. Já tendo passado dessa fase para a de participação ativa na organização da sociedade e, mais recentemente, para um período em que sua iniciativa é esperada e até exigida, o Estado precisa de mais dinamismo e mais energia, que não se encontram no parlamentarismo. E o reconhecimento dessa nova situação, aliado ao desejo de preservar o regime, tem levado à construção de sistemas híbridos, que só com muito esforço poderiam ser considerados uma simples variação do sistema parlamentar. Assim, pois, em face das novas condições de vida social e da nova situação do Estado, parece evidente que este não tende para o parlamentarismo, não se podendo afirmar que ele seja uma das opções necessárias do mundo contemporâneo.

O que se verifica na prática é que novas formas de governo vão surgindo, aproveitando elementos do parlamentarismo e do presidencialismo mas introduzindo alterações substanciais. O exemplo mais expressivo dessas inovações é o sistema francês criado pela constituição de 1958, que não é parlamentarismo nem presidencialismo.

Bibliografia

HAROLD J. LASKI, *Le Gouvernement Parlementaire en Angleterre*, Presses Universitaires de France, Paris, 1950; ORLANDO M. CARVALHO, *O Mecanismo do Governo Britânico*, Os Amigos do Livro, Belo Horizonte, 1943; JOSÉ LOUREIRO JR.,

---

163. B. MIRKINE-GUETZÉVITCH, *Les Nouvelles Tendances du Droit Constitutionnel*, Introdução, págs. VII e IX.

Parlamentarismo e Presidencialismo, São Paulo, 1962; GEORGES BURDEAU, *Le Régime Parlementaire dans les Constitutions Europénnes l'Après Guerre*, Les Éditions Internationales, Paris, 1932; MIGUEL REALE, *Parlamentarismo Brasileiro*, Ed. Saraiva, São Paulo, 1962; B. MIRKINE-GUETZÉVITCH, *Les Nouvelles Tendances du Droit Constitutionnel*, Marcel Giard, Paris, 1931; M. JIMÉNEZ DE PARGA, *Los Regímenes Políticos Contemporáneos*, Ed. Technos, Madri, 1968; MAURICE DUVERGER, *Os Regimes Políticos*, Difusão Europeia do Livro, São Paulo, 1962; JORGE XIFRA HERAS, *Instituciones y Sistemas Políticos*, Ed. Bosch, Barcelona, 1961; ROSCOE POUND, *Desenvolvimento das Garantias Constitucionais da Liberdade*, Ed. Ibrasa, São Paulo, 1965; E. L. WOODWARD, *Uma História da Inglaterra*, Ed. Zahar, Rio de Janeiro, 1964; MANOEL GONÇALVES FERREIRA FILHO, *Curso de Direito Constitucional*, Ed. Saraiva, São Paulo, 1971; PAULO BONAVIDES, *Ciência Política*, Ed. Forense, Rio de Janeiro, 1983 (5ª ed.); PHILIPPE LAVAUX, *Parlamentarismo*, Ed. Zahar, Rio de Janeiro, 1987.

O Presidencialismo

130. O *presidencialismo*, exatamente como ocorreu com o parlamentarismo, não foi produto de uma criação teórica, não havendo qualquer obra ou autor que tivesse traçado previamente suas características e preconizado sua implantação. Mas, diferentemente do que ocorreu em relação ao regime parlamentar, o presidencialismo não resultou de um longo e gradual processo de elaboração. Pode-se afirmar com toda a segurança que o presidencialismo foi uma criação americana do século XVIII, tendo resultado da aplicação das ideias democráticas, concentradas na liberdade e na igualdade dos indivíduos e na soberania popular, conjugadas com o espírito pragmático dos criadores do Estado norte-americano. A péssima lembrança que tinham da atuação do monarca, enquanto estiveram submetidos à coroa inglesa, mais a influência dos autores que se opunham ao absolutismo, especialmente de MONTESQUIEU, determinaram a criação de um sistema que, consagrando a soberania da vontade popular, adotava ao mesmo tempo um mecanismo de governo que impedia a concentração do poder. O sistema presidencial norte-americano aplicou, com o máximo rigor possível, o princípio *dos freios e contrapesos*, contido na doutrina da separação dos poderes.

Para se perceber a repulsa dos norte-americanos pela monarquia, basta a leitura rápida de alguns documentos contemporâneos da criação dos Estados Unidos. Já na Declaração de Independência, de 4 de julho de 1776, há uma série de acusações ao rei da Inglaterra, além de se declarar que os signatários tinham por evidente, entre outras coisas, que os governos "recebem a legitimidade do poder do consentimento dos governados". Nas cartas escritas por JEFFERSON, nessa mesma época, a condenação da monarquia é feita nos termos mais drásticos que alguém possa imaginar. Em carta a Benjamin Watkins, em 4 de agosto de 1787, dizia JEFFERSON: "Se todos os males que surgirem entre nós, oriundos da forma republicana de governo, de hoje até o dia do Juízo Final, pudessem ser postos numa balança, contra o que este país sofreu com sua forma de governo monárquico numa semana, ou a Inglaterra num mês, estes últimos preponderariam..."[164]. Outros pronunciamentos contemporâneos são no mesmo sentido, sendo uma constante o temor de conceder excessivos poderes a um só indivíduo e de favorecer a volta ao absolutismo. E que a repulsa não era apenas ao rei da Inglaterra vê-se claramente pela própria Declaração de Independência, onde se diz que as colônias se viam obrigadas, por necessidade, "a mudar o seu antigo sistema de governo".

Quanto à influência de Montesquieu, já disse Wilson: "Os estadistas americanos das primeiras gerações citavam Montesquieu mais do que qualquer outro autor, e o citavam sempre como padrão científico no campo da política"[165]. Na verdade, a leitura do Livro XI, Capítulo VI, da obra célebre de Montesquieu, "De L'Esprit des Lois", e seu confronto com a Constituição norte-americana, revela ter havido muito mais do que simples coincidências. O ponto de partida do notável teórico francês é a recomendação relativa à separação dos poderes, o que foi religiosamente seguido pelos norte-americanos. Depois disso há uma série de recomendações, quanto às características e às atribuições dos poderes, que foram quase todas acolhidas. O único ponto fundamental de divergência é que Montesquieu, falando sobre o poder executivo, diz que ele deve permanecer nas mãos de um monarca. Naturalmente, a ideia básica era que o executivo deveria ser atribuído a um órgão unipessoal, e não havia na época outro exemplo de órgãos unipessoais que não fossem os reis.

Em síntese, os fundadores do Estado norte-americano tinham plena consciência de estarem criando uma nova forma de governo. Na medida das possibilidades aplicaram as ideias contidas na obra de Montesquieu, relativas à liberdade, à igualdade e à soberania popular. Além disso, atentaram para as necessidades práticas, procurando conciliar os conflitos de interesses e de tendências registrados entre os constituintes, criando um sistema de governo suficientemente forte e eficiente para cumprir suas tarefas e convenientemente contido para não degenerar num absolutismo.

131. As características do presidencialismo também passaram por um processo de definição, não obstante os seus criadores terem procurado compor um sistema completo. A experiência e as novas solicitações a que o Estado teve de atender foram determinando alguns ajustes, ou então o

---

164. Thomas Jefferson, *Escritos Políticos*, pág. 66.
165. Woodrow Wilson, *Governo Constitucional nos Estados Unidos*, pág. 45.

esclarecimento de pontos importantes que haviam sido omitidos ou que tinham sido previstos de maneira incompleta na Constituição. A respeito dessas inovações é oportuno ressaltar que os constituintes norte-americanos asseguraram, com rara felicidade, a flexibilidade do sistema, o que tornou possível sua adaptação a novas circunstâncias, mantendo-se a mesma Constituição e introduzindo nela um número relativamente pequeno de emendas. Na maioria das vezes bastou a reinterpretação da Constituição, à luz das novas realidades, para que se obtivesse sua atualização.

Como características básicas do governo presidencial, podem ser indicadas as seguintes:

O Presidente da República é Chefe do Estado e Chefe do Governo. O mesmo órgão unipessoal acumula as duas atribuições, exercendo o papel de vínculo moral do Estado e desempenhando as funções de representação, ao mesmo tempo em que exerce a chefia do poder executivo. Esta última atribuição foi a que passou pelo processo de definição mais acentuado. Com efeito, no final do século XVIII o Estado era simples vigilante da vida social, razão pela qual se pensou no Presidente da República na condição de mero executor das leis que fossem aprovadas pelo legislativo. Entretanto, já no século XIX começaram a surgir novas exigências, obrigando o presidente a tomar decisões frequentes e rápidas sobre os mais variados assuntos. E essas necessidades aumentaram enormemente no século XX. Tudo isso deu ao presidente as características de verdadeiro Chefe de Governo, pois além das funções estritamente executivas ele desempenha atribuições políticas de grande relevância, numa autêntica função governativa.

A chefia do executivo é unipessoal. A responsabilidade pela fixação das diretrizes do poder executivo cabe exclusivamente ao Presidente da República. Naturalmente, por motivos de ordem prática, ele se apoia num corpo de auxiliares diretos, de sua inteira confiança, para obter conselhos e informações. Desde muito cedo, já na presidência de George Washington, esse corpo de auxiliares especiais passou a ser designado como Gabinete da Presidência, tendo crescido muito sua influência nos últimos tempos, a partir da II Guerra Mundial. Mas esse corpo de auxiliares não é previsto na Constituição e não compartilha da responsabilidade do presidente pelas decisões. Além disso, ele é demissível a qualquer momento, pois assim como o presidente não necessita da concordância do Congresso para escolhê-los, não depende também do legislativo para sua manutenção ou substituição. Acentuando-se o caráter unipessoal da presidência, verifica-se que o vice-presidente, escolhido juntamente com o presidente, não tem qualquer atribuição, só podendo tomar conhecimento dos assuntos do governo quando são públicos, ou quando o Presidente da República o permite.

O Presidente da República é escolhido pelo povo. Este aspecto exige especial consideração para ser bem entendido. Quando se discutiu a Constituição do Estado norte-americano, MADISON, num dos artigos de "O Federalista", destinado a esclarecer as bases do novo sistema, tratou especialmente do governo do novo Estado. Seu primeiro cuidado foi insistir no caráter republicano do governo, parecendo-lhe, conforme suas expressões, "evidente que nenhuma outra forma seria conciliável com o gênio do povo americano". Pareceu-lhe, no entanto, que seria indispensável fixar bem claramente as características da república, o que ele faz em seguida, acentuando dois pontos básicos: "*a*) é *essencial* que semelhante governo derive do grande conjunto da sociedade, não de uma parte inapreciável, nem de uma classe privilegiada dela; *b*) é *suficiente* para esse governo que as pessoas que o administrem sejam designadas direta ou indiretamente pelo povo"[166].

A Constituição norte-americana, atendendo às peculiaridades da época de sua elaboração, atribuiu a um colégio eleitoral a competência para eleger o Presidente da República em nome do povo. Cada Estado adquiriu o direito a tantos votos eleitorais quantos forem os seus representantes na Câmara e no Senado. Designados, de início, pelos legislativos dos Estados, esses eleitores votariam nos seus respectivos Estados, remetendo-se os votos para a capital federal. Esse processo revela bem a reduzida importância que se deu à chefia do executivo, pois os colégios eleitorais dos Estados, sem manterem qualquer contato entre si e sem um conhecimento direto dos líderes federais, dificilmente poderiam fazer uma escolha que correspondesse, efetivamente, à vontade do povo.

Aos poucos, porém, foi sendo ampliada a importância do Presidente da República, passando-se a consultar o povo sobre os candidatos à presidência. A evolução atingiu um ponto em que, por disposição constitucional, quem elege o chefe do executivo ainda é o colégio eleitoral, mas, na prática, a votação popular tem importância fundamental. Pelo sistema de votos eleitorais, todos os votos de um Estado cabem ao partido que obtiver nele a maioria dos votos populares. Isso, na verdade, não elimina a importância jurídica da participação do povo. Entretanto, como grande número de eleitores norte-americanos ignora que escolhe diretamente o colégio eleitoral e não o presidente, e como se tornou imperativa a concordância inequívoca do povo para que o governo seja considerado democrático, já se pensa seriamente na eliminação do colégio eleitoral. Na quase totalidade dos sistemas derivados do modelo norte-americano consagrou-se a eleição

---

166. JAMES MADISON, *O Federalista*, XXXIX.

direta pelo povo, o que se torna mais necessário quando se põe em dúvida a autenticidade da representação política.

O Presidente da República é escolhido por um prazo determinado. Para assegurar o caráter democrático do governo foi estabelecida a escolha por eleições. Entretanto, pouco adiantaria a adoção desse processo se o presidente, uma vez eleito, pudesse permanecer indefinidamente no cargo. Isso não passaria de uma forma de monarquia eletiva. Para que isso não aconteça, o chefe do executivo, no regime presidencial, é eleito por um prazo fixo predeterminado, findo o qual o povo é novamente chamado a escolher um novo governante. No sistema norte-americano não se estabeleceu, de início, a proibição de reeleições para períodos imediatos. Contra essa omissão houve expressa manifestação de JEFFERSON, que observou que a possibilidade ilimitada de reeleições daria caráter vitalício à investidura, e daí seria fatal que se passasse à hereditariedade. Mantido o silêncio constitucional, criou-se a praxe de um máximo de dois períodos consecutivos para cada presidente, o que foi respeitado até o período de Franklin Roosevelt, que, valendo-se das circunstâncias da guerra, foi eleito para um terceiro período consecutivo. Esse fato despertou reação e fez com que se aprovasse uma emenda constitucional, incorporada à Constituição em 27 de fevereiro de 1951, estabelecendo o limite máximo de dois períodos consecutivos. Na maioria dos Estados que adotaram a forma presidencial de governo a solução foi drástica, proibindo-se qualquer reeleição para um período imediato.

O Presidente da República tem poder de veto. Orientando-se pelo princípio da separação dos poderes, os constituintes norte-americanos atribuíram ao Congresso, composto de Câmara e Senado, a totalidade do poder legislativo. Entretanto, para que não houvesse o risco de uma verdadeira ditadura do legislativo, reduzindo-se o chefe do executivo à condição de mero executor automático das leis, lhe foi concedida a possibilidade de interferir no processo legislativo através de veto. Os projetos aprovados pelo legislativo, a não ser que se trate de uma das raras hipóteses de competência exclusiva do poder legislativo, devem ser remetidos ao Presidente da República para receberem sua sanção, que é a manifestação de concordância. Se considerar o projeto inconstitucional ou inconveniente, o presidente veta-o, negando-lhe sanção e comunicando o veto ao legislativo. Este deve, então, apreciar o veto do presidente mediante votação especial. Se o acolher, o projeto está rejeitado, mas se, pelo contrário, houver rejeição do veto, o projeto se considera aprovado, mesmo contra o desejo expresso do chefe do executivo. Em muitos Estados considerou-se insuficiente essa participação do Presidente da República no processo legislativo, tendo-se-lhe concedido a possibilidade de enviar projetos de lei ao poder legislativo, ficando este obrigado a discutir e votar o projeto.

132. O regime presidencial tem sido preferido nos lugares e nas épocas em que se deseja o fortalecimento do poder executivo, sem quebra da formal separação dos poderes. A seu favor argumenta-se com a rapidez com que as decisões podem ser tomadas e postas em prática. Além disso, cabendo ao Presidente da República decidir sozinho, sem responsabilidade política perante o parlamento, existe unidade de comando, o que permite um aproveitamento mais adequado das possibilidades do Estado, sem a necessidade de transigências e adaptações que deformam qualquer diretriz política. Por último, alega-se que o presidencialismo assegura maior energia nas decisões, pois, sendo o responsável pela política e tendo os meios para aplicá-la, o Presidente da República, naturalmente interessado no êxito de sua política, tudo fará para que o Estado atue com o máximo de suas possibilidades. E essas três características, a rapidez no decidir e no concretizar as decisões, a unidade de comando e a energia na utilização dos recursos do Estado, tudo isso é considerado altamente vantajoso numa época em que se procura aumentar a eficiência do Estado, não enfraquecê-lo.

O principal argumento que se usa contra o presidencialismo é que ele constitui, na realidade, uma ditadura a prazo fixo. Eleito por um tempo certo e sem responsabilidade política efetiva, o Presidente da República pode agir francamente contra a vontade do povo ou do Congresso sem que haja meios normais para afastá-lo da presidência. *O impeachment*, geralmente previsto nos sistemas presidenciais, é uma figura penal, que só permite o afastamento do presidente se ele cometer um crime. E é perfeitamente possível que o presidente, adotando uma política inadequada, mas sem praticar qualquer ato delituoso, cause graves prejuízos ao Estado, não havendo, nessa hipótese, como retirá-lo da presidência e impedir a manutenção da política errônea. Além disso, como o presidente necessita de base legal para os seus atos mais importantes, sobretudo para efetuar despesas, é indispensável que ele mantenha relações com o legislativo. E a prática tem demonstrado, segundo se argumenta, que o executivo, mais forte do que o legislativo, obtém deste o que quiser, agindo como verdadeiro ditador. E, se o legislativo, na prática, tiver meios para se sobrepor ao executivo, este ficará totalmente cerceado, não podendo agir com eficácia, do que resulta a ineficiência do Estado[167].

---

167. É curioso verificar que, consciente ou inconscientemente, os constituintes norte-americanos seguiram a orientação de MAQUIAVEL, no tocante ao governo

133. Os argumentos contrários e favoráveis ao presidencialismo têm sido levados em conta na organização e na readaptação dos sistemas presidenciais. O que se vê claramente, no entanto, é que têm sido introduzidas tais e tantas modificações que há inúmeros sistemas que preservam muito pouco das características fundamentais do presidencialismo, sem terem adotado também uma organização parlamentarista. O exame das tendências do Estado revelará que, não obstante haver maior aproximação entre o presidencialismo e as novas formas de governo, do que entre estas e o parlamentarismo, não se pode sustentar que os Estados estejam orientados no sentido da predominância do regime presidencial de governo.

Bibliografia

J. Djordjevic et alii, *O Papel do Executivo no Estado Moderno*, Ed. RBEP, Belo Horizonte, 1959; Edward S. Corwin, *El Poder Ejecutivo*, Ed. Bibliográfica Argentina, Buenos Aires, 1959; *A Constituição Norte-Americana e seu Significado Atual*, Ed. Zahar, Rio de Janeiro, s/d; Alexander Hamilton, John Jay e James Madison, *O Federalista*, Ed. Nacional de Direito, Rio de Janeiro, 1959; Montesquieu, *De L'Esprit des Lois*, Libr. Garnier Frères, Paris, s/d; Thomas Jefferson, *Escritos Políticos*, Ed. Ibrasa, São Paulo, 1964; Woodrow Wilson, *Governo Constitucional nos Estados Unidos*, Ed. Ibrasa, São Paulo, 1963; José Loureiro Jr., *Parlamentarismo e Presidencialismo*, São Paulo, 1962; Maurice Duverger, *Os Regimes Políticos*, Difusão Europeia do Livro, São Paulo, 1962; Jorge Xifra Heras, *Instituciones y Sistemas Políticos*, Ed. Bosch, Barcelona, 1961; Manoel Gonçalves Ferreira Filho, *Curso de Direito Constitucional*, Ed. Saraiva, São Paulo, 1971; Paulo Bonavides, *Ciência Política*, Ed. FGV, Rio de Janeiro, 1967; Emmette S. Redford et alii, *Politics and Government in the United States*, Harcourt, Brace & World, Inc., Nova York, 1965; James MacGregor Burns e Jack Walter Peltason, *Government by the People*, Prentice-Hall, Inc., Englewood Cliffs, Nova Jérsei, 1964.

---

ideal, mais bem estruturado para um equilíbrio permanente. De fato, nos *Discursos sobre a Primeira Década de Tito Lívio* (Livro I, Cap. 2) diz o genial florentino que as três formas de governo, a realeza, a aristocracia e a democracia, têm defeitos insuperáveis. E acrescenta: "Um legislador prudente que conheça esses defeitos fugirá delas, estabelecendo um regime misto que de todas participe, o qual será mais firme e estável; porque numa Constituição em que coexistam a monarquia, a aristocracia e a democracia, cada um desses poderes vigia e contém os abusos dos demais". Ora, sem esforço verifica-se que foi exatamente esse tipo de governo misto que os norte-americanos organizaram: o executivo, como expressão de governo unipessoal, o judiciário, tendo na cúpula um corpo aristocrático, e o legislativo, representando o componente democrático do governo.

Tendências do Governo no Estado Contemporâneo

134. O aparecimento, dentro de um curto período de tempo, de inúmeros fatores de influência, alterando fundamentalmente a posição do Estado na sociedade, teria que influir, como de fato vem influindo, sobre as formas de governo. Mas, como é evidente, as transformações não se operam num sentido uniforme em todos os Estados, uma vez que o governo, nas sociedades livres, é expressão da herança histórica do povo, aliada a fatores sociais, econômicos e políticos. Existem, é verdade, certas tendências, em pequeno número, que caracterizam a época, uma vez que derivam das grandes opções oferecidas pela vida social num dado momento histórico. Mas essas tendências não se revelam clara e imediatamente, pois estão envolvidas pelas peculiaridades de cada Estado, determinadas pelas solicitações mais urgentes ou por conflitos de maior impacto emocional. Assim, não é fácil para o teórico distinguir entre o que é tendência fundamental e as configurações momentâneas, embora se possa fazer a tentativa de distinção, pela identificação das instituições que aparecem mais frequentemente e que dão mostras de serem permanentes.

Essa dificuldade faz com que o tratamento teórico do assunto leve à formação de tipologias que, prudentemente, sem abandonar os padrões tradicionais, começam a fazer o reconhecimento de novos tipos. Mas esse mesmo reconhecimento se faz através da vinculação dos sistemas novos aos antigos a que mais se assemelham. Por tal motivo é que surgem com frequência expressões como *formas atípicas, sistemas não clássicos, sistemas impuros, formas ecléticas ou mistas,* não faltando também o prefixo *neo,* quando se quer afirmar ou sugerir que se trata apenas de uma forma nova de exteriorização de uma ideia antiga.

135. O exame das tipologias formuladas pelos principais autores que têm escrito sobre a matéria revela que existe ainda um forte apego à ideia de uma opção fundamental entre parlamentarismo e presidencialismo. Em consequência, há um grande esforço para enquadrar dentro de um desses campos todas as formas existentes, havendo, às vezes, o reconhecimento de que determinada forma se afastou tanto de qualquer daqueles padrões tradicionais que deve ser apontada como um tipo novo. Assim, por exemplo, DUVERGER aponta a existência de três tipos fundamentais: os *regimes de tipo inglês*, que incluem o protótipo britânico e as formas derivadas, podendo-se reconhecer nesse grupo, na realidade, o parlamentarismo e suas derivações; os *regimes de tipo americano*, tendo como padrão o regime político dos Estados Unidos e compreendendo as formas que derivaram dele. Nesse grupo estão compreendidos, como se vê, o presidencialismo e suas variações; os *regimes de tipo russo*, entre os quais estão o regime da ex-União Soviética e as variedades derivadas do antigo regime soviético. Mas o próprio DUVERGER observa que as Constituições desse último grupo revelam que se trata de sistemas baseados numa separação flexível dos poderes (com a colaboração recíproca), muito próxima do regime parlamentar clássico.

Já para JIMÉNEZ DE PARGA existem o sistema *britânico*, o *norte--americano* e o *francês*. Os primeiros correspondem, respectivamente, ao parlamentarismo e ao presidencialismo. Quanto ao sistema francês, fica evidente que JIMÉNEZ DE PARGA, preso em demasia aos padrões tradicionais, não conseguiu libertar-se deles, mesmo reconhecendo a existência de um tipo diverso. Assim é que lhe dá a classificação de "parlamentarismo orleanista", para dizer em seguida que se trata de um tipo misto, mescla de parlamentarismo e presidencialismo, concluindo por apontar como uma de suas características fundamentais a predominância do poder executivo.

Outro autor que tratou do assunto, procurando ser minucioso na classificação dos tipos, foi XIFRA HERAS. Indica ele cinco tipos de governo: 1) o *sistema parlamentar*; 2) o *sistema presidencial*; 3) os *sistemas de desequilíbrio*. Sob esta designação, estão indicados os regimes em que se adota o parlamentarismo ou o presidencialismo, mas sem preservar o equilíbrio entre os poderes, dando-se prevalência ao legislativo ou ao executivo; 4) os *sistemas comunistas*. Nesta classe, em que se incluem a ex-União Soviética e as *democracias populares*, XIFRA HERAS ressalta como peculiaridade o *centralismo democrático*, que pressupõe a submissão absoluta dos órgãos inferiores aos superiores. Além disso, o poder executivo é exercido por um órgão coletivo, o *Presidium*, auxiliado por outro órgão coletivo, o Conselho de Ministros. O mesmo autor, analisando em seguida as democracias populares, demonstra que há um pequeno número que segue mais fielmente o antigo modelo soviético, embora sempre com algumas diferenciações, enquanto a maioria apresenta muitas peculiaridades próprias. Mas a existência de um Parlamento, de um *Presidium* e de um Conselho de Ministros é um dado constante, que permite a identificação de um tipo novo; 5) os *sistemas autoritários*, entre os quais se incluem todas as formas não democráticas[168].

136. A observação da realidade demonstra que as formas tradicionais de governo estão sendo abandonadas, com maior ou menor aceleração, o que se justifica pela presença de novos fatores de influência, representados sobretudo por novas possibilidades e novas aspirações que não encontram um veículo adequado nos padrões tradicionais. Aliás, como já foi acentuado, o parlamentarismo e o presidencialismo surgiram em decorrência de novas circunstâncias históricas, incompatíveis com os regimes precedentes. Isto não quer dizer que as formas de governo sejam apenas consequência de outros fatores, não influindo para que se criem novas circunstâncias. Na verdade, a forma de governo determina certa ordem e certos comportamentos. Mas estes se encadeiam num processo dialético e participam, por sua vez, da criação de novas realidades. Chega-se, por esse meio, a um momento em que as novas realidades criadas estão muito distantes da forma de governo que foi sua determinante inicial, passando então à condição de causa determinante de nova forma de governo, e assim por diante.

O parlamentarismo foi uma forma histórica, resultante de uma longa sucessão de fatos e de situações, e que acabou correspondendo a determinadas necessidades. Mas o reconhecimento de que se havia criado algo novo, retirando a totalidade do poder político dos monarcas, não se deu imediatamente e sem resistências. O mesmo ocorreu em relação ao presidencialismo, que, tendo surgido por imposição de fatores absolutamente novos, rompendo totalmente com o regime monárquico, não foi desde logo compreendido e aceito, havendo quem pretendesse tratar-se apenas de uma nova aparência do sistema antigo. Isso foi objeto de um comentário de HAMILTON, que condenou o erro dos que, não compreendendo o novo sistema, verdadeiramente novo, perdiam-se pela particularidade da chefia unipessoal do executivo e viam aí, apenas com outro nome, a repetição do estatuto do rei da Grã-Bretanha, com poderes ainda mais absolutos. Diz HAMILTON, com bastante ironia, que, se esse simples ponto servisse de base a comparações,

---

168. Vejam-se MAURICE DUVERGER, *Os Regimes Políticos*; M. JIMÉNES DE PARGA, *Los Regímenes Políticos Contemporáneos*; JORGE XIFRA HERAS, *Instituciones y Sistemas Políticos*.

supondo que pudesse haver algo de parecido entre o Presidente da República americano e o rei britânico, a mesma semelhança deveria ser reconhecida entre aquele e o Grande Senhor, o Kan de Tartária, o Homem das Sete Montanhas e o Governador de Nova York[169].

É preciso aceitar, portanto, que o parlamentarismo e o presidencialismo já não são as opções necessárias para a formação de um governo. É comum que o excessivo apego às fórmulas consagradas, a necessidade de identificar as coisas segundo um rótulo já conhecido, ou mesmo o temor de parecer leviano ou sensacionalista levem à aceitação passiva do que é verdade consagrada. E isso muitas vezes é bastante prejudicial, quando se trata de uma forma de governo, porque condiciona as novas organizações, estabelecendo limitações para a institucionalização de novas formas. Com efeito, já houve inúmeras oportunidades, em diferentes Estados, em que todos os debates sobre a reorganização do Estado giraram em torno da conveniência de se adotarem formas puras ou modificadas do parlamentarismo ou do presidencialismo, não se admitindo a hipótese da criação de um regime completamente novo, que não fosse derivação de qualquer daqueles dois.

137. Quais seriam as atuais tendências do Estado, passíveis já de identificação? Como ficou esclarecido anteriormente, nenhum fenômeno isolado, que seja produto de circunstâncias locais e momentâneas, deve ser aceito como tendência fundamental. Nesta categoria, portanto, só entram as diretrizes já definidas e consolidadas, que possam ser consideradas gerais e permanentes. Dessa forma, é natural que a definição das tendências se processe lentamente, fazendo com que só depois de um longo período de tempo elas estejam claramente reveladas, permitindo um tratamento teórico sistemático, enquadrando-se em um conjunto. Quando isto se der já estará totalmente definido o novo regime, que pode então receber uma denominação adequada.

Duas são as tendências que já podem ser consideradas e que, salvo algum imprevisto de grande significação, deverão incorporar-se aos novos regimes atualmente em elaboração: a *racionalização do governo* e o *fortalecimento democrático do governo*. Vejamos em que consiste cada uma dessas tendências.

Racionalização do governo. Inúmeras vezes se têm manifestado, desde o início do século XX, preocupações "racionalizadoras", visando à

---

169. Alexander Hamilton, *O Federalista*, LXIX.

superação do empirismo nas atividades de governo. A própria adoção do parlamentarismo em larga escala, depois da I Guerra Mundial, foi justificada pela intenção de racionalizar o poder. A diferença fundamental entre esses movimentos anteriores e a tendência que agora se manifesta é que já não se pretende fazer *do governo* uma atividade racionalizada, livre de imprevistos e de opções inesperadas. Essa espécie de racionalização, incompatível com a própria natureza humana, só é preconizada atualmente pelos chamados tecnocratas, que acreditam na possibilidade de transformar cada homem num robô. A racionalização, que aos poucos vai-se tornando mais clara como tendência, pretende, isto sim, utilizar os elementos técnicos e altamente especializados de que o homem dispõe atualmente, como *auxiliares do governo*. Nesse sentido, há um esforço objetivando aproveitar os recursos modernos de comunicação e organização, para que os governantes, conhecendo melhor a realidade e dispondo de instrumental eficiente, possam decidir com mais acerto e agir com maior eficácia.

Fortalecimento democrático do governo. O exame das inovações constitucionais mais recentes demonstra que vêm sendo adotadas várias medidas tendentes ao fortalecimento do Estado. Para corresponder às novas exigências da vida social o Estado vem aumentando suas atribuições, em extensão e profundidade, agindo com mais intensidade e mais energia e passando a tomar iniciativas, inclusive no campo econômico. Essa nova atitude do Estado é que tem sido chamada, talvez sem muita propriedade, de *fortalecimento*, sobretudo porque essas novas atitudes exigem maior concentração do poder. Mas, evidentemente, isso não pode ser confundido com o aumento de força material, com a adoção de métodos violentos, pois isto é essencialmente antidemocrático e transforma o Estado num inimigo do povo, o que é absolutamente contraditório e, por isso mesmo, jamais poderia ser uma tendência do Estado.

Na verdade, há uma exigência de maior presença do Estado na vida social, e isso, associado ao esforço de racionalização, leva à elaboração de planejamentos globais para melhor equacionamento dos problemas e aproveitamento mais adequado dos recursos. Mas há também a exigência de que esse fortalecimento seja democrático. Reconhecendo isso, CORWIN, apoiado nas tendências e aspirações do povo norte-americano e tendo em conta que é realmente necessário que o Estado se organize para desempenhar um papel ativo na vida social, sugere a criação de um Conselho Legislativo, que institucionalizaria o corpo de assessores de que se têm valido os Presidentes da República. Essa versão moderna e constitucional do antigo Gabinete da Presidência seria capaz, segundo o próprio CORWIN, de *controlar* o presidente, ao mesmo tempo em que lhe daria um assessoramento eficiente, que compreenderia a conjugação das possibilidades do Estado com a vontade do povo[170]. Esta permanente atenção à vontade do povo é indispensável para que o *Estado forte* não seja apenas uma ditadura. É muito importante que se ressalte este aspecto, porque muitas vezes, por despreparo ou má-fé, os governos fortes alegam a incapacidade do povo para entender os problemas de governo e, sob esse pretexto, impedem a participação, nas decisões políticas, do povo e de quem não aceite integralmente as razões e os métodos do governo. Quando isto ocorre, não se tem o fortalecimento do Estado, mas sua degeneração.

Esse processo inevitável de decadência, que acompanha todas as ditaduras, foi muito bem descrito por LIPPMANN nas seguintes palavras: "Quando um Galileu é coagido por um inquisidor mais poderoso, embora mais ignorante, o seu gênio científico é arbitrariamente nivelado ao obscurantismo de seus senhores. Só libertando-o das peias da autoridade é que sua superioridade de observador e pensador pode ser exercida. Em nosso tempo há governos que garantem a cultura oficial pelo exílio, as proscrições, o machado, os pelotões de fuzilamento, o óleo de rícino e o aprisionamento em campos de concentração: estão usando de força arbitrária para reduzir estudiosos e artistas, e enfim a população inteira, no nível cultural dos políticos dominantes. A opinião de homens sem qualificações passa a ser, artificialmente, pela mera intervenção arbitrária da polícia, predominante sobre a opinião de homens que são especialmente dotados e trabalharam para se qualificar"[171]. Na verdade, além dos especialistas, cujas observações críticas devem ser respeitadas porque são úteis ao Estado, o próprio povo, na sua inteireza, deve ter assegurada a possibilidade de expressão livre e deve ser ouvido, pois só ele é senhor de seus interesses no Estado Democrático.

138. Em síntese, há duas tendências fundamentais, já reveladas com muita clareza, que correspondem aos requisitos da generalidade e da permanência: a *racionalização do governo* e o *fortalecimento democrático do governo*. Elas revelam uma parte do que deverão ser as futuras formas de governo, quando se tornar patente e for sistematizado o conjunto das tendências decorrentes das novas condições de vida social.

---

170. EDWARD S. CORWIN, *El Poder Ejecutivo*, pág. 327.
171. WALTER LIPPMANN, *A Reconstrução da Sociedade*, pág. 307.

Bibliografia

J. Djordjevic et alii, *O Papel do Executivo no Estado Moderno*, Ed. RBEP, Belo Horizonte, 1959; Edward S. Corwin, *El Poder Ejecutivo*, Ed. Bibliográfica Argentina, Buenos Aires, 1959; Mauro Stramacci, *Le Costituzioni degli Stati Africani*, Ed. Giuffrè, Milão, 1963; William N. Chambers e Robert H. Salisbury, *Problemas e Perspectivas Atuais da Democracia*, Ed. Zahar, Rio de Janeiro, 1966; David Easton, *The Political System*, Ed. Alfred A. Knopf, Nova York, 1968; Gwendolen M. Carter e John H. Hertz, *Governo e Política no Século Vinte*, Ed. Fundo de Cultura, Rio de Janeiro, 1963; Herbert Marcuse, *Ideologia da Sociedade Industrial*, Ed. Zahar, Rio de Janeiro, 1967; Walter Lippmann, *A Reconstrução da Sociedade*, Ed. Itatiaia, Belo Horizonte, 1961; Franz Neumann, *Estado Democrático e Estado Autoritário*, Ed. Zahar, Rio de Janeiro, 1969; Maurice Duverger, *L'État*, Éd. du Seuil, Paris, 1970; *Os Regimes Políticos*, Difusão Europeia do Livro, São Paulo, 1962; Gerhard Ritter, *Il Volto Demoníaco del Potere*, Società Editrice il Mulino, Bolonha, 1968; Jorge Xifra Heras, *Instituciones y Sistemas Políticos*, Ed. Bosch, Barcelona, 1961; Alessandro Passerin D'Entrèves, *La Dottrina dello Stato*, G. Giappichelli Editore, Turim, 1967; Julian Marias, *A Estrutura Social*, Ed. Duas Cidades, São Paulo, s/d; Jacques Maritain, *El Hombre y el Estado*, Ed. Guillermo Kraft, Buenos Aires, 1952; Paulo Bonavides e outros, *As Tendências Atuais do Direito Público*, Ed. Forense, Rio de Janeiro, 1976; Dalmo de Abreu Dallari, *O Futuro do Estado*, Ed. Saraiva, São Paulo, 2001 (3ª ed.).

O Estado Federal

139. Nas classificações tradicionais, os Estados são considerados *unitários* quando têm um poder central que é a cúpula e o núcleo do poder político. E são *federais* quando conjugam vários centros de poder político autônomo. Modernamente alguns autores sustentam a existência de uma terceira espécie, o *Estado Regional*, menos centralizado do que o unitário, mas sem chegar aos extremos de descentralização do federalismo. Essa é a posição sustentada por Juan Ferrando Badia, que aponta como Estados Regionais a Espanha e a Itália.

Para a maioria dos autores que tratam do assunto o Estado Regional é apenas uma forma unitária um pouco descentralizada, pois não elimina a completa superioridade política e jurídica do poder central. Por esse motivo consideram que o Estado Federal continua sendo a opção para se fugir ao excesso de centralização.

140. O *Estado Federal* indica, antes de tudo, uma forma de Estado, não de governo. Entretanto, há um relacionamento muito estreito entre a adoção da organização federativa e os problemas de governo, pois quando se compõe uma federação isto quer dizer que tal forma de convivência foi considerada mais conveniente para que, sob um governo comum, dois ou mais povos persigam objetivos comuns. Ultimamente têm surgido muitos Estados com organização federativa, o que deve significar que esse tipo de Estado é visto como capaz de corresponder às necessidades e aspirações fundamentais de nossa época. Quais seriam os motivos para o aumento de prestígio do Estado Federal? Para que se possa responder a essa indagação será necessário verificar como e quando surgiu o Estado Federal, quais os seus objetivos, suas características e sua evolução. Depois disso será possível compreender os motivos de sua importância no mundo contemporâneo.

141. Etimologicamente, federação (do latim *foedus*) quer dizer pacto, aliança. O Estado Federal é, portanto, uma aliança ou união de Estados. Entretanto, em qualquer época da história humana encontram-se referências a alianças entre Estados, reconhecendo-se que só algumas constituíram federações, o que demonstra, desde logo, que essa união deve apresentar algumas peculiaridades importantes que a distinguem das demais. Na realidade, conforme se verá, o Estado Federal é um fenômeno moderno, que só aparece no século XVIII, não tendo sido conhecido na Antiguidade e na Idade Média. Sem dúvida, houve muitas alianças entre Estados antes do século XVIII, mas quase sempre temporárias e limitadas a determinados objetivos, não implicando a totalidade dos interesses de todos os integrantes. Alguns autores entendem que o primeiro exemplo dessa união total e permanente foi a Confederação Helvética, surgida em 1291, quando três cantões celebraram um pacto de amizade e de aliança. Na verdade, porém, essa união, que se ampliou pela adesão de outros cantões, permaneceu restrita quanto aos objetivos e ao relacionamento entre os participantes até o ano de 1848, quando se organizou a Suíça como Estado Federal.

O Estado Federal nasceu, realmente, com a constituição dos Estados Unidos da América, em 1787. Em 1776 treze colônias britânicas da América declararam-se independentes, passando a constituir, cada uma delas, um novo Estado. Poucos anos depois celebraram entre si um tratado, conhecido como *Artigos de Confederação*, aliando-se para uma ação conjunta visando, sobretudo, à preservação da independência. Já em 1643 quatro colônias haviam constituído a Confederação da Nova Inglaterra, para atuarem juntas nas guerras com os indígenas e para resistirem às ameaças da expansão holandesa na América. Em 1754 reuniu-se pela primeira vez um Congresso intercolonial, tendo Benjamin Franklin apresentado um plano de união das colônias, sem obter aprovação. Mas o Congresso continuou a reunir-se, o que influiu para que em 1776 houvesse a Declaração de Independência, assinada em conjunto pelas treze colônias. Finalmente, depois de prolongados debates, foram assinados, em 1º de março de 1781, os Artigos de Confederação, passando o Congresso a denominar-se *Os Estados Unidos Reunidos em Congresso*. Já não havia colônias e sim Estados, que se uniam numa confederação. Esta recebeu o nome de *Os Estados Unidos da América*, declarando-se que se tratava de uma união permanente. Não obstante, já na Declaração de Independência ficara expresso que as colônias passavam a ser *Estados livres e independentes*, ficando estabelecido depois, no artigo 2º do Tratado de Confederação: "Cada Estado reterá sua soberania, liberdade e independência, e cada poder, jurisdição e direitos, que não sejam delegados expressamente por esta confederação para os

Estados Unidos, reunidos em Congresso". Obviamente, sendo um tratado o instrumento jurídico da aliança, e preservando cada signatário sua soberania, liberdade e independência, qualquer dos signatários que o desejasse poderia desligar-se da confederação, mediante simples denúncia do tratado.

142. A experiência demonstrou, em pouco tempo, que os laços estabelecidos pela confederação eram demasiado frágeis e que a união dela resultante era pouco eficaz. Embora houvesse um sentimento de solidariedade generalizado, havia também conflitos de interesses, que prejudicavam a ação conjunta e ameaçavam a própria subsistência da confederação. Para proceder à revisão dos Artigos de Confederação, corrigindo as falhas e lacunas já reveladas pela prática, os Estados, através de representantes, reuniram-se em Convenção na Cidade de Filadélfia, em maio de 1787, ausente apenas o pequeno Estado de Rhode Island. Desde logo, porém, revelaram-se duas posições substancialmente diversas, entre os membros da Convenção. De um lado estavam os que pretendiam, tão só, a revisão das cláusulas do Tratado e, de outro, uma corrente que pretendia ir muito além, propondo a aprovação de uma Constituição comum a todos os Estados, com a consequente formação de um governo ao qual todos se submetessem. Em outras palavras, propunham que a confederação se convertesse em federação, constituindo-se um Estado Federal.

Essa ideia provocou acalorados debates, pois os adeptos do simples aperfeiçoamento da confederação alegavam, antes de tudo, que não tinham mandato para mais do que isso. Compreendendo muito bem que a adesão à federação significaria a perda da soberania e da independência, lembravam que só haviam recebido a incumbência de rever os Artigos de Confederação. Por esse motivo, não teria validade jurídica um ato que fosse além disso, parecendo mesmo a alguns que aceitar a federação seria trair a confiança dos representados. Outro argumento ardorosamente sustentado era que a federação tinha um caráter excessivamente *centralizador*, pois representaria a submissão de todos a um governo central, criando na própria América um substituto para a antiga dominação do governo central britânico. Para rebater essas objeções e outras que foram levantadas, os líderes federalistas atuaram com todo o empenho, procurando encontrar uma forma adequada para se compor validamente a federação, explicando o mecanismo do governo que desejavam criar e fazendo as adaptações necessárias para eliminar os pontos que despertavam maior resistência[172]. Quanto ao aspecto

---

172. O melhor documento para a interpretação autêntica da Constituição norte-americana são os artigos escritos por ALEXANDER HAMILTON, JOHN JAY e

processual, relativo ao problema da inexistência de mandato dos representantes, para decidir o ingresso na federação, foi proposto e aceito que a Constituição só entrasse em vigor depois de ratificada por nove, pelo menos, dos membros da confederação. Os demais aspectos são justamente os que dão a caracterização do Estado Federal.

143. Fortemente influenciados por MONTESQUIEU, os constituintes norte-americanos acreditavam fervorosamente no princípio da separação de poderes, orientando-se por ele para a composição do governo da federação. Elaborou-se, então, o sistema chamado *freios e contrapesos*, com os três poderes, Legislativo, Executivo e Judiciário, independentes e harmônicos entre si, não se admitindo que qualquer deles seja mais importante que os demais. Foi também preciso conciliar a necessidade de um governo central com a intransigência dos Estados que não abriam mão de sua autonomia política. Aliás, é importante que não se perca de vista que no caso dos Estados Unidos a federação resultou, realmente, de uma união de Estados, o que é muito importante para explicar vários aspectos do mecanismo do sistema.

São as seguintes as *características fundamentais do Estado Federal*:

A união faz nascer um novo Estado e, concomitantemente, aqueles que aderiram à federação perdem a condição de Estados. No caso norte-americano, como no brasileiro e em vários outros, foi dado o nome de Estado a cada unidade federada, mas apenas como artifício político, porquanto na verdade não são Estados.

A base jurídica do Estado Federal é uma Constituição, não um tratado. Baseando-se a união numa Constituição, todos os assuntos que possam interessar a qualquer dos componentes da federação devem ser conduzidos de acordo com as normas constitucionais. O tratado é mais limitado, porque só regula os assuntos nele previstos expressamente, além de ser possível sua denúncia por qualquer dos contratantes, o que não acontece com a Constituição.

Na federação não existe direito de secessão. Uma vez efetivada a adesão de um Estado este não pode mais se retirar por meios legais. Em algumas

---

JAMES MADISON, reunidos em volume sob o título *O Federalista*. Esses artigos foram publicados na imprensa de Nova York, entre 27 de outubro de 1787 e 4 de abril de 1788, todos assinados com o mesmo pseudônimo de *Publius*, visando a explicar ao povo a nova Constituição e obter o seu apoio para a ratificação que deveria ser feita pelo Estado. Trata-se, na realidade, da mais preciosa fonte para conhecimento das ideias e dos objetivos que inspiraram a formação dos Estados Unidos da América.

Constituições é expressa tal proibição, mas ainda que não o seja ela é implícita[173].

Só o Estado Federal tem soberania. Os Estados que ingressarem na federação perdem sua soberania no momento mesmo do ingresso, preservando, contudo, uma autonomia política limitada. Pelo próprio conceito de soberania se verifica ser impossível a coexistência de mais de uma soberania no mesmo Estado, não tendo, portanto, qualquer consistência a pretensão de que as unidades federadas tenham soberania limitada ou parcial.

No Estado Federal as atribuições da União e as das unidades federadas são fixadas na Constituição, por meio de uma distribuição de competências. Não existe hierarquia na organização federal, porque a cada esfera de poder corresponde uma competência determinada. No caso norte-americano os Estados, que estavam organizando a federação, outorgaram certas competências à União e reservaram para si, conforme ficou expresso na Constituição, todos os *poderes residuais,* isto é, aquilo que não foi outorgado à União. Esta regra tem variado nas Constituições dos Estados Federais, havendo alguns que tornam expressa a competência dos Estados e outorgam à União os poderes residuais, havendo casos, ainda, de atribuição de poderes expressos à União e às unidades federadas. Modernamente, tornou-se comum a atribuição de competências concorrentes, ou seja, outorga de competência à União e às unidades federadas para cuidarem do mesmo assunto, dando-se precedência, apenas nesse caso, à União. A regra, portanto, no Estado Federal é a distribuição de competências, sem hierarquia. Assim sendo, quando se tratar de assuntos de competência de uma unidade federada, esta é que pode legislar sobre o assunto, não a União, e vice-versa.

A cada esfera de competências se atribui renda própria. Este é um ponto de grande importância e que só recentemente começou a ser cuidadosamente tratado. Como a experiência demonstrou, e é óbvio isso, dar-se competência é o mesmo que atribuir encargos. É indispensável, portanto, que se assegure a quem tem os encargos uma fonte de rendas suficientes, pois do contrário a autonomia política se torna apenas nominal, pois não pode agir, e agir com independência, quem não dispõe de recursos próprios.

---

173. A Constituição da ex-União Soviética era uma exceção a essa regra, pois, embora se tratasse de um Estado Federal, o artigo 17 da Constituição dizia que "a cada República federada é conservado o direito de sair livremente da União das Repúblicas Socialistas Soviéticas". A antiga Constituição da União Soviética foi substituída, em 1993, pela Constituição da Federação Russa, a qual permite que um membro se desligue da Federação, mas só se houver concordância da Federação Russa.

O poder político é compartilhado pela União e pelas unidades federadas. Existe um governo federal, do qual participam as unidades federadas e o povo, e existem governos estaduais dotados de autonomia política, podendo fixar sua própria orientação nos assuntos de seu interesse, desde que não contrariem a Constituição federal. Para assegurar a participação dos Estados no governo federal foi constituído o poder legislativo bicameral. O Senado é o órgão de representação dos Estados, sendo praxe, embora haja algumas exceções, assegurar-se a todas as unidades federadas igual número de representantes. Na outra Casa do poder legislativo é o próprio povo quem se faz representar.

Os cidadãos do Estado que adere à federação adquirem a cidadania do Estado Federal e perdem a anterior. Não há uma coexistência de cidadanias, como não há também, em relação aos direitos de cidadania, um tratamento diferençado entre os que nasceram ou residam nas diferentes unidades da federação. A Constituição federal estabelece os direitos básicos dos cidadãos, que as unidades federadas podem ampliar, não restringir.

144. Essa forma de Estado, com seu governo peculiar, demonstrou ser capaz de dificultar, ainda que não impedir, a acumulação de poder num só órgão, dificultando por isso a formação de governos totalitários. A par disso, assegurou oportunidades mais amplas de participação no poder político, pois aqueles que não obtiverem ou não desejarem a liderança federal poderão ter acesso aos poderes locais. Além desses aspectos, a organização federativa favorece a preservação das características locais, reservando uma esfera de ação autônoma a cada unidade federada. Por tudo isso, o Estado Federal passou a ser visto como sendo mais favorável à defesa das liberdades do que o Estado centralizado. E, invertendo a concepção inicial, passou-se a considerá-lo a expressão mais avançada de descentralização política. Em consequência, inúmeros Estados unitários refundiram sua Constituição, adotando a organização federativa como se, de fato, resultassem de uma união de Estados.

Procedendo-se a uma síntese dos argumentos *favoráveis* ao Estado Federal, ressalta, em primeiro lugar, a afirmação de que é mais democrático, pois assegura maior aproximação entre governantes e governados, uma vez que o povo tem sempre acesso mais fácil aos órgãos do poder local e por meio deste influi sobre o poder central. Outro argumento é justamente o que se refere à maior dificuldade para concentração do poder, o que, em última análise, também favorece a democracia. Além disso, argumenta-se que o Estado Federal, preservando as características locais e regionais, ao mesmo tempo promove a integração, transformando as oposições naturais em solidariedade.

Os que são *contra* a organização federativa entendem que o Estado Federal é inadequado para a época atual, em que, para atender a solicitações muito intensas, é necessário um governo forte. Um aspecto que nos últimos tempos vem sendo também bastante acentuado é o da planificação. O Estado, que atua muito, deve agir racionalmente, dentro de uma planificação global, para aproveitamento mais adequado e eficiente dos recursos sociais, econômicos e financeiros disponíveis. O Estado Federal dificulta, e às vezes impede mesmo, a planificação, pois é constitucionalmente impossível obrigar uma unidade federada a enquadrar-se num plano elaborado pela União. Paralelamente a isso, o Estado Federal, segundo se alega, provoca a dispersão dos recursos, uma vez que obriga à manutenção de múltiplos aparelhos burocráticos, sempre dispendiosos e desejando executar seus próprios planos. Argumenta-se ainda que a organização federativa tende a favorecer a ocorrência de conflitos jurídicos e políticos, pela coexistência de inúmeras esferas autônomas, cujos limites nem sempre podem ser claramente fixados.

145. Apesar das críticas feitas, vê-se que há, no mundo atual, acentuada tendência para a organização federativa. Isso pode ser explicado pela conjunção de dois fatores, numa simbiose aparentemente ilógica e até contraditória. De um lado, procura-se a federação para aumentar o poder dos Estados. A necessidade de ação intensa e planificada, bem como as exigências de serviços e o custo de uma organização militar eficiente, tudo isso exige recursos que os pequenos Estados não podem obter sozinhos. E a federação, propiciando a conjugação de esforços, permite a integração dos Estados em unidades que são naturalmente mais fortes, em todos os sentidos.

Outra razão de prestígio do Estado Federal é que ele preserva os particularismos. O Estado que adere a uma federação não precisa abrir mão de seus valores, nem modificar suas características. E é isso justamente que se considera conveniente: o Estado se torna integrante de uma unidade mais poderosa, convivendo, dentro da federação, em condições de igualdade com os demais integrantes, cada um preservando suas peculiaridades socioculturais. O ponto crítico da organização federativa reside, precisamente, no governo federal, pois na prática é impossível assegurar-se a todas as unidades federadas uma participação exatamente igual no exercício do poder político. Por último, é preciso considerar que a federação, quando autêntica, exige o tratamento igual de todos os componentes, o que na prática pode ser um mal, criando uma solidariedade forçada e meramente formal. Isto porque a igualdade jurídica, se imposta onde não há igualdade de fato, é o começo da injustiça.

Bibliografia

ALEXANDER HAMILTON, JOHN JAY E JAMES MADISON, *O Federalista*, Ed. Nacional de Direito, Rio de Janeiro, 1959; ROBERT R. BOWIE E CARL J. FRIEDRICH, *Estudos sobre Federalismo*, Ed. Bibliográfica, Buenos Aires, 1958; K. C. WHEARE, *Federal Government*, Oxford University Press, Nova York, 1964; VALERIE EARLE, *Federalism, Infinite Variety in Theory and Practice*, F. E. Peacock Publishers, Itaca, 1968; RICHARD B. MORRIS, *Documentos Básicos da História dos Estados Unidos*, Ed. Fundo de Cultura, Rio de Janeiro, 1964; C. EISENMANN, *Centralisation et Décentralisation*, Libr. Général de Droit et Jurisprudence, Paris, 1948; JOSÉ LUIZ ANHAIA MELLO, *O Estado Federal e as suas Novas Perspectivas*, Ed. Max Limonad, São Paulo, l960; N. G. ALEXANDROV et alii, *Teoría del Estado y del Derecho*, Ed. Grijalbo, México, 1962; P. A. CREPEAU E C. B. MACPHERSON, *L'Avenir du Fédéralisme Canadien* (ed. bilíngue, francês-inglês), University of Toronto Press, Toronto, 1968; MARCEL BRIDEL, *Précis de Droit Constitutionnel et Public Suisse*, Payot, Lausana, 1965; AMARO CAVALCANTI, *Régimen Federativo e a República Brasileira*, Imprensa Nacional, Rio de Janeiro, 1900; RAUL MACHADO HORTA, *A Autonomia do Estado-Membro no Direito Constitucional Brasileiro*, Belo Horizonte, 1964; OSWALDO ARANHA BANDEIRA DE MELLO, *Natureza Jurídica do Estado Federal*, Ed. da Prefeitura Municipal de São Paulo, 1948; VÁRIOS AUTORES, "Perspectivas do Federalismo Brasileiro", in *Revista Brasileira de Estudos Políticos*, nº 82, Belo Horizonte, janeiro de 1970; IVO D. DUCHACEK, *Comparative Federalism*, Ed. Holt, Rinehart and Winston, Inc., Nova York, 1970; LUÍS ROBERTO BARROSO, *Direito Constitucional Brasileiro: o Problema da Federação*, Ed. Forense, Rio de Janeiro, 1982; JUAN FERRANDO BADIA, *El Estado Unitario, el Federal y el Estado Regional*, Ed. Technos, Madri, 1978; AUGUSTO ZIMMERMANN, *Teoria Geral do Federalismo Democrático*, Rio de Janeiro, Lumen Juris, 1999. ENRIQUE RICARDO LEWANDOWSKI, *Pressupostos materiais e formais da intervenção federal no Brasil*, Ed. Revista dos Tribunais, São Paulo, 1994.

CAPÍTULO V

Problemas do Estado Contemporâneo

O Estado na Ordem Internacional

146. O mundo é uma sociedade de Estados, na qual a integração jurídica dos fatores políticos ainda se faz imperfeitamente. Para o jurista, o Estado é uma pessoa jurídica de direito público internacional, quando participa da sociedade mundial. Na prática, entretanto, apesar de todas as restrições dos teóricos e dos próprios líderes políticos, o reconhecimento de um Estado como tal não obedece a uma regulação jurídica precisa, ficando na dependência da comprovação de possuir soberania. Com efeito, independentemente de atos formais de reconhecimento, o que se exige é que a sociedade política tenha condições de assegurar o *máximo de eficácia* para sua ordenação num determinado território e que isso ocorra de *maneira permanente*, não bastando a supremacia eventual ou momentânea. Assim, pois, o que distingue o Estado das demais pessoas jurídicas de direito internacional público é a circunstância de que só ele tem soberania. Esta, que do ponto de vista interno do Estado é uma afirmação de poder superior a todos os demais, sob o ângulo externo é uma afirmação de independência, significando a inexistência de uma ordem jurídica dotada de maior grau de eficácia.

147. Como se vê, há uma regulação jurídica imperfeita, pois ao mesmo tempo em que se exige a comprovação de um dado jurídico — a soberania da ordenação jurídica —, este dado fica sujeito a circunstâncias meramente de fato, não se inquirindo dos motivos pelos quais a ordenação jurídica é capaz ou não de agir soberanamente. De qualquer forma, pode-se dizer que já houve progressos consideráveis, desde que, há cerca de quatrocentos anos, foi iniciado sistematicamente o esforço para submeter a regras jurídicas as relações entre os Estados. De fato, a experiência tem demonstrado

a relatividade do conceito de soberania no plano internacional, havendo quem afirme que se deve reconhecer que só têm soberania os Estados que dispõem de suficiente força para impor uma vontade. Além disso, a regulação jurídica, no seu todo, é apenas aparente, pois os Estados mais fortes dispõem de meios para modificar o direito quando isso lhes convém. Mas, como observam KAPLAN e KATZENBACH, o simples fato de um grande Estado procurar dar aparência jurídica a suas decisões já representa um avanço e não deve ser encarado como hipocrisia, pois é esse tipo de comportamento que torna possível a existência de um direito internacional[174]. Realmente, se os que dispõem da força resolvessem usá-la indiscriminadamente, sem qualquer consideração por regras jurídicas, seria a "guerra de todos contra todos", de que falava HOBBES, e toda a sociedade humana sairia perdendo. Do ponto de vista específico da soberania ainda se pode acrescentar que, apesar da eficácia restrita, seu reconhecimento jurídico é de grande importância, porque é em consequência dele que se qualifica como ilegítimo o uso arbitrário da força.

Ainda um aspecto importante a observar é que, tecnicamente, os Estados vivem em situação de anarquia, pois, embora exista uma ordem jurídica em que todos se integram, não existe um órgão superior de poder, a que todos se submetam. Este aspecto, aliás, já foi percebido no começo deste século, e pelo reconhecimento dessa deficiência é que, nos últimos tempos, têm sido criadas muitas organizações internacionais dotadas de um órgão de poder. Esta é uma inovação importante, que modifica profundamente os termos do relacionamento entre os Estados.

148. Já no século XVI, o padre dominicano Francisco de Vitória condena a supremacia da força, preconizando a limitação da independência dos Estados pela moral e pelo direito. Rejeitando os argumentos teológico-políticos com os quais, a partir de um direito natural de inspiração divina, as grandes potências procuravam justificar a conquista de territórios e o predomínio sobre "os selvagens pagãos e os infiéis", dizia Vitória: "ampliação do império não é causa justa para uma guerra"[175]. Decorridos vários séculos, os pretextos mudaram, mas a forma de atuação dos Estados no âmbito internacional não se alterou. E o século XIX irá conhecer a corrida

---

174. MORTON A. KAPLAN e NICHOLAS DE B. KATZENBACH, *Fundamentos Políticos do Direito Internacional*, pág. 362.

175. Veja-se HAROLDO VALLADÃO, *Democratização e Socialização do Direito Internacional*, págs. 21 e 22.

imperialista dos grandes Estados europeus, os quais, sob a justificativa de uma "ação civilizadora", valem-se da superioridade de força para conquistar territórios e escravizar os povos "menos civilizados". Como bem salienta LIPSON, "o imperialismo significou uma divisão da humanidade em povos de elite, que mandavam, e cujas nacionalidades poderiam encontrar meios de expressão, e povos submetidos, cujas aspirações nacionais deveriam ser esmagadas"[176].

A corrida imperialista continuou no século XX e as disputas entre as grandes potências provocaram a I Guerra Mundial. Terminada esta, surgiu a primeira tentativa para constituição de uma organização mundial de Estados, que falasse em nome de todos e assim pudesse opor barreiras ao egoísmo dos mais fortes. Essa tentativa fracassou e veio a II Guerra Mundial, com um cortejo de destruição e de violência mais trágico do que aquele que se tinha visto na I Grande Guerra. Depois disso, em parte porque a própria guerra havia aproximado os Estados e, em parte, pelo temor de nova conflagração, multiplicaram-se as organizações de Estados. E um passo gigantesco foi dado, no sentido da afirmação de ilegitimidade da submissão de um povo a outro, havendo declarações enfáticas de condenação do colonialismo, do que resultou um grande surto de novos Estados e a multiplicação das forças que pesam no equilíbrio mundial.

Evidentemente, seria ingênuo acreditar que tenham desaparecido o egoísmo e a tendência dominadora dos grandes Estados. É muito expressivo, a esse respeito, o testemunho do presidente de Gana, KWAME N'KRUMAH, que, com sua experiência, observa que "nenhuma potência imperial jamais concedeu a independência a uma colônia, a não ser que as forças fossem tais que não houvesse outro caminho possível, e há muitos casos em que a independência só foi alcançada através de uma guerra de libertação". E acrescenta: "A própria organização das forças de independência dentro da colônia foi suficiente para convencer a potência imperial de que a resistência à independência seria impossível ou que as consequências políticas e econômicas de uma guerra colonial excediam qualquer vantagem a ser obtida pela conservação da colônia"[177].

O dado novo, e sem dúvida de grande importância, é que as circunstâncias gerais exerceram pressão sobre as potências imperialistas e as

---

176. LESLIE LIPSON, *Os Grandes Problemas da Ciência Política*, pág. 431.

177. KWAME N'KRUMAH, *Neocolonialismo — Último Estágio do Imperialismo*, pág. 305.

colônias encontraram, em si próprias, condições para lutar pela independência. Isso se tornou possível, em grande parte, graças à existência de organizações internacionais e à repulsa ao uso arbitrário da força, o que pressupõe a aceitação geral de certos padrões jurídicos e demonstra que aquelas organizações são realmente úteis e, às vezes, até necessárias. No final do século XX, após a extinção da União Soviética e, em grande parte, aproveitando-se do desaparecimento das barreiras antes impostas pelo sistema soviético, os mais poderosos grupos econômicos e financeiros sediados no mundo capitalista expandiram suas atividades para outras partes do mundo, dando a essa expansão o nome de globalização. Isso, entretanto, não alterou a soberania como poder jurídico dos Estados nem diminui o papel do direito internacional como fundamento e parâmetro das relações internacionais, registrando-se apenas o aumento das pressões econômico-financeiras sobre as relações sociais, inclusive com alguns efeitos negativos, como o uso da força econômica para interferir nas decisões políticas dos Estados. A respeito do crescimento da influência dos fatores econômicos no mundo, fenômeno registrado algumas décadas depois da Segunda Guerra Mundial, K. C. WHEARE, constitucionalista da Universidade de Oxford, observa que o fato de a economia em larga escala tratar os povos do mundo como se fossem um só não leva à conclusão de que essa seja uma boa tendência ou que essa tendência deva ser apoiada pelos governos ou estendida a todas as esferas da vida.

149. O exame das organizações de Estados existentes no mundo em grande número depois da Segunda Guerra Mundial permite a identificação de três espécies, que são:

Organizações para fins específicos. Há inúmeras organizações que se constituíram em função de um único objetivo. Elas podem agrupar Estados de uma só região ou de todas as partes do mundo, mas apresentam sempre como característica um objetivo limitado a determinado assunto. Exemplos desta espécie são a Comunidade Europeia do Carvão e do Aço e a Organização Mundial do Comércio.

Organizações regionais de fins amplos. Essas organizações têm como característica fundamental a circunstância de só agruparem Estados de determinada região do mundo. Seus objetivos não são limitados a questões econômicas, militares, jurídicas ou de qualquer outra natureza específica. Em lugar disso, têm competência para conhecer de todos os assuntos que possam interessar aos Estados a ela pertencentes e trabalham a favor da convivência harmônica e do progresso uniforme desses mesmos Estados. RUTH C. LAWSON, que pesquisou essas organizações, fez uma interessante constatação: "... com raras exceções, todas as organizações regionais dão maior ênfase a determinada função, ou política, militar, econômica, social ou cultural. Predomina o interesse por questões econômicas e sociais, sendo evitadas as militares e políticas porque afetam mais a soberania dos Estados"[178]. Entre as organizações desta espécie encontra-se a Organização dos Estados Americanos (OEA).

Organizações de vocação universal. Estas, sem dúvida alguma, são as de maior importância, porque pretendem reunir todos os Estados do mundo e tratar de todos os assuntos que possam interessá-los. Elas são consideradas de *vocação universal* porque, embora ainda não tendo atingido a universalidade, pretendem atingi-la. Na realidade, as organizações desta espécie são um fenômeno deste século, só havendo dois exemplos até hoje: a Sociedade das Nações e a Organização das Nações Unidas (ONU).

150. A *Sociedade das Nações*, também designada como *Liga das Nações*, surgiu logo após o término da I Guerra Mundial, por sugestão do presidente dos Estados Unidos da América, WOODROW WILSON. Por ocasião da Conferência de Versalhes, que fixou as condições da paz, WILSON esforçou-se para que fosse aceita a ideia da criação de uma organização permanente dos Estados, para desenvolver a cooperação entre eles e garantir a paz mundial. Em 1919 já estava constituída a Sociedade das Nações, cujo Conselho se reuniu pela primeira vez em Paris, em 16 de janeiro de 1920. Inúmeros pontos negativos foram logo revelados, como obstáculos ao êxito da Sociedade. Entre as principais deficiências merece especial referência o desinteresse das grandes potências. Basta lembrar que os Estados Unidos da América, de onde partira a ideia de constituição da Sociedade, e cujo presidente assinara o pacto de criação na condição de representante de um membro originário, jamais confirmaram seu ingresso. Com efeito, o Senado norte-americano negou-se a ratificar a adesão manifestada pelo seu representante.

O desinteresse das grandes potências, além de reduzir consideravelmente a importância da entidade, frustrando sua vocação de universalidade, contribuiu para que ela não obtivesse os necessários meios de atuação. A Sociedade das Nações, que alinhava entre os seus membros originários apenas vinte e sete Estados independentes e mais cinco que tinham a política externa orientada pela Inglaterra, jamais conseguiu grande número de adesões, chegando a cinquenta e cinco membros em 1926. Além disso,

---

178. RUTH C. LAWSON, *International Regional Organizations*, pág. VII.

inúmeros desentendimentos surgidos entre os membros acabaram provocando a retirada de alguns, inclusive do Brasil[179]. Já em 1927 era evidente o desprestígio da Sociedade, que não conseguiu qualquer êxito na sua tarefa básica de assegurar a paz. Quando em 1939 teve início a II Guerra Mundial a Sociedade das Nações tinha existência apenas nominal, mas o ato formal de sua extinção só foi registrado em 1946, em Genebra.

151. A *Organização das Nações Unidas* (ONU), segunda organização de vocação universal a ser criada, resultou da crença nas possibilidades de uma entidade dessa natureza como guardiã da paz e da esperança de que fosse possível evitar os erros que determinaram o fracasso da Sociedade das Nações. Para que não houvesse qualquer relacionamento com esta, preferiu-se constituir um novo organismo, com princípios próprios e organização mais adequada à sua vocação universal. Durante a guerra os representantes da União Soviética, dos Estados Unidos e da Grã-Bretanha, as três grandes potências que comandavam a luta contra o Eixo composto pela Alemanha, Japão e Itália, mantiveram vários encontros para coordenar as ações de guerra. E quando já se considerava definido o desfecho, com a derrota do Eixo, os Estados aliados, como se designavam os demais, começaram a tomar as primeiras providências concretas para a criação da futura organização.

Em fevereiro de 1945 encontraram-se em Yalta, pequena estação balneária da Crimeia, ao sul da União Soviética, Roosevelt, Churchill e Stalin, celebrando vários acordos sobre algumas questões fundamentais relativas à situação mundial de após-guerra. O primeiro ponto do protocolo então firmado refere-se precisamente à "organização mundial", estabelecendo-se que as Nações Unidas[180] realizariam uma conferência sobre a organização mundial em 25 de abril de 1945 e que ela teria lugar nos Estados Unidos. Consideravam-se Nações Unidas, segundo o mesmo protocolo, aquelas que

---

179. Na obra intitulada *O Brasil e a Sociedade das Nações*, de José Carlos de Macedo Soares, foi publicada, na íntegra, às páginas 322 e seguintes, a carta enviada pelo Brasil à Sociedade das Nações, com data de 10 de junho de 1926, comunicando a decisão de se retirar e apontando os motivos. Pelo que se depreende da leitura desse documento, o principal motivo foi o menosprezo dos Estados europeus pelos americanos, negando-se a estes qualquer possibilidade prática de interferir em importantes decisões tomadas em nome da Sociedade.

180. A expressão *Nações Unidas* é tecnicamente errada, porque se trata, no caso, de uma união de Estados. Preferiu-se, entretanto, essa denominação, porque o nome *Estados Unidos* levaria a confusões com Estados Unidos da América e porque, por influência do liberalismo, as expressões *Nação* e *Estado* são usadas como sinônimas em todo o mundo ocidental.

já fossem reconhecidas como tais e as que declarassem guerra ao inimigo comum até 1º de março de 1945. Previu-se também uma consulta especial ao governo da China e ao governo provisório da França, sobre as decisões de Yalta. Desde logo ficou estabelecido que haveria, na futura organização, um Conselho de Segurança, com alguns membros permanentes, cuja concordância unânime seria indispensável para as decisões sobre as questões mais importantes, designadas como "questões de procedimento".

O interesse manifestado pelas grandes potências assegurou o êxito da iniciativa, a tal ponto que nada menos do que dez Estados, que até então permaneciam neutros, declararam guerra à Alemanha e ao Japão, para adquirirem o direito de participar da conferência[181]. Finalmente, instalada a conferência na Cidade de São Francisco, com a presença de quarenta e seis Estados, aos quais depois se uniram mais quatro, discutiu-se durante cerca de dois meses o documento fundamental de constituição, que foi aprovado por unanimidade em 26 de junho de 1945. Redigida nas cinco línguas adotadas como oficiais — inglês, russo, francês, chinês e espanhol —, a Carta das Nações Unidas foi ratificada um mês depois pelo Senado norte-americano, completando-se as ratificações em outubro do mesmo ano.

152. A ONU é uma pessoa jurídica de direito internacional público, tendo sua existência, organização, objeto e condições de funcionamento previstos no instrumento de constituição, que é a Carta das Nações Unidas. Embora tenha havido certa relutância dos juristas em qualificar a ONU entre as espécies de uniões de Estados já conhecidas, a maioria lhe reconhece a natureza jurídica de uma *confederação de Estados*, sendo a Carta o tratado que lhe deu nascimento. Com efeito, apesar de sua vocação universal, a ONU resultou de um acordo entre Estados, celebrado nos moldes de um tratado. Cada membro preservou sua soberania, podendo retirar-se da organização quando o desejar[182], ficando aberta a possibilidade de ingresso de novos Estados, por meio de adesão, pelo processo previsto na própria Carta. Assim, pois, a ONU não tem soberania, não devendo ser confundida com um Superestado.

Os objetivos da ONU, expressos no artigo 1º da Carta, podem ser assim resumidos: 1º) manter a paz e a segurança internacionais; 2º)

---

181. Veja-se TOM GALT, *As Nações Unidas*, pág. 19.

182. Até agora o único Estado a se retirar foi a Indonésia. Essa retirada ocorreu a 7 de janeiro de 1965, como represália pelo ingresso da Malásia no Conselho de Segurança. Depois disso a Indonésia pediu e obteve o seu reingresso na ONU.

desenvolver relações amistosas entre os Estados, com base no respeito aos princípios de igualdade de direitos e de autodeterminação dos povos; 3º) conseguir a cooperação internacional para resolver os problemas internacionais de caráter econômico, social, cultural ou humanitário, bem como para promover e estimular o respeito aos direitos humanos e às liberdades fundamentais da pessoa humana; 4º) ser um centro destinado a harmonizar a ação dos Estados para a consecução dos objetivos comuns.

A estrutura da ONU pode ser claramente percebida por meio da indicação de seus órgãos fundamentais, que são:

a) A *Assembleia Geral*, constituída por todos os membros integrantes da organização. Nela cada membro tem direito a um voto, atuando todos em condições de absoluta igualdade. A Assembleia Geral tem competência para discutir qualquer assunto contido nas finalidades enunciadas na Carta. As reuniões da Assembleia Geral ocorrem uma vez por ano e duram de dois a três meses, começando sempre na terceira terça-feira de setembro.

b) O *Conselho de Segurança*, que é, na prática, o órgão mais importante da ONU, tem atribuições deliberativas e executivas, e funciona permanentemente. O Conselho de Segurança compõe-se de quinze membros, sendo cinco permanentes — os Estados Unidos, a Rússia, a Inglaterra, a França e a China[183] — e dez temporários, eleitos pela Assembleia Geral por

---

183. Foi exatamente essa condição de membro permanente do Conselho de Segurança que tornou dramática a questão da representação chinesa. Quando a República Popular da China (China comunista) pretendeu participar da ONU, não desejava apenas ser mais um Estado, mas queria que lhe fosse reconhecido o direito àquele lugar permanente no Conselho, como única representante autêntica da China. Depois de muitos anos de espera e várias tentativas sem êxito, a ONU, em importante decisão, tomada no dia 26 de outubro de 1971, reconheceu ao governo de Mao Tsé-Tung a legitimidade para representar a China e participar do Conselho de Segurança. Em consequência, deixou de ser considerado legítimo o governo de Chiang-Cai-Chec, que foi obrigado a deixar a organização. Não houve, no caso, a expulsão de um Estado e a admissão de outro, pois não chegou a ser pedido por qualquer dos interessados nem foi objeto de consideração o reconhecimento da existência de dois Estados chineses. Partindo do pressuposto de que somente havia uma China e que ela possuía o direito de ser membro permanente do Conselho de Segurança, a ONU só decidiu quem teria legitimidade para representá-la, concluindo a favor do governo de Mao-Tsé-Tung, da República Popular da China. Tal situação não se alterou, pois Taipei, embora sendo tratada como Estado por alguns países do mundo e tendo em outros uma representação comercial e cultural que não se subordina ao governo chinês, é considerada pela China uma parte de seu território, e não tem representação na ONU.

um prazo de dois anos, proibida a reeleição para um período imediato. Cabe ao Conselho de Segurança a principal responsabilidade na manutenção da paz e da segurança internacionais, devendo assegurar pronta e eficaz ação da ONU, quando e onde se fizer necessário, podendo requisitar forças armadas e assistência de qualquer membro, inclusive direito de passagem. Cada membro do Conselho de Segurança tem direito a um voto, mas quando se tratar de questões de maior importância é indispensável a concordância de todos os membros permanentes. Estes gozam do poder de *veto*, bastando a oposição de um deles para obstar qualquer ação do Conselho, o que significa, na verdade, qualquer ação da própria ONU. Esse poder de veto é de extraordinária importância e constitui um dos pontos que suscitam maiores críticas contra a organização.

c) O *Conselho Econômico e Social*, composto de dezoito membros, todos temporários e eleitos pela Assembleia Geral, tem a seu cargo a elaboração de estudos e relatórios a respeito de assuntos internacionais de caráter econômico, social, cultural, educacional, sanitário e conexos. Cabe-lhe preparar relatórios e fazer recomendações à Assembleia Geral, a entidades especializadas ou aos próprios membros da ONU, sobre os assuntos de sua competência.

d) O *Conselho de Tutela*, que tem a seu cargo os assuntos relacionados com os povos que não sejam ainda autogovernados. Compõem esse órgão os onze membros do Conselho de Segurança e mais os Estados que tenham a seu cargo a tutela de algum território. Caso o número destes seja inferior ao dos que não exercem tutela, a Assembleia Geral elege novos membros, para que haja igualdade. A ONU não admite que qualquer território seja mantido na condição de colônia e trabalha para que os antigos territórios coloniais adquiram sua autodeterminação ou se integrem em algum Estado, como partes deste e sem sofrer discriminações.

e) A *Corte Internacional de Justiça* é o órgão judiciário da ONU, tendo sido organizado com base na antiga Corte Permanente de Justiça. Todos os membros da ONU são partes legítimas para litigar perante a Corte, mas esta pode também conhecer de litígios suscitados por Estados ou contra Estados que não pertençam à organização. A Assembleia Geral e o Conselho de Segurança podem solicitar pareceres consultivos à Corte Internacional de Justiça, concedendo-se esse direito aos demais órgãos da ONU, desde que autorizados pela Assembleia Geral. A Corte compõe-se de quinze juízes, eleitos pela Assembleia Geral e pelo Conselho de Segurança por um período de nove anos, procedendo-se à renovação de um terço a cada três anos. O candidato deve receber a maioria absoluta dos votos de cada um daqueles órgãos, não havendo direito de veto nessa matéria e sendo admitida a reeleição, não podendo haver mais de um membro da mesma nacionalidade. O funcionamento da Corte é permanente, cabendo a ela própria fixar uma escala de férias para seus juízes.

f) O *Secretariado* é o órgão permanente encarregado de todas as atividades burocráticas da ONU. Ele é dirigido por um Secretário-Geral, que é o principal funcionário da organização, sendo escolhido pela Assembleia Geral mediante recomendação do Conselho de Segurança. Além de cuidar das atividades burocráticas e de preparar relatórios anuais sobre as atividades da ONU, o Secretariado exerce uma espécie de vigilância. Com efeito, a Carta da ONU atribui competência ao Secretário-Geral para chamar a atenção do Conselho de Segurança para qualquer assunto que, em sua opinião, possa ameaçar a manutenção da paz e da segurança internacionais.

Além de se valer desses órgãos a ONU utiliza o trabalho de organizações especializadas em determinados assuntos, algumas delas criadas posteriormente à ONU e vinculadas a ela, e outras muito mais antigas, que se ligaram à entidade através de convênios.

153. É indiscutível que a ONU tem prestado bastante auxílio ao desenvolvimento dos povos e à causa da liberdade, quando menos assegurando aos pequenos Estados um veículo de comunicações com ressonância mundial. Não há dúvida, também, de que ela apresenta falhas em sua estrutura e no seu funcionamento, que reduzem consideravelmente a eficácia de sua atuação. Entre os principais defeitos mais frequentemente apontados estão os seguintes: *a)* o respeito à soberania dos Estados, que, segundo PIERRE DUCLOS, é a causa profunda de todos os males que afetam a organização, pois implica tantas limitações que, praticamente, anula qualquer possibilidade de ação da ONU, no sentido de garantir a aplicação da Declaração Universal dos Direitos Humanos[184]; *b)* o direito de veto dos membros permanentes do Conselho de Segurança. Esse direito criou, na realidade, uma acentuada discriminação entre os Estados. Entretanto, foi uma exigência dos Estados Unidos e da ex-União Soviética para integrarem a organização. Como esta seria inviável sem a presença desses dois Estados, os demais tiveram que ceder; *c)* a falta de eficácia das decisões, pois, sendo apenas uma confederação e não dispondo de meios concretos para impor sua vontade, a ONU praticamente se limita a fazer recomendações, que muitas vezes não são atendidas, sem que nada mais possa ser feito; *d)* a

---

184. Veja-se PIERRE DUCLOS, *L'Évolution des Rapports Politiques Depuis 1750*, págs. 303 e segs.

falta de recursos próprios, uma vez que a ONU depende da contribuição financeira de seus membros, muitos dos quais não efetuam regularmente os pagamentos devidos. Mas, ainda que todos o fizessem, os recursos seriam insuficientes, fazendo com que a ONU dependa de ajuda especial dos grandes Estados para os empreendimentos mais importantes, o que reduz sua eficiência e afeta sua própria independência.

Apesar disso tudo, porém, a ONU apresenta saldo positivo, já tendo desempenhado um papel de grande importância na busca de um equilíbrio mundial e na correção dos profundos desníveis ainda existentes no mundo, no tocante ao acesso aos bens sociais e à promoção dos valores fundamentais da pessoa humana. Tem sido muito positivo o envio, pela ONU, de forças de paz, contingentes desarmados, especialmente destinados a trabalhar no sentido do estabelecimento de condições dignas de vida e convivência e de preservação da paz, em lugares que acabam de ser devastados por conflitos armados e cuja população necessita urgentemente de auxílio para a própria sobrevivência. O envio dessas forças de paz é expressão dos objetivos humanitários da ONU e tem sido uma contribuição importante para a proteção da dignidade humana.

153A. Uma inovação de extraordinária importância para a humanidade e que teve início com a extinção da União Soviética e o consequente fim da Guerra Fria foi o reordenamento das relações jurídicas internacionais e a valorização dos tratados e das convenções. A par do surgimento de novas alianças e da recuperação dos ideais de alianças regionais, vem ocorrendo, com muita evidência, o aumento da autoridade efetiva, não apenas formal, das normas internacionais de afirmação e proteção dos Direitos Humanos. Intensificou-se, desde então, a exigência de cumprimento das obrigações internacionais assumidas pelos Estados tendo por objetivo a proteção da dignidade da pessoa humana. A par da ativação das Cortes internacionais e de outros instrumentos de controle do respeito aos tratados e demais normas de Direitos Humanos, passou-se a exigir a criação de condições para que sejam efetivados os direitos fundamentais, sem qualquer espécie de discriminação ou marginalização. Apesar de haver ainda muitas resistências, pode-se afirmar que ganhou novo impulso a busca de universalização dos Direitos Humanos.

Bibliografia

MORTON A. KAPLAN E NICHOLAS DE B. KATZENBACH, *Fundamentos Políticos do Direito Internacional*, Ed. Zahar, Rio de Janeiro, 1964; TOM GALT, *As Nações*

Unidas, Bloch Editores, Rio de Janeiro, 1966; DAVID CUSHMAN COYLE, *The United Nations*, The New American Library, Nova York, 1963; ERNEST A. GROSS, *As Nações Unidas: Estrutura da Paz*, Ed. GRD, Rio de Janeiro, 1964; A. DE SAMPAIO DÓRIA, *O Império do Mundo e as Nações Unidas*, Editor Max Limonad, São Paulo, 1962; C. NEALF RONNING, *O Direito na Diplomacia Interamericana*, Ed. Forense, Rio de Janeiro, 1966; GABRIELLA ROSNER, *A Força de Emergência da ONU*, Ed. Record, Rio de Janeiro, 1966; JOSÉ CARLOS DE MACEDO SOARES, *O Brasil e a Sociedade das Nações*, A. Pedone Editor, Paris, 1927; HAROLDO VALLADÃO, *Democratização e Socialização do Direito Internacional*, Ed. José Olympio, Rio de Janeiro, 1961; RUTH C. LAWSON, *International Regional Organizations*, Frederick A. Praeger, Nova York, 1962; CLAUDE-ALBERT COLLIARD, *Droit International et Histoire Diplomatique*, Ed. Domat Montchrétien, Paris, 1950; KWAME N'KRUMAH, *Neocolonialismo — Último Estágio do Imperialismo*, Ed. Civilização Brasileira, Rio de Janeiro, 1967; PIERRE DUCLOS, *L'Évolution des Rapports Politiques Depuis 1750*, Presses Universitaires de France, Paris, 1950; LESLIE LIPSON, *Os Grandes Problemas da Ciência Política*, Ed. Zahar, Rio de Janeiro, 1967; ADERSON DE MENEZES, *Teoria Geral do Estado*, Ed. Forense, Rio de Janeiro, 1968; SAN TIAGO DANTAS, *Política Externa Independente*, Ed. Civilização Brasileira, Rio de Janeiro, 1962; CAMILO BARCIA TRELLES, *El Problema de la Alteración del Equilibrio en el Mundo Posbélico*, Ed. da Faculdade de Direito da Universidade de São Paulo, São Paulo, 1955; FERNAND L'HUILLIER, *De la Sainte-Aliance au Pacte Atlantique*, Éd. de la Baconnière, Neuchâtel, 1955; TERRY NARDIN, *Lei, Moralidade e as Relações entre os Estados*, Ed. Forense-Universitária, Rio de Janeiro, 1987; ANTONIO AUGUSTO CANÇADO TRINDADE, *A Proteção Internacional dos Direitos Humanos*, Ed. Saraiva, São Paulo, 1991; ENRIQUE RICARDO LEWANDOWSKI, *Globalização, Regionalização e Soberania*, Ed. Juarez de Oliveira, São Paulo, 2004; PEDRO DALLARI, *Constituição e Tratados Internacionais*, Ed. Saraiva, São Paulo, 2003.

Intervenção do Estado na Sociedade

154. O Estado Moderno nasceu absolutista e durante alguns séculos todos os defeitos e virtudes do monarca absoluto foram confundidos com as qualidades do Estado. Isso explica porque já no século XVIII o poder público era visto como inimigo da liberdade individual, e qualquer restrição ao *individual* em favor do *coletivo* era tida como ilegítima. Essa foi a raiz individualista do Estado liberal. Ao mesmo tempo, a burguesia enriquecida, que já dispunha do poder econômico, preconizava a intervenção mínima do Estado na vida social, considerando a liberdade contratual um direito natural dos indivíduos. Sob influência do jusnaturalismo, outros direitos naturais foram sendo proclamados, sobretudo no âmbito econômico, como a propriedade, visando a impedir qualquer interferência do Estado no sentido de criar algum condicionamento à manutenção e ao uso dos bens, ou alguma restrição aos termos de qualquer contrato. Quanto às relações econômicas, a obra célebre de Adam Smith, "A Riqueza das Nações", publicada em 1776, correspondia perfeitamente aos desejos dos grandes proprietários e comerciantes, sustentando que cada homem é o melhor juiz de seus interesses e deve ter a liberdade de promovê-los segundo a sua livre vontade. Afirmando a existência de uma *ordem natural*, capaz de assegurar a harmonia espontânea de todos os interesses, Adam Smith condena qualquer intervenção do Estado.

Do ponto de vista político, o liberalismo se afirmaria como doutrina durante o século XIX, sobretudo a partir de 1859, com a publicação da obra "Da Liberdade", de Stuart Mill. Adepto entusiasta do jusnaturalismo, sobretudo das ideias de Rousseau, Stuart Mill escreve que elas haviam produzido o devido efeito no século XVIII, mas era preciso reafirmá-las através de ações, porque achava que as palavras já haviam esgotado a força que poderiam ter. Em sua opinião, é necessário que os indivíduos observem certas regras gerais no seu relacionamento recíproco, a fim de que as pessoas possam saber o que as espera. Mas, acreditando nas virtudes naturais do homem, acrescenta que no tocante aos assuntos que respeitam a cada um deve ser assegurado o livre exercício da espontaneidade individual. O indivíduo é melhor árbitro de seus interesses do que o Estado, não podendo haver mal maior do que permitir que outra pessoa julgue o que convém a cada um. Assim, qualquer erro que alguém cometa, consciente ou inconscientemente, não produz tanto mal quanto a submissão ao Estado.

Sintetizando sua doutrina, STUART MILL apresenta três *objeções fundamentais à interferência do governo*: *a*) ninguém é mais capaz de realizar qualquer negócio ou determinar como ou por que deva ser realizado do que aquele que está diretamente interessado. Assim, é mais provável que os indivíduos façam melhor do que o governo; *b*) mesmo que os indivíduos não realizem tão bem o que se tem em vista, como o fariam os agentes do governo, é melhor ainda que o indivíduo o faça, como elemento da própria educação mental; *c*) a terceira razão, que ele considera "a mais convincente de todas", refere-se "ao grande mal de acrescer-lhe o poder sem necessidade. Cada função que se acrescenta às que o governo já exerce, provoca maior difusão da influência que lhe cabe sobre esperanças e temores, convertendo, cada vez mais, a parte ativa e ambiciosa do público em parasitas do poder público, ou de qualquer partido que aspire ao poder"[185].

Essas mesmas ideias, já aplicadas ao problema da organização e do funcionamento do Estado e apreciadas sob ângulo jurídico, aparecem na obra de inúmeros juristas, entre os quais BLUNTSCHLI, que afirma ser a economia privada, antes de tudo, assunto dos indivíduos, considerando absurdo que o Estado pretenda erigir-se em *tutor dos maiores*, quando é certo que estes são mais aptos para cuidar de seus próprios interesses do que qualquer outra pessoa. Assim, pois, o Estado deveria proteger e encorajar o bem dos particulares, não tutelá-los[186]. No mesmo sentido escreve LEROY-BEAULIEU, que afirma serem funções essenciais do Estado a segurança, bem como a conservação das condições favoráveis do meio físico, indicando a possibilidade de intervenção do Estado nos seguintes termos: "O Estado, em medida muito variável, segundo as épocas, os lugares, pode prestar um concurso acessório, secundário, ao desenvolvimento das obras diversas que compõem a civilização e que emanam da iniciativa individual ou dos grupos livres de indivíduos"[187].

---

185. JOHN STUART MILL, *Da Liberdade*, págs. 53, 87, 123 e 124.
186. M. BLUNTSCHLI, *Le Droit Public Général*, pág. 349.
187. PAUL LEROY-BEAULIEU, *L'État Moderne et ses Fonctions*, pág. 96.

Passando da teoria à prática, a burguesia, que numa ação revolucionária conquistara o poder político acrescentando-o ao poder econômico alcançado antes, manteve separados o domínio político, o econômico e o social. Vem daí a distinção absurda que se faz entre democracia política, econômica e social, como se fosse possível essa dissociação. De qualquer forma, o Estado liberal, resultante da ascensão política da burguesia, organizou-se de maneira a ser o mais fraco possível, caracterizando-se como o *Estado mínimo* ou o *Estado-polícia*, com funções restritas quase que à mera vigilância da ordem social e à proteção contra ameaças externas. Essa orientação política favoreceu a implantação do constitucionalismo e da separação de poderes, pois ambos implicavam o enfraquecimento do Estado e, ao mesmo tempo, a preservação da liberdade de comércio e de contrato, bem como do caráter basicamente individualista da sociedade.

155. O Estado liberal, com um mínimo de interferência na vida social, trouxe, de início, alguns inegáveis benefícios: houve um progresso econômico acentuado, criando-se as condições para a revolução industrial; o indivíduo foi valorizado, despertando-se a consciência para a importância da liberdade humana; desenvolveram-se as *técnicas de poder*, surgindo e impondo-se a ideia do *poder legal* em lugar do *poder pessoal*. Mas, em sentido contrário, o Estado liberal criou as condições para sua própria superação. Em primeiro lugar, a valorização do indivíduo chegou ao *ultraindividualismo*, que ignorou a natureza associativa do homem e deu margem a um comportamento egoísta, altamente vantajoso para os mais hábeis, mais audaciosos ou menos escrupulosos. Ao lado disso, a concepção individualista da liberdade, impedindo o Estado de proteger os menos afortunados, foi a causa de uma crescente injustiça social, pois, concedendo-se a todos o *direito* de ser livre, não se assegurava a ninguém o *poder* de ser livre. Na verdade, sob pretexto de valorização do indivíduo e proteção da liberdade, o que se assegurou foi uma situação de privilégio para os que eram economicamente fortes. E, como acontece sempre que os valores econômicos são colocados acima de todos os demais, homens medíocres, sem nenhuma formação humanística e apenas preocupados com o rápido aumento de suas riquezas, passaram a ter o domínio da Sociedade.

Fazendo a crítica dessa mentalidade e de suas consequências, observa Icilio Vanni com grande acuidade: "A experiência demonstra que, por um complexo de condições próprias da vida social, alguns podem, agindo com plena liberdade, receber mais ou menos do que a justiça queria que lhes fosse atribuído. A experiência demonstra que, em virtude daquelas condições, podem ser obtidas vantagens não devidas à natureza ou ao mérito, e que, assim, mesmo os piores e os inferiores podem triunfar, com prejuízo dos superiores. A liberdade não basta, pois, para assegurar a justiça e não contém toda a justiça"[188]. O Estado liberal, na realidade, comprovou tudo isso.

Uma outra consequência grave que dele derivou foi a formação do proletariado. Ocorrendo a formação de grandes aglomerados urbanos, como decorrência direta da revolução industrial, havia excesso de oferta de mão de obra, o que estimulava a manutenção de péssimas condições de trabalho, com ínfima remuneração. Entretanto, a burguesia, que despontara para a vida política como força revolucionária, transformara-se em conservadora e não admitia que o Estado interferisse para alterar a situação estabelecida e corrigir as injustiças sociais. Foi isso que estimulou, já no século XIX, os movimentos socialistas e, nas primeiras décadas do século XX, um surto intervencionista que já não poderia ser contido.

Durante a I Guerra Mundial a situação dos operários se agravou no mundo todo. Na Rússia criaram-se as condições para a formação do primeiro Estado socialista, e nos demais Estados a estabilidade social começou a ser buscada através de medidas socializantes. Logo depois da guerra, aprova-se na Alemanha a Constituição de Weimar, dando grande ênfase à questão operária, o que seria imitado por outras Constituições. E foram ainda as grandes dificuldades enfrentadas pelas massas proletárias que determinaram, na Alemanha, a ascensão do partido nazista, e nos Estados Unidos, tradicionais e intransigentes defensores da livre empresa, a implantação do Estado intervencionista.

Em 1932, Franklin Roosevelt é eleito presidente dos Estados Unidos, encontrando o povo em situação desesperadora: milhões de desempregados, famílias inteiras sem abrigo e sem alimentos, e até os altos círculos financeiros inseguros e desorientados. Enfrentando a resistência dos empresários e dos tradicionalistas, Roosevelt lançou seu programa de governo conhecido como *New Deal*, que era, na realidade, uma política intervencionista. A própria Suprema Corte norte-americana criou obstáculos para a implantação dessa nova política, mas as solicitações sociais eram intensas, os resultados começaram a demonstrar o acerto da orientação e, afinal, o intervencionismo se tornou irreversível. Em 1936, Franklin Roosevelt conseguiria reeleger-se com votação esmagadora e seus próprios adversários reconheceriam o êxito de sua política de governo. Nesse mesmo ano, WALTER LIPPMANN, que sempre se opusera ao *New Deal*, publica uma obra que

---

188. ICILIO VANNI, *Lições de Filosofia do Direito*, pág. 242.

ficaria famosa como a expressão de um *neoliberalismo*. Embora reafirmando-se liberal, LIPPMANN reconhece que o principal problema era "como conciliar com a economia relativamente nova da divisão do trabalho as grandes, antigas e progressistas tradições de liberdade, incorporadas nas leis que respeitam a personalidade humana". Procurando dar uma nova definição do liberalismo, diz que "o Estado liberal há de ser concebido como protetor de direitos iguais, dispensando a justiça entre os indivíduos. Procura proteger os homens contra a arbitrariedade, e não dirigi-los arbitrariamente"[189]. Como fica evidente, essa doutrina está bem distante do não intervencionismo do século XIX, e retrata uma nova concepção do papel do Estado na Sociedade.

156. Desde então, como assinala HAROLD LASKI, o *Estado-polícia* foi substituído pelo *Estado de serviço*, que emprega seu poder supremo e coercitivo para suavizar, por uma intervenção decidida, algumas das consequências mais penosas da desigualdade econômica[190]. O advento da II Guerra Mundial iria estimular ainda mais a atitude intervencionista do Estado. Assumindo amplamente o encargo de assegurar a prestação dos serviços fundamentais a todos os indivíduos, o Estado vai ampliando sua esfera de ação. E a necessidade de controlar os recursos sociais e obter o máximo proveito com o menor desperdício, para fazer face às emergências da guerra, leva a ação estatal a todos os campos da vida social, não havendo mais qualquer área interdita à intervenção do Estado. Terminada a guerra, ocorre ainda um avanço maior do intervencionismo, pois inúmeras necessidades novas impõem a iniciativa do Estado em vários setores: na restauração dos meios de produção, na reconstrução das cidades, na readaptação das pessoas à vida social, bem como no financiamento de estudos e projetos, sugeridos pelo desenvolvimento técnico e científico registrado durante a guerra.

Constatando o completo desacerto das previsões feitas no início do século por WERNER SOMBART, assinala ROCHA BARROS algumas das características da ordem social no ano de 1953: "A atividade econômica não é mais discricionária — os regulamentos administrativos a colhem em suas malhas"; "a liberdade de exercer a atividade econômica como, quando e onde cada um queira se restringe até à eliminação; a liberdade contratual cede passo à regulação estatutária"; "a vitória definitiva da vontade

---

189. WALTER LIPPMANN, *A Reconstrução da Sociedade*, pág. 315.
190. HAROLD J. LASKI, *Le Gouvernement Parlementaire en Angleterre*, págs. 8 e 9.

individual sobre a vontade coletiva não é mais o que se exprime nem mesmo no Direito Privado: a vontade do Estado — a vontade dos seus agentes — tende a predominar sobre a dos simples súditos em todos os campos"; "os monopólios integram-se no Estado, não se suprimem. Nem se suprimem os regulamentos: pululam. O Estado não se limita à polícia e à administração da justiça: financia, fabrica, comercia, gera a economia"[191].

157. Muito recentemente, em decorrência de um intenso esforço competitivo entre os grandes Estados, desencadeou-se um novo processo intervencionista que muda radicalmente os termos do problema. Até há poucos anos as grandes empresas e os grandes grupos capitalistas viam a participação do Estado nas atividades econômicas e sociais como um fator de restrição à liberdade. Entretanto, essa participação acabou por se revelar altamente benéfica para os detentores de capital e dirigentes de empresas, pois o Estado passou a ser um grande financiador e um dos principais consumidores, associando-se com muita frequência aos maiores e mais custosos empreendimentos. Além disso tudo, o Estado exerce hoje a função de agente negociador e poderoso apoiador dos grupos econômicos e financeiros privados, abrindo mercados para exportação, patrocinando acordos econômicos e, em alguns casos, estabelecendo barreiras protecionistas para favorecimento dos interesses econômicos de grupos sediados em seu território. Essa nova situação foi muito bem retratada por JOHN KENNETH GALBRAITH, o notável economista, sociólogo e político norte-americano, em sua obra "O Novo Estado Industrial". Diz ele que "apenas os defensores profissionais do sistema da livre-iniciativa, membros de um ofício humilde e mal pago, ainda defendem o domínio da competição, sendo este o teste pelo qual melhor se pode calcular que seus clientes fracassarão".

Constatando as influências do planejamento e do desenvolvimento tecnológico no mundo atual, observa GALBRAITH que o planejamento bem--sucedido nas áreas de tecnologia cara e sofisticada exige que o Estado subscreva os custos de pesquisa e aperfeiçoamento, e que garanta um mercado para os produtos resultantes. O atrativo exercido pela tecnologia refinada, mesmo sobre as pessoas de menor nível cultural, fez com que o seu financiamento se tornasse uma função social aprovada, não se indagando dos reais benefícios que o empreendimento trará à sociedade. Além disso tudo, observa-se que os modernos processos de organização, produção, divulgação, venda e distribuição não ficam mais na dependência de

---

191. ALBERTO MONIZ DA ROCHA BARROS, *O Poder Econômico do Estado Contemporâneo e seus Reflexos no Direito*, págs. 251 e 252.

mecanismos espontâneos de oferta e procura, nem decorrem de iniciativas idealistas que assumem todos os riscos. Em lugar disso, apoiam-se em pessoal técnico altamente especializado, que, na sua quase totalidade, têm a sua formação financiada ou mesmo custeada pelo Estado[192].

A consequência disso tudo é que já se pode considerar definido um novo *intervencionismo* do Estado na vida social. Desapareceram os limites entre o público e o privado, e o Estado, antigo mal necessário, passou à condição de financiador, sócio e consumidor altamente apreciado, tendo cada vez mais estimulada sua atitude intervencionista, justamente pelos grupos que mais se opunham a ela.

157A. No final do século XX surgiu e foi intensamente divulgada, pelos meios de comunicação, aparecendo em trabalhos teóricos e passando a integrar o vocabulário corrente, a expressão "globalização". Usada amplamente, sem uma definição clara e precisa, a palavra globalização contém mais uma insinuação do que a afirmação de uma realidade ou de um conceito e acabou ganhando a generalização sem que tenha sido precisado o seu sentido e sem o esclarecimento das ambiguidades do seu uso. Sob inspiração do desaparecimento da União Soviética e da consequente superação do mundo bipolar, alguns teóricos do capitalismo passaram a sustentar que o mundo hoje é um só, está globalizado, desaparecendo as barreiras representadas pelas fronteiras dos Estados. E esse novo mundo, com a humanidade integrada, seria regido pelas leis do mercado e não mais pelas leis do direito que decorrem dos valores do povo e de todo o conjunto das relações sociais.

Antes de tudo, é importante ressaltar que a ideia da globalização, que não chega a ser uma teoria, pretende fundamentar-se primordialmente nas relações econômicas e nas atividades financeiras, o que fica muito evidente pela ampla e persistente utilização das expressões "mercado" e "liberdade econômica", como se fossem as determinantes do mundo novo. O exame atento e objetivo do que se tem escrito, procurando sustentar essa inovação, deixa fora de dúvida que toda a argumentação com que se pretende sustentar a globalização como fato consumado e expressão de uma nova realidade não tem qualquer consistência. Em sua última obra, *Economia das fraudes inocentes*, publicada em 2004, JOHN KENNETH GALBRAITH faz a análise dessas ideias e a crítica das expressões utilizadas por seus

---

192. JOHN KENNETH GALBRAITH, *O Novo Estado Industrial*, págs. 57, 180, 323 e segs.

defensores, mostrando que a intenção dos criadores da ideia de globalização e de economia de mercado é criar um novo vocabulário, que substitua capitalismo e outras expressões, já muito desgastadas e carregadas de implicações políticas e sociais negativas.

Pretende-se transmitir a ideia de que o mundo todo está unificado com os padrões do capitalismo e, pela inexistência de conflitos, o Estado foi substituído pela iniciativa privada. Daí a globalização sob a égide do mercado. Basta, entretanto, verificar que, embora praticamente não subsistam barreiras nacionais para a movimentação financeira, existem muitas e graves divergências quanto à circulação de mercadorias e de serviços, sendo exemplo disso os conflitos que opõem os grandes Estados entre si ou com pequenos Estados, em decorrência do protecionismo que muitos praticam e que é uma forma de intervenção do Estado nas relações econômicas. São também muito fortes as resistências, feitas pelos grandes Estados, à circulação de trabalhadores e das correntes migratórias. Nesses casos as fronteiras dos Estados continuam fechadas, sendo prova eloquente dessa resistência a construção de um muro na fronteira dos Estados Unidos com o México, para impedir a entrada de migrantes no território estadunidense. Isso no ano de 2006. Assim, pois, a globalização pode ser a expressão do reconhecimento da existência de inovações importantes no relacionamento entre os Estados e as instituições econômicas e financeiras, mas está bem longe de significar a integração mundial das sociedades humanas e dos grupos nacionais, como se toda a população do mundo fizesse parte do povo de um único Estado.

Bibliografia

ALBERTO MONIZ DA ROCHA BARROS, *O Poder Econômico do Estado Contemporâneo e seus Reflexos no Direito*, São Paulo, 1953; ADAM SMITH, *Wealth of Nations*, P. F. Collier & Son, Nova York, 1956; JOHN STUART MILL, *Da Liberdade*, Ed. Ibrasa, São Paulo, 1963; M. BLUNTSCHLI, *Le Droit Public Général*, Libr. Guillaumin, Paris, 1885; PAUL LEROY-BEAULIEU, *L'État Moderne et ses Fonctions*, Libr. Guillaumin, Paris, 1891; WERNER SOMBART, *El Apogeo del Capitalismo*, Fondo de Cultura Económica, México, 1946; JOSÉ PINTO ANTUNES, *A Produção sob o Regime da Empresa*, São Paulo, 1954; ICILIO VANNI, *Lições de Filosofia do Direito*, Pocai Weiss & Cia., São Paulo, 1916; JOSÉ CARLOS ATALIBA NOGUEIRA, *O Estado é Meio e não Fim*, Ed. Saraiva, São Paulo, 1945; DEXTER PERKINS, *A Época de Roosevelt*, Ed. O Cruzeiro, Rio de Janeiro, 1967; FRED J. COOK, *O Estado Militarista*, Ed. Civilização Brasileira, Rio de Janeiro, 1964; WALTER LIPPMANN, *A Reconstrução da Sociedade*, Ed. Itatiaia, Belo Horizonte, 1961; GUNNAR MYRDAL, *Aspectos Políticos da Teoria*

Econômica, Ed. Zahar, Rio de Janeiro, 1962; KARL SCHRIFTGIESSER, *O Estado e a Empresa*, Ed. Lidador, Rio de Janeiro, 1964; ERICH FROMM, *Psicanálise da Sociedade Contemporânea*, Ed. Zahar, Rio de Janeiro, 1968; JOSÉ CRETELLA JR., *Tratado de Direito Administrativo*, vol. V, Ed. Forense, Rio de Janeiro, 1968; HAROLD J. LASKI, *O Liberalismo Europeu*, Ed. Mestre Jou, São Paulo, 1973; NORMAN BIRNBAUM, *A Crise da Sociedade Industrial*, Ed. Cultrix, São Paulo, 1973; FERNANDO HENRIQUE CARDOSO, *Política e Desenvolvimento em Sociedades Dependentes*, Ed. Zahar, Rio de Janeiro, 1971; ASA CRISTINA LAURELL (org.), *Estado e Políticas Sociais no Neoliberalismo*, Ed. Cortez, São Paulo, 1995; ARTHUR UTZ, *Entre o Neoliberalismo e o Neomarxismo*, EPU/EDUSP, São Paulo, 1981; RALPH MILIBAND, *Socialismo & Ceticismo*, EDUSC/UNESP, Bauru, 2000; DAVID MILIBAND (org.), *Reinventando a Esquerda*, Ed. UNESP, São Paulo, 1977; MARIA PAULA DALLARI BUCCI, *Direito Administrativo e Políticas Públicas*, Ed. Saraiva, São Paulo, 2002; JOHN KENNETH GALBRAITH, *O Novo Estado Industrial*, Ed. Civilização Brasileira, Rio de Janeiro, 1968; *A Economia das Fraudes Inocentes*, Companhia das Letras, São Paulo, 2004; JEAN ZIEGLER, *Les Nouveaux Maîtres du Monde*, Fayard, Paris, 2002.

Estado Socialista e Capitalismo de Estado

158. A expressão "socialismo" apareceu no início do século XIX, para expressar o ideal de um novo tipo de sociedade e não de Estado. Na primeira metade daquele século surgiram várias doutrinas que se denominaram socialistas, tendo todas alguns pontos em comum, como a crítica das injustiças sociais que já eram muito evidentes na sociedade individualista e patrimonialista instaurada a partir da ascensão política da burguesia e marcada pela Revolução Industrial. No século XX, com a vitória dos revolucionários antifeudalistas na Rússia, fortemente influenciados pelos movimentos socialistas, e a implantação de um novo tipo de Estado, tendo por base organizações de trabalhadores, os *soviets*, tanto os líderes daquele Estado quanto muitos teóricos afirmaram que ali estava sendo criado um Estado socialista. E como depois aquele Estado degenerou para uma forma totalitária, houve quem identificasse socialismo com estatismo ou, pior ainda, com Estado totalitário, o que é absolutamente equivocado. Para que não se incorra em tais equívocos, é oportuno buscar os ensinamentos de teóricos de grande autoridade que procuram fixar o exato sentido da expressão "socialismo".

Uma das mais precisas e esclarecedoras análises do sentido de socialismo encontra-se na obra *Capítulos sobre o Socialismo*, publicada em 1868, do notável teórico inglês da Política e da Economia, JOHN STUART MILL, que, no entanto, nunca se alinhou entre os socialistas, sendo referido nas obras teóricas como liberal e utilitarista. Eis as palavras de STUART MILL: "A palavra socialismo, que se originou com os comunistas ingleses e foi assumida por eles como um nome para designar sua própria doutrina, é empregada agora no Continente (europeu) em sentido mais amplo; não implicando necessariamente comunismo ou a completa abolição da propriedade privada, mas qualquer sistema que exige que a terra e os instrumentos de produção sejam a propriedade, não de indivíduos, mas de comunidades ou associações ou do governo"[193].

Mais adiante, STUART MILL acrescenta uma observação muito importante, sobre ponto que a seu ver é fundamental: "O que caracteriza o socialismo é a propriedade conjunta por todos os membros da comunidade dos instrumentos e meios de produção, que traz consigo a consequência de a divisão do produto entre os proprietários ter de ser um ato público, executado de acordo com regras estabelecidas pela comunidade. O socialismo não exclui, de forma alguma, a propriedade privada de artigos de consumo, o direito exclusivo de cada um de usufruir, dar ou trocar a sua cota do produto, uma vez recebida"[194].

Mais recentemente, um teórico francês do século XX escreveu uma obra de caráter didático, também bastante esclarecedora porque demonstra como era entendido o socialismo numa época em que em diversas partes do mundo ele era invocado como a base teórica e o ideal político de governos eleitos e comprometidos com a democracia. Esse autor é JULES MOCH, teórico socialista, e sua obra *Socialismo Vivo* foi publicada em 1960. Numa das passagens mais expressivas de seu livro, diz o autor: "Para os socialistas, a transformação social não é somente de ordem econômica e política. Ela supõe, além disso e talvez antes de mais, uma profunda modificação da mentalidade e da consciência do homem, a substituição da noção de interesse individual, exasperada pelo ancestral receio da fome, do desemprego e da velhice, por um sentimento do bem coletivo... Ela promove, de resto, a plena realização do homem na justiça, na igualdade, na ordem e na liberdade"[195].

Por esses registros teóricos, distanciados no tempo por um século, pode-se ter noção mais precisa do que se concebeu como socialismo nas suas origens e do que os teóricos adeptos dessa doutrina consideravam sua essência. Esses dados são importantes para que se faça o confronto com o que se impôs na prática sob invocação do socialismo e que contribuiu muito para o seu desvirtuamento e para as objeções feitas a ele no curso da história.

159. Quando surgiu o movimento socialista, no início do século XIX, incorporado às teorias anarquistas, ninguém pretendia, e seus líderes também não admitiam, que se pensasse num *Estado socialista*. Com efeito, as injustiças sociais, a miséria do proletariado, a existência ostensiva de uma

---

193. JOHN STUART MILL, *Capítulos sobre o Socialismo*, Editora Fundação Perseu Abramo, São Paulo, 2001, pág. 16.

194. *Idem*, pág. 93.

195. JULES MOCH, *Socialismo Vivo*, Livraria Morais Editora, Lisboa, 1964, pág. 127.

pequena classe de privilegiados, tudo isso, segundo os primeiros socialistas, só se mantinha graças ao Estado. E não se pensava que o Estado pudesse ter outra utilidade que não a manutenção e a proteção dos privilégios.

A liberdade, consagrada nas Constituições, não tinha chegado até àqueles que só possuíam sua força de trabalho. A igualdade de direitos significava apenas que todos tinham direito à igual proteção do Estado, o que representava, na prática, que a ordem social tinha que ser preservada pelo Estado, não havendo a mínima possibilidade de que alguém fosse obrigado a ceder um pouco de sua renda ou de seus privilégios para aliviar a situação dos que mal conseguiam sobreviver. A liberdade contratual, assegurada pelo Estado, tinha como consequência o oferecimento de salários miseráveis em troca de longuíssimas jornadas de trabalho em ambientes insalubres e sem qualquer proteção. E o proletário tinha assegurado pelo Estado seu direito de livremente escolher entre esse contrato de trabalho ou o desemprego, que representava o desabrigo, a fome, a doença, para o trabalhador e sua família.

Em face de tal situação seria surpreendente se o proletário não visse no Estado, controlado pela burguesia, um grande inimigo, que deveria combater e se possível destruir. E, de fato, foi essa a ideia que se desenvolveu e em torno da qual se concentraram os movimentos proletários: a destruição do Estado, para possibilitar a redistribuição das riquezas e a instauração de uma ordem social em que os indivíduos recebessem de acordo com seu trabalho e segundo suas necessidades.

160. A *Liga dos Comunistas*, união operária internacional, cuja existência era considerada ilegal em todos os Estados onde havia massas proletárias, realizou, secretamente, um Congresso em Londres, em novembro de 1847. Nessa oportunidade, Marx e Engels foram encarregados de redigir um programa pormenorizado, teórico e prático, para orientar o movimento comunista. Foi dessa forma que surgiu o famoso *Manifesto Comunista*, de 1848, que iria exercer enorme influência sobre a classe proletária, contribuindo para aglutinar e estimular a corrente socialista que acabaria predominando sobre as demais, consideradas utopistas.

No Manifesto é preconizada a união de todos os trabalhadores para a luta contra a burguesia. Como tarefa imediata propõe-se a conquista do poder político, para que o proletariado surgisse como classe dominante. Diz então o Manifesto: "O proletariado utilizará sua supremacia política para arrancar pouco a pouco todo o capital à burguesia, para centralizar todos os instrumentos de produção nas mãos dos Estados, isto é, do proletariado organizado em classe dominante, e para aumentar, o mais rapidamente possível, a massa das forças produtivas"[196]. Concluindo a parte relativa ao problema do Estado, acrescenta o Manifesto que, "com a própria marcha dos acontecimentos, uma vez desaparecidos os antagonismos de classe, e concentrada toda a produção nas mãos da população ativa organizada em vastas associações, o poder público perde seu caráter político". Ora, sendo o Estado essencialmente político, essas palavras foram interpretadas como uma previsão de desaparecimento do próprio Estado. Mais tarde, referindo-se a esse ponto, que foi objeto de acesas polêmicas, disse ENGELS que jamais haviam afirmado que o Estado poderia ser destruído de um momento para outro, mas, em lugar disso, sustentavam que ele deveria extinguir-se, tornando-se gradualmente desnecessário até que ficasse completamente desprovido de qualquer função política.

Após o lançamento do Manifesto, inúmeras ocorrências influíram sobre as diretrizes do movimento proletário. MARX e ENGELS passaram a chefiar uma corrente socialista, sustentando que propunham um socialismo *científico* em lugar do socialismo *utópico* dos demais. Os anarquistas, por seu lado, consideravam contrárias aos seus princípios todas as soluções que preconizavam a utilização de meios legais para a conquista do poder, chegando a acusar MARX e ENGELS de oportunistas. Já se havia verificado essa divisão quando ocorreu a primeira tentativa de conquista do poder político pelos proletários, através do movimento revolucionário eclodido na França, em 18 de março de 1871, culminando, na primeira fase, com a instalação da *Comuna de Paris*. Embora considerando a Comuna o primeiro *Estado proletário*, os próprios autores socialistas reconhecem que, na realidade, não se pode sustentar que ali se tenha feito uma experiência marxista. Além disso, pelo despreparo dos líderes e por falhas de organização, o movimento durou muito pouco, sendo derrotado no dia 28 de maio de 1871. Na verdade, a Comuna foi um movimento bastante limitado, do qual participaram apenas os trabalhadores urbanos da cidade de Paris. Não bastasse isso, e ainda se deve acrescentar que os marxistas não tiveram a liderança da Comuna, que foi dividida entre *blanquistas* e *proudhonianos*, que também divergiam entre si sob muitos aspectos[197]. No próprio ano de 1871 MARX publica "A Guerra Civil na França", analisando a Comuna de Paris e dando grande ênfase ao problema da organização do poder político. Considera a Comuna uma "corporação de trabalho, concomitantemente

---

196. *Manifesto do Partido Comunista*, II.

197. N. G. ALEXANDROV *et alii*, *Teoría del Estado y del Derecho*, págs. 131 e 132.

legislativa e executiva", apontando-a como a forma política por fim descoberta para levar a cabo a emancipação dos trabalhadores.

Contrariando todas as previsões, foi na Rússia, onde ainda era incipiente o desenvolvimento industrial, que surgiu a oportunidade para a implantação do Estado socialista. Em 1905, unidos socialistas e republicanos contra o absolutismo do tzar, desencadeou-se um movimento revolucionário que, depois de inúmeros sucessos parciais, acabou sendo sufocado em 1907. Durante esse movimento surgiram os *soviets* (palavra russa que quer dizer *conselhos*) que eram conselhos de delegados, congregando operários, trabalhadores rurais e soldados, tendo LENIN previsto que eles seriam não só um órgão de luta para a conquista do poder, mas a própria base do Estado socialista. Finalmente, em fevereiro de 1917, o governo tzarista é derrubado por socialistas e republicanos, cabendo a estes últimos a chefia do governo provisório, entregue a Kerenski.

Depois de uma primeira fase de boa convivência, o governo provisório, sentindo-se ameaçado pelos socialistas, inicia uma forte repressão, cujo resultado, entretanto, foi contrário ao esperado, pois acabou favorecendo a coesão socialista. Pouco depois, em outubro de 1917, numa ação fulminante, os socialistas conseguiram tomar o poder. Logo em seguida, o próprio LENIN, misto de teórico e homem de ação, publica "O Estado e a Revolução", procurando fixar as bases da organização política proletária. Colocando o problema da permanência ou desaparecimento do Estado, LENIN observa que há dois aspectos a considerar. Um deles é o que se refere ao futuro longínquo, parecendo-lhe que a questão fora resolvida por ENGELS com a explicação sobre a extinção do Estado. Outro problema, de ordem prática e de maior atualidade, era o relativo à instalação imediata do Estado socialista, para o qual traça as seguintes tarefas: "... a expropriação dos capitalistas, a transformação de *todos* os cidadãos em trabalhadores e empregados de um grande sindicato *único*, a saber, de todo o Estado, e a subordinação absoluta de todo o trabalho desse sindicato a um Estado verdadeiramente democrático, *ao Estado dos 'soviets' dos deputados operários e soldados*"[198]. Afinal, no ano de 1918 foi aprovada a Constituição da República Soviética Federativa Socialista Russa, surgindo, assim, o primeiro Estado socialista, que em 1924 passaria a denominar-se União das Repúblicas Socialistas Soviéticas[199].

---

198. V. I. LENIN, *O Estado e a Revolução*, pág. 119.

199. Sobre as preliminares de criação do Estado socialista e suas posteriores vicissitudes, discorremos pormenorizadamente no livro *Da Atualização do Estado*, págs. 64 e segs.

161. A análise do Estado soviético, de suas características e de seu desenvolvimento, precisa ser feita a partir de conceitos e de valores que não podem ser aplicados ao Estado construído pela burguesia. De fato, basta atentar-se para a circunstância de que, com as revoluções do século XVIII, o poder político, no mundo ocidental, passou para as mãos dos que detinham o poder econômico. Dessa forma, era natural que procurassem uma organização conveniente aos seus interesses econômicos, consolidando uma ordem que não limitasse ou pusesse em risco aqueles interesses. O Estado socialista nasce justamente em oposição a essa ordem e nele o poder político é empalmado pelos que não têm poder econômico, mas que só têm a força de trabalho. Assim sendo, era também natural que no Estado socialista prevalecessem os interesses do trabalho, criando-se uma organização que impedisse a acumulação de riqueza em mãos de particulares e a exploração do trabalho assalariado.

É importante que se tenha em conta essa diferença inicial, porque dela decorrem consequências fundamentais. Assim, quando a ex-União Soviética se qualificou oficialmente como *ditadura do proletariado* não estava admitindo que fosse antidemocrática. Ao contrário disso, afirmava que, sendo o proletariado a classe mais numerosa em qualquer Estado, só quando ela tivesse o poder político é que o Estado poderia ser considerado democrático. E o poder do proletariado deveria ser exercido ditatorialmente contra os seus exploradores, pois estes eram naturalmente inimigos do Estado socialista.

Por decisão do XXII Congresso do Partido Comunista da União Soviética, realizado em outubro de 1961, o Estado soviético deixou de ser qualificado como ditadura do proletariado para se transformar em *Estado de todo o povo*. A justificativa para essa decisão foi que na União Soviética, àquela data, todo o povo já era trabalhador e ninguém mais vivia da exploração do trabalho alheio, uma vez que ninguém podia utilizar empregados para, através da atividade destes, auferir renda.

Quanto ao controle da liberdade pelo Estado, também sustentavam os teóricos soviéticos que isso é mais justo e mais democrático do que se aquele controle for exercido por um grupo de indivíduos que, tendo o poder econômico, utiliza o Estado a seu serviço. Sendo o Estado Socialista dirigido pela maioria que é o proletariado, o controle que exercer será verdadeiramente democrático, porque exercido pela maioria. Assim, por exemplo, alegam que quando os jornais pertencem a grupos econômicos privados o povo não tem liberdade de imprensa, porque, como é óbvio, aqueles grupos só publicam o que lhes convém e da forma que mais atenda aos seus interesses. Quanto à propriedade estatal dos meios de produção, também lhes parece mais justo e mais democrático, sempre partindo do pressuposto de que o Estado é o povo numa ordem e de que o governo exercido pelo proletariado é o governo da maioria. Por estas circunstâncias, a utilização dos meios de produção se fará de maneira mais conveniente a todo o povo, e não apenas aos interesses de um pequeno número de proprietários.

162. Do ponto de vista da estrutura do Estado, a União Soviética era uma república federativa. A primeira Constituição do Estado socialista, de 1918, qualificava-o como república federativa russa. Entretanto, pela integração dos povos de outras nações, a Rússia passou a ser apenas um dos membros da federação, razão pela qual em 1924 foi aprovada outra Constituição, para a União das Repúblicas Socialistas Soviéticas. Depois disso, considerando superada a fase revolucionária, o VIII Congresso do Partido Comunista aprovou, em 5 de dezembro de 1936, uma nova Constituição para a União Soviética.

Nessa Constituição foi definida a organização do Estado Soviético, a seguir exposta.

Construindo um sistema a que deram o nome de *centralismo democrático*, os soviéticos estabeleceram a escolha de todos os governantes por eleições, mas os órgãos inferiores ficaram subordinados aos superiores, de maneira que todos dependem do órgão supremo do Estado, que é o *Soviet* Supremo. Este exerce o poder legislativo e se compõe de duas Câmaras: uma, o *Soviet* da União, que reúne os representantes do povo; outra, o *Soviet* das Nacionalidades, que congrega representantes das unidades federadas. Um aspecto curioso é que estas não são todas da mesma categoria, havendo Repúblicas Federadas, Repúblicas Autônomas e Regiões, além de territórios nacionais. As Repúblicas Federadas são autorizadas pela Constituição da União Soviética a celebrarem tratados no âmbito internacional, o que explica a presença delas na ONU ao lado da ex-União Soviética. A chefia do Estado é exercida pelo *Presidium* do *Soviet* Supremo, órgão coletivo eleito pelas duas Câmaras e de que participa, como principal membro, o Presidente da República. O poder executivo é exercido pelo Conselho de Ministros, também eleito em sessão comum das duas Câmaras, sem um tempo certo de mandato e chefiado pelo Primeiro-Ministro. O Conselho de Ministros tem uma composição complexa, compreendendo um pequeno número de ministros que exercem atribuição de governo propriamente dito e um grande número ao qual se conferem funções de administração.

Finalmente, participa da própria estrutura do Estado o Partido Comunista, que nos termos do artigo 126 da Constituição é o "núcleo diretor de todas as organizações de trabalhadores, tanto sociais como do Estado".

As diretrizes políticas fundamentais do Estado soviético ficaram dependentes do Partido Comunista, através de seus Congressos, entregando-se a chefia do partido a um Secretário-Geral. Aqui também ocorre uma circunstância curiosa, pois, em face de sua autoridade o Secretário-Geral do Partido Comunista participava intensamente das atividades de governo, razão pela qual aparecia com frequência ao lado do Primeiro-Ministro, mesmo nos entendimentos com representantes de Estados estrangeiros.

163. Até o início da II Guerra Mundial a União Soviética era o único Estado socialista existente no mundo. Após a guerra surgiram na Europa oriental as chamadas *democracias populares*, como derivações do sistema soviético. Evidentemente, seria demasiado simplista explicar pela coação a ocorrência de tal fenômeno, como se a União Soviética tivesse obrigado, pela força das armas, todos aqueles Estados a adotarem orientação socialista, forçando os próprios líderes locais, que assumiram os governos, a se dizerem socialistas. As causas do aparecimento das democracias populares são muito mais complexas, podendo-se indicar mesmo três causas fundamentais que favoreceram a implantação do socialismo naqueles Estados, e que são as seguintes:

a) A atitude das elites políticas tradicionais, quando a Alemanha invadiu os Estados da Europa oriental. Verificando-se o comportamento das antigas lideranças partidárias em face da presença dos exércitos nazistas, encontramos três espécies de reação: um primeiro grupo, valendo-se de suas condições gerais mais favoráveis, conseguiu fugir para outras partes do mundo; outro grupo, levado por uma série de circunstâncias, permaneceu mas omitiu-se, passando a cuidar, pura e simplesmente, de seus interesses particulares, não tomando qualquer atitude contra os invasores; um terceiro grupo, ou por motivos egoístas ou, em raros casos, acreditando poder atenuar os males, aderiu aos invasores, passando a colaborar com os alemães. Enquanto as elites tradicionais adotavam esses comportamentos, outros militantes políticos, geralmente integrantes dos "partidos populares", e que antes da guerra não participavam do governo, passaram a lutar contra os invasores, integrados nos movimentos subterrâneos de resistência.

b) A segunda causa foi o aparecimento dos soviéticos nesses Estados como libertadores. Foi com as tropas soviéticas que os movimentos de resistência se coordenaram para expulsar os invasores alemães, e foi graças a elas, efetivamente, que se conseguiu a expulsão, o que contribuiu fortemente para criar um ambiente favorável aos soviéticos, independente de tendências políticas.

c) Como terceira causa podem-se indicar os acordos de Yalta e Potsdam, celebrados entre as grandes potências aliadas, Estados Unidos, União

Soviética e Grã-Bretanha, estabelecendo que, à medida que os alemães fossem sendo expulsos de cada território, a potência que tivesse efetuado a libertação passaria a ter controle total sobre a área libertada.

Somando-se esses fatores, explica-se logicamente, como coisa fácil de prever, a aceitação do modelo soviético para a reconstrução daqueles Estados. Na realidade, logo após a libertação as frentes de resistência, que eram lideradas pelos partidos populares, passaram a constituir os governos provisórios. Evidentemente, a maioria desses líderes, que eram membros de partidos de trabalhadores, tinha tendências socialistas e aspirava ao poder para implantar suas ideias. Seria por demais ingênuo pretender que, passada a fase de luta, eles chamassem de volta os antigos governantes e se colocassem de novo em plano secundário. A isso tudo ainda se deve acrescentar que a ex-União Soviética, por força das circunstâncias, foi quem lhes deu apoio econômico para o início da reconstrução, o que também influiria para a criação de vínculos de várias espécies.

A partir de 1945 surgem, portanto, as democracias populares, baseadas, em grande parte, no modelo soviético. Na verdade, porém, não houve o transplante puro e simples desse modelo, verificando-se, em cada Estado, a presença de peculiaridades decorrentes de suas tradições históricas e de suas características culturais. A própria organização do Estado variou bastante, havendo alguns mais próximos e outros mais distantes da estrutura soviética. Assim, entre outros aspectos, apenas a Iugoslávia adotou a forma federativa com um legislativo bicameral, encontrando-se em todos os demais uma só câmara. Os sistemas partidários também não apresentaram uniformidade, havendo inúmeros casos de pluripartidarismo. Como era natural que ocorresse, os partidos populares tinham o predomínio, sendo frequente sua união em "frentes populares", sob a liderança do Partido Comunista. Em alguns Estados, como na Bulgária, Polônia e Hungria, surgiram partidos agrários, agrupando trabalhadores e pequenos proprietários rurais. Quanto ao sistema eleitoral não houve, igualmente, uma padronização, sendo mais frequente o sistema de lista única, incluindo candidatos comunistas e dos demais partidos.

Uma outra característica diferenciadora, de grande importância, é a relativa à organização econômica. Em todas as democracias populares foram estabelecidos três setores: um de economia *estatal*, passando-se para o Estado os principais meios de produção; outro de economia *privada*, relativo aos pequenos meios de produção, notando-se especialmente o aparecimento de um grande número de pequenos proprietários rurais; um terceiro setor, de economia *cooperativa*, inspirado no cooperativismo soviético e que em alguns Estados foi amplamente desenvolvido, por ser considerada a forma socialista mais autêntica.

A partir de 1947 a situação muda radicalmente, pois em decorrência de seus desentendimentos com os antigos aliados a União Soviética sente a necessidade de exercer um controle rígido sobre sua área de influência. Nesse momento, quando as democracias populares já haviam aceitado uma situação de dependência econômica em relação aos soviéticos, estes exerceram forte coação e impuseram padrões políticos bastante rígidos. Logo no ano seguinte, porém, a Iugoslávia reagiu contra essas imposições, mantendo uma atitude de independência em relação à União Soviética, embora reafirmasse o propósito de continuar socialista. Graças a isso foi possível à Iugoslávia desenvolver seu próprio sistema de vida e de governo, criando novas instituições que não têm paralelo na experiência de qualquer outro Estado. As demais democracias populares não tiveram condições para reagir e ficaram submetidas até 1953, quando, com a morte de Stalin, transforma-se profundamente a atitude da União Soviética. Em 1955 houve a reconciliação entre iugoslavos e soviéticos, e em 1956 o XX Congresso do Partido Comunista reconheceu, solenemente, que "há muitos caminhos para o socialismo".

Desde então as democracias populares diversificaram-se bastante, apesar de terem continuado a viver na dependência econômica da União Soviética, o que sempre gera a dependência política. Pode-se dizer que as inovações fundamentais trazidas pela proposta socialista se consolidaram nesses Estados, não havendo qualquer perspectiva de retorno das antigas monarquias ou dos acentuados desníveis sociais que subsistiram até o início da II Guerra Mundial. Isso não se confunde, porém, com a aceitação voluntária da liderança soviética. Foi o que se verificou em 1968, quando as tropas do Pacto de Varsóvia, sob o comando soviético, invadiram a Checoslováquia para impor uma orientação política. Opondo-se à invasão, os líderes, os intelectuais e os universitários checos acusaram a União Soviética de ação totalitária, em oposição aos princípios socialistas e democráticos. Mas ninguém pediu a volta da antiga aristocracia. Em outros Estados da Europa oriental, como na República Democrática Alemã e na Iugoslávia, foi afastado, em grande parte, o modelo soviético, adotando-se organização bastante peculiar, sem recusar o socialismo.

164. Outros Estados socialistas foram sendo criados a partir de 1949. Nesse ano, os comunistas chineses conquistaram o poder após prolongada guerra civil, obrigando seus opositores a se refugiarem na Ilha de Formosa. Depois de uma fase considerada revolucionária, foi aprovada, em 20 de setembro de 1954, a Constituição da República Popular da China, substituída por outra em 17 de janeiro de 1975. Segundo a nova Constituição, o órgão supremo do Estado é a Assembleia Nacional Popular, mas esta é subordinada ao Partido Comunista Chinês, além de se compor de membros eleitos pelas províncias, regiões autônomas e municipalidades, aos quais se podem juntar outros indicados pelo Partido. O Presidente do Comitê Central do Partido é o comandante supremo de todas as forças armadas. Adota-se o "centralismo democrático", semelhante ao da União Soviética, mas foi suprimida a figura do Presidente da República, ficando em seu lugar um Comitê Permanente da Assembleia Nacional, eleito pela própria Assembleia.

A nova Constituição eliminou a propriedade capitalista e a propriedade individual dos meios de produção, estabelecendo dois tipos de propriedade: a propriedade socialista de todo o povo e a propriedade coletiva socialista das massas trabalhadoras. Permite-se, porém, aos trabalhadores não agrícolas que exerçam suas atividades individualmente, desde que não usem, em seu proveito, os serviços de outros trabalhadores, permitindo-se também aos trabalhadores das comunas populares (agrícolas) que cultivem para si e para suas respectivas famílias um pequeno pedaço de terra e que tenham um pequeno número de animais. Tanto a antiga quanto a nova Constituição diferem bastante do modelo soviético. Em outros Estados socialistas da Ásia, como o Vietnã, a Coreia do Norte e a Mongólia, encontram-se também peculiaridades muito acentuadas, anulando a ideia de uma forma estereotipada de Estado socialista.

165. Também a África sofreu o impacto do socialismo, declarando-se socialista um grande número dos novos Estados surgidos depois da II Guerra Mundial. Convencionou-se adotar a expressão *socialismo africano* para qualificar as novas formas surgidas no continente africano. Uma análise mais pormenorizada revela, entretanto, que há uma grande variedade de organizações, havendo muito pouco de comum entre os Estados socialistas árabes e os negros, como há também diferenças muito acentuadas entre estes últimos. Em excelente estudo sobre o socialismo africano, dirigido por WILLIAM H. FRIEDLAND e CARL G. ROSBERG JR., observa-se que não há, na verdade, uma ideologia precisa ou uma norma de ação específica, que identifiquem o socialismo africano. Há, todavia, alguns temas fundamentais, que permitem observar o movimento como um conjunto. Esses temas são:

O problema de identidade continental. A afirmação de uma doutrina própria serve como fator de diferenciação entre o socialismo da África e os demais. Isso no caso é importante, pois o socialismo africano, ao mesmo tempo em que atua como reação contra o antigo colonizador europeu, funciona como doutrina unificadora, estimulando a ação comum. E, na realidade, há pontos comuns entre todos, especialmente a propriedade comunal da terra, o caráter igualitário da sociedade, que não se divide em classes, e o estreito entrelaçamento em relação às obrigações sociais, levando a uma considerável cooperação.

A crise de desenvolvimento econômico. A deficiência de capitais, que é generalizada, faz com que a responsabilidade pela acumulação de capital caiba sempre ao governo, fazendo ainda com que o desenvolvimento se apoie fundamentalmente nos setores públicos. Ainda a respeito desse aspecto verifica-se que os Estados africanos, de maneira geral, dependem da exportação de produtos primários, o que também aparece como preocupação implícita no socialismo africano.

O problema do controle e da formação de classes. Após a luta contra o colonialismo, que permitiu fazer do nacionalismo um ponto de unificação, resta o problema do desenvolvimento econômico. E sobre ele os líderes põem toda a ênfase, procurando despertar o entusiasmo do povo. Mas os problemas agora são internos e é preciso conciliar a necessidade de ordenar as atividades com as disposições de luta que os próprios líderes haviam despertado. A consciência da necessidade de formar quadros de base africana, permitindo a dispensa da ajuda europeia para tarefas de governo e administração, pressupõe a constituição de uma classe de políticos, intelectuais e técnicos, que se destaque da grande massa popular. O socialismo africano aceita isso como necessário, mas ao mesmo tempo rejeita a doutrina marxista da luta de classes.

Além disso tudo, há tendência coletivista, que tem suas origens em costumes milenares, favorecendo a aceitação da ideia de socialismo. E os próprios líderes africanos desejam apresentar-se como uma terceira posição, forte e unificada, que lhes permita agir com independência em relação às grandes potências mundiais[200]. Tudo isso, como fica muito evidente, faz do socialismo africano uma forma peculiar, contribuindo para afastar a ideia de um Estado socialista padronizado.

166. Também na América já se fez presente o Estado socialista, desde quando Cuba proclamou sua adesão ao marxismo-leninismo. Isso ocorreu em 1º de dezembro de 1961, data em que foi anunciada a constituição do Partido Unido da Revolução Socialista. Depois disso o próprio Estado procurou adaptar-se às diretrizes socialistas, atento sobretudo ao exemplo soviético, uma vez que reconhecia que só podia manter-se independente com o auxílio econômico da União Soviética. Entretanto, em face das tradições

---

200. Veja-se WILLIAM H. FRIEDLAND e CARL G. ROSBERG JR., *African Socialism*, págs. 1 a 11; LEOPOLD SEDAR SENGHOR, *Um Caminho do Socialismo*, págs. 79 e segs.

e da cultura de Cuba, não seria possível o transplante, puro e simples, do modelo soviético e, como se tem verificado, em lugar de uma aproximação maior com esse modelo o Estado cubano vem procurando restabelecer relações normais com os Estados latino-americanos, o que, inevitavelmente, deverá influir em sua organização e em sua orientação política. É preciso observar também que, até o presente, Cuba vive em regime ditatorial, característico dos Estados que se declaram em revolução, embora em fevereiro de 1976 tenha sido aprovada pelo povo, mediante *referendum*, uma Constituição, pois esta ainda não tem plena eficácia. Assim sendo, não é possível definir-se ainda o tipo de Estado socialista que será adotado pelos cubanos, mas o isolamento de Cuba, pela dissolução da União Soviética e com a agravante de um bloqueio econômico imposto pelos Estados Unidos, torna muito difícil a continuidade da experiência socialista cubana.

Mais recentemente, no final do ano de 1970, o povo chileno elegeu um governo socialista, o que podia ser interpretado como um desejo do povo de que o Estado adotasse aquela orientação política. Tratava-se, no caso chileno, de uma república presidencial, em que o Presidente da República tinha participação restrita no processo legislativo. E as reformas de profundidade só poderiam ser feitas por meio de leis, que deveriam ser aprovadas pelo Congresso, já que o Estado vivia dentro de uma ordem constitucional normal, adotando a separação de poderes. Apesar dos obstáculos, uma vez que os socialistas não tinham maioria no Congresso, o presidente socialista, interpretando sua eleição justamente como expressão de uma aspiração ao socialismo, tentou realizar um trabalho, nos limites de sua competência, para reorganizar o Estado, convertendo-o num autêntico Estado socialista. Ele próprio reconheceu, porém, a situação peculiar em que se encontrava o Chile, declarando não haver experiências anteriores que pudessem ser usadas como modelos. E seus objetivos foram claramente manifestados, através da seguinte declaração: "Nosso caminho é instaurar as liberdades sociais mediante o exercício das liberdades políticas, o que requer como base a igualdade econômica"[201]. Observe-se, porém, que isso foi apenas um propósito enunciado, devendo-se assinalar que o Chile teve apenas um presidente socialista, que tentou utilizar suas limitadas competências constitucionais para introduzir medidas socializantes, o que é insuficiente para que se possa dizer que o Chile chegou a ser um Estado socialista.

---

201. SALVADOR ALLENDE, *Nuestro Camino al Socialismo*, págs. 32 e 40.

Em setembro de 1973 um golpe militar violento e fulminante causou a morte do presidente Salvador Allende, instaurando-se no Chile um governo ditatorial, que suprimiu a Constituição e revogou todas as leis de caráter socializante. Desde então, um sistema repressivo extremamente rigoroso impediu durante cerca de quinze anos qualquer manifestação política, não se podendo saber se continuava a ser preponderante entre os eleitores chilenos a preferência por um governo socialista. Finalmente, em 1990, foi restaurada a antiga normalidade constitucional, cessando formalmente aquela experiência de socialismo chileno.

167. A imposição de um rígido controle sobre o povo, dentro da União Soviética, a par das grandes despesas militares para fazer frente aos Estados Unidos da América, bem como os gastos exigidos para manter submissos Estados da Europa Oriental, da África, da Ásia e da América (Cuba) seguidores do sovietismo, tudo isso gerou uma situação de crise, que teve seu desfecho no final da década de 80.

Por iniciativa do então presidente da União Soviética, Mikhail Gorbachev, foi implantada internamente uma nova política, identificada pela palavra russa "perestroika" (reestruturação). Cessaram as rigorosas restrições sobre os meios de comunicação e foram admitidos movimentos políticos de contestação e denúncia. Paralelamente, a União Soviética reduziu substancialmente seu apoio econômico aos Estados dependentes e deixou de ameaçar militarmente os mais próximos.

Em consequência disso ocorreram muitas transformações naqueles Estados, que, embora não se declarando capitalistas e mantendo teoricamente sua fidelidade ao socialismo, adotaram novas Constituições, abandonando o modelo soviético. Em nenhum caso houve a restauração da monarquia ou das forças políticas existentes antes da II Guerra Mundial, apesar de adotarem geralmente o pluralismo político e sistemas eleitorais de modelo liberal-burguês.

Isso representa nova revisão no Estado socialista, sendo muito provável uma evolução diferenciada, uma vez que o modelo soviético não é mais visto como o ideal.

167A. No final do ano de 1991 importantes acontecimentos políticos, incluindo ações parlamentares e confrontos armados, acabaram por conduzir à Presidência da República da União Soviética Boris Ieltsin, que liderava uma corrente favorável à substituição do sistema de economia estatizada pelo de tipo capitalista, baseado na propriedade privada dos meios de produção.

Como parte desse processo político, a república da Rússia procurou reconquistar a soberania, o mesmo ocorrendo com outras repúblicas que compunham a União Soviética. No dia 9 de dezembro de 1991, em reunião realizada na cidade de Minsk, os presidentes da Rússia, da Ucrânia e da Bielo-Rússia assinaram um documento, declarando que a União Soviética deixava de existir. Na mesma ocasião anunciaram a criação da Comunidade de Estados Independentes (CEI), esclarecendo que não se tratava da criação de um novo Estado, mas apenas de um órgão representativo de repúblicas independentes, para exame e discussão de assuntos de interesse de seus integrantes e para o estabelecimento de diretrizes comuns, sem afetar a soberania de cada um. Onze repúblicas, antigas integrantes da União Soviética, aderiram à Comunidade de Estados Independentes, enquanto outras unidades da antiga federação soviética preferiram manter-se fora desse acordo, procurando afirmar-se como Estados soberanos[202]. No ano de 1993 foi aprovada a Constituição da República Russa, da qual fazem parte vinte antigas Repúblicas e mais um grande número de antigas regiões, atribuindo-se a todos os integrantes da Federação a igual condição de unidades federadas.

No plano internacional, a ONU admitiu como membros vários dos novos Estados, surgidos com a dissolução da União Soviética, dando à república da Rússia a condição de membro permanente do Conselho de Segurança, em lugar da União Soviética, que deixou de existir. Desse modo, embora sendo formalmente um novo Estado, a Rússia recebeu o tratamento de sucessora jurídica da União Soviética.

Esses acontecimentos tiveram grande influência sobre todos os Estados do mundo que se definiram como socialistas, reabrindo-se a discussão em torno do tema. A existência de milhões de pessoas vivendo em estado de extrema pobreza em todas as partes do mundo, inclusive nos países capitalistas mais desenvolvidos, bem como a enorme quantidade de guerras localizadas e de movimentos de rebelião armada, impondo sofrimento brutal a grande parte da humanidade, indicam a necessidade de se procurar novas formas de organização política, social e econômica, capazes de proporcionar a justiça e a paz. E todos os precedentes históricos permitem afirmar que a ideia de uma sociedade baseada nos princípios socialistas estará presente nesse debate sobre a nova ordem mundial.

---

202. Sobre os acontecimentos relacionados com a extinção da União Soviética existe um relato sintético, mas bem preciso e com os dados essenciais, no livro *O Fim da URSS*, de JACOB GORENDER.

168. Uma última observação deve ser feita, a respeito da controvérsia quanto às características do Estado socialista e do capitalismo de Estado. A ex-União Soviética, que desde o período de Stalin, iniciado na década de 30, vinha apresentando um fortalecimento crescente do Estado, foi acusada de ter abandonado os ideais socialistas, convertendo-se num gigantesco capitalismo de Estado. Acusação nesse mesmo sentido fora feita a MARX pelos anarquistas, quando, em face dos sucessos eleitorais obtidos na Alemanha, MARX e ENGELS começaram a admitir a revolução por vias legais, iniciando pela estatização dos meios de produção. Comentando essa atitude, escreveu KROPOTKIN: "O ideal socialista desse partido perdeu gradualmente o seu caráter de movimento que deveria ser determinado pela massa dos trabalhadores organizados, e passou a visar a exploração das indústrias pelo Estado. Tratava-se na verdade de socialismo de Estado, isto é, de capitalismo de Estado"[203].

Estudando o assunto à luz do comportamento dos Estados de nossa época, ROCHA BARROS observou que, por meio das novas formas de intervenção, o Estado ocidental havia-se convertido num grande capitalista. O Estado, que era órgão de poder político, adquiriu poder econômico, convertendo-se no maior dos capitalistas. E sua observação relativa ao Estado soviético levou à mesma conclusão, pela constatação de que havia na ex-União Soviética uma burocracia que possuía o Estado, enquanto este era possuidor de todas as empresas, com exceção do setor cooperativista. Daí sua conclusão final, segundo a qual o Estado soviético "é o Estado ocidental exacerbado, levado à completa substituição da classe capitalista pela burocracia — esta, não como nova classe capitalista, mas como burocracia mesmo, isto é, como agente de um Estado capitalista —, o único capitalista"[204].

O que deve ser ressaltado é que o simples intervencionismo do Estado nada tem que ver com o socialismo, pois, conforme a observação irônica do próprio LENIN, se o monopólio do tabaco qualificasse um governo como socialista, Napoleão e Metternich deveriam ser considerados precursores do socialismo. O que caracteriza, realmente, o Estado socialista é o

---

203. PIOTR KROPOTKIN, *Em Torno de uma Vida*, pág. 363.
204. ALBERTO MONIZ DA ROCHA BARROS, *O Poder Econômico do Estado Contemporâneo e seus Reflexos no Direito*, págs. 159 e segs. Veja-se também, a respeito das características do capitalismo do Estado, IGNACY SACHS, *Capitalismo de Estado e Subdesenvolvimento*, págs. 71 e segs.

predomínio dos interesses das pessoas humanas, concebidas e tratadas como essencialmente iguais e necessariamente integradas numa coletividade, em oposição ao Estado capitalista que faz preponderar os interesses do capital, concebendo os seres humanos como indivíduos isolados e opostos aos demais indivíduos. Assim, quando o próprio Estado toma iniciativas econômicas e põe como objetivo final a obtenção de resultados econômicos, tem-se caracterizado um capitalismo de Estado, não um Estado socialista.

168A. As propostas de mudança substancial da organização política e social, visando a correção dos desníveis e das injustiças decorrentes da implantação dos modelos inspirados na primazia do individualismo patrimonialista, proporcionaram as experiências do Estado socialista, que produziram muitos efeitos absolutamente opostos aos objetivos proclamados, mas também tiveram muitos resultados positivos, colocando em novo patamar a busca da sociedade justa.

Analisando os pressupostos e as ações políticas que partiram da ideia de socialismo e pretenderam transformar profundamente a sociedade capitalista, RALPH MILIBAND, em obra publicada no ano 2000, aponta o que considera terem sido alguns graves equívocos dos que se dispuseram a implantação da nova sociedade, identificando, a partir da análise das experiências inspiradas no socialismo, os equívocos e apresentando diretrizes para ações futuras. Assim, diz ele, antes de tudo é preciso ter em conta que a introdução de modificações profundas na ordem social não se fará facilmente e não será isenta de escolhas penosas e de grandes tensões. Além disso, é também necessário atentar para falhas e resultados não esperados nem pretendidos na implantação da nova ordem. Observa MILIBAND que os socialistas estavam certos quando procuraram apontar as contradições da sociedade capitalista, mas equivocaram-se ao não reconhecer os efeitos negativos e certas contradições decorrentes de algumas mudanças inspiradas no socialismo.

Concluindo sua análise das experiências baseadas no socialismo e dos efeitos que elas produziram, pondera o notável pensador político que o socialismo precisa ser visto como um processo que não pode ignorar a história e a complexidade das sociedades já existentes, em cuja organização e em cujos métodos de ação também estão incorporados efeitos positivos resultantes de lutas empreendidas por grupos sociais vítimas de injustiças. E adverte quanto ao risco do imediatismo e da descrença na obtenção de resultados imediatos e completos, pois a sugestão de que não há real alternativa para a sociedade capitalista hoje existente gera o ambiente propício ao florescimento daquilo que denomina "ervas venenosas na selva capitalista", como racismo, xenofobia, fundamentalismo, discriminação sexual, ódios étnicos e intolerância (200a). Nessa perspectiva, o Estado socialista não teria o significado de alternativa, que eliminaria toda a construção já existente, inclusive seus aspectos benéficos, mas representaria uma nova concepção de organização política e social, corrigindo uma distorção grave do Estado capitalista, que é a exaltação da liberdade como privilégio de alguns, afrontando o direito de todos à igualdade.

Bibliografia

ALBERTO MONIZ DA ROCHA BARROS, *O Poder Econômico do Estado Contemporâneo e seus Reflexos no Direito*, São Paulo, 1953; L. MINAYEV, *Origem e Princípios do Socialismo Científico*, Ed. Argumentos, São Paulo, 1967; DALMO DE ABREU DALLARI, *Da Atualização do Estado*, São Paulo, 1963; N. G. ALEXANDROV et alii, *Teoría del Estado y del Derecho*, Ed. Grijalbo, México, 1962; CAIO PRADO JR., *O Mundo do Socialismo*, Ed. Brasiliense, São Paulo, 1962; IGNACY SACHS, *Capitalismo de Estado e Subdesenvolvimento*, Ed. Vozes, Petrópolis, 1969; JORGE XIFRA HERAS, *Instituciones y Sistemas Políticos*, Bosch, Barcelona, 1961; STAFFORD CRIPPS, *Problemas de Governo Socialista*, Livr. Progresso Editora, Salvador, 1956; V. I. LENIN, *O Estado e a Revolução*, Ed. Vitória, Rio de Janeiro, 1961; PIOTR KROPOTKIN, *Em Torno de uma Vida*, Ed. José Olympio, Rio de Janeiro, 1946; B. MIRKINE-GUETZÉVITCH, *Les Nouvelles Tendances du Droit Constitutionnel*, Marcel Giard, Paris, 1931; *Les Constitutions Européennes*, Presses Universitaires de France, Paris, 1951; HENRI CHAMBRE, *De Marx a Mao-Tsé-Tung*, Ed. Duas Cidades, São Paulo, 1963; AMÉRICO LOURENÇO MASSET LACOMBE, *O Conflito Sino-Soviético*, Ed. Borsoi, Rio de Janeiro, 1965; WILLIAM H. FRIEDLAND e CARL ROSBERG JR., *African Socialism*, Stanford University Press, Stanford, 1967; GAMAL ABDEL NASSER, *Revolução no Mundo Árabe*, Ed. Edarli, São Paulo, 1963; LEOPOLD SEDAR SENGHOR, *Um Caminho do Socialismo*, Ed. Record, Rio de Janeiro, 1965; FIDEL CASTRO, *Três Declarações Fazem História*, Ed. Brasiliense, São Paulo, 1962; SALVADOR ALLENDE, *Nuestro Camino al Socialismo*, Ed. Ecasa, Buenos Aires, 1971; PALMIRO TOGLIATTI, *O Caminho Italiano para o Socialismo*, Ed. Civilização Brasileira, Rio de Janeiro, 1966; SANTIAGO CARRILLO, *Eurocomunismo e Estado*, DIFEL, São Paulo, 1978; NORBERTO BOBBIO e outros, *O Marxismo e o Estado*, Ed. Graal, Rio de Janeiro, 1979; CORNELIUS CASTORIADIS, *Socialismo ou Barbárie*, Ed. Brasiliense, São Paulo, 1983; JACOB GORENDER, *O Fim da URSS*, Atual Editora, São Paulo, 1992 (2ª ed.); DAVID MILIBAND (org.), *Reinventando a Esquerda*, UNESP, São Paulo, 1997; RALPH MILIBAND, *Socialismo e Ceticismo*, EDUSC, Bauru, 2000; JOHN STUART MILL, *Capítulos sobre o Socialismo*, Ed. Fundação Perseu Abramo, São Paulo, 2001; JULES MOCH, *Socialismo Vivo*, Livraria Morais Editora, Lisboa, 1964.

Ideia Atual de Estado Democrático

169. Um dos principais motivos de crise do Estado contemporâneo é que o homem do século XX está preso a concepções do século XVIII, quanto à organização e aos objetivos de um Estado Democrático. A necessidade de eliminar o absolutismo dos monarcas, que sufocava a liberdade dos indivíduos, e mantinha em situação de privilégio uma nobreza ociosa e negava segurança e estímulo às atividades econômicas, levou a uma concepção individualista da sociedade e do Estado. A aspiração máxima era a realização de valores individuais, e para isso considerou-se indispensável conter o poder político através da própria estruturação de seus organismos. Procurou-se, então, impor ao Estado um mecanismo de contenção do poder, destinado a assegurar um mínimo de ação estatal, deixando aos próprios indivíduos a tarefa de promoção de seus interesses. Desde então, todas as discussões sobre o Estado e todas as experiências levadas a efeito foram motivadas pela busca da melhor forma de atingir aqueles objetivos.

170. Durante o século XIX a aspiração ao Estado Democrático vai-se definindo, até se transformar, já no século XX, num ideal político de toda a Humanidade, fazendo com que os regimes políticos mais variados e até contraditórios entre si afirmem ser melhores do que os demais por corresponderem mais adequadamente às exigências do Estado Democrático. Examinando-se as construções doutrinárias e as manifestações práticas tendentes à fixação das características fundamentais do Estado Democrático, vamos encontrar os seguintes pontos de conflito:

O problema da supremacia da vontade do povo. Durante o século XVIII surgiu a República, simbolizando o governo popular. No século seguinte, dando-se mais ênfase à função legislativa e preferindo-se concentrar maior autoridade nos corpos legislativos, como uma garantia contra os governos absolutos, surge o problema da representação. De início as dificuldades foram menores, porque todos os representantes, tanto conservadores quanto progressistas, eram originários de uma classe economicamente superior. Assim, as divergências não atingiam pontos fundamentais da organização social, como o regime de produção e o uso da propriedade. Mas o industrialismo promoveu a concentração de grandes massas de trabalhadores em núcleos urbanos, e os exageros do capitalismo individualista levaram essas massas ao desespero, forçando-as a uma ação política. Desenvolvem-se então os movimentos proletários, mais violentos primeiro e mais habilidosos depois, trabalhando organizadamente para conquistar o poder, ou pelo menos ter uma participação nele. E o grande problema do sistema representativo no século XX acaba sendo o encontro de uma fórmula adequada para a integração política das massas operárias. Os representantes tradicionais, originários das classes economicamente superiores, têm mentalidade, métodos de trabalho e até linguagem que não se entrosam com as características dos representantes provindos das classes trabalhadoras. Estes têm mais agressividade, pretendem reformas profundas e imediatas, revelando sempre acentuada desconfiança no seu relacionamento com os primeiros. E apesar desses desencontros tão pronunciados eles devem conviver nos partidos políticos e nos parlamentos.

A consequência foi o descrédito do próprio sistema representativo, pois os conflitos frequentes e profundos tornaram o processo legislativo demasiado lento e tecnicamente imperfeito, pela necessidade de acordos e transigências sempre que se debate um assunto relevante. E à vista disso tudo, vários autores e muitos líderes concluíram que a falha está no povo, que é incapaz de compreender os problemas do Estado e de escolher bons governantes. Esse é um dos impasses a que chegou o Estado Democrático: a participação do povo é tida como inconveniente, e a exclusão do povo é obviamente antidemocrática.

Dilema entre a supremacia da liberdade ou da igualdade. No final do século XVIII consagrou-se a liberdade como o valor supremo do indivíduo, afirmando-se que se ela fosse amplamente assegurada todos os valores estariam protegidos, inclusive a igualdade. O que se considerava indispensável era que não houvesse qualquer interferência do Estado, deixando-se todos os indivíduos igualmente livres para cuidarem de seus próprios interesses. Mas a experiência demonstrou com muita eloquência que tal regime, na realidade, só assegurava a liberdade para os que participassem do poder econômico. Os que dependiam do próprio trabalho para viver foram ficando cada vez mais distanciados dos poucos que detinham o capital, mal ganhando para sobreviver e sem a mínima possibilidade de progredir econômica e socialmente.

Surgiu então uma corrente doutrinária e política manifestando a convicção de que a liberdade como valor supremo era a causa inevitável da desigualdade. Entendiam, por isso, indispensável um sistema de controle social que assegurasse a igualdade de todos os indivíduos. As injustiças profundas, contidas nas desigualdades, eram interpretadas como consequência de falhas na organização social, acumuladas durante muitos séculos. Chegara-se a um ponto em que havia uma classe cheia de privilégios, encontrando-se entre os privilegiados muitos indivíduos que não revelavam o mínimo valor pessoal e que nada tinham feito para justificar sua posição. De outro lado, uma classe desprovida de qualquer proteção e sem possibilidade prática de exercer os direitos que formalmente possuía. Essa classe, portanto, não tinha liberdade e não era tratada com igualdade. Colocou-se então a igualdade como valor supremo, do qual todos os outros deveriam depender, pois mesmo as restrições aos valores seriam impostas com igualdade para todos os indivíduos e isso seria justo.

Chegou-se por essa via a um segundo impasse: ou dar primazia à liberdade, sabendo de antemão que isso iria gerar desigualdades muitas vezes injustas, ou assegurar a igualdade de todos mediante uma organização rígida e coativa, sacrificando a liberdade. Mas ambas as posições seriam contrárias ao ideal de Estado Democrático.

Problemas decorrentes da identificação do Estado Democrático ideal com determinada forma de Estado e de governo. A ideia inicial de que era necessário enfraquecer o poder do Estado e a posterior criação de mecanismos de controle contidos na própria organização do Estado levaram à conclusão de que só haveria Estado Democrático onde houvesse esse tipo de organização. Mas a experiência demonstrou que a simples existência de um controle formal do poder aparentemente enfraquecido não assegurava o caráter democrático do Estado. Com muita facilidade o enfraquecimento aparente não correspondia à realidade, pois o mesmo grupo ou até o mesmo indivíduo exercia domínio sobre todas as partes e, em consequência, o controle recíproco que elas ostensivamente exerciam não tinha qualquer sentido prático, pois todas eram dependentes do mesmo centro de dominação. E o que se tornou mais grave foi que essa forma, aceita como um pressuposto de que o Estado era democrático, passou a ser utilizada para ocultar o totalitarismo, que se vestia com a capa do Estado Democrático.

Por outro lado, entretanto, havia a certeza de que a eliminação desses mecanismos de controle e enfraquecimento do poder político representaria, fatalmente, a eliminação da democracia. Daí um terceiro impasse: manter o Estado Democrático preso a uma forma, sabendo que isso poderia servir como um disfarce muito conveniente para a ditadura, ou eliminar a exigência de determinada forma, abolindo com isso o controle e favorecendo a concentração do poder e sua utilização arbitrária.

171. Tudo isso gerou a crise do Estado Democrático, levando os mais pessimistas à conclusão de que a democracia é utópica, porque na prática encontra obstáculos intransponíveis, emaranhando-se em conflitos insuperáveis. O povo, julgado incapaz de uma participação consciente, deveria ser afastado das decisões, ficando estas a cargo de indivíduos mais preparados, capazes de escolher racionalmente o que mais convém ao povo. A liberdade considerada um mal, porque é fonte de abusos, deveria portanto ser restringida, a bem da ordem e da paz social. A igualdade, por sua vez, não poderia ser aceita, pois os governantes, que sabem mais do que o povo e trabalham para ele, devem gozar de todos os privilégios, como reconhecimento por seus méritos e sua dedicação. Quanto à organização do Estado e do governo, é preciso que exista uma forma rígida, para que se assegure o máximo de eficácia do Estado.

Mas, evidentemente, a aceitação desses argumentos representa a rejeição da democracia e a aceitação da ditadura. E a experiência já comprovou amplamente que a melhor ditadura causa mais prejuízos do que a pior democracia. Na verdade, só o excesso de pessimismo ou o oportunismo político é que se satisfazem com a conclusão de que o Estado Democrático é uma impossibilidade. É inegável que há dificuldades a superar e que a experiência não tem sido muito animadora. Entretanto, como já foi ressaltado, as dificuldades têm decorrido, basicamente, da inadequação das concepções, pois o homem do século XX, vivendo a plenitude da sociedade industrial, orienta-se pelos padrões políticos da sociedade agrária e mercantilista do século XVIII.

172. O Estado Democrático é um ideal possível de ser atingido, desde que seus valores e sua organização sejam concebidos adequadamente. Para atingi-lo, é imprescindível que sejam atendidos os seguintes pressupostos:

Eliminação da rigidez formal. A ideia de Estado Democrático é essencialmente contrária à exigência de uma forma preestabelecida. Tanto uma estrutura capitalista quanto uma socialista podem ser democráticas ou totalitárias, o mesmo acontecendo quando o poder é concentrado ou formalmente dividido, quando o governo é parlamentar ou presidencial, monárquico ou republicano. O Estado Democrático, para que realmente o seja, depende de várias condições substanciais, que podem ser favorecidas ou prejudicadas pelos aspectos formais, mas que não se confundem com estes. Para que um Estado seja democrático precisa atender à concepção dos valores fundamentais de certo povo numa época determinada. Como essas concepções são extremamente variáveis de povo para povo, de época para época, é evidente que o Estado deve ser flexível, para se adaptar às exigências de cada circunstância. Isso já demonstra que, embora a ideia de Estado Democrático seja universal quanto aos elementos substanciais, não é possível a fixação de uma forma de democracia válida para todos os tempos e todos os lugares.

Supremacia da vontade do povo. Um dos elementos substanciais da democracia é a prevalência da vontade do povo sobre a de qualquer indivíduo ou grupo. Quando um governo, ainda que bem intencionado e eficiente, faz com que sua vontade se coloque acima de qualquer outra, não existe democracia. Democracia implica autogoverno, e exige que os próprios governados decidam sobre as diretrizes políticas fundamentais do Estado. O argumento de que o povo é incapaz de uma decisão inteligente não pode ser aceito, porque contém o pressuposto de que alguém está decidindo se a orientação preferida pelo povo é boa ou não. Assim sendo, a orientação será considerada boa ou má de acordo com as preferências de quem a estiver julgando. Basta atentar-se para o fato de que, qualquer que seja a decisão popular, sempre haverá grupos altamente intelectualizados e politizados que irão considerá-la acertada, como haverá grupos opostos, também altamente qualificados, que a julgarão errada.

Não havendo a possibilidade de um acordo total quanto às diretrizes políticas, não há razão para que prevaleça a opinião de um ou de outro grupo, devendo preponderar a vontade do povo. Mas o povo é uma unidade heterogênea, sendo necessário atender a certos requisitos para que se obtenha sua vontade autêntica. Em primeiro lugar, essa vontade deve ser *livremente formada*, assegurando-se a mais ampla divulgação de todas as ideias e o debate sem qualquer restrição, para que os membros do povo escolham entre múltiplas opções. Em segundo lugar, a vontade do povo deve ser *livremente externada*, a salvo de coação ou vício de qualquer espécie. É indispensável que o Estado assegure a livre expressão e que os mecanismos de aferição da vontade popular não deem margem à influência de fatores criados artificialmente, fazendo-se esta aferição com a maior frequência possível. A par disso, é preciso ter em conta que existe uma igualdade substancial de todos os indivíduos. Todo homem é um ser racional, dotado de inteligência e de vontade, sendo todos igualmente capazes de proferir julgamentos sobre os fatos que presenciam e que afetam seus interesses. E como esses julgamentos sempre deverão variar, em função dos pontos de vista de quem os profira, verifica-se que é inerente à convivência humana o *direito de divergir*, e que a todos os indivíduos deve ser assegurado esse direito. É este, aliás, o fundamento do predomínio da vontade da maioria, que tem por pressuposto que a vontade de todos os indivíduos é substancialmente igual em valor.

Evidentemente, a exclusão dos indivíduos física ou mentalmente inaptos não vicia o sistema, porque esses indivíduos não estão na plenitude do uso da inteligência e da vontade. Mas as exclusões devem ser reduzidas ao mínimo possível e devem ser consequência de decisões inequívocas do próprio povo.

A preservação da liberdade. A possibilidade de escolha seria insuficiente, se não fosse orientada para os valores fundamentais da pessoa humana, revelados e definidos através dos séculos. Um desses valores é a liberdade, sem dúvida alguma. Entretanto, é indispensável que haja coerência na concepção de liberdade. Com efeito, as doutrinas individualistas exaltaram a liberdade individual, mas concebendo cada indivíduo isoladamente. Ora, se todos reconhecem que o homem é por natureza um ser social, é evidente que se deve conceber sua liberdade tendo em vista o homem social, o homem situado, que não existe isolado da sociedade. A liberdade humana, portanto, é uma liberdade social, liberdade situada, que deve ser concebida tendo em conta o relacionamento de cada indivíduo com todos os demais, o que implica deveres e responsabilidades.

O problema, como se vê, não é de maior ou menor quantidade de liberdade, mas é de *qualidade* de liberdade. A concepção individualista da sociedade, ignorando o homem como ser social, foi fundamentalmente egoísta, pois desligou o indivíduo de compromissos sociais e, por isso mesmo, deu margem à mais desenfreada exploração do homem pelo homem, porque cada um vivia isolado na sua liberdade, procurando obter o máximo proveito para si. Assim, é inaceitável a afirmação de que a liberdade de cada um termina onde começa a do outro, pois as liberdades dos indivíduos não podem ser isoladas e colocadas uma ao lado da outra, uma vez que na realidade estão entrelaçadas e necessariamente inseridas num meio social.

A preservação da igualdade. Também a igualdade já se pôs como um valor fundamental da pessoa humana, ligado à igualdade substancial de todos os homens. Em relação à igualdade é preciso, também, uma reformulação da própria concepção. Realmente, o individualismo exacerbado afirmou a liberdade como um valor, mas limitou-se a considerá-la um *direito*, sem se preocupar em convertê-la numa *possibilidade*. Em consequência, também a igualdade foi apenas formal, pois os desníveis sociais profundos, mantidos em nome da liberdade, e a impossibilidade prática de acesso aos bens produzidos pela sociedade tornavam impossível, para muitos, o próprio exercício dos direitos formalmente assegurados. A reação a essa desigualdade foi também desastrosa, pois partiu de uma concepção mecânica e estratificada da igualdade, impondo, praticamente, o cerceamento da liberdade para que fosse mantida. A concepção da igualdade como *igualdade de possibilidades* corrige essas distorções, pois admite a existência de relativas desigualdades, decorrentes da diferença de mérito individual, aferindo-se este através da contribuição de cada um à sociedade. O que não se admite é a desigualdade no ponto de partida, que assegura tudo a alguns, desde a melhor condição econômica até o melhor preparo intelectual, negando tudo a outros, mantendo os primeiros em situação de privilégio mesmo que sejam socialmente inúteis ou negativos. A igualdade de possibilidades não se baseia, portanto, num critério artificial, admitindo realisticamente que há desigualdades entre os seres humanos, mas exigindo que as desigualdades sociais e de direitos não decorram de fatores artificialmente criados ou de concepções egoístas e discriminatórias. Um dado muito positivo das inovações marcantes na passagem do século XX para o XXI é o avanço no sentido da universalização dos Direitos Humanos, dando efetividade à afirmação de que todos os seres humanos nascem livres e iguais em dignidade e direitos.

Aí estão os pressupostos fundamentais do Estado Democrático possível. Dotando-se o Estado de uma organização flexível, que assegure a permanente supremacia da vontade popular, buscando-se a preservação da igualdade de possibilidades, com liberdade, a democracia deixa de ser um ideal utópico para se converter na expressão concreta de uma ordem social justa.

Bibliografia

GEORGES GURVITCH, *Determinismos Sociais e Liberdade Humana*, Ed. Forense, 1968; A. D. LINDSAY, *O Estado Democrático Moderno*, Ed. Zahar, Rio de Janeiro, 1964; MIGUEL REALE, *Pluralismo e Liberdade*, Ed. Saraiva, São Paulo, 1963; CARL J. FRIEDRICH *et alii*, *Liberdade*, Ed. O Cruzeiro, Rio de Janeiro, 1966; JACQUES MARITAIN, *Princípios de uma Política Humanista*, Ed. Agir, Rio de Janeiro, 1960; JOSÉ LUIZ L. ARANGUREN, *Ética e Política*, Ed. Duas Cidades, São Paulo, 1967; DAVID EASTON, *The Political System*, Ed. Alfred A. Knopf, Nova York, 1968; EDGAR BODENHEIMER, *Ciência do Direito*, Ed. Forense, Rio de Janeiro, 1966; J. D. MABBOT, *O Estado e o Cidadão*, Ed. Zahar, Rio de Janeiro, 1968; SEYMOR MARTIN LIPSET, *Political Man*, Anchor Books, Nova York, 1963; PIERRE TEILHARD DE CHARDIN, *O Fenômeno Humano*, Ed. Herder, São Paulo, 1965; PETER SMULDERS, *A Visão de*

Teilhard de Chardin, Ed. Vozes, Petrópolis, 1965; Karl Mannheim, *Planificação Democrática*, Ed. Mestre Jou, São Paulo, 1972; Dalmo de Abreu Dallari, *O Futuro do Estado*, Ed. Saraiva, São Paulo, 2001 (3ª ed.); *O Renascer do Direito*, Ed. Saraiva, São Paulo, 1980 (2ª ed.); Georges Burdeau, *A Democracia*, Publicações Europa-América, Lisboa, 1969 (2ª ed.); Maurice Duverger, *As Modernas Tecnodemocracias*, Ed. Paz e Terra, Rio de Janeiro, 1975; Moses I. Finley, *Démocratie Antique et Démocratie Moderne*, Ed. Payot, 1976; Arend Lijphart, *As Democracias Contemporâneas*, Ed. Gradiva, Lisboa, 1989; Norberto Bobbio, *O Futuro da Democracia*, Ed. Paz e Terra, São Paulo, 1986; John Kenneth Galbraith, *A Sociedade Justa*, Rio de Janeiro, Ed. Campus, 1996; José María Gómez, *Política e democracia em tempos de globalização*, Petrópolis, Ed. Vozes, 2000; Marion Gret e Yves Sintomer, *Porto Alegre — L'Espoir d'une autre démocratie*, Ed. La Découverte, Paris, 2002; Antoine Bevort, *Pour une démocratie participative*, Ed. Presses de Sciences Po, Paris, 2002.